# 論点 日本の政治

政治を学ぶための基礎知識

編著
吉野　孝
谷藤悦史
今村　浩

東京法令出版

# はしがき

　本書は，日本政治の新しいタイプの教科書である。これまでの日本政治の典型的な教科書は，例えば，概論，憲法，選挙，政党，国会，官僚，利益団体，メディアなどの章から構成され，各章ではその領域の専門家がまずある種の問題提起をした後，制度の歴史と運用，アクターの活動と特徴，最新動向，問題点などを説明し，最後に参考文献を挙げるという書き方が一般的であった。しかし，この書き方にはプラスとマイナスの両面がある。

　プラスの側面は，筆者の視点がその章を通じて一貫しており，各章はコンパクトにまとめられ，読者は全体像を理解しやすい，という点である。マイナスの側面は，筆者の関心事に力点が置かれ，一部の側面だけが強調される結果，読者は知りたい情報を得ることができるとは限らない，という点である。また，第2次世界大戦後すでに70年が経とうとし，日本政治を考える上で重要な様々な事件や事例が起こっているにもかかわらず，従来型の教科書では，構成とスペースの関係上それらを網羅的に記述することはできない。もし主要な事件や事例をすべて挙げるとすれば，それは教科書ではなく，日本政治用語集または日本政治事典になってしまう。

　こうした点を考慮して，本書は，12章（分野）から構成されているものの，それぞれ内容において完結した122の独立テーマから構成されている。その結果，これまでの教科書ではできなかった複数の重要なテーマに焦点を合わせ，それぞれの専門家に特に最新動向と論点を中心に広く解説をしてもらうことが可能になった。また，第8章をこれまで日本政治の教科書ではあまり論じられることのなかった司法に充て，裁判員制度から司法試験とロースクール，ハーグ条約まで，今日話題となっているテーマを取り込んだ。読者には関心のあるテーマから読んでもらって構わない。そして，続けて特定の章全体を読んでもらうと，その分野における日本政治の最新動向と問題点の全体像が明確に分かる仕組みになっている。

　さらに，テーマ間あるいは分野間の関係をよりよく理解してもらうために，**参考マーク**（➡）を入れた。例えば，個人後援会は議員の世襲化（第2章）を促す要因であると同時に，中選挙区制のもとでの議員行動を決定づける要因である。この場合，中選挙区制（第9章）中の個人後援会という用語の後に（➡52頁）と記した。これらの**参考マーク**を活用すると，読者はときには異なる分野のテーマにまたがる重要な事件や事例，理念を関連づけて理解することが可能になる。

　私に本書のような新しい教科書のアイディアを提案し，その企画を実現する機会を与えてくれたのは，東京法令出版株式会社の小池久男氏であった。編集作業が始まった後は，若手の篠塚公治，塩野谷勇一両氏が，執筆作業が遅れがちな執筆者をあたたかく見守り，激励してくれた。記して3氏にお礼を申し上げたい。

編著者を代表して　吉野　孝

# 目　次

## 政治を学ぶための基礎知識　論点　日本の政治

はしがき……………………………………………………………………………3

## 第1章　日本政治の歴史

1　GHQによる民主化政策とは？－GHQと日本の民主化……………………8
2　紆余曲折を経て－日本国憲法制定の過程…………………………………10
3　近代立憲主義の系譜のもとに－日本国憲法の特質………………………12
4　日本人の政治観－世論調査から探る………………………………………14
5　日本政治とコンセンサス－合意形成………………………………………16
6　アジアの開発主義－アジアの政治経済イメージ…………………………18
7　日本のデモクラシー観－多様な民主主義のあり方………………………20
8　日本人における"国"意識－国家観………………………………………22

## 第2章　政治家・政党

1　日本における政党の発達－55年体制前の諸政党…………………………24
2　有権者と政府を仲介－政党の機能…………………………………………26
3　何を政党と呼ぶのか？－日本における政党の法規制と定義……………28
4　誰が政治家になるのか？－政治家リクルートメント……………………30
5　広がるマニフェスト－政党と政策…………………………………………32
6　政党システムと日本型政党システム－政党制……………………………34
7　「1と2分の1党制」－55年体制における政党制…………………………36
8　国によって異なる政権交代の性質－政権交代の比較……………………38
9　自民党1党優位政党制か否か－日本の政権交代…………………………40
10　政策代替案を提示－野党の役割……………………………………………42
11　変わりゆく自民党－自由民主党……………………………………………44
12　一度失った信頼を取り戻せるか？－民主党………………………………46
13　模索される政界再編－55年体制以降の諸政党……………………………48
14　自民党の派閥とは？－政党と派閥…………………………………………50
15　なぜ世襲は多いのか？－世襲議員…………………………………………52

## 第3章　官僚

1　天皇の官吏－日本における官僚の発達（戦前）…………………………54
2　GHQによる官僚改革－終戦と官僚（戦後）………………………………56
3　多すぎる公務員？－公務員の種類と数……………………………………58
4　キャリアとノンキャリア－官僚の採用・昇進……………………………60
5　公務員はおいしい？－天下りの功罪………………………………………62
6　官民交流－各国の官僚任用の仕組み………………………………………64
7　幅広い業務を管掌－総務省…………………………………………………66
8　かつては「省の中の省」－財務省…………………………………………68

9　日本外交の担い手－外務省 ……………………………………………… 70

## 第4章　利益団体

　　1　利益団体とは？－日本における利益団体の発達 ………………………… 72
　　2　功罪あわせもつ利益団体－利益団体の機能 ……………………………… 74
　　3　護送船団方式－保護と規制 ………………………………………………… 76
　　4　緩和も善し悪し－規制緩和と規制改革 …………………………………… 78
　　5　本系列と別系列－利益団体の発達と変容 ………………………………… 80
　　6　岐路に立つ経団連－日本経済団体連合会 ………………………………… 82
　　7　労組の寄り合い所帯？－日本労働組合総連合会（連合）……………… 84
　　8　改革されるＪＡ－農業協同組合（ＪＡ農協）…………………………… 86
　　9　役割が増大するサード・セクター－利益団体の新しいカテゴリー …… 88

## 第5章　世論とマスメディア

　　1　日本におけるマスメディアの発達－マスメディアの歴史 ……………… 90
　　2　政治コミュニケーションの発達と現代的特性－メディアと政治 ……… 92
　　3　「輿論」から「世論」へ－現代「世論」の特性と課題 ………………… 94
　　4　日本における世論調査の発達とその影響－世論調査 …………………… 96
　　5　家庭に１部は過去の話－新聞とその社会的影響 ………………………… 98
　　6　テレビ政治から多元化へ－放送とその政治的影響 …………………… 100
　　7　ネット選挙の光と影－インターネット選挙運動 ……………………… 102

## 第6章　立法

　　1　日本における議会政治の発達－翼賛機関から国権の最高機関へ …… 104
　　2　「国権の最高機関」の実態は？－国会の機能と役割 ………………… 106
　　3　２院制が問いかけるもの－衆議院と参議院 …………………………… 108
　　4　「ねじれ国会」の状況とその影響－「ねじれ国会」………………… 110
　　5　法案をつくるのは誰か？－内閣提出法案 ……………………………… 112
　　6　主戦場は「委員会」－国会審議手続き ………………………………… 114
　　7　問題の多い事前審査制－与党の事前審査 ……………………………… 116
　　8　国会議員が法案を提出するには？－議員立法 ………………………… 118
　　9　国政をどうチェックするか－行政の監視 ……………………………… 120

## 第7章　行政

　　1　日本における行政機構の発達－行政機構 ……………………………… 122
　　2　行政権の最高機関－内閣総理大臣（首相）と内閣権限 ……………… 124
　　3　「小さな政府」と「大きな政府」－政府の規模 ……………………… 126
　　4　国益よりも省益が優先？－縦割り行政 ………………………………… 128
　　5　時代へのフィッティング－行政改革 …………………………………… 130
　　6　やっぱり強いのは官僚？－政官関係 …………………………………… 132
　　7　New Public Management とその後－NPM ……………………………… 134

 8　国の機関？民間の機関？－特殊法人・独立行政法人　136
 9　「行政の責任を考える」－行政責任　138
 10　増える非伝統的金融政策－戦後日本の金融政策　140
 11　上り坂から下り坂へ－戦後日本の社会保障　142
 12　新規から修繕へ迫られる転換－戦後日本の公共事業　144
 13　原発事故後のエネルギー政策は？－戦後日本のエネルギー政策　146

## 第8章　司法

 1　英米法と大陸法のハイブリッド？－日本における司法制度　148
 2　「顔のない裁判官」－裁判所と裁判官　150
 3　揺らぐ検察の"正義"－検察庁と検察官　152
 4　強制加入の弁護士会－弁護士　154
 5　身近な司法へ－司法制度改革　156
 6　裁判員制度の「光と影」－裁判員制度　158
 7　力の強い最高裁判所事務総局－裁判官人事と司法行政　160
 8　法律家をどう育てるか？－司法試験とロースクール　162
 9　捜査の適正化への遠い道のり－取調べの可視化問題　164
 10　更生を前提とした少年事件への対応－少年法　166
 11　女性の社会進出とともに－夫婦別姓問題　168
 12　子どもたちを守るために－ハーグ条約　170

## 第9章　選挙

 1　「べからず選挙」－公職選挙法の成立と変更　172
 2　選挙権と被選挙権－18歳選挙権は何を示しているの？　174
 3　政府をつくる仕組み－小選挙区制と比例代表制　176
 4　中選挙区制が支えた自民長期政権－日本政治と中選挙区制　178
 5　上位2党へ収斂する傾向－小選挙区比例代表並立制　180
 6　落選者が当選する選挙制度？－重複立候補　182
 7　「きれいなカネ」を政党に－政党助成法　184
 8　現在進行形の選挙制度改革－定数是正と区割り　186
 9　「1人1票」の許容範囲－1票の格差問題　188
 10　Election Campaigns or Election Campaigning－選挙運動　190
 11　配慮か平等か？－過疎自治体と選挙　192
 12　有権者はどのように投票先を決めるのか－投票行動　194
 13　投票率はどのように決まるのか－投票率　196
 14　選挙はどう管理されているの？－選挙期日・投票時間・投票方法　198
 15　連帯責任が問われる犯罪－選挙違反と連座制　200

## 第10章　地方政治

 1　中央集権か地方分権か－日本における地方自治の発達　202
 2　実態は中央集権型だった地方自治制度－地方自治法　204
 3　首長の力は強い？－首長の選出と役割　206

|   |   |
|---|---|
| 4 | 地方議員はボランティアで？－地方議会の選出と役割 …………………… 208 |
| 5 | 地方の自立を目指して－地方分権一括法 ……………………………………… 210 |
| 6 | 「協働」とは？－地方政治改革とその課題 …………………………………… 212 |
| 7 | 地方自治の理念から遠ざかった大合併－平成の大合併 …………………… 214 |
| 8 | 人口減少と直面－自治体財政問題 ……………………………………………… 216 |
| 9 | 模索される連携－広域行政と道州制構想 ……………………………………… 218 |

## 第11章　外交

|   |   |
|---|---|
| 1 | GHQと戦後日本の外交理念－占領期の外交 ………………………………… 220 |
| 2 | 焦点となったのは再軍備－サンフランシスコ講和条約 …………………… 222 |
| 3 | 敗戦国日本の選択－日米安全保障条約 ………………………………………… 224 |
| 4 | 日米安保体制の変化－日米同盟の諸問題 ……………………………………… 226 |
| 5 | 日本における米軍基地－在日米軍 ……………………………………………… 228 |
| 6 | TPPとは何か－自由貿易協定（FTA） ……………………………………… 230 |
| 7 | 日本の東アジア（地域主義）外交－近隣外交 ……………………………… 232 |
| 8 | 東アジアの領土論争－領土問題 ………………………………………………… 234 |

## 第12章　防衛・安保

|   |   |
|---|---|
| 1 | 戦後日本の防衛政策の理念－防衛政策 ………………………………………… 236 |
| 2 | 自衛隊とPKO・災害支援－自衛隊 …………………………………………… 238 |
| 3 | これまでの安全保障の司令塔－国防会議と安全保障会議 ………………… 240 |
| 4 | 日本版NSC－国家安全保障会議の新設 ……………………………………… 242 |
| 5 | インテリジェンスと特定秘密保護－国家機密 ……………………………… 244 |
| 6 | 問われる憲法との整合性－集団的自衛権とその解釈 ……………………… 246 |
| 7 | 警察予備隊から自衛隊へ－防衛省 ……………………………………………… 248 |
| 8 | 危機管理と有事法制－安全保障の課題 ………………………………………… 250 |

巻末資料－戦後の首相一覧 ……………………………………………………………… 252
索引 ………………………………………………………………………………………… 253
編著者一覧 ………………………………………………………………………………… 256

### 執筆一覧

| 吉野　孝 | 第1章7，8，第2章1，2，4，5，8〜15，第3章8，第4章3，6，8，第7章12，13，第9章3〜5，第10章1，7，9，第12章3，4 | 谷藤悦史 | 第1章4，5，第3章7，第4章4，7，第5章，第6章3，4，第7章2，3，5，7，9，第9章2，10，14 |
|---|---|---|---|
| | | 今村　浩 | 第2章3，6，7，第9章1，9，第11章3，第12章6 |
| 秋本富雄 | 第9章8，15 | 磯崎育男 | 第4章1，2，第7章1，4，6，8 |
| 稲継裕昭 | 第3章1〜6 | 井上拓也 | 第4章5，9，第10章2，5，6 |
| 牛丸　聡 | 第7章11，第10章8 | 岡田　浩 | 第9章11，第10章3，4 |
| 川岸令和 | 第1章1〜3，第8章8〜12 | 河崎　健 | 第9章6，7 |
| 笹田栄司 | 第8章1〜7 | 貞廣　彰 | 第7章10 |
| 寺田　貴 | 第1章6，第11章6，7 | 成田憲彦 | 第6章1，2，5〜9 |
| 日野愛郎 | 第9章12，13 | 和田修一 | 第3章9，第11章1，2，4，5，8，第12章1，2，5，7，8 |

# 1 GHQによる民主化政策とは？ーGHQと日本の民主化

### アプローチ

〔ポツダム宣言の受諾〕

　米英中政府は第2次世界大戦後の対日本政策を規定したポツダム宣言を1945年7月26日に発した。2度の原爆投下やソ連の対日参戦を経て，日本政府は8月14日についにその受諾を決め，戦闘が終了した。9月2日には日本政府全権重光葵と大本営全権梅津美治郎が連合国政府各代表との間でポツダム宣言条項の誠実な履行等を定めた降伏文書に調印した。ポツダム宣言は13項目からなっており，軍国主義勢力の排除，連合国による日本占領，カイロ宣言[*1]の履行，日本の主権を本州・北海道・九州・四国および連合国が決める諸小島に制限すること，軍隊の武装解除，戦争犯罪人の処罰，基本的人権の確立などを含んでいる。戦後の民主化との関係で特に注目されるのは，民主主義的傾向の復活強化と基本的人権の確保を訴える第10項第2文と日本国民の自由に表明した意思による平和的傾向の責任政府の樹立を占領終了の要件とする第12項である[*2]。

### 民主化政策

　降伏文書調印により，「天皇及日本国政府ノ国家統治ノ権限ハ本降伏条項ヲ実施スル為適当ト認ムル措置ヲ執ル聯合国最高司令官ノ制限ノ下ニ置カルルモノトス」になった。**連合国最高司令官**にダグラス・マッカーサー合衆国陸軍元帥が任命され，日本占領の事実上の最高責任者となり，その下にある組織である連合国最高司令官総司令部（GHQ）[*3]が占領政策を実際に遂行した。連合国の占領は間接方式であった。日本側は**大日本帝国憲法**第8条に基づき**ポツダム緊急命令**[*4]を発し，GHQの要求を命令によって実施していくことを明確にした。

　民主化に関する初期の重要なGHQの政策には**自由指令**（人権指令），**5大改革指令**，**神道指令**が含まれる。自由指令（1945年10月4日）は，思想・信仰・集会・言論の自由を制限していたあらゆる法令の廃止，内務大臣・特高警察職員ら約4,000名の罷免・解雇，政治犯の即時釈放，特高の廃止等を命じていた[*5]。大日本帝国憲法も臣民に一定の権利を保障していたが，それは法律の範囲内でのことであり，法律によっても制限できない人権ではなかった。精神的自由の確保は戦後の最も重要な課題であり，それは国体観念と抵触する。国体護持を掲げる東久邇宮稔彦内閣は翌日総辞職した。また神道指令（12月15日）もこの系譜に属する[*6]。信教の自由の保障と国家神道の廃止を求め，自由指令を政教分離の観点から補強するものであった。これに対して，10月11日に幣原喜重郎首相にマッカーサーが示した5大改革指令は，より広く社会や経済の民主化を求めている。①参政権付与による女性の解放，②搾取の終了と生活水準の向上のため労働組合結成の奨励，③学校教育の自由化，④恣意的で不正な方法による秘密取調べや権限濫用の警察システムの廃止，⑤独占的な産業統制の廃止など経済諸制度の民主化であった。それらはすでに国内で議論されていたものもあった。

[*1] **カイロ宣言** 1943年12月1日，米英中3国首脳が，対日戦争の目的・戦後処理の原則等についての宣言。

[*2] 「日本国政府ハ日本国国民ノ間ニ於ケル民主主義的傾向ノ復活強化ニ対スル一切ノ障礙ヲ除去スヘシ言論，宗教及思想ノ自由並ニ基本的人権ノ尊重ハ確立セラルヘシ」「前記諸目的カ達成セラレ且日本国国民ノ自由ニ表明セル意思ニ従ヒ平和的傾向ヲ有シ且責任アル政府カ樹立セラルルニ於テハ聯合国ノ占領軍ハ直ニ日本国ヨリ撤収セラルヘシ」

[*3] **連合国軍最高司令官総司令部**（GHQ：General Headquarters）太平洋戦争の終結に際してポツダム宣言の執行のために日本において占領政策を実施した連合国軍の機関。大部分は，アメリカ軍，アメリカ民間人で構成されていた。なお，GHQは正式にはGeneral Headquarters/Supreme Commander for the Allied Powers 略してGHQ/SCAPである。

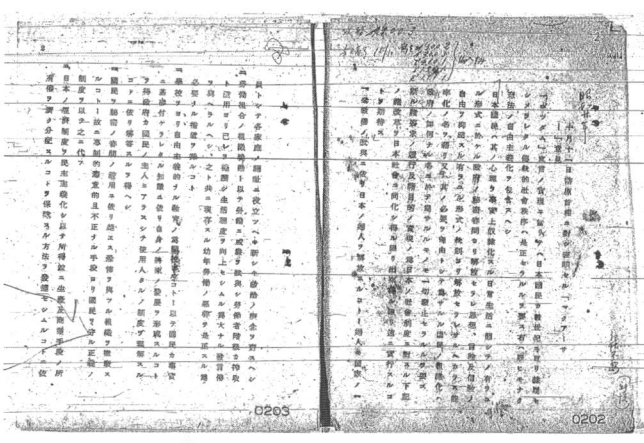

→1945年10月11日マッカーサー・幣原会談記録

### 民主化政策の具体化

人権の保障の強化は，結局，日本国憲法とその付属法令の制定によることになった（→10頁）。女性の解放は，まず1945年12月17日に公布の衆議院議員選挙法改正で参政権が保障された。翌年4月10日の衆議院議員総選挙で初めて女性が選挙権被選挙権を行使した。彼女らが参加した第90回**帝国議会**は事実上憲法制定議会として機能した。男女平等を定める憲法を制定し，それに抵触する民法や刑法の改正がなされた。

教育の自由化は，大日本帝国憲法体制の道徳的支柱であった教育勅語の停止・廃止*7，教育基本法の制定，分権化・一般行政からの独立を理念とする公選制教育委員会制*8などに現れている。警察の民主化は，内務省の廃止，市町村警察制（→203頁）をもとにした警察法の制定に示される。

経済の民主化では，農地改革，財閥解体，労働組合の育成が重要である。日本側も封建的な地主・小作農制の変革が必要と認識していたが，1945年12月9日のマッカーサーの覚書は徹底した農地改革を求めた。三井・三菱・住友・安田などの財閥解体は，経済力集中の分散を目的としたものであり，持株会社の解体と財閥家族の企業支配力の排除を内容とした。それに伴い証券民主化も行われた*9。また自由競争市場の確保は独占禁止法に委ねられることになった。労働組合は，労働組合法の制定で，戦前・戦中の抑圧から解放されて，GHQの友好的な政策もあり，過酷な生活条件の改善を求めて活発な活動を行った。だが，1947年2月1日に計画されていたゼネストはマッカーサーの指令により中止を余儀なくされ，労働組合運動は転機を迎えた。

### 限界

民主化政策は日本による自発的なものもあったが，占領下GHQの意向に従うものであったことは疑いもない。そこでは，占領政策に抵触するような民主化はあり得なかった。**冷戦**が激化するにつれて，民主化よりも非共産化が優先されるようになる（**逆コース**）。そもそも占領政策は徹底した**検閲**による言論統制によって遂行されていた。検閲の主たる対象も国家主義から左翼に移り，公職追放もレッドパージに変わっていった。GHQ内部でも，ニューディーラー中心の理想主義的な民政局と日本を共産主義の防波堤にしようとする参謀2部の対立も激化し，最終的には後者が優位することになる。それに伴い民主化は徹底されなくなる。その結果，国民自身による民主化の推進が依然課題として残ることになった。

---

**第1章 日本政治の歴史**

*4 ポツダム緊急命令
ポツダム宣言ノ受諾ニ伴ヒ発スル命令ニ関スル件（1945年勅令第542号）

*5 SCAPIN 93，治安維持法，思想犯保護観察法，国防保安法，軍機保護法等に言及がある。

*6 SCAPIN 448

*7 文部次官通牒「勅語及詔書等の取扱について」（1946年10月8日），衆議院本会議「教育勅語等排除に関する決議」，参議院本会議「教育勅語等の失効確認に関する決議」（1948年6月19日）。

*8 1948年7月15日法律170号

*9 財閥解体により大量の株式が持株会社整理委員会に譲渡された。その処分の方式を定める有価証券の処分の調整等に関する法律（1947年1月18日法律8号）を制定し，証券処理調整協議会を発足させた。

*10 対象は，不在地主の小作地のすべて。在村地主の小作地のうち，北海道では4町歩，都府県では1町歩を超える全小作地。所有地の合計が北海道で12町歩，都府県で3町歩を超える場合の小作地等であった。

---

### コラム

**農地改革の実際** 自作農創設，小作料金納化，農地委員会の刷新を中核とする第1次農地改革が実施された（農地調整法改正）が，小作農の申出に基づき，市町村農業会が仲介して地主から小作農に強制的に譲渡させる方式によっていたため，実効性があまりなかった。そこで，地主所有の小作地を政府が買収し*10，小作農に売り渡す方式が取られた。1946年10月21日に公布された自作農創設特別措置法と農地調整法再改正による第2次農地改革である。これにより，農村が極端な国家主義の温床にならず，また共産主義化への防波堤をも築くという占領政策の狙いは大いに実現されることになった。

◆参考文献
● 竹前栄治・中村隆英監修『GHQ日本占領史』（全57巻）日本図書センター，1996-2000年
● 坂本義和・R.E.ウォード編『日本占領の研究』東京大学出版会，1987年
● 竹前栄治『GHQ』岩波書店（岩波新書），1983年
● 袖井林二郎・竹前栄治編『戦後日本の原点 上下』悠思社，1992年

## 2 紆余曲折を経て－日本国憲法制定の過程

**アプローチ**

第2次世界大戦で連合国に敗れた日本は，政治秩序の再構成が求められた。総力戦として遂行される現代的な戦争での敗北は，旧体制の終焉を意味することになる。日本は，古き良き時代への復帰でもなく，まったく新しい制度の創設でもない，第3の途をとることになった。日本国憲法制定の過程は，1946年2月13日の前後で大別される。前半は日本独自の改正の模索であり，後半はGHQ民政局（Government Section）の原案を日本化する過程である。

● **ポツダム宣言の受諾** ●

米英中政府が示した戦後の対日政策は1945年7月26日のポツダム宣言で明らかになった。受け入れの懸念は国体観念と両立できるのかであった。8月10日に政府は天皇の国家統治の大権が変更されないとの了解のもとに受諾を申し出るが，バーンズ米国務長官の回答は直接それに答えることはなかった[*1]。14日に受諾を決定し，戦闘が終結した。今後の政治体制に特に関連するのは，第10項第2文と第12項であった[*2]。特に後者が国民主権原理を要求しているのか判然としなかった。

● **初期の動向** ●

法制局と外務省は憲法改正の可能性を検討し始めていたが，国体護持に傾く政府の動きは全体としては鈍かった。10月4日，東久邇宮稔彦内閣副総理の近衛文麿に，マッカーサーは憲法改正の必要性を示唆した。内閣自体は翌日総辞職したが，近衛は内大臣府御用掛として佐々木惣一を誘い，作業を続けた。内大臣府が憲法改正に関与することや近衛の戦争責任論など内外の批判を浴びることになるが，近衛は高木八尺などの人脈でアメリカ側の考えを引き出そうとする開かれた態度をとっていた。11月22日近衛は天皇に改正案を奉答し，佐々木も翌々日別の案を提出した（同日内大臣府廃止）[*3]。批判が強まるなか，マッカーサーはあくまでも副総理としての近衛に改正を示唆しただけだとして関係を絶った。

マッカーサーは幣原喜重郎首相にも憲法改正を示唆していた。近衛の内大臣府の作業との対抗上，松本烝治国務大臣を委員長とした**憲法問題調査委員会**を官制によらず設置する（10月25日）[*4]。戦後の民主化のために憲法改正は不要という当時のエリートの一般的立場を反映し，当初はあくまでも問題を検討するための委員会であった。しかし時勢のなかで憲法改正要綱をまとめる（1946年2月8日GHQへ提出）が，大日本帝国憲法と大差のない案であった[*5]。

1946年2月1日，毎日新聞が改正案をスクープした[*6]。予想以上に保守的な案は国内世論の批判を浴び，またアメリカ以外の連合国から温和な占領政策で厳しく非難されていたマッカーサーの地位を危うくしかねない状況であった。2月末には**極東委員会**（FEC）が活動を本格化させ，日本の根本的な体制変更は委員会の承認を必要とすることになる。

2月3日，マッカーサーは，ホイットニー民政局長に憲法改正の方針を**3原則**として示し，翌4日，民政局内にその方針に沿って作業班が設置され，憲法案の起草が始まった。弁護士や大学教員など様々な経歴を有する局員が，各国・各州憲法，日本の民間の憲法草案などを参照し，チームで審議して憲法案がまとめられた。その際最も影響を及ぼしたとされるのが，高野岩三郎が主宰する

[*1] 「降伏ノ時ヨリ天皇及ヒ日本国政府ノ国家統治ノ権限ハ降伏条項ノ実施ノ為其ノ必要ト認ムル措置ヲ執ル連合軍最高司令官ノ制限ノ下ニ置カルルモノトス」「日本国ノ最終的ノ政治形態ハ『ポツダム』宣言ニ遵ヒ日本国国民ノ自由ニ表明スル意思ニヨリ決定セラルヘキモノトス」

[*2] 8頁注2参照。

[*3] 近衛は戦争犯罪人として逮捕される直前の12月16日に服毒自殺した。

[*4] 顧問には清水澄，美濃部達吉，野村淳治，委員には宮沢俊義，清宮四郎，河村又介，石黒武重，楢橋渡，入江俊郎，佐藤達夫が就任し，優れた憲法学者や法務官僚が結集した。

[*5] 改正度の大きい改正案（乙案）もあった。

[*6] 報道は実際にはよりリベラルな改正案であった。

**憲法研究会**の憲法草案要綱（1945年12月26日）であった。それは，天皇の権限を国家的儀礼のみに限定し，国民主権原理を宣言し，生存権や男女平等を保障するなど日本国憲法を先取りする内容であった。

●日本化　2月13日，提出済みの憲法改正要綱について見解を聞きに来た松本や吉田 茂 外務大臣は，むしろGHQ案を手渡される。緊迫する世界情勢に鑑みれば，この憲法案が保守派にとって政権に留まる最後のチャンスという忠告をホイットニーから受けるが，松本は1院制に疑問を呈するなど事の重大性を直視していなかった。結局，2月22日閣議でGHQ案の受け入れを決めるが，その際にもほとんどの構成員がGHQ案・仮訳を実際に目にしていなかった。その後，内閣法制局の入江俊郎・佐藤達夫を中心に，日本化が図られることになる。文言をめぐって日本側と民政局との様々な交渉がなされた。日本側のリーダーシップでひらがな口語化された改正案が4月17日に公表された。

●憲法改正草案…（1946年4月17日）

改正の手続きは大日本帝国憲法第73条によるので，天皇が枢密院の承認を得て**勅命**で帝国議会の議に付すことになる。4月10日には**普通選挙**に基づく戦後初の衆議院議員選挙が行われており，女性や左翼陣営も圧倒的な保守系議員とともに憲法改正案を議論することになった。天皇制を否定する共産党議員も5名選出されていた。占領下という限界があったものの，日本史上初めて憲法案が公共の討議に付されたのであった。その背景には，憲法制定を急ぐマッカーサーと時期尚早と考える極東委員会との間の摩擦があり，マッカーサー側が譲歩したことによる。帝国議会では，第9条第2項冒頭に「前項の目的を達するため」という文言を追加するいわゆる**芦田修正**，生存権の追加（第25条），文民条項の挿入（第66条第2項）などの修正がなされた。このようにして大日本帝国憲法の全面改正案は**日本国憲法**として，1946年11月3日に公布され，翌年5月3日から施行されている。その後，極東委員会は施行後2年以内に憲法の再検討を求めたが，日本側は一般に不活発でそのままとなった。

制定の過程では日本側の様々な主体的な努力もあったが，体制エリートの限界は著しく，多くは占領政策によることになった。ここでも主に上からの自由民主化であり，その血肉化が課題として残ることになった。

---

### コラム

**8月革命説**　旧憲法下でも憲法改正には限界があり，一般に主権の変更はできないとされていた。日本国憲法が旧憲法の手続きによりその全面改正として，国民主権原理を宣言していること（前文第1文，第1条）は改正の限界を超えたものではないか。こうした手続きと実体の齟齬を説明する法理として，宮沢俊義による**8月革命説**がある。ポツダム宣言の受諾によって，無血の法的革命が生じ，国民主権原理が樹立されており，大日本帝国憲法はそれに矛盾しない範囲で有効であったとする理論である。現実を説明する理論としては疑問もあるが，天皇の人間宣言など旧憲法の論理では説明できないことも多く，法理論としては広く受け入れられている。

◆参考文献　●高柳賢三・大友一郎・田中英夫『日本国憲法制定の過程（Ⅰ・Ⅱ）』有斐閣，1972年
　　　　　●佐藤達夫『日本国憲法成立史（1・2・3・4）』有斐閣，1962・64・94年
　　　　　●入江俊郎『憲法成立の経緯と憲法上の諸問題』第一法規，1976年
　　　　　●古関彰一『日本国憲法の誕生』岩波書店（岩波現代文庫），2009年

# 3 近代立憲主義の系譜のもとに－日本国憲法の特質

**アプローチ**

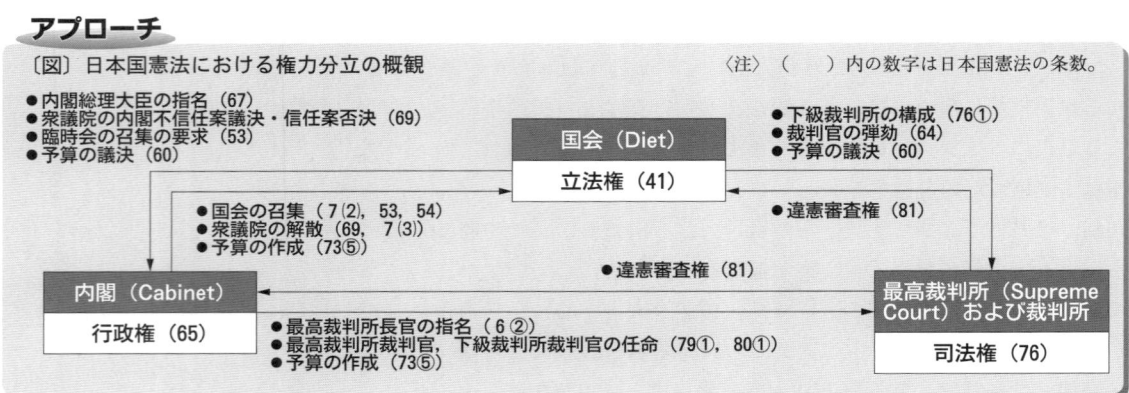

〔図〕日本国憲法における権力分立の概観　　〈注〉（　）内の数字は日本国憲法の条数。

●**立憲主義・国民主権主義・平和主義**●

日本国憲法は、人権を保障し権力の制限を図る近代立憲主義の系譜に属する現代型の憲法といえる。前文第1段第1文は*1、国民が**憲法制定権**\*2 を行使し、この憲法を制定したことを明らかにする。そして、国民主権のもとに**代表制**（議会主義）を採用し、自由主義・立憲主義（基本的人権尊重主義）、平和主義・国際協調主義という理念を宣言している。特に注目されるのはそれら基本理念の関連性である。「自由のもたらす恵沢を確保」すること、つまり「個人の尊重」（第13条）を中核とした基本的人権の尊重を実現するため国民主権原理・平和主義を採用するという論理構造になっている。

第10章最高法規では、まず基本的人権の由来や本質を明らかにする第97条が置かれ、次に本憲法が最高法規であることが宣言され（第98条）、最後に権力保持者に憲法尊重擁護義務を課している（第99条）。人権保障こそが本憲法の中心的課題であることが示され、その憲法が**最高法規**であるとされている。日本の憲法史に照らして考えると、皇室自律主義が採用され、その帰結としての皇室典範と大日本帝国憲法とが二元的に並存していた旧体制が否定されたことを意味する。日本国憲法のもとでも同じ皇室典範という言葉が使われているが、それは法律である（第2条）。また**憲法尊重擁護義務**の対象者に国民が含まれていないことは、政治権力の統制法としての憲法という近代立憲主義の要点を端的に示している。

●**国民主権と代表制**●

前文第1段第2文*3は、国民の信託による国政という原理の普遍性を指摘し国民主権原理の理論的構造を明らかにする。国民主権の帰結として、天皇の地位が「主権の存する日本国民の総意に基く」ことになる（第1条）。「国政に関する権能を有しない」（第4条第1項）天皇は憲法の定める国事行為のみを内閣の助言と承認のもとに行う（**象徴天皇制**）。ただ国事行為と私的な行為との間に第3の範疇を認めるのか、認めるとして内閣がどのように統制できるのかは、課題であり続けている。

国民主権原理の宣言は**代表制**（間接民主制）の選択と連動している。両院は選挙された全国民の代表で構成されるので、選挙が要となる*4。レファレン

*1 「日本国民は、正当に選挙された国会における代表者を通じて行動し、われらとわれらの子孫のために、諸国民との協和による成果と、わが国全土にわたって自由のもたらす恵沢を確保し、政府の行為によって再び戦争の惨禍が起ることのないやうにすることを決意し、ここに主権が国民に存することを宣言し、この憲法を確定する。」

*2 **憲法制定権**　憲法を制定する権力。憲法によって制定された権力に対立する概念。

*3 「そもそも国政は、国民の厳粛な信託によるものであつて、その権威は国民に由来し、その権力は国民の代表者がこれを行使し、その福利は国民がこれを享受する。これは人類普遍の原理であり、この憲法はかかる原理に基くものである。」

*4 選挙は、一方で権利として（第15条）、他方で国会の構成として（第43、44、47条）、規定されている。

ダムはごく限定的に採用されている*5。**半直接制\*6**が一般化している世界の民主主義の現況からはその近代性が指摘できる。

◉**自由主義・立憲主義**　旧憲法下での権利の保障は臣民として法律の範囲内でのものであった（**法律の留保**）。本憲法では，人が人であるというだけで保障されるという人権の観念が採用され，それが最高法規としても宣言されている。そして，「すべて国民は，個人として尊重される」という第13条以下に，詳細な人権のカタログを掲げている。旧憲法では極めて限定的にしか宣言されていなかった平等についても，一般的な形で保障されるようになり（第14条），重要な役割を果たしている*7。伝統的な**自由権**については，思想の自由・信教の自由・表現の自由など精神的な自由に加えて，刑事手続きにかかわる権利を詳細に宣言していることが注目される（第31～40条）。国家に一定の作為を請求する**社会権**も保障され*8，現代的な様相を示している。それとの対比で，経済的自由（第22条）や財産権（第29条）が**公共の福祉**による制約を伴うと明確に宣言されていることも注目される。政府が国民の社会経済的な状況にも責任を負わなければならないという認識が本憲法でも共有されている（**福祉国家**）。そして，こうした権利の保障は，**違憲審査制度**の導入（第81条）によって強化されている。人権の本質は多数によっても奪われないことにあり，裁判所が法律の憲法適合性を審査し，違憲の法律を排除できることは重要である。

**権力分立制**も採用されている。立法権が国会に（第41条），行政権が内閣に（第65条），司法権が最高裁判所および下級裁判所に（第76条）に分属する。**地方自治制度**（第8章）も権力の集中を抑制する。ただし議院内閣制を採用するので*9，立法部と行政部の一定の融合が見られ，憲法に直接言及のない**政党**が重要な役割を担っている。また福祉国家では権力による権利の実現も求められるので，権力の統制という立憲主義的な課題は一層複雑化することになる。さらに，国会における一時的な多数が憲法を改正できないようにしてあることも立憲主義の現れである*10。

◉**平和主義・国際協調主義**　前文第2・3段は平和主義と国際協調主義を宣言する。「平和のうちに生存する権利」への言及は特に注目される。**平和的生存権**は，最高裁判所が法的権利として認めたことはないが，下級審では承認されたこともある*11。**人間の安全保障**の考え方の先取りともいえる。そうした理念は第9条・第98条第2項で具体化される。

第**1**章　日本政治の歴史

*5　地方自治特別法の住民投票（第95条），憲法改正の投票（第96条）。それ以外では，法律制定に直結するレファレンダムは国会の唯一の立法機関性（第41条）や法律制定規定（第59条）に抵触するので，一般的には採用できないと考えられている。また最高裁判所裁判官の国民審査（第79条）も国民の直接投票制度である。地方自治法は住民の直接請求を認めている（地方自治法第74～88条）。

*6　**半直接制**　代表制を前提としつつ，それを補完するために直接制を部分的に法定化している体制のこと。

*7　数少ない最高裁判決の違憲判決の多くは平等違反を根拠にしている。

*8　生存権（第25条），教育権（第26条），勤労権（第27条），労働基本権（第28条）。

*9　内閣総理大臣は国会議員でなければならず（第67条第1項），内閣総理大臣の任命する国務大臣の過半数も国会議員でなければならず（第68条第1項），内閣は連帯して国会に責任を負い（第66条第3項），衆議院は内閣不信任案を可決し信任案を否決でき，内閣は総辞職するか衆議院を解散できる（第69条）。

*10　本憲法は，各院総議員の3分の2以上の賛成による国会の発議で国民投票にかけ，その過半数の賛成で改正される（第96条）。比較憲法的には**硬性度**の高い憲法である。ただし硬性度と改正の頻度は必ずしも反比例するわけでない。

*11　長沼ナイキ訴訟第1審・札幌地判1973（昭和48）年9月7日行集27巻8号1385頁，自衛隊イラク派兵違憲訴訟第2審・名古屋高判2008（平成20）年4月17日判時2056号74頁（具体的な侵害はなかったとして請求棄却）。

### コラム
**第9条をめぐる論争**　放棄したのは侵略戦争のみか，自衛戦争も含めてかが解釈によって分かれている。自衛隊の合憲性について最高裁判所は**統治行為**として判断を示さず，国会・内閣，つまるところ国民の判断に委ねることになる。その結果，**個別的自衛権**のために自衛隊が組織され，海外にも派遣されることになった。従前は，国会における内閣の答弁がこの分野の判断を形成してきたといえる。2014年7月1日の安倍内閣による**集団的自衛権**容認の閣議決定はこうした実践からの離脱であり，今後の動向に注目する必要がある。

◆参考文献　●文部省『あたらしい憲法のはなし』実業教科書，1947年　●文部省『民主主義』径書房，1995年
●樋口陽一『五訂　憲法入門』勁草書房，2013年　●芦部信喜・高橋和之補訂『憲法　第六版』岩波書店，2015年
●長谷部恭男『憲法と平和を問いなおす』筑摩書房（ちくま新書），2004年
●古関彰一『平和憲法の深層』筑摩書房（ちくま新書），2015年

# 4 日本人の政治観－世論調査から探る

### アプローチ

日本人は，政治に何を求め，どのような政治行動を採ってきたのであろうか。いくつかの世論調査を手掛かりに探ってみよう。NHK放送文化研究所は，1970年代から5年ごとに日本人の意識を明らかにしている。その調査では，政治が取り組まなければならない重要課題を，①〔秩序の維持〕，②〔経済の発展〕，③〔福祉の向上〕，④〔権利の擁護〕，⑤〔文化の向上〕，⑥〔参加の増大〕，⑦〔友好の促進〕に分けて探っている（➡グラフ）。

### ●経済志向の日本人●

この40年間，日本人は，一貫して〔経済の発展〕〔福祉の向上〕〔秩序の維持〕を志向してきた。1990年代前半までは，第1に〔福祉の向上〕が志向され，〔経済の発展〕と〔秩序の維持〕が続いた。90年代後半になって金融破綻が生じ，銀行や企業の倒産が拡大すると，〔福祉の向上〕に変わって〔経済の発展〕が第1位となり，その志向は，2000年代になっても世界同時株安やリーマンショックが続いたためか，現在まで続いている。結果的に，〔福祉の向上〕を求める志向は低下してきた。また，東日本大震災を代表に度重なる自然災害，中東やアラブ諸国の紛争の継続，世界的なテロの続発，東アジア地域における領土紛争を反映してか，〔秩序の維持〕を求める志向は，〔経済の発展〕や〔福祉の向上〕に及ばないものの少しずつ上昇している。

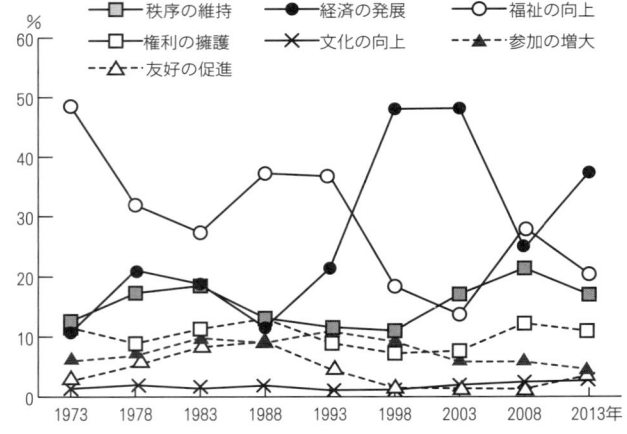

〔グラフ〕世論調査：日本の政治の最重要課題*1

（NHK放送文化研究所「日本人の意識・40年の軌跡(1),(2)」）

### ●政治参加を控える日本人●

こうした政治志向に基づいて，人々はどのような政治行動を採ってきたのか。NHKの意識調査は，「デモ」「署名」「投書」「陳情」「献金」「集会」を実行・参加したかを聞いているが，いずれの項目も低下して，「特に何もしなかった」が過去40年間に拡大している。**直接的な政治行動を抑制するのが，日本人の特徴といえる。**

選挙を中心とした代議制民主主義を政治の中心的な制度として広く受け入れているが，他方で，戦後の選挙における投票率は，国政でも地方政治でも低下している。戦後の衆議院選挙の平均投票率は70.02％，参議院選挙のそれは62.67％である。さらにまた，「選挙が国の政治にどの程度影響を及ぼしているか（政治的有効性感覚）」という問いかけにも，「非常に大きな影響を及ぼしている」と考える人は過去40年間に40％から20％に低下し，「少しは影響を及ぼしている」と考える人が，23％から40％近くまで拡大した。そうした動向と同じように，私たちの世論が政治に反映しているかについても，「まったく反映していない」と考える人は20％で推移しているが，「十分」や「かなり」反映していると考える人が低下し，「少しは反映している」と考える人が50％台から60％台に拡大している。政治が私たちに大きな影響を与えるとする人々の有効性感覚が低下し，政治無関心が拡大し，人々と政治の距離が拡大した40年間で

*1 グラフの世論調査詳細は次のとおり。【質問－政治課題】今，日本の政治が，取り組まなければならないいちばん重要なことがらは何でしょうか。リストの中から，1つだけ選んでください。【リスト】①国内の治安や秩序を維持する〔秩序の維持〕，②日本の経済を発展させる〔経済の発展〕，③国民の福祉を向上させる〔福祉の向上〕，④国民の権利を守る〔権利の擁護〕，⑤学問や文化の向上をはかる〔文化の向上〕，⑥国民が政治に参加する機会をふやす〔参加の増大〕，⑦外国との友好を深める〔友好の促進〕。

あった。

### ● 拡大する「支持なし」層 ●

政治との距離の拡大は，政党に対する人々の支持態度にも現れる。どの世論調査においても，「支持なし」層が拡大している。「支持なし」層は選挙が近くなると減少するが，1970年代から80年代には30％から40％で推移し，90年代から2000年代になると40％後半から50％台に上昇している。90年代から2000年代にかけて政党の離合集散が続き，政党制が安定しなかったことが原因なのかもしれない。政党支持率も選挙ごとに変化し安定していない。**日本の選挙は，その時々の政治状況や世論に左右されやすくなっている**といえるであろう。

### ● 日本人の代表的政治行動は何？ ●

やはりNHKの「日本人の意識」調査は，政治行動のあり方について，「選挙を通じてすぐれた政治家を選び，自分たちの代表として活躍してもらう」〔静観〕，「問題が起きたときは，支持する政治家に働きかけて，自分たちの意見を政治に反映させる」〔依頼〕，「ふだんから，支持する政党や団体をもりたてて活動を続け，自分たちの意向の実現をはかる」〔活動〕に分けて質問している。そこで明らかになることは，多くの人々が〔静観〕の態度を志向していることである。過去40年間，〔静観〕の態度は63％から59％で推移し，変化の幅が最も少ない。〔依頼〕するという態度は，11％から20％に拡大し，積極的に政治に関与する〔活動〕の態度は，17％から12％に減少している。要するに，日本人の基本的な政治行動は「選挙に行って代表を選ぶ」ことで，時には「政治家に働きかける」こともするが，それ以外の政治行動はほとんどしない。**選挙結果をおとなしく受け入れて（静観して），積極的な政治的働きかけを控える**というのが，日本人の代表的な政治行動であるといえるであろう。

そうした中で，選挙が政治的に有効であると考える態度が過去40年間に20ポイント近くも低下しているのである。日本人は，唯々諾々と選挙を行ってきたが，**選挙の政治的有効性について次第に疑問を抱くようになっている**。それが，投票率の低下にも表れている。日本人の政治行動は，ますます閉塞するのであろうか。多くの人々の思慮深い参加をどのようにつくり上げるか，日本政治は大きな転機にあるといえるかもしれない。

---

**コラム**

**政治不信が大きい日本人** 世論調査機関の中央調査社は，2000年から「国会議員」「官僚」「裁判官」「マスコミ」「銀行」「大企業」「医療機関」「警察」「自衛隊」「教師」に対する信頼感を5段階で調べている。2012年の段階で，最も高い信頼を得たものは「自衛隊」（3.7），次いで「医療機関」（3.5），「裁判官」（3.3）である。他方で，最も信頼感のないのが「国会議員」（2.1），次いで「官僚」（2.2），「マスコミ」（2.6）である。政治に対する信頼感は年によってほとんど変わらず，ほかの国に比較しても低い傾向にある。こうした政治不信が，政治的無関心の増大や投票率の低下に関係しているのかもしれない。（一般社団法人中央調査社「議員，官僚，大企業，警察等の信頼感」調査，2012年8月，http://www.crs.or.jp）

---

◆ **参考文献** ● NHK放送文化研究所『現代日本人の意識構造第8版』NHK出版，2015年
● NHK放送文化研究所「日本人の意識・40年の軌跡(1), (2)」『放送研究と調査』7月号，8月号，2014年

# 5 日本政治とコンセンサス－合意形成

### アプローチ

　コンセンサスとは，多くの人々の意見，価値，信条などの合意，一致ないし調和を意味する。社会ないし政治のコンセンサスという場合，主に2つの意味で用いられる。第1は，部分的・短期的合意をコンセンサスとしてとらえるものである。社会や政治において，対立する集団や行為者間に実質的で本質的な合意はないが，戦略的，手段的理由から一時的に合意が形成される場合がある。そこでは，集団や個人が，合意を追求する問題や争点を議論し，相違を確認し，一時的に受容される到達点を確認して合意が形成される。日々の政治的決定などがその代表である。これに対して，第2は，包括的で長期的な社会集団や個人間の社会的政治的合意をコンセンサスとしてとらえる立場がある。そこでは，多くの集団や人々が長期にわたって広く信任し，共有する社会的，政治的合意をコンセンサスとしてとらえる。

### ●民主主義はコンセンサス形成

　民主主義は，人々の等しい参加と議論を前提に，様々な問題や争点について，人々の間に合意を形成して政治的決定をなす過程である。合意形成の過程でもある。日々の合意が積み重ねられると，個々の政策，政策を実行する手続きや方法，制度や体制，社会目標などについて広く長期的な合意が形成され社会が安定する。イギリスの政治学者D・カバナー[*1]は，コンセンサスを「政治家や官僚が，行政的にも実施可能で，経済的にも受容でき，政治的にも正当とみなされる政策選択肢を拘束する基本的指針についての合意」と述べている。政治的には，基本的な価値，達成されるべき目標ないし目的について，**対立から一致ないし合意に転換することをコンセンサス形成**という。

### ●コンセンサスの政治から崩壊へ

　第2次世界大戦後，西欧社会では，民主主義的な政治制度ないし政治手続き，完全雇用を目標とした福祉国家の形成，福祉国家を形成するための有効需要を喚起するケインズ経済による経済財政政策の実行について，政党間のみならず広く社会的に合意が形成された。イギリスでは，政権が交代しても合意は継続され，1960年代には，政界，財界，労働界3者の合意によって，経済政策や賃金政策を決定するコーポラティズム体制が構築された。政治は，広い合意を基に既存の政策の漸進的な修正や技術的調整に限定されるようになった。アメリカの社会学者D・ベル[*2]は，「**イデオロギーの終焉**」と称した[*3]。

　日本においても同様の状況が出現した。1955年に与野党の再編が進み，自民党と社会党を中心とする「55年体制」が出現し，保守対革新という枠組みで政治が展開されるが，政党を超えて民主主義の制度や手続き，経済成長の追求，福祉にかかわる諸制度の形成について広い合意が形成された。1960年代の日米安全保障体制をめぐる紛争後には，日米を基軸とする外交安全保障についても広く合意が形成された。ヨーロッパ同様に，中道右派ないし左派の政治的合意から排除されたと考える極左ないし極右運動が散発的に生じたが，大きな政治的動きにはならなかった。70年代まで，自民党の長期政権もあって，日本政治は，ヨーロッパ各国の政治よりも「合意の政治」が展開されていたといえよう。

　戦後の先進民主主義国の政治を広く支配していた「コンセンサス（合意）の政治」は，1970年代後半期から転換することになった。イギリスでは，70年代

---

*1　D・カバナー [Dennis Kavanagh]（1941-）イギリスの政治学者。コンセンサス論を唱えたことで有名。

*2　D・ベル [Daniel Bell]（1919-2011）ロシア系ユダヤ人で，アメリカ生まれの社会学者。ハーバード大学名誉教授。

*3　この傾向は他の諸国にも波及し，オーストリアでは1945年から66年の間，社会党と保守党の大連立が形成され，ドイツでも1966年から69年に，社民党とキリスト教民主党の大連立が形成された（→39頁）。

に経済が停滞し，成長を促すための公共投資に伴う財政赤字が拡大，それまで続けられてきた経済財政政策に疑問が投げかけられるようになった。その折に誕生した保守党のサッチャー政権は，政権当初には明確ではなかったが，次第に福祉国家の政治を否定する価値や信条に基礎を置く政治を進めた。「**自立と自助**」**を前提とする新自由主義の政治**にほかならない。アメリカ政治が提起した政治の流れを踏襲するものであった。民主主義の制度について広く社会的合意はあるが，それまでイギリス政治が追求してきた政治目標から大きく相違することから，「**政治コンセンサス**」**の崩壊**と称された。

日本の政治にも影響が及んだ。1980年代から，戦後の日本政治の流れと異なる動きが台頭した。中曽根康弘政権は，日本経済を牽引してきた公営企業の経営悪化，さらにまた財政赤字の拡大などを受けて，公的企業や公共投資を中心とした経済政策の転換を図ることになる*4。こうして，政府主導の公共投資で経済成長を図るという戦後の政治モデルに対する合意が，次第に崩れることになった。「保護と統制」の合意から，「自由と競争」の合意への転換でもあった*5。

社会経済の変化は，政治の変化も促し，「保守と革新」で政治を行う政治モデルが弛緩して政党の再編がもたらされる。1970年代から日本の政党制は，次第に多党化を進めてきたが，80年代から90年代にかけてその傾向がさらに進行することになった。90年代になって自民党が政権を離れ，日本新党の細川護熙政権が誕生すると「55年体制」は崩壊し，以後連立政権による政治が常態化する。いずれの政党も単独で社会の人々の投票を広く集めることが難しくなった。広い社会的合意をもとにした政治の崩壊でもあった。

● **みえない新コンセンサス** ●　現在の政治は，社会の人々の多様な期待や願いをそれぞれ多様な政党に部分的に反映させ，その後それぞれの政党が連立によって政党間で合意を形成して政治を実施することになっている。単独の政党が，多くの人々を統合するような政治を行うことは難しい。政権に復帰した自民党政権も，多くの人々の合意を確保しているとはいえない。第2次安倍晋三政権も自公の連立政権によってなり立っており，2014年の総選挙で全有権者の30％程度の得票で政権を担当している。民主主義が原則とする多数者の合意に基づいて政権を担当しているとは必ずしもいえないのである。少数の支持で政権担当を可能にしているのは選挙制度の影響であるが，こうした状況は先進民主主義諸国の共通の現象になっている。民主主義の政治が広く社会的な合意をもとに行うことができるのか否かは，現代政治の重要な課題である。

\*4　国鉄など3公社の民営化などが代表である。それは，日本企業と日本経済を成長させるための，政府による「保護と統制」を必要としなくなったということでもあった。

\*5　合意が転換すると，「年功制」から「成果主義」などへ雇用関係や労働慣行も変化する。

---

**コラム**

**市場経済 vs. 民主主義**　オーストリアの社会学者，K. ポランニーは，経済領域の自己調整的市場経済を信奉する経済的自由主義者にとって，民主主義は市場経済の円滑な機能を妨げうるものであると指摘している。市場経済に対する規制の撤廃を主張する新自由主義が世界的な潮流になり，政治コンセンサスが崩壊したことは，市場経済と民主主義の対立において，市場経済が優勢になったことを端的に示すものともいえる。

◆参考文献　● Kavanagh, D. and Morris, P., *Consensus Politics*, 2nd ed, Blackwell, 1994

## 6 アジアの開発主義－アジアの政治経済イメージ

**アプローチ**

自由で平等な社会は西洋国家では普遍的な制度として確立しているが、第2次世界大戦後に独立したアジアの多くの国では必ずしもそうではない。個人の活動に制限をかけながら国家がその発展過程において独占的な役割を果たしてきたアジアにおいて、その政治体制や経済運営はどのようなイメージで特徴づけられるだろうか。

### アジアの政治体制

国民の自由な活動と平等な扱いが保障され、国民が選挙によって直接政治家を選ぶ権利の制度が確立された社会を民主国家と称するならば、戦後アジアの国々は非民主主義国家との烙印を押されることになろう。その例として、民間人が政治家に選ばれる国政選挙を欠き、軍のクーデターによる政府転覆を通して政権が代わる軍政国家や、1つの政党が長く政権の座につく1党支配国家などが挙げられる。前者にはかつての韓国やミャンマー、後者には中国、北朝鮮、ベトナムなどが含まれる。これらのアジア諸国は国民の利益よりも国家や民族の利益を優先することで経済成長を達成し国力強化を目指したため、自由に制限があっても経済成長が達成され続ける限り、国民が1人の指導者、1つの政党を支持する傾向が強まり、独裁的色彩の濃い政治体制が確立されることとなる。韓国の朴正煕や全斗煥、シンガポールのリー・クアンユー、マレーシアのマハティール・ムハマド、台湾の蔣介石、フィリピンのフェルディナンド・マルコス、インドネシアのスハルトらはこのような開発独裁を進めた指導者である。

1989年、冷戦終焉を目の当たりにした米国政治学者のフランシス・フクヤマ*1は、歴史は最終的に選挙で選ばれた政府、個人の権利、国家の緩やかな監視のもとで資本と労働が循環する自由経済システムに到達するとし、民主主義・自由経済モデルの勝利を「歴史の終焉」として論じた。しかし、アジア諸国の政治体制には、1989年の東欧のような冷戦を終わらせた民主化のうねりは起こっていない。それどころか2014年のタイのようにクーデターによって軍政が誕生するパターンが繰り返されるなど、フクヤマが論じたような各国の政治体制が自由な民主主義体制に収斂する動きは、アジアにおいては起こらなかった。

なお、上に述べたシンガポールのリー・クアンユー元首相は2015年3月に91歳で死去した。中国政府は1党独裁体制を維持しながら経済成長を達成した発展モデルの指導者としてその死を悼んだ。しかし、民主派層からは異論を許さない独裁体制構築に対する批判が寄せられるなど、その死は中国をも巻き込む形でアジア民主化論争に一石を投じかけるほどのインパクトをもたらしている。

### 開発主義と政治体制

その一方で、自由経済システムはアジアにも蔓延しており、ベトナムや中国が、政治では社会主義体制を維持しながらも改革開放路線を踏襲して資本主義の導入を図るなど、フクヤマの主張に沿った形で推移している。また、戦後多くの国が新たに主権を確立したアジアでは、国家基盤の形成とともに経済発展をなし遂げ、国民生活を安定させる必要があったため、社会主義国家でなくても多くの国々が政府によ

*1 フランシス・フクヤマ [Francis Yoshihiro Fukuyama] (1952-) アメリカの政治学者。新保守主義（ネオコン）の代表的論客。

る市場介入を行ってきた点で，欧米の自由経済システムとは一線を画してきた。

　第2次世界大戦後アジアで最初に主たる経済成長を遂げたのは日本であった。大戦により荒廃した経済を立て直し，1960年代から石油危機まで年率10％を超える高度経済成長を続けた日本の政策運営は多くの研究者の関心を集めた。その代表であるチャルマーズ・ジョンソン*2は通商産業省（現経済産業省）が経済発展の目的に必要な施策を講じ，多様な利害関係者からの圧力の軽減と官僚の権力保持を可能とした体制をつくり上げた点に注目し，古典派経済学が唱える国家介入の度合いが極めて低い自由放任制度との相違を強調して，国家の経済への介入という観点から日本を開発志向型国家と特徴づけた。

　1970年代後半になると日本に加え，新興工業経済群（Newly Industrializing Economies：NIEs）と称される韓国，台湾，シンガポール，香港が輸出主導型の高い経済成長を遂げ，1980年代以降はマレーシアやタイなどの東南アジア，さらに90年代に入ると中国が国民1人当たりの所得向上と高度経済成長を実現している。日本を筆頭にこのようなアジア諸国の発展過程にみられる開発主義国家の共通の政治要素として，日本の通産省のような特定産業の発展と保護に深く関与する産業政策を取り仕切る主導的官庁の存在と，その効果的な政策立案を支え市場介入を可能とする政治体制が挙げられる。日本，NIEs，東南アジア諸国のいずれにおいても市場経済への国家介入によって産業政策を進めることで経済成長を遂げており，さらに重化学工業など資本集約型産業が比較優位性をもってこれらの国々の成長の順列を形成したことから，東京商科大学（現在の一橋大学）で子弟関係にあった赤松要*3，小島清*4はこの成長過程を雁行形態型発展として論じた。

●**アジア通貨危機と政治的影響**●

　しかしながら1997年に**アジア通貨危機**\*5が起こり，アジア諸国の経済成長は停滞または縮小するなど，成長のサイクルにあった東アジア経済は大混乱に陥る。さらに通貨危機は政治にも影響を及ぼし，経済成長の間に政治と経済が癒着してネポティズム（縁故主義）が跋扈してきた非民主主義国家においては，政治指導者が退場を迫られることとなった。例えばインドネシアでは32年続いたスハルト体制が崩壊し，直接選挙によって大統領を選ぶ2002年の憲法改正へとつながった。シンガポールやマレーシアにおいても野党の議席数が伸びて1党支配体制に陰りが見え始め，中国支配下の香港でも民主化運動が起こるなど，アジアは20年遅れて「歴史の終焉」を迎えようとしているのかもしれない。その行方は「コラム」で述べているように，中国の民主化次第である。

\*2　チャルマーズ・ジョンソン〔Chalmers Johnson〕（1931-2010）　日本政治研究の大家であるアメリカの政治学者。冷戦以降，軍産複合体を中心としたアメリカの帝国主義的政策を批判し続けてきた。

\*3　赤松要（1896-1974）　日本の経済学者。専門は経済政策学。「産業発展の雁行形態論」で有名。

\*4　小島清（1920-2010）　日本の経済学者。赤松要の雁行形態論を継承・発展させた。

\*5　アジア通貨危機　自国通貨のバーツをドルに連動させるドル・ペッグ制度を採用し，輸出促進のため為替相場安定を図っていたタイでは，為替変動リスクが生じないことから，ヘッジファンドなどから短期資本が流入していた。1997年5月あたりから相場を下落させるため，大量の売り注文がバーツに対して行われた。タイ当局は固定相場制を維持するためバーツを買い支えしなければならず，ドルを売ってバーツを買う市場介入を繰り返し行った。しかしながら外貨準備が枯渇したため，ドル・ペッグ制度を放棄し変動相場制度へ移行したが，その結果バーツが急落し通貨危機が生じた。その後に同じ動きがインドネシア，韓国にも伝播し，それぞれの通貨が軒並み下落した。

### コラム

**アジアの民主化**　2014年9月，香港で政府トップである行政長官選挙をめぐり，立候補の自由や国民投票制に基づく民主的な選挙を求めて学生を中心に数10万人規模のデモが発生した。2010年に起こった中東での民主化運動「アラブの春」を思わせる動きだが，いずれもツイッターなどソーシャルネットワークが重要な役割を果たしている。Facebookが使えないなど言論規制が強い中国本土でこの連鎖は起きるかどうかがアジアの民主化論争の最大の争点になっている。

◆参考文献
●フランシス・フクヤマ『歴史の終わり』（上・下巻）三笠書房，2005年
●チャルマーズ・ジョンソン『通産省と日本の奇跡』TBSブリタニカ，1982年
●岩崎育夫『アジア政治とは何か―開発・民主化・民主主義再考』中央公論新社，2009年

# 7 日本のデモクラシー観－多様な民主主義のあり方

### アプローチ
〔現代に残る直接デモクラシー〕
スイスのアッペンツェルでは，今なお中世からの直接投票の青空議会＝ランツゲマインデが残っている。毎年4月の最終日曜日に，町の広場に全有権者を集め，台の上の議長が読み上げる議題に対し，挙手で票決する。

→ランツゲマインデ（Landsgemeinde）の様子
（スイス・アッペンツェル 2013.4.28）

### デモクラシーとは

デモクラシー（democracy）は，本来，「**多数者による支配**」を意味する政治概念である。語源はギリシャ語のdemos（＝people）＋kratos（＝rule）にあり，日本語では，民主政治，民主制，民主主義などと訳される。政治体制として「多数者の支配」がどのような形態をとるかは，多くの要因によって決定される。人口規模の小さいコミュニティでは，住民が直接に議論に参加し決定を下すこと（**直接デモクラシー**）が可能であり，人口規模の大きなコミュニティでは，住民が代表を選挙で選び，代表に政治運営を任せ，それを定期的に選挙でチェックする方法（**間接デモクラシー**）が一般的になる。また，社会が農村社会か都市社会か，農業社会か工業社会か脱工業社会かによってデモクラシーのあり方は変化し，メディアその他の技術発達によってもデモクラシーの性格は変わる。

### 理想状態としてのデモクラシー

厄介なのは，この概念が，政治体制や制度だけではなく**理想形態**を意味するものとして使われてきた点である。理想形態としてのデモクラシーは，平等や公平を重視する。手続きにおいては，住民の参加，インターネットによる参加など，**直接参加**の必要性が強調される。また，結果においては，「民主的再配分」や「社会・経済の民主化」などの表現に示されるように，低所得層，**弱い立場の者，マイノリティ集団**の意見や利益をどの程度にまで反映した政策やルールであるかが強調される。デモクラシー概念の2面性と混乱に直面し，デモクラシーを再定式化するために**ポリアーキー**＊1という概念を提示したのが，アメリカの政治学者**ダール**＊2である。彼によると，ポリアーキーとは，①普通選挙権，②政府に異議を申し立てるための開かれた広範な機会，③選挙における競争，④競合的な政党，⑤選挙結果に基づく平和的政権交代という特性をもつ民主的政治体制である。そして，〈公的な異議申し立て〉と〈参加〉という2軸を組み合わせることで，体制の民主化の程

＊1 **ポリアーキー** 〈公的な異議申し立て〉と〈参加〉の両方が制約されている状態が，閉鎖的抑圧体制である。〈公的な異議申し立て〉だけが認められる体制は，競争的寡頭体制（Ⅰ），〈参加〉だけが認められる体制は，包括的抑圧体制（Ⅱ）と呼ばれる。〈公的な異議申し立て〉と〈参加〉の両方が認められる体制がポリアーキー（Ⅲ）である。

＊2 **ダール**〔Robert A. Dahl〕（1915-2014） 専攻は比較政治学・政治理論。政治的多元主義理論の発展に貢献した。

〔図〕ポリアーキーへの道

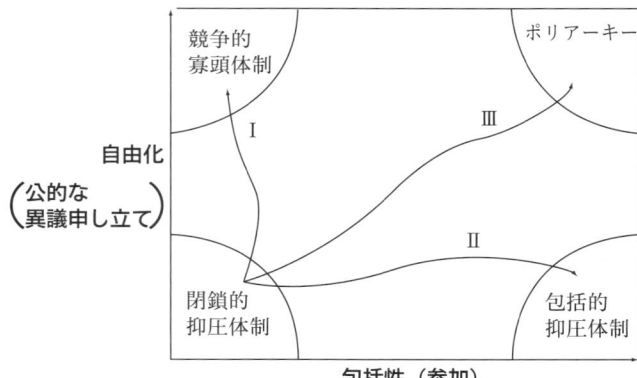

（ロバート・ダール『ポリアーキー』三一書房による）

度を測定することができる。

### 政治制度としてのデモクラシー

政治制度としてのデモクラシーは多くの者によって研究されてきた。その中で比較の視点から一貫してデモクラシーの類型化作業を行ってきたのが，オランダ生まれのアメリカの政治学者**レイプハルト**\*3である。彼は1977年に，デモクラシーには英米型，大陸型以外に，**多極共存型**——①大連合，②分割的自治，③相互拒否権または少数派拒否権，④比例制によって特徴づけられ，ヨーロッパの小国（ベルギー，オランダ，スイス，オーストリア）に特有のデモクラシー——が存在することを明らかにした。その後，彼は，デモクラシーを「多数派による政治運営を目指す」**多数決型デモクラシー**と「政治運営への幅広い参加を目指す」**コンセンサス型デモクラシー**に分類し，政府・政党次元および連邦制・単一国家次元の変数\*4によって分析し，図式上に36か国を位置づけた。

### 日本のデモクラシー観

第2次世界大戦後の日本では，「ムラ社会」，「タテ社会の人間関係」（中根千枝\*5）など，文化または文化人類学の視点からの日本人論が盛んであり，「集団志向で自己主張の弱い日本人には西欧型デモクラシーは合わない」という見方も提示された。また，再出発した日本の政治体制が「**戦後民主主義**」として，憲法理念，戦前との継続性，市民革命の欠如，伝統的価値の破壊などの視点から賞賛または批判された。

しかし，最近ではそのような議論は聞かれなくなった。実際，戦後の日本には，①普通選挙権，②政府に異議を申し立てるための開かれた広範な機会，③選挙における競争，④競合的な政党，⑤選挙結果に基づく平和的政権交代というダールの民主的政治体制の特徴が存在し，2000年に入ってから政権交代の慣行が復活したので，選挙・政権選択を中心とするデモクラシーは現実のものになっている。そして，レイプハルトによると，日本（1996年まで）はベルギー，イタリア，オランダに近い「ややコンセンサス型寄り」のデモクラシーと特徴づけられる。それにもかかわらず，日本の選挙民の多くは，選挙・政権選択の政治制度が作動しても，大きな政治変化や政策効果が生じないことに不満をもっている。最近では選挙・政権交代以外の領域での政治ダイナミズムが求められており，それが「新しい公共空間の創造」「民主主義のつくりかた」「熟議デモクラシーの可能性」などの議論や著作となって現れている。

\*3 レイプハルト［Arend Lijphart］（1936-）専攻は比較政治学。デモクラシーの類型化，選挙制度とデモクラシーの関係についての研究で有名。

\*4 多数決型デモクラシーは，①単独過半数内閣への執行権の集中，②議会に対する執行部優位，③2党制，④小選挙区制，⑤多元的利益団体システムによって特徴づけられる。コンセンサス型デモクラシーは，①連邦制，②2院への権力分離，③厳格な憲法規定，④裁判所による違憲立法権，⑤中央銀行の独立によって特徴づけられる。

\*5 中根千枝（1926-）日本の社会人類学者。女性初の東京大学教授で，著書『タテ社会の人間関係』（1967年）はミリオンセラーとなった。

---

### コラム
**デモクラシーという用語はいつ受け入れられたのか**　デモクラシーの語源 demos は多数者もしくは大衆を意味し，そこには「衆愚」という否定的な含意があったため，20世紀に入ってすぐにこの用語が政治学で使われたわけではなかった。例えば，アメリカで新しい政治学の必要性を主張し，「世論分析の父」といわれたハーバード大学教授ローウェル（A. Lawrence Lowell, 1856-1943）は，世論と民主政治の関係を論じた1913年の著作に『世論と民主政治（Public Opinion and Popular Government）』というタイトルをつけた。民主国の政治を比較分析し，その著作に初めて『現代民主国（Modern Democracies）』というタイトルをつけたのは，ブライス（J. Bryce）であった。これ以降，デモクラシーという用語は中立的な専門用語として多用されるようになった。

---

◆参考文献　●宇野重規『民主主義のつくりかた』筑摩書房（筑摩選書），2013年
●ロバート・ダール（高畠通敏訳）『ポリアーキー』三一書房，1981年（岩波書店（岩波文庫），2014年）
●アーレント・レイプハルト（内山秀夫訳）『多元社会のデモクラシー』三一書房，1979年
●アーレント・レイプハルト（粕谷祐子訳）『民主主義対民主主義―多数決型とコンセンサス型の36ヶ国比較研究』勁草書房，2005年

# 8 日本人における"国"意識－国家観

## アプローチ

〔近代国家の定義〕

　国家とは，境界線により明確に区切られた固定的な領土をもち，その領域内で主権を行使し，法律を制定し強制するため組織を確立し，国家の成員としての国民の間に言語・文化・民族に関して相当程度の共通性の存在が期待される政治団体を指す（久米他『補訂版　政治学』91頁）。領土，主権，国民を国家の3要素といい，政府は，国家の権威が実行される手段である。

　また，国民に法律を強制し，必要に応じてペナルティを科す排他的な物理的強制力を独占[*1]していることが，機構としての国家の特徴である。なお，英語では，公式機構としての国家を state，国家を構成する国民を nation，文化や歴史を含む一般的な意味での国を country と使い分ける。ちなみに国歌は national anthem，国技は national sport である。

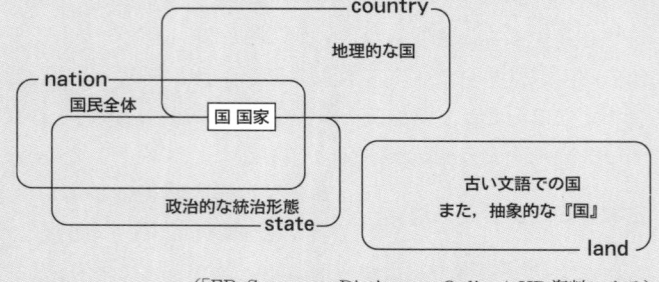

（「ER Synonym Dictionary Online」HP 資料による）

### 国家の成立過程と活動の特徴

　国家の成立過程は多様である。歴史的にみると，まず，例えば古代ギリシャのポリスのような**自然的共同体としての国家**が誕生した。次に，1648年のウェストファリア条約[*2]により，一定の領域内で教会から独立した主権を行使することができる**主権国家**が登場した。その後，市民社会が成立する過程で，国家が**社会契約**に基づいて建設されると理論化され，第2次世界大戦後，独立した旧植民地が「**民族自決**」原則のもとに国家建設に着手した。これらの国家の成立時期と国家の活動の特徴には関係がある。イギリスの政治学者**ヘイウッド**[*3]によると，経済活動を基準にした場合，国家は，「小さな政府」原則に基づき，より多くの領域を個人の自由に委ねる**最小国家**[*4]（→127頁），国民生活の向上を目標に経済開発を主導する**開発国家**，公正・平等の原則に基づき所得の再配分と社会福祉を重視する**社会民主国家（福祉国家）**などに分類される。西欧の先進諸国は最小国家から社会民主国家に移行し，日本やドイツのような後発諸国，アジアの発展途上国は，開発国家からある程度社会民主国家に向かう傾向が観察される。

### 日本人の伝統的国家観としてのクニ

　日本はアジア大陸の東端に位置する列島であり，他の国や民族の移動路ではなく，大きな資源もなかったため，元寇，キリスト教の布教，開国交易を求める外国圧力を除き，外国や外国人と接触する機会は極めて少なかった。また，鎖国政策を採用したため，日本は江戸時代を通じて外国や国境を意識する必要はなかった。しかし，明治政府は，欧米列強諸国と競争するため，上から国家を建設することを意図し，伝統的権威を利用しながら，中央政府に忠実な「国民」を創出しようとした。**京極純一**[*5]の言葉を借りると，明治政府は，大日本帝国憲法を制定して立憲国家を建設する際に，国民社会を**イエ社会**になぞらえ，天皇家を中心とする「日本」という**クニ集合体**をつくろうとした。そして，このような国意識の中で殖産興業・富国強兵が進められ，日本は軍国

---

[*1] ドイツの社会学者M.ウェーバーは，『職業としての政治』（1919年）の中で，国家とは「ある一定の領域の内部で正統な物理的暴力行使の独占を要求する人間の共同体」と論じた。

[*2] ウェストファリア条約　三十年戦争終了後にドイツのミュンスターで締結された条約。オランダとスイスの独立が認められ，各国の国家主権の独立・主権の対等などの現代国際法の原則が認められた。

[*3] ヘイウッド［Andrew Heywood］　イギリスの政治学者。

[*4] 最小国家　ヘイウッドの分類による「最小国家（minimal state）」は，内容から判断すると，「小さな政府」――国内の治安維持，外敵からの擁護，経済活動に必要な大規模公共事業の実施――を象徴し，「夜警国家」と呼ばれる国家と同義である。そして，この国家像は1980年代以降，新自由主義者の間で再び注目されている。Andrew Heywood, *Politics*, 4th ed., 2013, pp.67-68.

[*5] 京極純一（1924-）日本の政治学者。数量分析などを用い，日本人の政治意識・政治行動を分析した。

主義への道を歩むことになった。

### 戦後教育と「国家」の欠如

第2次世界大戦で日本が敗北した結果，天皇家を中心とするクニ集合体への信仰は崩壊した。しかし，西欧型の国家概念が日本に紹介され，国民に受け入れられたわけではなかった。学校教育では，戦争の反省から，**国民主権，基本的人権の尊重，平和主義**という新憲法の3理念が強調され，近代国家の理念や歴史，国家と個人の関係などは十分に教えられることはなかった。2006年に第1次安倍晋三政権のもとで，教育基本法が改正され，教育の目標の1つに「伝統と文化を尊重し，それらをはぐくんできた我が国と郷土を愛するとともに，他国を尊重し，国際社会の平和と発展に寄与する態度を養うこと」が加えられた。内容について賛否両論はあるとしても，政府と国民がこの問題に長期にわたり目を向けてこなかったのは大きな問題である。

### 求められる新しい国家観

最近のグローバリゼーションの中で，国家の概念や役割の見直しが始まっている。ヒト・モノ・カネが国境を越えて自由に行き来するグローバル社会では，**主権国家の役割は低下**し，経済領域では1国の経済主権を超えた国際協調が必要となり，さらに主権国家と国際機関以外の**多次元ガバナンス**＊6が求められている。実際にも1980年代以降，世界各国で国家の役割が見直され，規制緩和，民営化，政府サービス提供への民間手法の導入が行われ，EUを含めFTA・EPAやTPPなど様々な経済連携が進められている。さらに日本では，2000年に入ってから，財政赤字を理由にこれまで国家の役割とみなされてきた社会福祉の削減が始まった。また，**テロ**に対して国家としての日本はどのように対処すべきか，個人がテロに巻き込まれた場合，政府の勧告を無視してテロ地域に渡航し，あるいはテロに参加した場合，国家はその個人にどのように対応すべきかについて国民の間に意見の一致はない。そろそろ日本も旧来の国家観を再検討し，新しい時代と環境に適した国家観を構想する時期を迎えている。

＊6 **多次元ガバナンス**
決定権が，国際政府レベル，国家政府レベル，地方政府レベルにわたる複雑な決定と運営の仕組みを指す。

### コラム

**政治的社会化と国家への忠誠**　決定された規則が遵守され，政治運営が円滑に行われるために，政府は，社会のメンバーに，その社会で一般的に抱かれている政治的価値観・態度を習得させる必要がある。これを政治的社会化という。1党支配のもとで政治的批判を認めない独裁体制で徹底した政治的社会化（政治教育）が行われるのは当然であるとしても，民主国でも何らかの政治的社会化は必要である。例えば，移民の国であるアメリカでは，市民の間に同一の国民意識を育成する必要がある。そのため，移民はアメリカ市民権を獲得する際に，「英語を話し，市民としての義務を守る」という誓約を求められる。また，アメリカ生まれの子供はいうまでもなくアメリカの市民権をもっているものの，小・中学校での授業前の「宣誓儀式」，高校での公民教育を通じて，市民意識が形成され，市民義務（陪審員をつとめる義務，納税の義務）が教え込まれる。

◆参考文献　●久米郁男・川出良枝・古城佳子・田中愛治・真渕勝『補訂版　政治学』有斐閣，2011年
　　　　　●京極純一『日本の政治』東京大学出版会，1983年
　　　　　●猪口孝『国家と社会』東京大学出版会，1988年

# 1 日本における政党の発達－55年体制前の諸政党

## アプローチ

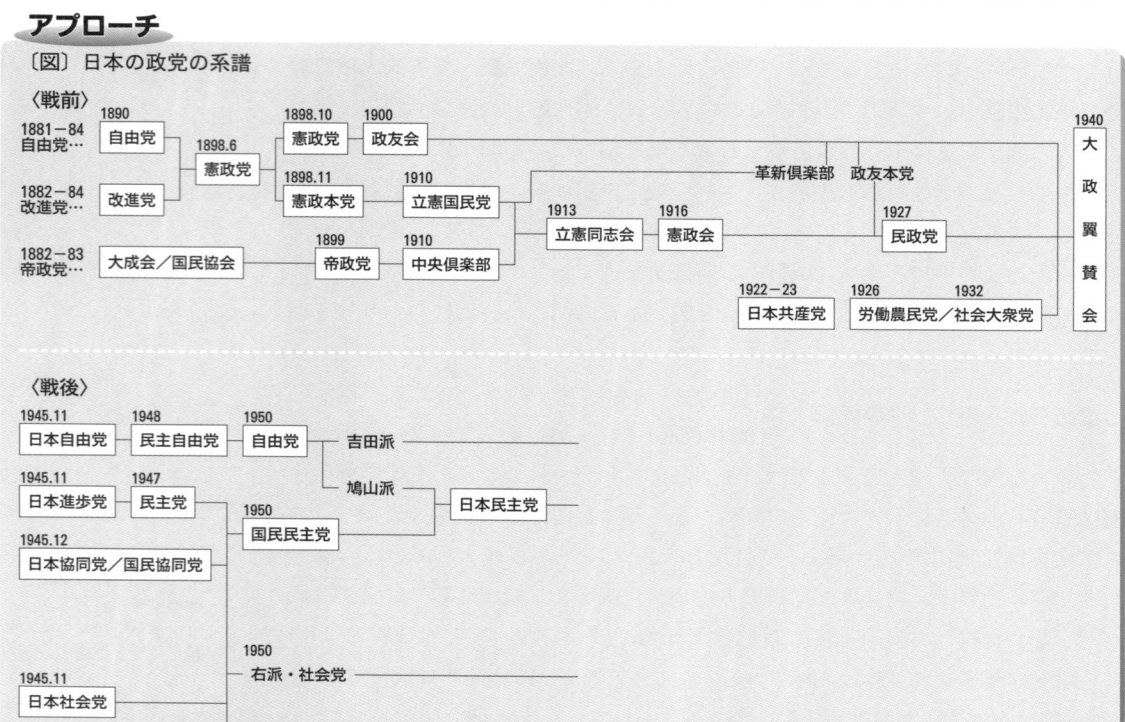

〔図〕日本の政党の系譜

（55年体制以降の政党➡48頁）

### ●西欧民主諸国における政党の誕生・発達のパターン●

デモクラシーを前提とする場合，政党の誕生には，①議会の開設，②選挙民による議員の選出という2条件が満たされる必要があった。西欧民主諸国をみると，政党の誕生・発達のパターンは共通していた。

第1期は，議員の間から会派として政党が誕生し，選挙区に浸透した（1830年代〜1880年代）。この時期には，自由貿易と選挙権拡張を支持する**自由党**とそれらに反対する**保守党**が競争し，選挙権拡張とともに両党は選挙区組織を形成した（第1世代の政党）。

第2期は，議会外に起源をもつ政党が誕生し，それまでに形成された政党と競争した（1890年代〜1960年代）。この時期には，労働者が選挙権拡張と政治的不平等廃止を求める労働運動・社会主義運動の中で**社会党・労働党**を結成し，次第に政権に参加した（第2世代の政党）。

第3期は，新党が結成され，多党化が進んだ（1970年代〜現在）。ある程度の経済生活と福祉が確保されると，国民の関心は新しい問題に向けられ，環境保護を求める**緑の党**，社会の不公正是正を求める**反税党・改革党**，外国人労働者の排斥を求める**極右政党**などが相次いで結成された（第3世代の政党）。

### 日本における政党の誕生

西欧民主諸国の場合とは異なり，日本の政党は明治期の政府エリート内部の意見の相違から生まれた。明治維新後，国家建設を担ったのは4藩（薩摩：鹿児島県，長州：山口県，土佐：高知県，肥前：佐賀県）出身の藩閥官僚であった。彼らの間で意見対立が激化するたびに，敗れて下野した側が政党を結成した。例えば1873年に征韓論争[*1]で敗れた板垣退助（土佐）は翌1874年に**愛国公党**を結成し，自由民権運動を展開した。1881年に国会開設論争[*2]で敗れた大隈重信（肥前）が下野し，直後に明治政府は10年後に国会を開設する旨の「国会開設の詔勅」を発布した。同年，板垣は**自由党**を結成し，翌1882年，大隈は**立憲改進党**を結成した。1890年の第1回帝国議会では，**自由党**と**改進党**が民党の2大勢力を構成した。

### 日本における政党競争の展開

国会運営における政党の重要性が認識されると，藩閥官僚も政党に依存せざるをえなくなり，旧自由党勢力を中心に1900年に**政友会**が結成され，伊藤博文が初代総裁に就任した。1913年に，旧改進党勢力を中心に**立憲同志会**（後の**憲政会**，**民政党**）が結成され，以降，同党と政友会の間で競争が続いた。これらが日本における第1世代の政党である。その後，都市労働者が増加し始めると1925年に男子普通選挙権が認められ，1926年に穏健な無産政党（**労働農民党・社会大衆党**）が結成され，1928年に初めて議席を獲得した。これが日本における第2世代の政党であり，西欧民主諸国の場合と比較して，結成は約30年遅れた。1940年になると，政党が自発的に解散して**大政翼賛会**[*3]に合流し，政党は一時的に姿を消すことになった。

### 第2次世界大戦後の再出発

アメリカを中心とする占領軍により日本の民主化が進められる中で，1945年11・12月に，**日本社会党**，**日本自由党**，**日本進歩党**，**日本共産党**，**日本協同党**が相次いで結成された。新憲法のもとで，これらの政党は自由に活動することが認められ，ここに本来の意味で政党政治が開始されることになった。以来，1955年に至るまで，離合集散を伴う多党状況の下で，連立内閣が形成され，政権交代も起こった。

---

[*1] **征韓論争** 武力で朝鮮に開国を迫るべきか否かをめぐる論争。西郷隆盛，板垣退助，江藤新平らが支持し，岩倉具視，木戸孝允，大久保利通らが反対した。

[*2] **国会開設論争** いつどのような憲法を制定すべきかをめぐる論争。大隈重信は早急に英国型政党政治を導入することを主張し，伊藤博文らは時間をかけてプロシア型君主国家政治を導入することを主張した。

[*3] **大政翼賛会** 日中戦争が激しさを増し，ヨーロッパで第2次世界大戦が勃発する中で，近衛文麿内閣（第2次）の閣議決定に基づき，全国に置かれた戦時動員のための国民組織。

---

## コラム
### 大日本帝国憲法下の政党政治

大日本帝国憲法下の政党政治は多くの点で制約されていた。①議会の権限は小さく（議会は「天皇の協賛機関」），議会で予算が可決されなくとも，政府は前年度予算を執行することができた。②実質的な会期は1か月から2か月と短く，議会は政府予算を15日以内（後に21日に延長）に審議し本会議で報告しなければならなかった。③議院内閣制が未確立で，議会多数党に内閣総理大臣を決定する権限はなかった。元老と呼ばれる天皇の補佐集団（重臣：藩閥出身の維新功労者・首相経験者）が天皇の諮問に答える形で「次期総理大臣」を推薦した。④労働者が政治勢力として台頭するのが遅く，社会主義運動が弾圧された。⑤普通選挙権の確立が遅く，1946年まで女性に選挙権・被選挙権が認められなかった。

---

◆参考文献　●川人貞史・吉野孝・平野浩・加藤淳子『現代の政党と選挙［新版］』有斐閣（有斐閣アルマ），2011年
●升味準之輔『日本政治史1～4』東京大学出版会，1988年

# 2 有権者と政府を仲介－政党の機能

### アプローチ

〔新進党の結党大会の様子〕

1994年結党の新進党は，当時，自民党に次ぐ衆参両院214議員を擁する最大野党だった。小選挙区制導入を控え，村山富市連立政権（自民党・社会党・新党さきがけ）に対抗するため，新生党，公明新党，日本新党，民社党，自由改革連合など諸政党が結集。政権交代を目指し海部俊樹党首，小沢一郎幹事長で発足したが，1997年に解党した。

→新進党結党大会…結党大会は，テープが飛び，党名を書いた巨大な帆布が客席を覆うパフォーマンスで締めくくられた。
（神奈川県横浜市・国立横浜国際会議場　1994.12.10）

### 政党の定義

日本で政党というと，自由民主党，民主党，公明党などの名前をあげることができる。これらの政党の特徴は，候補者を立てて選挙を戦い，選挙民の支持を背景に政権を担当し，または政権獲得を目指すことにある。このような点から，政党は「選挙において提示される公式のレッテルによって身元が確認され，選挙を通じて候補者を公職に就ける政治団体」（G・サルトーリ）[*1]と定義される。このように政党を有権者と政府の仲介者とみなすと，政党の機能は次のように定式化することができる。

*1　G・サルトーリ
[Giovanni Sartori]
（1924-）イタリアの政治学者。政党システムの研究で有名。

### 主要機能1：利益集約

社会には多様な個人・集団が存在し，自身の職業や政策選好に応じて多様な利益を形成し，政府に対して多様な要求を行う。例えば経営者団体は法人税の引き下げを要求し，労働組合は非正規労働者対策を要求する。農協は農産物自由化に反対し，環境保護団体は大型開発事業に反対する。これら個人・集団の多様な利益・要求をまとめて識別可能な政策提案に変換するのが政党の**利益集約機能**である。この機能は政党と個人・団体の日常的接触の中で遂行され，各政党は選挙の前に，経済ではこの政策を推進し，エネルギーではこの政策を推進し，安全保障ではこの政策を推進するという1組の政策選択肢を作成する。

### 主要機能2：選挙運動

議会が任期を終え，選挙管理委員会が次期議会のための選挙を公示しても，それだけでは選挙の過程は始まらない。ここで，選挙に際して候補者を立てると同時に，選挙民に投票決定のための手がかりを与えるのが政党の**選挙運動機能**である。まず，政党は公認候補者を決定し，公認候補者に運動手段（政治資金・運動員）を提供し，候補者が選挙運動を実施するのを可能にする。次に，政党は当選後に候補者がどのような政策を実施するのかを選挙民が予測するための手がかり（政党レッテル）を与え，ビラの配布，演説会の実施，テレビコマーシャルなどの宣伝を通じて，選挙民が自党の公認候補者に票を投じるよう促す。

→街頭演説をする民主党の候補…たすきに民主党のロゴマークが入っている。

### 主要機能3：政治運営

選挙後，当選した議員が集まっただけでは，議会と政府は動かない。ここで，選挙の後で議会と政府を組織化し，**与党または野党の立場から政治運営の担い手となるのが政党の政治運営機能**である。まず政党は，正副議長と常任委員長を選任し，議員を各常任委員会に配分することを通じて議会を組織化し，議院内閣制を採用する場合，単独であれ連立であれ，多数党が内閣総理大臣を指名し，内閣総理大臣が内閣を組織する。次に，多数党は与党として内閣と協力しながら予算を含む主要法案の成立を図り，外交問題処理や災害復旧などの緊急的課題に対応し，少数党は野党として政府の立法作業や政治対応を精査し，ときには批判する。

### 現状と副次的機能

これらの主要機能の遂行において，政党は問題を抱えている。利益の多様化に伴う選挙民の政党離れの進行の中で，政党は社会内の多様な利益を集約することが難しくなっている。マスメディア（特にテレビやインターネット）が発達し，政党による選挙運動様式は時代遅れとなっている。官僚および利益団体が政府決定過程に参加する結果，政策形成における政党の役割は小さくなっている。なお，これら主要機能以外に，政党は選挙民にその社会で一般的に受け入れられている政治的価値・態度を習得させ（**政治的社会化**），選挙民に政治に関する情報を提供する（**政治コミュニケーション**）などの機能を遂行することがある。しかし，日本および西欧民主諸国では，これらの機能は家庭・学校，マスメディアなどによっても遂行されているので，政党の機能としては副次的である。

### 政治家からみた政党の目的

政治家を合理的選択者とみなす視点からみると，政党には別の目的がある。アメリカの政治学者J・H・オールドリッチ[2]によると，政治家が政党を形成し，また政党に所属するのは，個人が合理的に決定しようとしても解決できない問題が存在し，政党がその問題への解決策を提供するからである[3]。第1に，個人が公選公職に当選し，また当選を重ねて経歴を積み議会指導部や閣僚のポストに就きたいという希望を実現するために，政党が必要である（**政治的野心の実現**）。第2に，知名度が低く国民全体の利益を主張する候補者が票を集めるために，また，議員が皆個人の意思で選挙区サービスを続けて財政が破綻するのを防ぐために，政党が必要である（**集合行動問題の解決**）。そして，第3に，議員個人が矛盾のない政策選好をもち，全議員が個人の選好にしたがって投票すると，投票結果が循環し何も決まらない場合がある。循環的矛盾に陥るのを避けるために，政党が必要である（**社会的選択問題の解決**）。

[2] J・H・オールドリッチ［John. H. Aldrich］アメリカの政治学者。新制度論から政党へアプローチする研究で有名。

[3] この議論は合理的選択新制度主義と称されるもので，政党を政治家の合理的選択の結果生じた政治構造とみなす。詳細は，参考文献の『現代の政党と選挙［新版］』の第2章を参照。

---

### コラム

**利益表出機能** 個人・集団が自身の要求を決定過程に伝えることを，利益表出といい，もっぱら個人，運動，団体，メディアがこの機能を遂行する。政党は，選挙区レベルでは利益表出を行うものの，政策決定レベルでは個別的利益を集約する。しかし，例外も存在する。例えば環境保護や政治改革などの特定目的だけを実現しようとする政党は「単一争点組織」であり，機能の点では利益集約というよりは利益表出に近い。

---

◆参考文献　●岡澤憲芙『政党』東京大学出版会，1988年
●川人貞史・吉野孝・平野浩・加藤淳子『現代の政党と選挙［新版］』有斐閣（有斐閣アルマ），2011年

# 3 何を政党と呼ぶのか？－日本における政党の法規制と定義

## アプローチ

現代民主政治における政党の重要性は，日本においても広く認められている。しかし，制度としての「政党」の法体系に占める地位は，確立したものではない。まず，日本国憲法には，ドイツ憲法*1等とは異なり，政党についての何らの規定もなく，また政党についての包括的な規制法も存在しない。個別の法律が，政党を包括的に定義することなく，目的に応じて政党を定義して，一定の規制を行っているのが，日本における政党の法規制の現状である。

### 政党の法規制と政治活動の自由

政党に関する規制事項を網羅した包括的政党法が必要か否かは，議論の分かれるところであろう。政党の運営，例えば役員の選任の方法，党の意思決定の方法などについて厳格詳細な規制をすれば，政党の民主的な運営は確保できるかもしれない。しかし，結社の自由，政治活動の自由を侵しかねないことも否定できない。ただ，一般には，純然たる私的結社であっても，社会における重要な機能を果たすべき団体については，要件を定めるなどの一定の規制は，必ずしも結社の自由と矛盾しないとされよう。例えば，現代の経済活動における株式会社の重要性に鑑み，株式会社につき，厳重な法規制が存在しても，個人の経済活動の自由が制約されるから違憲である，とは必ずしもいえない。個別の法規制をみれば，公職選挙法，政党助成法，政党法人格付与法，政治資金規正法が，事実上政党を定義している。

### 比例代表選挙団体としての政党

まず，選挙制度に比例代表制が採用されていることから，**公職選挙法に候補者名簿を提出できる政治団体の要件が定められている**。衆参両院とも，㋑現に所属する国会議員が5名以上か，または，㋺直近の衆議院総選挙か参議院通常選挙で，有効投票総数の2％以上得票した実績があればよい。もしくは，㋩衆議院では，全部で11ある比例代表ブロックの当該ブロック定数の2割以上，参議院では比例代表区の候補者を10名以上立てられればよい。㋩の要件は，一見簡単に満たせるようにも思われる。しかし，立候補には，実は候補者1人当たり，衆議院小選挙区，参議院選挙区では300万円，比例代表名簿登載候補1人当たり600万円の供託金が必要であるから，単なる趣味道楽で選挙に出ようとする泡沫候補者への歯止めは，一応存在するのである。

### 公費助成対象としての政党

さらに，政党助成法による公費による政党への資金援助制度があり，**政党交付金を受け取る資格が政党助成法で定められている**。この法律は，細川護熙連立内閣が1994年1月に成立させた，政治改革関連4法の1つである。国勢調査による総人口に250円を乗じた額が交付金総額となる。交付要件は，政治資金規正法上の政党*2すなわち，

① 「政治上の主義若しくは施策を推進し，支持し，又はこれに反対すること」
② 「特定の公職の候補者を推薦し，支持し，又はこれに反対すること」

のいずれかの活動に従事し，上記の㋑もしくは所属国会議員がいて，直近に行

---

*1 ドイツの法学者トリーペル（Heinrich Triepel, 1868-1946）は，国家が政党を①敵視する，②無視する，③承認して法制化する，④憲法に編入するという歴史的段階を踏むとした。日本は，おおむね③の段階にあるとすることができよう。④の代表的事例としては，ドイツ連邦共和国基本法がよく挙げられる。

【ドイツ連邦共和国基本法の政党条項】
第21条〔政党〕① 政党は，国民の政治的意思形成に協力する。政党の結成は，自由である。政党の内部秩序は，民主政の諸原則に合致していなくてはならない。政党は，その資金の出所及び用途並びにその財産について，公に報告しなくてはならない。

② 政党のうちで，その目的又はその支持者の行動により，自由で民主的な基本秩序を侵害若しくは除去し，又はドイツ連邦共和国の存立を危うくすることをめざしているものは，違憲である。その違憲性の疑いについては，連邦憲法裁判所がこれを決定する。

③ 詳細は，連邦法律が，これを定める。
（高橋和之編『新版 世界憲法集 第二版』岩波書店）

*2 政治資金規正法第3条に定められている。

われた衆議院議員総選挙（小選挙区選挙か比例代表選挙のいずれかの選挙），または前回，前々回の参議院議員通常選挙（選挙区選挙か比例代表選挙のいずれかの選挙）のいずれかにおいて，全国を通じた得票が2％以上であることという条件を満たすことである。この政治団体を，政治資金規正法では政党としている。交付金総額の半分は，議員数に按分して，残りの半分は，直近の国政選挙の得票率に応じて配分される。

別に，この条件は，政党が政党名で不動産の登記を行ったりする資格ともなることが，政党法人格付与法に定められている。

この条件を満たさない場合，「その他の政治団体」とされ，企業献金が受けられず，個人の献金額も年150万円が上限（政党は2,000万円），寄付した場合の税制上の優遇措置もない。

### 院内議員集団としての政党

また，特段の定義はされていないものの，国会法や各議院規則には，「**会派**」という用語・概念が用いられている。これは，事実上，**院内の議員集団としての政党であり，国会の議事運営の基本単位**となる。委員会の構成人数，質問時間，国会内の議員控室は，所属議員数に応じて会派単位に割り振られる。

通常は，政党がそのままの名称で会派となる。しかし，選挙区事情等で正式には入党できない議員やほかの政党と連合して会派を結成することがある。これを**統一会派**と呼ぶ。しかし，統一会派としての組織が特にあるわけではなく，院内での発言力を増すための方便といえる。また，正副議長は会派に加入しない慣例があり，これを称して「正副議長の党籍離脱の慣行」とする報道が多い。しかし，党員資格は維持しているのが普通なので，紛らわしいが，基本的には「正副議長会派離脱の慣行」とすべきであろう。

会派は，各院で複数の議員を構成員として，議長に届け出ることによって認知され，それ以上の要件は特に定められていない。ただし，所属議員が1名であっても，政治資金規正法に従って届け出た政治団体は，立法事務費の配分対象としての会派とみなされる。

---

### コラム

**駆け込み新党**　政党交付金の申請は，通常は1月15日までに行わなければならず，交付金の算定の基礎となる所属国会議員数は，1月1日現在のものとなる。そこから，年末に新党を結成する動きが出てくるといわれている。この時期から以後の新党は，交付金を受けられないからである。2014年末所属議員が4名となり政党要件を満たせない危機に陥った「生活の党」は，無所属だった山本太郎参院議員を入党させて，政党交付金受領の資格を得た。同時に党名の変更を届け出ている。その名も「生活の党と山本太郎となかまたち」。通称，仮称ではなく，個人名を冠した党名が公認されたのは初めてのことである。

→「生活の党と山本太郎となかまたち」の記者会見…会見する小沢一郎共同代表（左）と，山本太郎共同代表。
（東京・永田町の参院議員会館　2015.6.9）

◆参考文献　●堀本武功『世界の政党法』麹町出版，1984年

# 4 誰が政治家になるのか？－政治家リクルートメント

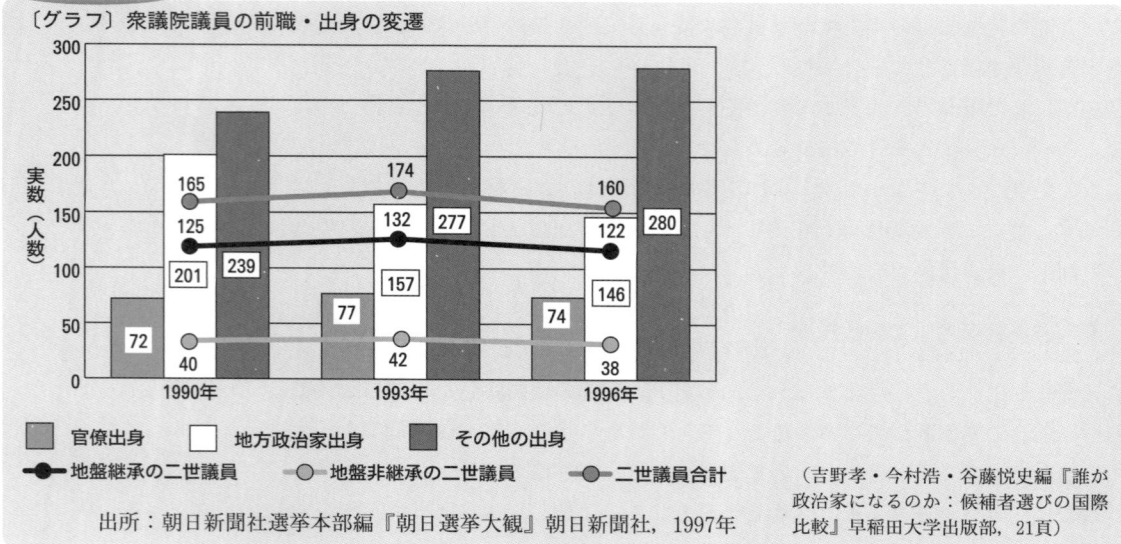

〔グラフ〕衆議院議員の前職・出身の変遷

出所：朝日新聞社選挙本部編『朝日選挙大観』朝日新聞社，1997年

（吉野孝・今村浩・谷藤悦史編『誰が政治家になるのか：候補者選びの国際比較』早稲田大学出版部，21頁）

### 政治家リクルートメントとは何か

政治家を志願する者を探し，彼らに政治家になるための教育・訓練を与え，彼らの立候補を支援することを，政治家リクルートメントという。いずれの西欧民主諸国においても政治家リクルートメントは政党によって行われるものの，国ごとにその方法や手続きは異なり，その結果，誕生する政治家のタイプや行動様式は異なっている。

### 欧米諸国における政治家リクルートメント

例えば，イギリスにおける政治家リクルートメントは，**政党リスト登録・選挙区選択型**と特徴づけることができる。労働党と保守党では，政治家志願者は事前に党候補者リストに登録することが義務づけられ，新しい候補者を決めなければならない選挙区は，そのリストの中から選ばなければならない。その結果，両党ともに候補者に政党活動の経験があるか否かがかなり重視され，前職や経歴は多様である。他方，アメリカにおける政治家リクルートメントは，いわば**個人立候補・選挙民参加型**である。民主党と共和党の候補者は選挙民が参加する予備選挙で決定されるので，政党候補者の指名を求める者は予備選挙に立候補しなければならない。その結果，両党ともに落選しても生活に困らない専門職（弁護士・法務，ビジネス・経営者）の出身者が連邦議員の70％以上を占めている。

### 日本における政治家リクルートメント

日本における政治家リクルートメントは**政治家個人主導型**である。政党は政治家志願者を探し育成するのではなく，出来合の政治家を候補者として公認してきた\*1。例えば，自民党は**地方議会議員出身者，官僚出身者，政治家後継者（世襲政治家）** を候補者に公認する傾向があり，そうした経歴をも

\*1 自民党はこれまで組織的な候補者捜しを行わなかった。1960年代から1970年代にかけて，派閥が勢力を拡大する目的で，官僚や都道府県議会議員を中心に，積極的に候補者捜しを行った。

つ者が同党の国会議員の大半を占めた。また、旧社会党は地方議会議員出身者、労働組合出身者を候補者に公認する傾向があり、そうした経歴をもつ者がやはり同党の国会議員の大半を占めた。政治家リクルートメントのルートが限定されていたため、日本の政治家の顔ぶれはほぼ同じであった。議員経歴が固定的で偏りがあったため、政策決定ではこれまでどおりの考えや解決法が優先された。また、サラリーマン出身、女性、若者の政治家数が少なかったため、変化する環境に対応しうる柔軟な発想や政策転換を政治家に期待することは難しかった。

**● 候補者公募 ●** この問題を解決するために日本で注目されているのが、**候補者公募制**である。この制度は1992年に日本新党によって初めて採用され、自民党・新進党が1995年に、民主党が1999年にこれに続いた。自民党が候補者公募制を採用した理由は、国会議員の世襲化が進み、官僚を含む若手有力者の多くが民主党から立候補したため、都市部で新しい有力候補者を確保することが必要になったからである。民主党が候補者公募制を採用した理由は、候補者を供給する支持組織が限定され、また地方組織が脆弱であったからである。調査によると、公募制でリクルートされた候補者は、自民党では全国的な政治争点を重視し、自民党と民主党に共通して、「改革志向」をもち、選挙では政党よりも候補者を重視する傾向があった。

**● 女性・マイノリティ ●** 日本の政治家リクルートをめぐるもう１つの大きな問題は、女性政治家数が極めて少ない[*2]ことである。女性議員数を増加させるもっとも効果的な方法は、政党が一定比率の女性を候補者にすることを定める、または国会議員の一定比率が女性でなければならないことを選挙法または憲法で義務づける**クオータ制**（quota system, 割当制ともいう）を採用することである。もし日本の政党が社会における女性の役割や女性政治家の重要性を主張するなら、クオータ制の制度化を真剣に考える必要がある。

なお、欧米諸国では、女性の代表度を高めるのはすでに当然のこととみなされており、現在では、どのようにしてマイノリティの代表度を高めるのかに関心が集まっている。移民の国であるアメリカでは、1990年から連邦議会議員選挙で**マイノリティ選挙区**[*3]がつくられ、黒人・ヒスパニック[*4]議員数の増加が図られている。西欧諸国では、イスラム系市民が政治への参入を目指し、各国の対応が注目されている。もし定住外国人が増加するなら、日本もこの問題を避けて通ることはできない。

[*2] 列国議会同盟（Inter-Parliamentary Union）の調査によると、日本の衆議院における女性議員の比率は、2014年10月時点で8.1％であり、189か国中162位であった。地方議会における女性議員の比率は11.4％であった（2013年12月現在）。

[*3] マイノリティ選挙区 各州では総人口に占めるマイノリティ人口の比率に応じて、マイノリティが多数派となるような選挙区がつくられた。その結果、一部の州では、選挙区がいちじるしく変形された（人種ゲリマンダリング）。

[*4] ヒスパニック ①自分または祖先がスペイン語を話すラテンアメリカの出身である、②それらの国にアイデンティティをもつ、③アメリカ在住である、という３条件を満たすとヒスパニックと定義される。

### コラム
**小選挙区制とクオータ制** 一般に女性に不利と指摘される小選挙区制は、クオータ制と両立する。イギリス労働党は1993年に、労働党現職が引退した選挙区または労働党新人が勝利する見込みの高い選挙区の半数で、女性候補者を立てることを決定した。この一種のアファーマティブアクションは、後に合法と認められた。2010年の下院（庶民院）議員選挙では、労働党はこの方法により、191名の女性候補者を立て、81名を当選させている。

◆参考文献 ●堤英敬「候補者選定過程との開放と政党組織」『選挙研究』28−1，2012年
●三浦まり・衛藤幹子編著『ジェンダー・クオータ：世界の女性議員はなぜ増えたのか』明石書店、2014年
●吉野孝・今村浩・谷藤悦史編『誰が政治家になるのか：候補者選びの国際比較』早稲田大学出版部、2001年

# 5 広がるマニフェスト―政党と政策

**アプローチ**

〔民主党・自民党のマニフェストをつづったパンフレット〕

民主党マニフェスト

↑2009年版

↑2014年版

自民党マニフェスト

↑2014年版

↑2012年版

●党綱領

政党の結党理念や党の性格を定めた基本文書を**党綱領**という。かつては党綱領に大きな違いがあるのが当たり前であった。例えば，結党時の自民党は，自らを文化的民主国家の完成，自主独立，民政の安定と福祉国家の完成を目指す**国民政党**と位置づけ，統一後の社会党は，自らを社会主義社会の実現を目指す**階級的大衆政党**と位置づけていた。しかし，米ソ冷戦構造が終結し，経済と社会のグローバリゼーションが進むと，党綱領には差がなくなった。例えば，自民党は「正しい自由主義と民主制の下に，秩序ある進歩を目指す」「主権を擁護し世界に貢献できる新憲法の制定，自助自立する個人の尊重，共助・公助する仕組の充実，自律と秩序ある市場経済を確立，地域社会と家族の絆の再生」「誇りと活力ある日本像を目指す」（2010年）と宣言し，民主党は「共生社会の実現」「国際社会の平和と繁栄に貢献する」「憲法の基本精神を具体化」「国民との協働」（1998年）の5項目を掲げた。これは現在の日本には，社会を2分するような重要な対立が存在しないことを反映している[*1]。

●選挙公約

政党は，選挙の前により具体的な政策代替案を発表する。これは政党の利益集約機能を象徴する活動であり，最近では，**選挙公約**または**選挙マニフェスト**として発表される。例えば，2009年の民主党のマニフェストは，「政権交代」をスローガンに「官僚丸投げの政治から政治家主導の政治へ」「政府と与党の二元体制から内閣の下の政策決定に一元化へ」「各省縦割りの省益から官邸主導の国益へ」「タテ型の利権社会からヨコ型の絆社会へ」「中央集権から地域主権へ」という5策を強調した。2012年の自民党の選挙公約は，「日本をとりもどす」をスローガンに，復興と防災，経済成長を強調した。

●政策協定

複数の政党が連立政権を形成する場合，政策協定を締結する。これも政党政策の一種である。例えば2012年12月の自民党と公

[*1] これの例外は，日本共産党である。同党の綱領（2004年改定）には，なお「異常な対米従属と大企業・財界の横暴な支配の打破と日本の真の独立の確保と政治・経済・社会の民主主義的な改革の実現」が掲げられている。

明党の政策合意文書は8分野18項目からなり，環太平洋戦略的経済連携協定（TPP，→230頁）については「国益にかなう最善の道を求める」とし，憲法改正については「憲法審査会の審議を促進し，改憲に向けた国民の議論を深める」と明記された。

● 政策実施の不確定要因と政党・官僚関係 ●

政党がどれほど真剣に党綱領を考え，どれほど詳細な選挙公約を準備したとしても，それらの政策案がそのまま実現できるとは限らない。第1に，現在は大きな政府の時代であり，すでに社会福祉その他の多数のプログラムに大きな支出がなされているので，それらを突然に廃止し変更することはできない。第2に，外交政策には継続が必要であり，いったん決定した以上国際会議で下された決定は遵守されなければならない。第3に，戦争，通貨危機，自然災害など緊急事態が起きた場合，それらに迅速に対応しなければならない。そして，第4は，官僚との関係である。現在，官僚が省庁レベルで多様な政策を実施し，新規プログラムを含め必要な法案づくりをしているので，与党であっても政党は政策実施と法案づくりの詳細にまでは介入しない。しかし，すべて官僚に任せてしまうと，必要な政策刷新は起こらない。したがって，官僚は**専門知識**を用いて**合理的決定**を行い，政党は選挙で国民に**政策方向**を問い**政策優先順位**を**変更**するといった**役割分担**が必要になろう。例えば，イギリスのように選挙で政権交代が頻繁に起こる国では，官僚が専門的知識に基づいて複数の政策代替案を提示し，政党が長期的ビジョンを提示し，複数の代替案の間で選択を行うという分業体制を確立することが望まれる。

● 政党と政策に関する理論 ●

政党研究において，政党と政策の関係に関する理論は多い。例えば，ドイツの政治学者**キルヒハイマー**[*2]は，1960年代から，政治が脱イデオロギー化し，階級対立が曖昧化し，国民の間で大量消費志向が拡大した結果，西欧諸国の政党が「資金調達および投票者動員のために多様な利益団体に接触する」**包括政党**に変貌したと論じた。また，アメリカの経済学者**ダウンズ**[*3]は，経済学の視点からデモクラシーの理論を再構築し，「政党は，政策を実現するために選挙に勝利しようとするのではなく，選挙に勝利するために政策を提示する」と論じた。これらは現代の政党と政策の関係を考える上で極めて重要な指摘である。

*2 キルヒハイマー [Otto Kirchheimer]（1905-65）ドイツ生まれでアメリカに亡命。専攻は，比較公法・政治制度。

*3 ダウンズ [Anthony Downs]（1930-）専攻は，公共政策と行政学。『民主主義の経済理論』は有名。

---

**コラム**

**選挙マニフェスト**　少し前まで日本では，イギリスの選挙マニフェストをモデルに，政党は「具体的な数値目標と実行期限を明示した」マニフェスト型政権公約を提示して選挙で戦うべきであるという主張がなされた。しかし，イギリスの選挙マニフェストは，現代とは極めて異なる小さな政府の時代に採用された。イギリスでは，1832年に選挙権が拡張され，有権者数が約51万人から約72万人に増加した。それまで投票したことがない21万人を投票所に向かわせることが必要になり，そのための工夫として1834年に採用されたのが，「具体的な数値目標と実行期限を明示した」マニフェストであった。したがって，これを現代の日本で利用しようとしても期待どおり動かない可能性が高い。

---

◆参考文献　●佐竹五六・大橋豊彦「第7章　政策と政党」北村公彦編集代表『現代日本政党史録1　現代日本政党論』第一法規，2004年
●村川一郎編著『日本政党史辞典』国書刊行会，1998年
●各政党HP

# 6 政党システムと日本型政党システム－政党制

### アプローチ

政党システムは、政党制ともいい、ある政治システム（通常は国家）において、政党間の勢力分布、支持者の分布状態、政策理念の距離、主要争点、選挙制度等を要因として、選挙競合、政権獲得・分担が生じる空間とすることができる。ゆえに、支持基盤や主要争点、選挙制度の変化は、政党の離合集散を生じ、政党制は変動する。

### 政党制の分類の試み

政党制は、それを構成する政党の数で分類されてきた。フランスの政治学者モーリス・デュヴェルジェ*1の1党制、2党制、多党制という分類は、単なる記述ではなく、規範論的でもあった。すなわち、1党制は独裁を、多党制は小党乱立の混乱を導きやすく、2党制が安定した民主政治に望ましいとされたのである。今日、もはやこの分類をそのまま受容する政治学者はいないといってもよい。しかし一般的には、今なお一定の影響力を保っており、政治評論や報道に時折垣間みえる2党制礼賛も、その名残である。デュヴェルジェはまた、やや機械的に、小選挙区制と2党制、比例代表制と多党制を関連づけて論じた。後者に比べれば、前者には、一定の説明能力がある。

政党の数に加えて、政党の依拠するイデオロギーの分布をもとにしたG・サルトーリの分類は、より広範に受容されている。しかし、政党間の距離を測るイデオロギーの相違は、客観的に計測しうるとは必ずしもいえない。サルトーリは、まず、非競合的政党制を、1党制とヘゲモニー政党制に、競合的政党制を、2党制、1党優位制、穏健な多党制、分極的多党制、原子化された政党制の5つに分類した。このうち、「穏健な多党制」の概念の提唱が重要であり、サルトーリの功績ともいえる。

### 穏健な多党制

多党制とは、主要政党が3つ以上あり、いずれの党も単独では、議会の過半数を占めることができず、ゆえに、複数政党の連立政権が、政府の常態となる政党制である。多党制は、安定した民主政治をもたらさず、むしろ独裁の引き金にすらなると考えられてきた。サルトーリは、この多党制をさらに分類することによって、「穏健な多党制」という政党制を抽出し、積極的に評価する。それは、①極端な小党分立ではなく、主要政党は3から5にとどまり、②それらの政党のイデオロギーの距離は大きくなく、また反体制政党も含まれない、③各党が政権担当の意欲をもち、④連立政権のために想定される政党結集軸が4つになる、という多党制である。

穏健な多党制のもとでは、小党分立と不安定な政権という通念に反して、政権は安定しうる。また、上記④から、選挙民は、比例代表制であっても、政党選択を通じて政権選択もある程度可能となることになる。連立の組み合わせがある程度予想できるからである。

日本の政党制をみると、55年体制とは、「1と2分の1党制」ともいわれた前半期、野党が多党化した後半期を通じて、1党優位制に分類されるとしてよい。ところが、自民党の長期政権が終焉した1993年以降、現在までの政党制の推移をどうみるかについては、議論の分かれるところであろう。

*1 モーリス・デュヴェルジェ[Maurice Duverger]（1917-2014）政党制や選挙制度の研究で知られるフランスの政治学者。選挙において、「定数＋1」に候補者数が収束していくとした「デュヴェルジェの法則」で有名。

**最近の日本の政党制**　冷戦が共産主義陣営の崩壊により終了して後は，自由主義経済か社会主義経済かという体制選択は，主要な争点ではなくなった。しかし，日本共産党は生き残ったばかりか，最近では一定の党勢の上昇さえみせている。政党間のイデオロギー距離を重視するならば，1993年以降を**分極的多党制**とみることも，あながち暴論とまではいえない。

しかし，共産党が連立の対象とされてこなかったし，将来的に連立に加わる可能性に乏しいと予想するなら，共産党以外のほぼすべての政党が政権に加わったことがあるという点に着目して，穏健な多党制に移行したとすることもできよう。「保守―リベラル」という対立軸に沿う政党の配置状況も，一応認められるからである。

**踊り場に立つ日本の政党制**　ところが，2003年の民主党と自由党の合同による現在の民主党の誕生は，この対立軸をまたぐ大政党を創出することにより，政党制の転換をもたらした。すなわち，2012年までは，1党優位制から短期間の穏健な多党制を経て，**自民・民主の2党制**へと向かってきたといえた。しかし，2012年第46回総選挙では，この流れが変わる兆しもみせている。与党であった民主党の敗北は，2党制のもとでの政権交代にしては，深刻であった。選挙区を含む全議席では，野党第1党にとどまったものの，比例代表では，日本維新の会の後塵を拝して得票率第3位に転落したのである。さらに，翌2013年第23回参議院通常選挙でも，比例区の得票率は公明党におよばず第3位となった。2014年第47回総選挙では，議席を増やし，また比例代表では，自民党に次ぐ第2位となったものの，前回の負け過ぎからの揺り戻し以上の勢いは認められなかった。何より，衆議院定数の過半の候補者を擁立し得なかったことは重要である。これは，2党制の一翼を担う党としては，不戦敗に等しい。このままでは，1党優位制への回帰も視野に入れなければなるまい。

---

### コラム

**英米2党制の虚実**　つい最近まで，イギリスとアメリカは，2党制を採る国の代表例とされてきた。しかし，仔細にみれば，イギリスは，一貫して2党制の国であったわけではない。1人1区制のために，議席ではとるに足らぬ勢力ではあったものの，自由党の得票率は，とりわけ1970年代以降2割に迫っていた。労働党から分離した社会民主党と選挙で連合した1983年には25.4％の得票率で，労働党に2.2％差にまで肉迫している。そして，本格的に合併して結成された自由民主党が，2010年ついに保守党との連立政権を組むことになり，2党制に風穴を開けたのである。その後，2015年総選挙では，保守党が単独で庶民院の過半数の議席を制したものの，保守・労働2大政党の得票率は，67％にとどまった。選挙民中の支持分布や得票率からは，もはやイギリスを単純に2党制の国とはいえない。対して，アメリカ合衆国は，確かに大統領選挙から州・地方レベルの公選職に至るまで，民主・共和の2党制が貫徹している。

---

◆ 参考文献　● G.サルトーリ『現代政党学』早稲田大学出版部，2009年
　　　　　　● 白鳥令・砂田一郎編『現代政党の理論』東海大学出版会，1996年

# 7 「1と2分の1党制」―55年体制における政党制

## アプローチ

[表1] 第2次世界大戦以後の衆議院議員総選挙直後における上位2党の合計議席と総定数中の議席占有率の推移

| 総選挙回 | 年 | 第1党 政党 | 第1党 議席数 | 第2党 政党 | 第2党 議席数 | 上位2党の議席合計数 | 総定数 | 上位2党の議席占有率 |
|---|---|---|---|---|---|---|---|---|
| 第22回 | 1946 | 日本自由党 | 140 | 日本進歩党 | 94 | 234 | 464〈注〉 | 50.4% |
| 第23回 | 1947 | 日本社会党 | 143 | 日本自由党 | 131 | 274 | 466 | 58.8% |
| 第24回 | 1949 | 民主自由党 | 264 | 民主党 | 69 | 333 | 466 | 71.5% |
| 第25回 | 1952 | 日本自由党 | 240 | 改進党 | 85 | 325 | 466 | 69.7% |
| 第26回 | 1953 | 吉田自由党 | 199 | ↓ | 76 | 275 | 466 | 59.0% |
| 第27回 | 1955 | 日本民主党 | 185 | 日本自由党 | 112 | 297 | 467 | 63.6% |
| 第28回 | 1958 | 自由民主党 | 287 | 日本社会党 | 166 | 453 | 467 | 97.0% |
| 第29回 | 1960 | | 296 | | 145 | 441 | 467 | 94.4% |
| 第30回 | 1963 | | 283 | | 144 | 427 | 467 | 91.4% |
| 第31回 | 1967 | | 277 | | 140 | 417 | 486 | 85.8% |
| 第32回 | 1969 | | 288 | | 90 | 378 | 486 | 77.8% |
| 第33回 | 1972 | | 271 | | 118 | 389 | 491 | 79.2% |
| 第34回 | 1976 | | 249 | | 123 | 372 | 511 | 72.8% |
| 第35回 | 1979 | | 248 | | 107 | 355 | 511 | 69.5% |
| 第36回 | 1980 | | 284 | | 107 | 391 | 511 | 76.5% |
| 第37回 | 1983 | | 250 | | 112 | 362 | 511 | 70.8% |
| 第38回 | 1986 | | 300 | | 85 | 385 | 512 | 75.2% |
| 第39回 | 1990 | | 275 | | 136 | 411 | 512 | 80.3% |
| 第40回 | 1993 | | 223 | | 70 | 293 | 511 | 57.3% |
| 第41回 | 1996 | | 239 | 新進党 | 156 | 395 | 500 | 79.0% |
| 第42回 | 2000 | | 233 | 民主党 | 127 | 360 | 480 | 75.0% |
| 第43回 | 2003 | | 237 | | 177 | 414 | 480 | 86.3% |
| 第44回 | 2005 | | 296 | | 113 | 409 | 480 | 85.2% |
| 第45回 | 2009 | 民主党 | 308 | 自由民主党 | 119 | 427 | 480 | 89.0% |
| 第46回 | 2012 | 自由民主党 | 294 | 民主党 | 57 | 351 | 480 | 73.1% |
| 第47回 | 2014 | | 291 | | 73 | 364 | 475 | 76.6% |

※第27回と第28回の間に「55年体制成立」、第28回から第40回まで「1と2分の1党制」

〈注〉第22回は、実際の総定数は468だが、定数2の沖縄全県区は米軍政下にあり選挙は実施されなかったことと、東京2区と福井において当選人が定数に満たなかったため、464となっている。
(『レファレンス』2014年6月号「戦後主要政党の変遷と国会内勢力の推移」国立国会図書館により作成)

**55年体制**　いわゆる**55年体制**とは、1955年社会党の左右両派が合同して日本社会党を結成し、それに対応して保守陣営が、自由党と日本民主党の合同した自由民主党となり成立したことをいう。広くは、「もはや戦後ではない」と謳って、第2次世界大戦後の混乱期を脱しようとしていた戦後日本の政治・社会体制全般と、ほぼ同義に用いられることがある。政党制としては、2大政党が圧倒的な力をもちつつも、政権交代の可能性には乏しい、自由民主党優位の「1と2分の1党制」であった。

**「1と2分の1党制」とは**　「1と2分の1党制」[*1]とは、より広い視野からの世界の政党制分類においては、1党優位制の1類型であるということができよう。それは、自社両党の衆議院議員総選挙における公認候補者数に、如実にみてとれる。単独で衆議院定数の過半の候補者を擁立し続けたのは、自民党のみである（日本共産党が、過半数を超

[*1] この卓抜な名称は、R.スカラピーノ・升味準之輔『現代日本の政党と政治』（岩波書店、1962年）において初めて用いられた。

える候補者を擁立したことはあったが，当選の可能性から考えて度外視して差しつかえない）。

### 55年体制を支えたもの

この政党制が38年にもわたり持続し得た制度上の要因は，当時のいわゆる「中選挙区制」に求められよう。中選挙区制とは，厳密には大選挙区非移譲式単記制で，1選挙区の定数が3〜5名の制度をいう。他国に例をみぬユニークな選挙制度として，大正年間から行われてきた。

ただし，そうした選挙制度のみが，こうした政党制をもたらしたわけではない。まず，当時の自民党は，「党中党」ともいうべき派閥連合体の性格が色濃かった。岸信介内閣のころには，俗に8個師団編成といわれる8大派閥連合体の性格を明らかにした。派閥間の闘争[*2]は，時に熾烈を極めもしたものの，しかし自民党の分裂には至らなかったのである。それは，自民党の分裂が，社会党を利し，保守政権を危うくしかねないという危惧から，派閥に一定の自制が働いたものでもあろう。当時の自民党と社会党の対立の背景には，通常の与野党の対峙よりもより深刻な体制選択（自由経済か社会主義か），採るべき安全保障政策（日米同盟か非武装中立か）の相違があったのである。したがって，世界的な冷戦構造の終焉と社会主義の魅力が色褪せたことは，55年体制の外部補強要因の消失でもあった。社会党の衰退とも相まって，自民党に分裂の歯止めがなくなりつつあった。

純粋な55年体制は，自由民主党以外の野党の細分化によって，徐々に変質し始める。そして，自由民主党単独の政権に終止符を打った1993年第40回衆議院議員総選挙で，自民党が過半数を失ったことには，新生党と「新党さきがけ」が分裂したことが大きく作用している。新生党分裂の直接の契機が，衆議院の選挙制度改革についての意見の相違であったことは，誠に象徴的である。

[*2] 1979年から1980年にかけての大平派と福田派の抗争は，この顕著な例である。福田派は，内閣不信任案の採決に欠席して可決を助けるということまであえてした。この内紛は，その後の解散総選挙での自民党の大勝を経て，辛くも収拾された。

〔表2〕55年体制の成立と崩壊，そして2003年体制？
—衆議院議員総選挙公認候補者数の変遷

| 総選挙回 | 年 | 公認候補者数（当選者数） 自由民主党 | 公認候補者数（当選者数） 日本社会党 | 総定数（過半数） |
|---|---|---|---|---|
| 第28回 | 1958 | 413 (287) | 246 (166) | 467 (234) |
| 第29回 | 1960 | 399 (296) | 186 (145) | 467 (234) |
| 第30回 | 1963 | 359 (283) | 198 (144) | 467 (234) |
| 第31回 | 1967 | 342 (277) | 209 (140) | 486 (244) |
| 第32回 | 1969 | 328 (288) | 183 (90) | 486 (244) |
| 第33回 | 1972 | 339 (271) | 161 (118) | 491 (246) |
| 第34回 | 1976 | 320 (249) | 162 (123) | 511 (256) |
| 第35回 | 1979 | 322 (248) | 157 (107) | 511 (256) |
| 第36回 | 1980 | 310 (284) | 149 (107) | 511 (256) |
| 第37回 | 1983 | 339 (250) | 144 (112) | 511 (256) |
| 第38回 | 1986 | 322 (300) | 138 (85) | 512 (257) |
| 第39回 | 1990 | 338 (275) | 149 (136) | 512 (257) |
| 第40回 | 1993 | 282 (223) | 142 (70) | 511 (256) |
| 第41回 | 1996 | 355 (239) | 新進党 361 (156) | 500 (251) |
| 第42回 | 2000 | 337 (233) | 民主党 262 (127) | 480 (241) |
| 第43回 | 2003 | 336 (237) | 277 (177) | 480 (241) |
| 第44回 | 2005 | 346 (296) | 299 (113) | 480 (241) |
| 第45回 | 2009 | 363 (119) | 330 (308) | 480 (241) |
| 第46回 | 2012 | 337 (294) | 267 (57) | 480 (241) |
| 第47回 | 2014 | 352 (291) | 198 (73) | 475 (238) |

〈注〉公認候補者数は，資料により若干の異同がありうる。また，名簿登載候補者の不足による取りこぼしは，他党の議席としてある。
（読売新聞社編『激変の政治選択』（読売新聞社，1990年），総務省HP，『産経新聞』東京版などにより作成）

### コラム
**岐路に立つ政党制** 真実の2党制を，仮に2003年体制と称するならば，以後も上位2党の議席占有率は変化しておらず，単に一方の党の大敗をもって，2党制の頓挫とはいい切れない。議席の大きなスウィングは，小選挙区制につきものだからである。しかし，2014年第47回総選挙において，民主党の候補者数が衆議院総定数の過半数238名に遠くおよばぬ198名にとどまったことは，政党制の転換の兆しかもしれず，次回総選挙が注目される。

◆参考文献　●北岡伸一『自民党—政権党の38年』中央公論新社（中公文庫），2008年

## 8 国によって異なる政権交代の性質－政権交代の比較

**アプローチ**

〔政権交代とは〕
　政権交代とは，政府の運営に当たる政党が交代すること，より厳格にいうと，政権を構成する主要政党が交代し，同時に首相が交代することを指す。政権党が変わらずに首相が交代しても，また首相が変わらずに小政党が連立から離脱しても，政権交代とはいわない。
　政権交代には，革命やクーデターによって引き起こされるものもあれば，選挙や政権の行きづまりの結果として引き起こされるものもある。現代民主国では，選挙で代表，行政首長あるいは政党を選択することが当然のこととみなされ，また革命やクーデターは民主的手続きではないので，ここでは選挙結果と政権の行きづまりによる政権交代だけを考察の対象とする。

### 政権交代型政治と連立型政治

　現代民主国において政権交代が行われるか否かは，その国の制度，政党の数と大きさと密接に関係している。
　まず議院内閣制を採用する国から考えよう。小選挙区制を採用し，選挙によって2大政党間で議会多数党が入れ替わる国（イギリス，カナダ，オーストラリア），また，比例代表制を採用していても，2つの大政党が存在し，いずれかの大政党が政権の中核になる国（ドイツ）では，**政権交代型政治**が行われ，政権交代は目にみえる形で発生する。これらの国では，政権を構成する政党が交代するので，政策も大きく変更される。他方，比例代表を採用し，議会の過半数議席を獲得するほどの大政党が存在せず，社会内に宗教や言語が異なる集団が共存する国（オランダ，ベルギー）では，**連立政権**が形成される傾向がある。これらの国では，主要政党がほぼつねに政権に入っており，政権交代は明確な形では発生しない。これらの国では，政権を構成する主要な政党が交代しないので，政策変更も少ない。
　次に大統領制を採用し，政策の異なる大政党が大統領候補者を立て，選挙で大統領を選出する国（アメリカ，フランス）では，選挙の結果として，政策変更を伴う政権交代が起こる。

### 事例としてのイギリスとドイツ

　政権交代型政治が行われる代表的な国は，イギリスとドイツである。イギリスでは，労働党と保守党の間で政権交代が繰り返され，「大きな政府」路線と「小さな政府」路線の間で政策は揺れ動いた。ドイツでは，社民党（SPD）とキリスト教民主同盟・キリスト教社会同盟（CDU・CSU）の間で連立型の政権交代があり，やはり「大きな政府」路線と「小さな政府」路線の間で政策が揺れ動いた。また，これらの国では，政権交代に伴う政策変更を効果的に実行するための仕組みが存在する。イギリスでは，官僚は中立的で政権交代に慣れており，選挙で勝った政党のマニフェスト（選挙綱領）を考慮し，政権党の意向に沿った政策を形成する準備をする。他方，官僚に党派色が見られるドイツでは，政権交代が起こると，新首相の指示で所管大臣が高級官僚（事務次官，局長）を更迭*1して，政権党の政策チームを編成する。

＊1　ドイツでは，1969年の政権交代の際に，事務次官の2分の1，局長の3分の1が更迭された。1982年には，24名の事務次官のうち13名，104名の局長のうち36名が更迭された。1998年の政権交代の際にも，100名以上の事務次官・局長が更迭された。更迭された官僚は解雇されるわけではない。彼らは同格の別ポストに移るか，一時的に休職して選挙に立候補する。

## 政権交代型政治の背後の理念

政権交代型政治の背後には，「政権を担当する政党に大きな権限を与えて政治運営を行わせ，選挙民が失敗したと判断したとき，別の政党に政権を任せる」という選挙で政党を選ぶデモクラシー概念が存在する。このような政治運営が必要とされるのは，一般に人口規模が大きな民主国であろう。これらの国では，有権者数が多いがゆえに国民と政府の距離が遠く，集団間の利害対立も大きいので，政権に大きな権限を与えて「どの政党を政権につけるのかを有権者に判断させる」ことが適切であり，これが人口規模の大きな民主国を運営する現実的な方法であるとみなされている。国家の性格や歴史に差はあるものの，イギリスとアメリカ（アングロサクソン国家），ドイツとフランス（大陸国家）は，いずれも人口規模の大きな民主国である。

〔表〕イギリスとドイツの政権交代のパターン

〈注1〉　●…選挙結果としての政権交代
　　　　★…政権の行きづまりによる政権交代

①イギリス

| 政権交代 | 選挙年 | 政権党 | 首相 |
|---|---|---|---|
| ● | 1945. 7 | 労働 | C. アトリー |
|  | 51. 2 |  | ↓ |
|  | 51.10 | 保守 | W. チャーチル |
|  | 55. 5 |  | A. イーデン |
|  | 59.10 |  | H. マクミラン |
| ● | 64.10 | 労働 | D. ヒューム |
|  | 66. 3 |  | H. ウィルソン |
| ● | 70. 6 | 保守 | E. ヒース |
| ● | 74. 2 | 労働＋自由 | H. ウィルソン |
|  | 74.10 |  |  |
| ● | 79. 5 | 保守 | M. サッチャー |
|  | 83. 6 |  |  |
|  | 87. 6 |  |  |
|  |  |  | J. メージャー(90.11～) |
|  | 92. 4 |  |  |
| ● | 97. 5 | 労働 | T. ブレア |
|  | 2001. 6 |  |  |
|  | 05. 5 |  |  |
|  |  |  | G. ブラウン(07. 6～) |
| ● | 10. 5 | 保守＋自由 | D. キャメロン |
|  | 15. 5 | 保守 |  |

②ドイツ

| 政権交代 | 選挙年 | 政権党 | 首相 |
|---|---|---|---|
| ● | 1949. 8 | キ民＋自由＋ドイツ | K. アデナウアー |
|  | 53. 9 |  |  |
|  | 57. 9 | キ民＋ドイツ |  |
|  | 61. 9 | キ民＋自由 |  |
|  |  |  | L. エアハルト(63.10～) |
|  | 65. 9 |  |  |
| ★ | 66.12 | キ民＋社民 | K. キージンガー |
| ● | 69. 9 | 社民＋自由 | W. ブラント |
|  | 72.11 |  |  |
|  |  |  | H. シュミット(74. 5～) |
|  | 76.10 |  |  |
|  | 80.10 | 社民 |  |
| ★ | 82.10 | キ民＋自由（大連立） | H. コール |
|  | 83. 3 |  |  |
|  | 87. 1 |  |  |
|  | 90.12 |  |  |
|  | 94.10 |  |  |
| ● | 98. 9 | 社民＋連合90・緑 | G. シュレーダー |
|  | 2002. 9 |  |  |
| ● | 05. 9 | キ民＋社民（大連立） | A. メルケル |
|  | 09. 9 | キ民＋自由 |  |

〈注2〉　①イギリスの政党：労働…労働党，保守…保守党，自由…自由民主党。
　　　　②ドイツの政党：キ民…キリスト教民主同盟・キリスト教社会同盟（CDU・CSU），社民…社会民主党（SPD），自由…自由民主党（FDP），ドイツ…ドイツ党（DP），連合90・緑…連合90・緑の党。

## コラム

### 北欧諸国における政権交代

スウェーデン，デンマーク，フィンランド，ノルウェーなどの北欧民主諸国は，人口が少なく――最大のスウェーデンでも約920万人――，政党数が多く，一般に連立政治が行われている。しかし，中でもスウェーデンは例外である。第2次世界大戦後，同国では社民党と保守派（中央・自由・保守・キリスト教民主）の間で選挙を通じての政権交代が行われ，1980年代以降，交代の頻度は高まっている。

◆参考文献
　●網谷龍介・伊藤武・成廣孝編『ヨーロッパのデモクラシー』ナカニシヤ書店，2009年
　●小峰隆夫『政権交代の経済学』日経BP，2010年
　●髙橋進・安井宏樹『政治空間の変容と政策刷新4　政権交代と民主主義』東京大学出版会，2008年
　●山口二郎『政権交代論』岩波書店（岩波新書），2009年

## 9 自民党1党優位政党制か否か－日本の政権交代

**アプローチ**

〔日本における政権交代〕

政権交代とは，政府の運営に当たる政党が交代すること，より厳格には，政権を構成する主要政党が交代し，同時に首相が交代することを指す。現代民主国では，民主的手続きにしたがった政権交代がもっぱら選挙結果と政権の行きづまりの結果として起こることから判断すると，日本における政権交代はどちらかというと限定的な現象であった。さらに詳細に分析すると，政権交代が生じた時期は3期に区分され，それぞれの政権交代は異なる性格と背景条件をもっていた。

➡民主党圧勝，自民党大敗を報じる新聞各紙（2009.8.31）

### 1946～55年

最初の政権交代はこの時期に集中した。この時期は，治安維持法（1925年）によって弾圧され，戦争中（1940年）に自主的に解散した政党が復活し，複数の政党が自由に競争し，日本の経済再建と独立の方向，米ソ対立の深刻化への対応をめぐり**政党制の再編成**が行われた。また，保守勢力が強かったとはいえ，つねに国会の過半数議席を獲得するほど大きな政党は存在せず，選挙のたびごとに政党の議席数は変動した。そのため，選挙結果による政権交代が2回，政権の行きづまりによる政権交代が2回起こった。これらの政権交代には政策変更が伴ったものの，この時期の政党は流動的であり，議員は政党間を移動した。したがって，これらは**政党の離合集散と不安定な競争関係に由来する政権交代**と特徴づけられる。

### 1党優位政党制と細川政権

1955年10月に社会党が統一し，11月に自由民主党が結成され，自由民主党の1党優位政党制が確立されると，政権交代は行われなくなった。1970年代初頭まで，自民党の派閥には競争があり，主流派（総裁選で勝利した派閥とその同盟派閥）と反主流派（総裁選で敗北した派閥）が入れ替わると政治家も政策も変わり，これが「疑似政権交代」と称された。

その後，宮沢喜一政権が政治改革に失敗すると，1993年7月の衆議院議員選挙の直前に，自民党から改革派グループが離脱した。選挙で自民党は第1党の地位を維持したものの，議席は過半数に達しなかった。そこで日本新党の細川護熙を首班とする非自民・非共産政権が成立し，政治改革*1が行われた。これは，自民党結成以来，37年9か月ぶりの政権交代であった。しかし，新税の導入をめぐる対立の中で社会党が離脱し，1994年6月には村山富市を首班とする自民党・社民党・さきがけ連立政権が成立した。自民党が政権に復帰したのは，55年体制が形骸化しているにもかかわらず，自民党以外に大政党が存在しなかったからである。したがって，これらは**自民党の過半数割れから生じた偶発的な政権交代**と特徴づけられる。

### 2009年以降

村山内閣辞職後，自民党が政権党に復帰したものの，自民党勢力が回復したわけではなく，2009年の衆議院議員総選挙で民主党が国会の過半数議席を獲得して政権についた。政権交代が起こった理

*1 政治改革には，小選挙区比例代表並立制の採用，衆議院議員選挙区画定審議会設置法，政治資金規正法改正，政党助成法が含まれていた。

*2 小選挙区比例代表並立制のもとでは，300議席が小選挙区制で配分され，2003年選挙では，選挙区投票者に占める自民・民主大政党の比率は80%を超えた。

由は，①1996年に民主党が結成され，新選挙制度*2のもとで議席を拡大していた，②民主党が多くの有権者が納得しうるマニフェスト*3を作成した，③自民党政権の政策運営の失敗，度重なる大臣の辞任とスキャンダル，麻生太郎首相の発言問題などから自民党に不満をもった有権者が，民主党に投票したからである。

しかし，民主党政権による政治運営は期待外れであった。沖縄米軍基地移転をめぐる混乱，鳩山由紀夫の政治資金スキャンダル，菅直人と小沢一郎の反目，東日本大震災・東京電力福島第一原子力発電所の炉心融解事故の処理のまずさから，有権者は再び自民党に日本の舵取りを委ねた。この時期の特徴は，新選挙制度により交代可能な2つの大政党が登場し，有権者が自民・民主両政権の政治運営を判断したことにある。これらは**2つの大政党が出現し，有権者が実績を判断した結果としての政権交代**と特徴づけられる。

*3 2009年のマニフェストの主要項目は，「①官僚丸投げの政治から政権党が責任を持つ政治家主導の政治へ，②政府と与党を使い分ける二元体制から内閣の下の政策決定に一元化へ，③各省の縦割りの省益から官邸主導の国益へ，④タテ型の利権社会からヨコ型の絆（きずな）社会へ，⑤中央集権から地域主権へ」であり，①③⑤はこれまで自民党も取り組むことを約束した改革提案であった。

### 日本の政権交代の展望

歴史的にみると，日本の政権交代は，①中選挙区制のもとでの政党の離合集散と不安定な競争関係に特有の政権交代から，②自民党の過半数割れから生じた偶然的政権交代，③2つの大政党が出現し，有権者が実績を判断した結果としての政権交代へと変化してきた。

日本は，自民党の1党優位政党制の政治に戻るべきか否かという重要な選択肢に直面している。もし自民党の1党優位政党制に戻らないことを選択するなら，民主党を含め，新しい政策アイデアをもち自民党に取って代わりうる政党を育成する必要がある。もし政権交代がある程度定期的に起こるようになれば，①自民党だけが政治運営の経験と能力を独占した，②若く有能で野心ある政治家の多くが自民党に集中した，③政策が変わらず，政府支出が同一のチャンネルを通じて同一の場所だけに流れた，④有権者の選択肢が限られていた，という1党優位政党制に特有の問題は解決されるであろう。

〔表〕日本における政権交代

| 政権交代 | 選挙年 | 政権党 | 首相 |
|---|---|---|---|
| ● | 1946. 4 | 自由＋進歩 | 吉田 茂 |
| ● | 47. 4 | 社会＋民主(旧)＋国協 | 片山 哲 |
|  | 48. 3 | ↓ | 芦田 均 |
| ★ | 48.10 | 民主自由 | 吉田 茂 |
|  | 49. 1 |  |  |
|  | 52.10 | 自由 |  |
|  | 53. 4 |  |  |
| ★ | 55. 3 | 日本民主 | 鳩山一郎 |
|  | 55.11 | 自民 |  |
|  | 58.11 |  |  |
|  | （中略） |  |  |
| ● | 93. 7 | 日本新＋新生など | 細川護熙 |
|  | 94. 4 |  | 羽田 孜 |
| ★ | 94. 6 | 社会＋自民＋さき | 村山富市 |
|  | （中略） |  |  |
| ● | 2009. 8 | 民主＋社民＋国民 | 鳩山由紀夫 |
|  | 10. 6 | 民主＋国民 | 菅 直人 |
|  | 11. 9 | ↓ | 野田佳彦 |
| ● | 12.12 | 自民＋公明 | 安倍晋三 |

〈注1〉 ●…選挙結果としての政権交代
　　　 ★…政権の行きづまりによる政権交代
〈注2〉 自由…日本自由党，進歩…日本進歩党，社会…日本社会党，民主(旧)…民主党(旧)，国協…国民協同党，民主自由…民主自由党，自民…自由民主党，日本民主…日本民主党，日本新…日本新党，新生…新生党，さき…新党さきがけ，民主…民主党，社民…社会民主党，国民…国民新党，公明…公明党

### コラム

**大日本帝国憲法下の政権交代** 1922～32年には，日本でも憲政会・民政党と政友会という2大政党の間で政権交代があった（憲政の常道）といわれている。しかし，これは政党の自由意志によるものではなかった。当時は，元老と称される明治維新の功労者，歴代首相経験者が後継首班の奏薦権を握っており，彼らが前任首班の辞職理由，直前の選挙結果，政治状況などを考慮して後継首班を決定した。日本政治史の専門家である升味準之輔は，この時期の政権交代を「西園寺によって調整された政党政治」と評した。

◆参考文献　●田中愛治・河野勝・日野愛郎・飯田健・読売新聞世論調査部『2009年，なぜ政権交代だったのか』勁草書房，2009年
　　　　　　●日本再建イニシアティブ『民主党政権　失敗の検証：日本政治は何を活かすか』中央公論新社（中公新書），2013年
　　　　　　●樋渡展洋・斉藤淳編『政党政治の混迷と政権交代』東京大学出版会，2011年

# 10 政策代替案を提示－野党の役割

### アプローチ

**〔野党の役割の重要性〕**
　議院内閣制を採用する西欧民主諸国では，多数党は与党*1として内閣と協力しながら予算を含む政府法案の成立を図り，緊急的課題に対応するのに対して，少数党は野党*1として政府の立法や政治対応を精査し，ときには批判する。国政をより効果的に監視するためには市民団体やメディアの活動が不可欠であるとはいえ，野党は議会の内部で政治運営を精査し批判する国民の代理人である。この役割を適切に演じる野党がいないと，政治運営は国民の意思を反映せず，内閣，与党，あるいは官僚の意のままに行われてしまう。

● **野党の役割を決定する要因①**
　野党がどのような役割を演じるかは，2つの要因によって決まる。第1の要因は，ある国で政権がどのようにつくられるかである。まず，単独であれ連立であれ**政権交代が頻繁に起こる国**（イギリス，ドイツ）**では，与党と野党の役割は入れ替わる**。選挙で負けると，政党は野党として政権を批判し，選挙で勝つと，政党は与党として政権を担当する。次に，**連立政権が形成され，主要政党がほぼつねに政権に入っている国**（オランダ，ベルギー，スウェーデン）**では，野党の役割は極めて限定的**であり，政府を批判することにとどまる。また，少数政権が形成される場合，野党は積極的に少数政権を支持する役割を演じる。

● **野党の役割を決定する要因②**
　第2の要因は，議会で実質的な審議が行われるか否かである。議会が実質的な審議の場であり，政府与党が野党提案を重視する場合，野党提案は立法に反映され，野党も重要な役割を演じることができる。しかし，議会が形式的な審議の場であり，政府与党が野党の提案に耳を傾けない場合，野党提案は立法には反映されず，野党は重要な役割を演じることはない。実際に議会が柔軟な立法の場であるためには，党議拘束が緩和される必要がある。

● **日本：1党優位政党制下の野党**
　自民党が長期政権を維持していた1955年から1993年までの間，社会党は一貫して野党の地位にあり，政権に入ることはなかった。このとき，もし国会が実質的な審議の場であったとするなら，社会党も審議を通じて政府の政治運営を批判し，政府法案を修正することができたであろう。しかし，日本では1960年代に**政府法案の与党審査**が始まり，政府法案は国会に上程される前に，自民党，省庁，関係団体の間で調整され合意が形成されるようになった。また，日本では政党の党議拘束が強かった。自民党はそのような法案を政府法案として賛成すると党議決定し，社会党は与党法案に反対すると党議決定してしまうので，両党の妥協の余地はなかった。社会党がどれほど要求しても，自民党は法案の修正をかたくなに拒み，その結果，野党の社会党は**審議拒否，審議引き延ばし，議場占拠や牛歩戦術など議事妨害手段**に訴えざるをえなかった。こうして社会党は「何でも反対」の「**万年野党**」と揶揄されることになった。社会党の問題点として，党内イデオロギー対立，労働組合への依存体質と労働組合の衰退などが挙げられるものの，国会が実質的な審議の場ではなかったことが，自民党の長期政権下で社会党の影が薄かった理由の1つである。

*1　英語で，与党は the government party, the governing party, the party in the government, 野党は the opposition party, the party in the opposition と表記される。与党勢力と野党勢力を ins and outs と表現することもある。

## 第2章 政治家・政党

### 日本：競争政党下の野党

1990年代に選挙制度が改革され，政党勢力が一部再編成された結果，民主党が次第に議席を増やした。小泉純一郎後の自民党政権の不祥事とねじれ国会の出現により，民主党は自民党政権を追い込んだ。このとき民主党は「次の内閣」のもとで政策責任者をおき，明確な政策代替案を作成した。これが2009年の民主党マニフェストにつながり，民主党政権の政策となった。これは，競争体制下の野党の役割は，ただ単に政府批判をするだけでなく，**与党になったときに即座に政策に転換しうる具体的政策代替案をつくる**ことにある，ということを意味する。

①社会党「影の内閣」発足…社会党の「シャドーキャビネット委員会」（影の内閣）の"初閣議"が行われ，あいさつする田辺誠委員長（中央）。（国会 1991.9.13）

野党時代の民主党の「次の内閣」は，イギリスにおける野党の役割（「影の内閣」）をモデルとして考案された。イギリスでは，保守党では1975年にサッチャーが党首となり，いわゆる「イギリス病」*2 を克服するために，財政支出の削減，国有企業の民営化，経済の規制緩和を骨子とする新自由主義政策を打ち出し，1979年に保守党が政権に復帰した後，サッチャーはそれらの政策を実施した。また，労働党では1994年にブレアが党首となり，党綱領から国有化条項を削除して経済政策を自由市場経済に転換する「第3の道」路線を打ち出し，1997年に労働党が政権に復帰した後，ブレアはそれらの政策を実行した。

### 野党の役割の見直し

これまで，「デモクラシーには政府を自由に批判することができる勢力が必要である」という理念から野党の役割が重要視され過大な期待がなされる傾向があった。最近では，オランダの政治学者**アンデウェグ**\*3 は，西欧諸国では野党が政府法案を支持する比率が高い，与党が政府提案に反対し，野党が少数政権を積極的に支持する傾向があるなどの点から，**議会領域における与党と野党の役割がますます曖昧化している**と指摘し，**野党の民主的機能は選挙民への情報提供と政策代替案の提示という選挙領域にある**と主張した。日本でも2009年と2012年に選挙による政権交代が起こり，新しい野党が役割を考える機会が増えた。そろそろ1党優位政党制下の野党の役割，その後の競争政党制下の野党の役割を比較研究し，日本の政党政治における野党の役割を国会と選挙の2領域に分けて理論化する必要があろう。

\*2 **イギリス病** 経済が停滞していた1960年代以降のイギリスで，手厚い社会保障制度や基幹産業の国有化によって社会保障負担の増加，国民の勤労意欲の低下などの経済社会問題が発生した現象を指す。

\*3 **アンデウェグ**［Rudy B. Andeweg］オランダの政治学者。彼は，与党と野党の役割が曖昧化した理由として，①社会階層の支持やイデオロギーにおいて政党差異がなくなった，②政党制が断片化した結果，与党連合が異質になった，③政権参加のコストが高くなった，などを挙げている。
"Parties in Parliament: the Blurring of Opposition." Wolfgang C. Muller and Hanne Marthe Narud, eds.,

### コラム

**「野党」という用語の使い方の難しさ** 議院内閣制を採用する国の場合，議会多数党が与党として政権を担当し，少数党が野党として政府を批判する。この場合，多数党＝与党，少数党＝野党で混乱はない。しかし，厳格な権力分離原則のもとで大統領と議会が独立して選挙されるアメリカでは，注意が必要である。民主党から大統領が選出される場合，共和党が「野党」と呼ばれることが多いものの，これは誤りである。というのは，例えば共和党が下院で多数党になると，共和党が下院の「与党」になるからである。したがって，アメリカでは，民主党から大統領が選出される場合，共和党を単なる「野党」ではなく「大統領野党」と呼ぶのが正確な表現である。

◆参考文献 ●岩井奉信『立法過程』東京大学出版会，1988年

# 11 変わりゆく自民党-自由民主党

## アプローチ

〔保守合同：自由民主党の結成〕

1955年1月24日の衆議院解散後の総選挙の結果，日本民主党は大躍進し第1党となった。しかし，過半数には及ばず，左・右の社会党が統一したことを受け，経済界からも保守合同を期待する声が高まった。

同年11月15日，自由民主党結成大会で保守合同は実現し，4人の総裁代行委員を選出。翌年4月に鳩山一郎が総裁に選出された。

➡**自由民主党結成大会**…東京の中央大学講堂で開かれた新党・自由民主党の結成大会で万歳三唱。（東京都・神田 1955.11.15）

### 結成背景および党勢

1950年に左派・右派に分かれて競争していた社会党が，1955年10月に統一した。これに対抗し保守政権を維持するため，同年11月に**日本民主党**と**自由党**が合同して自由民主党が結成された。正式名称は自由民主党であるものの，自民党と略されることが多い。党則の前文は，同党を「議会政治の本義に徹し，容共破壊勢力を排除し，福祉国家を建設し，世界平和に貢献する進歩的政党」と位置づけた。最初，総裁人事が決まらず**総裁代行委員**がおかれ，日本民主党から鳩山一郎総裁，三木武吉総務会長，自由党から緒方竹虎総裁，大野伴睦総務会長が選出された。1956年1月に緒方が急死した結果，総選挙後の4月の党大会で，鳩山一郎首相が初代総裁に選出された。結党以来，自民党は38年間にわたり政権の座にあったものの，党勢は一貫して低落傾向を示し，1976年の総選挙後，**保革伯仲時代**[*1]を迎え，1980年の総選挙以降，高度経済成長と国民の「総中流意識化」に伴う保守化傾向の中で党勢はいったん回復した。その後同党は，2度（1993～94年，2009～12年），野党を経験した。

### 政策

外交政策では，自民党は一貫して日米関係を重視する立場をとり，岸信介内閣は労働組合や学生の大きな反対にもかかわらず日米安全保障条約を改定した。以来，同党は**アメリカとの友好関係**を基軸とした外交政策を展開した。経済政策では，自民党はもともと資本主義を支持していたものの，1960年に成立した池田勇人内閣が「**所得倍増**」のスローガンのもとに**経済成長政策**を推進した。安全保障をアメリカの軍事力に依存し，資源を国内経済に集中することができた結果，1970年代までに日本の経済的繁栄の基礎が築かれた。また，当初から自民党内には自主憲法制定・自主防衛論を唱える勢力が含まれていたものの，米ソ冷戦が終結するまで，彼らは発言を控えていた。第2次安倍晋三内閣のもとで，2014年に憲法改正の手続きを定めた**改正国民投票法**が可決され，憲法改正なしでも**集団的自衛権**が行使可能であることが閣議決定された。

[*1] 保革伯仲時代 1976年，1979年の総選挙で自民党はそれぞれ249，248議席しか獲得できず，衆議院で過半数割れを起こした。すべての常任委員会で委員の過半数を確保し，かつ各委員会で委員長を独占するのに必要な安定多数議席を確保するために，自民党は選挙後に保守系無所属議員を追加公認し，さらに新自由クラブの支持を得なければならなかった。

### 組織と機構

自民党は，かつての中選挙区制のもとで地元個人後援会を組織し再選を重ねた地域の有力保守政治家層を基盤としている。その結果，組織政党というより議員政党の性格をもち，組織や本部よりも議員の発言力が強かった。同党は，保守勢力が合同した政党であるため，結成時にすでに8派閥が存在し，現在でも総裁を含む党役員と閣僚の選出は，派閥単位で行われている。他方で，長期政権が続くとともに議員は専門知識と経験を蓄積すると，1970年代には政務調査会，総務会，自民党税務調査会などの党機関の発言力が増し，**族議員**[*2]が誕生した。選挙では，地元個人後援会に加えて業界団体を中心に票まとめが行われ，企業経営者や管理職，農林漁業者や商店主，中小企業経営者などの旧中間層から高い支持を得てきた。党員数のピークは1991年の約547万人であり，1998年以降減少した。2013年末には，78万人台に回復したといわれる。

> [*2] **族議員** 特定の政策領域についての専門知識と実務経験をもち，その政策領域を所管する省庁に継続的に影響力を及ぼすことのできる議員を指す。農水族，建設族，商工族，厚生族，文教族，郵政族，運輸族などが有名。

### 長期政権の理由

自民党の長期政権が続いた理由として次の要因が挙げられる。①保守勢力を糾合した大政党として出発した（結成時の衆議院議員数は299名，議席比率は64％）。②1950年代中頃から，農業への補助金交付を通じて農村票を獲得し，1960年代末から，地方公共事業への補助金交付，保険・年金制度など社会保障制度の拡充を通じて都市中産階級（ホワイト・カラー）の支持を獲得した。③野党勢力が分裂を繰り返し，求心力を失った。④1選挙区から3〜5名を選出する**中選挙区制**が自民党に有利に作用した。1選挙区で複数の候補者を立てると「共倒れ・同士討ち」が起こるので，中小政党は候補者数を減らした。その結果，第2党の社会党は1選挙区に1名の候補者しか立てなかったので，第1党になることはできなかった。

### 自民党の現在

2012年12月に政権への復帰を果たしたものの，現在の自民党はかつての1党優位政党制のもとでの自民党ではない。選挙制度が変更され，議員の世代交代が起こるに伴い，派閥は衰退し，党機関と有力議員の影響力も減少した。2015年4月現在，党内権力構造は「安倍1強」と評され，TPP推進，集団的自衛権，農協改革，安全保障法制など主要政策は官邸主導で推進されている。また，選挙民の世代交代が進んだ結果，個人後援会に依存する選挙運動も以前ほど有効ではない。さらに，若手政策通議員や将来のリーダーの不在も指摘されている。現在の安倍政権は官邸主導と「対決姿勢」によって特徴づけられるものの，それらの政治運営の特徴が次の政権でも継承され，実際に効果を発揮するか否かは不確定である。日本政治が過渡期にあるのと同様に，自民党も過渡期にある。

---

### コラム

**吉田茂と鳩山一郎の確執** 1946年4月，自由党総裁であった鳩山一郎がGHQにより公職を追放され，彼は吉田茂に同党総裁職を託した。1950年8月に鳩山が公職に復帰した後も，吉田が総裁の地位に留まり続けたため，鳩山は，河野一郎，三木武吉，石橋湛山らと自由党内に反吉田グループを形成し，吉田の「対米従属路線」を批判し，憲法改正や再軍備を主張した。これが1954年11月の日本民主党の結成につながった。

---

◆参考文献
- 佐藤誠三郎・松崎哲久『自民党政権』中央公論社，1986年
- ジェラルド・カーティス『「日本型政治」の本質：自民党支配の民主主義』TBSブリタニカ，1987年
- 野中尚人『自民党政治の終わり』筑摩書房（ちくま新書），2008年
- 自由民主党HP，https://www.jimin.jp/

# 12 一度失った信頼を取り戻せるか？－民主党

### アプローチ

〔表１〕「民主党綱領」(抄)（2013年２月24日，2013年度定期大会決定）　　　　　　（民主党HPによる）

| 私たちの立場 | 我が党は，「生活者」「納税者」「消費者」「働く者」の立場に立つ。同時に未来への責任を果たすため，既得権や癒着の構造と闘う改革政党である。私たちは，この原点を忘れず，政治改革，行財政改革，地域主権改革，統治機構改革，規制改革など政治・社会の変革に取り組む。 |
|---|---|
| 私たちの目指すもの（項目名を抜粋） | 1. 共生社会をつくる。<br>2. 国を守り国際社会の平和と繁栄に貢献する。<br>3. 憲法の基本精神を具現化する。<br>4. 国民とともに歩む。　　1. 「新しい公共」を進める。<br>2. 正義と公正を貫く。<br>3. 幸福のために経済を成長させる。 |

### ●民主党の誕生と成長●

民主党の誕生と成長とのプロセスは複雑であった。村山富市政権途中の1995年に，社会党・新党さきがけの内部で新党構想が語られ始めた。**社会党・村山富市委員長**と**新党さきがけ・武村正義代表**が社会党とさきがけを「丸ごと」合併させ「**リベラル勢力の結集**」を図ろうとしたのに対して，**鳩山由紀夫**は「個人が所属政党にかかわりなく，自由意思で新党に参加する」という新党構想を示し，鳩山の構想に基づいて1996年９月28日に最初の民主党（旧民主党ともいう）が結成された。その後，1998年に複数の会派が合流して新民主党が結成され，最初の民主党綱領「われわれの基本理念」が発表された*1。2003年には，民主党は自由党と合併し，さらに党勢を拡大した（民由合併）。

### ●民主党の躍進と勝利●

2001〜05年は小泉純一郎人気の影に隠れ，民主党の得票数と議席数は伸びなかったものの，2007年から風向きは変わった。2006年９月に発足した安倍晋三政権の**閣僚のスキャンダル**が相次ぎ，さらに年金記録漏れ問題が発覚し，2007年７月の参議院議員選挙で自民党は過半数議席を失い，安倍政権は「**ねじれ国会**」（→110-111頁）に直面した。同年９月に安倍首相が退陣し，それに続く福田康夫・麻生太郎政権も短命に終わった。安倍・福田政権の政権運営の失敗とリーダーシップの欠如，麻生首相の個人特質*2などの理由により，自民党の支持率は低下し，また，2009年８月の衆議院議員総選挙では，小選挙区部分が第２党の民主党に有利に作用した（→181頁）ため，民主党が過半数議席を獲得した。こうして民主党は，旧民主党結成以来13年目にして政権を獲得したのである。

### ●2009年選挙のマニフェストと民主党政権の実際●

民主党は2009年選挙の**マニフェスト**で５原則*3を掲げ，実行すべき政策として①歳出の見直し，②子育て・教育政策の重視，③年金・医療の充実などを公約した。ところが民主党の政権運営は，多くの有権者の期待を裏切るものであった。まず民主党は文字どおりの「政治家主導」を主張し，歳出を大幅に見直そうとしたため，最初から**官僚の支援を受けることができなかった**。次に，個々の政権にも問題があった。鳩山政権では，子ども手当の創設，高校授業料の無償化，農家に対する戸別所得保障などが実現されたものの，事業仕分けを通じて十分な財源が捻出されることはなかった。また，鳩山首相は選挙運動中に公約した**普天間のアメリカ海兵隊基地の県外移設**を実行することができず，さらに政治

---

*1 これは現状分析とともに，①透明・公平・公正なルールに基づく社会をめざす。②経済社会においては市場原理を徹底する一方で，あらゆる人々に安心・安全を保障し，公平な機会の均等を保障する，共生社会の実現をめざす。③中央集権的な政府を「市民へ・市場へ・地方へ」との視点で分権社会へ再構築し，共同参画社会をめざす。④「国民主権・基本的人権の尊重・平和主義」という憲法の基本精神をさらに具現化する。⑤地球社会の一員として，自立と共生の友愛精神に基づいた国際関係を確立し，信頼される国をめざす，という骨子から構成されていた。

*2 庶民の感覚からずれた発言などから，報道機関などから「空気が読めない（KY）」と揶揄された。

*3 ①官僚丸投げの政治から政権党が責任を持つ政治家主導の政治へ，②政府と与党を使い分ける二元体制から内閣の下の政策決定に一元化へ，③各省の縦割りの省益から官邸主導の国益へ，④タテ型の利権社会からヨコ型の絆社会へ，⑤中央集権から地域主権へ。

資金規正法違反*4が発覚し，2010年6月に退陣した。

　鳩山に続いて**菅直人**が民主党代表に選出され首相に就任したものの，菅は反小沢一郎連合に推された候補者であり，党内に強い支持基盤を持っていなかった。7月の参議院議員選挙で民主党は過半数を失い，菅首相は「ねじれ国会」に直面した。また，菅首相は，**東日本大震災・東京電力福島第1原子力発電所の炉心融解事故**の後始末でリーダーシップを発揮することができなかった。

　菅首相が退陣し，2011年9月に**野田佳彦**が民主党代表に選出され首相に就任した。野田首相の人気は低迷し，財務省からの支持と引き換えに，彼は**消費税率引き上げ**を決定させられた。そして，2012年12月の衆議院議員総選挙で民主党は敗北し，政権を失った。民主党は3年4か月間政権の座にあったものの，選挙民に政治運営能力があることを示すことができなかったのである。

●民主党の課題●　民主党が有権者にとって意味のある政党選択肢として存続し，自民党に代わり政権担当が可能な政党に生まれ変わるためには，いくつかの問題を克服しなければならない。第1は，地方組織の強化である。地方組織が弱いと，選挙では浮動票に依存せざるをえず，活動家も育たない。第2は，党内の合意形成システムの構築である。民主党は異なる政策選好をもつ多くの議員グループから構成され，組織も分散的であるため，合意形成に時間がかかる。第3は，実行可能な政策プログラムの提示である。自民党政策のすべてに反対するのではなく，民主党は有権者が納得するような政策代替案を提示する必要がある。そして，第4は，官僚との良好な関係の構築である。たとえ注目すべき政策代替案を提示し，それへの有権者の支持をえたとしても，官僚の協力がなければ，実現することは容易ではない。ただし，民主党は一度有権者の期待を裏切ってしまったので，信頼の回復には多くの努力と時間が必要であろう。

*4　母親から受けていた総額11億円以上の資金援助を政治資金収支報告書に記載せず，架空名義による個人献金として処理していた。

〔表2〕民主党の誕生と成長

[旧]民主党結成（1996.9.28）

社会民主党（35名：赤松広隆，輿石東，大畠章宏ら），新党さきがけ（15名：鳩山由紀夫，菅直人，石井紘基，枝野幸男，前原誠司ら），市民リーグ（5名：海江田万里ら），新進党（1名：鳩山邦夫），無所属（1名）により結成。

- 衆議院議員 52名
- 参議院議員 5名
- [組織]鳩山・菅の2人代表制

[新]民主党結成（1998.4.27）

[旧]民主党（69名）に，民政党（34名：羽田孜，岡田克也，細川護煕ら），新党友愛（23名：川端達夫ら），民主改革連合（5名：久保亘ら）が合流して結成。自民党系，旧社会党系，旧民社党系，市民運動出身者らが結集した。

- 衆議院議員 93名
- 参議院議員 38名
- [組織]菅代表，羽田幹事長，鳩山幹事長代理

民由合併（2003.9.24）

民主党（174名）に，自由党（30名：小沢一郎，平野貞夫，藤井裕久，達増拓也，二見伸明，山岡賢次，森裕子，山田正彦ら）が合併。

- 衆議院議員 137名
- 参議院議員 67名
- [組織]菅代表，岡田幹事長

---

### コラム

**政党と政治文化**　政党には，組織運営に関する独自の政治文化が存在する。アメリカとイギリスでは，保守政党——アメリカでは共和党，イギリスでは保守党——の場合，一般議員は指導部に従順であり，党内融和が優先される傾向があるのに対して，革新政党——アメリカでは民主党，イギリスでは労働党——の場合，一般議員は指導部に意義を申し立て，党内対立が表に出る傾向があり，これらの差異は歴史やイデオロギーの差異から説明されている。伊藤惇夫は，小沢一郎の言葉を借りながら，日本の民主党には「必ず文句が出る『風土』」があると指摘する（『民主党』183頁）。しかし，このような野党時代に認められる風土も，与党時代には統一的活動を阻害することになる。外国に目を転じると，アメリカの民主党とイギリスの労働党では，多数党になると指導部を支持する機運が高まる。3年4か月におよぶ民主党の政治運営の経験は，民主党にも「指導部を支持する政治文化」が必要であることを示唆している。

---

◆**参考文献**　●伊藤惇夫『民主党―野望と野合のメカニズム』新潮社（新潮新書），2008年
●日本再建イニシアティブ『民主党政権 失敗の検証―日本政治は何を活かすか』中央公論新社（中公新書），2013年

# 13 模索される政界再編－55年体制以降の諸政党

## アプローチ

〔図〕55年体制成立以降の多党化状況

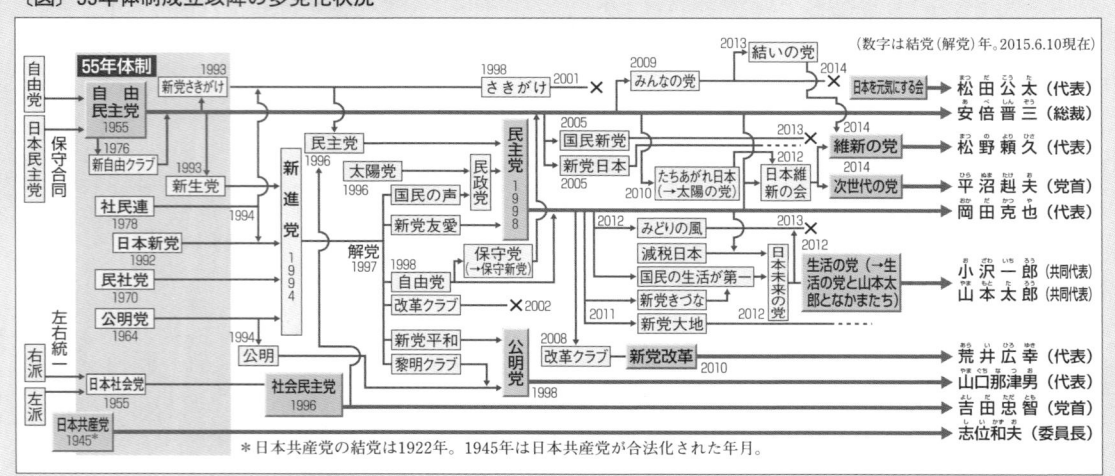

（数字は結党（解党）年。2015.6.10現在）

＊日本共産党の結党は1922年。1945年は日本共産党が合法化された年月。

### 第1期：自社2党体制に批判的な中道勢力の台頭

1955年に自民党と社会党の保革2党体制が成立して以来，日本の政党制には**表**のように3度の大きな流動化の時期があった。

社会党内では，官公労働組合（総評）を母体に過激な政治路線を追求する左派との対立が深刻化した結果，右派と一部中間派が同党を離脱し，1960年に西尾末広らにより**民主社会党**が結成された（69年に**民社党**と改名）。同党は，民間労働組合（同盟）を支援団体として，西欧型の社会民主主義を掲げた。

1964年には，宗教団体・創価学会を母体に，中・下層の未組織労働者と零細自営業者を主要な支持基盤とする**公明党**が結成された。

1976年，ロッキード事件の発覚を契機に自民党を離脱した河野洋平らにより，政治腐敗との決別，新自由主義の確立を理念に**新自由クラブ**が結成された。

1978年には，江田五月と菅直人らにより**社会民主連合**が結成された＊１。

これらの政党はみな中道勢力であり，55年体制が成立した当時の主要な政治対立――自由主義か社会主義かという経済体制の選択，日米安全保障条約の締結の是非――がもはや時代に合わなくなったことを意味している。

### 第2期：日本新党の台頭と再編

1992年に，元熊本県知事で自民党参議院議員の細川護熙が，①現憲法の精神を生かし，新しい国家理念を確立するための憲法改正，②PKO協力のための国連平和協力隊の創設，③地方分権の推進を理念に掲げて**日本新党**を結成した。

また，自民党では宮沢喜一内閣の政治改革姿勢に対する不満から，1993年に**新党さきがけ**（武村正義，鳩山由紀夫）と**新生党**（羽田孜，小沢一郎）が離

〔表〕日本の政党制の流動化

| | 時　期 | 特　徴 |
|---|---|---|
| 第1期 | 1960〜78年 | 自社2党体制に批判的な中道勢力が台頭した。 |
| 第2期 | 1992〜97年 | 細川内閣の成立を契機に政界再編が試みられた。 |
| 第3期 | 2012年〜現在 | 2015年4月現在，民主党政権崩壊後の政界再編の動きが進んでいる。 |

＊１　「新しい日本を考える会」を立ち上げて社会党の路線転換を模索した右派リーダー・江田三郎は，1977年3月に同党を離脱して新党結成を目指した。彼は5月に急逝したため，長男の江田五月が父の意思を継いだ。

脱した。

　同年7月の衆議院議員総選挙で35議席を獲得した日本新党の細川が内閣総理大臣に指名され，非自民・非共産の8会派＊2の連立内閣が成立した。

　翌年，自社が連合し村山富市政権が成立すると，12月に新生党，日本新党，公明党，民社党などが**新進党**を結成した。同党は1997年に，自己責任と自由選択に基づく新国民主義を理念とし，経済構造・行財政構造改革の推進，有事体制の整備などを基本政策とする「日本再構築宣言」を発表し，自社体制に代わる新しい政権政党を目指した。しかし，党首・小沢一郎の運営手法が批判を招き，同党は12月に解党した。ここから分かれた新党友愛，国民の声などは，96年に鳩山由紀夫，菅直人らが設立した民主党と統一会派・**民友連**を形成し，これが98年の新しい**民主党**の結成につながった。

＊2　日本新党，日本社会党，新生党，公明党，民社党，新党さきがけ，社会民主連合，民主改革連合の8会派。

### 第3期：民主党の再編

　民主党政権の支持率が低下し，衆議院の任期満了が近づくと，新党の形成が相次いだ。

　2010年4月に大阪府知事・橋下徹が設立した地域政党「大阪維新の会」に，平沼赳夫や石原慎太郎らの**たちあがれ日本**（後に「太陽の党」）が合流し，2012年9月に，「維新八策」（統治機構改革，行財政改革，公務員制度改革，教育改革，憲法改正など）を掲げる**日本維新の会**が結成された。

　また，2012年11月に，滋賀県知事・嘉田由紀子が「卒原発」（原発の段階的削減），「活女性，子ども」（女性や子供の生きやすい社会づくり），「脱増税」（消費増税の前の財政支出の無駄の削減）などを理念に，**日本未来の党**を結成した。

　2012年11月の衆議院議員総選挙で日本維新の会は議席を11から54に増加させたものの，後に分党した。議席を61から9に減らした日本未来の党は**生活の党**（後に「生活の党と山本太郎となかまたち」）に改名した。これらの新党は，真剣に政界再編を狙うというよりは，候補者が選挙で当選するための政党であり，自民党の「一強多弱」体制に何らの影響も与えていない。

➡日本未来の党のポスター発表…記者会見で衆議院選挙用ポスターを発表する日本未来の党の嘉田由紀子代表（滋賀県知事）。　　　　　（東京都千代田区　2012.12.2）

### コラム

**新党の「駆け込み」結成**　現行の政党助成法では，1月1日時点で国会議員5人以上などの要件を満たす団体が政党とみなされ，その年から助成金を受け取ることができる。年末に新党の「駆け込み」結成の動きが活発化するのは，このためである。自民党はこれを防ぐために，2012年11月に，「2年連続で要件を満たさないと補助対象としない」という改革案を発表したものの，まだ法改正には至っていない。

◆参考文献　●石川真澄・山口二郎『戦後政治史　第3版』岩波書店（岩波新書），2010年
　　　　　●各政党HP

# 14 自民党の派閥とは？－政党と派閥

## アプローチ

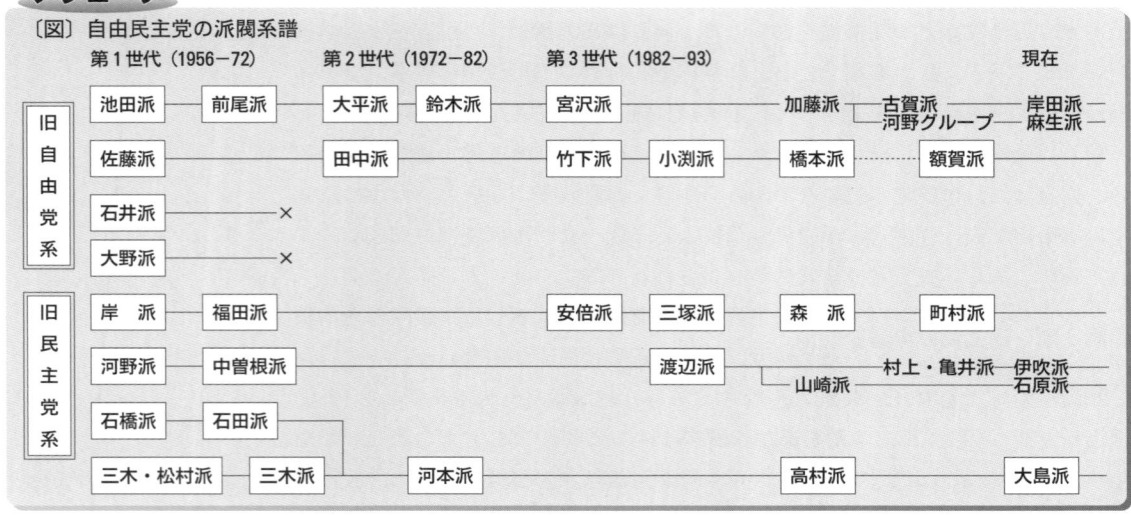

〔図〕自由民主党の派閥系譜

| | 第1世代(1956-72) | 第2世代(1972-82) | 第3世代(1982-93) | | 現在 |
|---|---|---|---|---|---|
| 旧自由党系 | 池田派―前尾派 | 大平派―鈴木派 | 宮沢派 | 加藤派―古賀派<br>河野グループ | 岸田派<br>麻生派 |
| | 佐藤派 | 田中派 | 竹下派―小渕派 | 橋本派 | 額賀派 |
| | 石井派―× | | | | |
| | 大野派―× | | | | |
| 旧民主党系 | 岸派―福田派 | | 安倍派―三塚派 | 森派 | 町村派 |
| | 河野派―中曽根派 | | 渡辺派 | 山崎派<br>村上・亀井派 | 伊吹派<br>石原派 |
| | 石橋派―石田派 | | | | |
| | 三木・松村派―三木派 | 河本派 | | 高村派 | 大島派 |

**●自民党派閥の特殊性**　西欧民主諸国の政党には，出身地域，信奉イデオロギー，政策選好などでまとまり，集団的に行動する議員グループが存在する。しかし，日本の自民党の議員グループはこうした政党内の議員グループとは異なり，「メンバーが総裁選挙でリーダーに票を投じ，それと引き換えに，リーダーがメンバーに政府・党役職ポストと選挙資金を提供する」という**交換関係に基づく統制のとれた集団行動**によって特徴づけられる。結党時から自民党には8派閥が存在し，その後，小さな議員グループの離合集散があったものの，1970年代中頃にそれらは5大派閥に収斂した。

**●派閥の主要機能**　集団としてみると，派閥の主要機能は，①政治家のリクルートメントと認知，②大臣・副大臣や国会常任委員長などの公職と党内役職の配分，③選挙資金の配分であった。政党全体からみると，派閥が競争すると，自民党は活性化した。総裁を選出することに成功した派閥とその同盟派閥が主流派を形成し，敗北した派閥が反主流派を形成して，あたかも「与党」と「野党」の競争関係に例えられた（**疑似政権交代**）。その過程で，政策変更と人事刷新があった。

しかし，この状況は長く続かなかった。1974年に田中派という巨大派閥が誕生した結果，派閥の均衡が崩れ，同派がその後の総裁選挙をコントロールした。さらに，1987年に竹下登総裁が「総主流派体制」*1を確立し，かつてのような政策変更と人事刷新を伴う派閥競争は消滅した。

**●派閥の形成要因**　自民党で派閥が形成された理由として次の要因が挙げられる。①自民党は保守政党が合同した政党なので，最初から集団構造が存在した（歴史的要因）。②自民党は議員数が多く（両院を合わせ，多いときには400名を超えた），集団化は不可避であった（自然的要因）。③日本には伝統的な親分＝子分関係（パトロン＝クライエント関係）が存在し

*1 **総主流派体制**　全派閥が主流派に入り，総裁を支持することと引き換えに，議員比率に応じた大臣ポストを獲得する。

た（文化的要因）。④派閥に加入することにより，議員は選択的便益（大臣その他の役職，選挙資金，情報）を入手することができる（合理的選択）。

**派閥の変化と衰退** 　自民党派閥は1980年代から変化し衰退し始めた。まず，**派閥リーダーが小粒になった**。派閥は，総裁になる希望をもち，多額の資金を調達するなど大きな影響力をもつ政治家によって創設され，そのような政治家が派閥リーダーの地位にいる限り，組織資源は安定し求心力は強かった。しかし，世代交代により資金調達能力の低い普通の政治家が派閥リーダーに就任すると，組織資源は不安定化し求心力は弱まった。

次に，**制度が変更された**。1996年の衆議院議員総選挙から小選挙区制が採用された結果，公認決定権は幹事長に移り，派閥リーダーが意のままに候補者を立てることができなくなった。また，政党助成法により1994年から政党交付金が配分された結果，派閥リーダーは多額の資金を調達する必要がなくなり，彼らも交付金に依存した。こうして派閥の組織資源と求心力は低下し，一部の派閥は流動化した。

**自民党への効果** 　自民党の派閥の性格と活動の変遷は，3期に分けると理解しやすい。表は，各時期の派閥の性格，対議員活動，対政府活動，評価を記述し，各時期の自民党党勢，日本経済，野党強度との関係を示したものである。これをみると，派閥の活力と自民党の党勢が密接に関係し，派閥の衰退とともに，自民党も衰退していることが分かる。野党時代は大臣ポストと無関係であるため，自民党の派閥活動は目立たなかった。2012年に同党は政権に復帰したものの，派閥の動きは低調である。

〔表〕自由民主党の派閥の性格と活動の変遷

|  | 1955年～ | 1974年～ | 1980年～ | 1994年～ |
|---|---|---|---|---|
| 世　代 | 第1世代 | 第2世代／ | 第3世代 | 現在 |
| 性　格 | 個人商店 | 個人商店 | 株式会社 | ペーパーカンパニー |
| 対議員活動 | ポスト・資金配分，立候補支援 | ポスト・資金配分，立候補支援 |  | ポスト配分 |
| 対政策活動 | 「擬似政権交代」 | 田中派優位 | 「総主流派体制」 | 政策変更阻止勢力 |
| 評　価 | プラス |  | ゼロ／マイナス | マイナス |
| 自民党党勢<br>日本経済<br>野党強度 | 上昇／絶頂期<br>高度経済成長<br>弱体な野党 | 絶頂／保革伯仲期　安定期<br>安定成長<br>社会党の衰退 |  | 下降期<br>低経済成長<br>民主党の台頭 |

**コラム**

**派閥と新聞記者** 　第2次世界大戦後，政党の離合集散が行われていた時期，新聞による取材対象は有力政治家であり，自民党の成立後，1970年代を通じて，取材対象は自民党内の派閥であった。その結果，特定派閥を担当する新聞記者は「番記者（ばんきしゃ）」と呼ばれ，「番記者」と派閥の間には親密な関係が形成された。そのような関係から，「番記者」が派閥領袖（りょうしゅう）や有力政治家の娘婿または秘書になり，その派閥の候補者として立候補することもあった。そのような政治家として，安倍晋太郎（しんたろう）（毎日新聞），額賀福四郎（ぬかがふくしろう）（産経新聞）が有名である。

◆参考文献　●井芹浩文『派閥再編成：自民党政治の表と裏』中央公論社（中公新書），1988年
　　　　　●内田健三『派閥：政権抗争のオモテとウラ』講談社（講談社現代新書），1983年
　　　　　●西川知一・河田潤一編著『政党派閥：比較政治学的研究』ミネルヴァ書房，1996年

# 15 なぜ世襲は多いのか？－世襲議員

## アプローチ

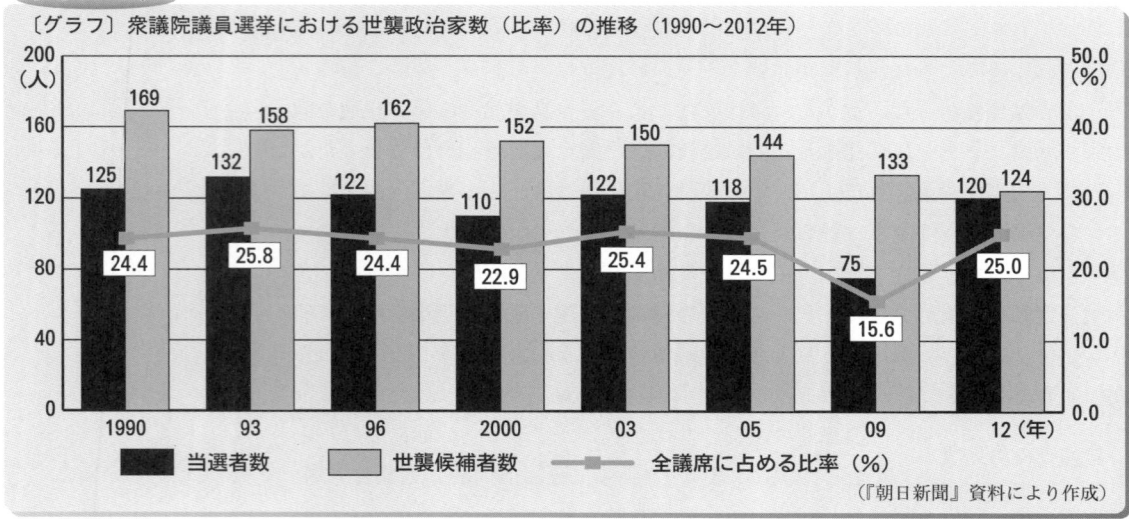

〔グラフ〕衆議院議員選挙における世襲政治家数（比率）の推移（1990～2012年）

| 年 | 当選者数 | 世襲候補者数 | 全議席に占める比率（％） |
|---|---|---|---|
| 1990 | 125 | 169 | 24.4 |
| 93 | 132 | 158 | 25.8 |
| 96 | 122 | 162 | 24.4 |
| 2000 | 110 | 152 | 22.9 |
| 03 | 122 | 150 | 25.4 |
| 05 | 118 | 144 | 24.5 |
| 09 | 75 | 133 | 15.6 |
| 12 | 120 | 124 | 25.0 |

（『朝日新聞』資料により作成）

### 世襲議員とは何か

父母や祖父などが政治家であり、その選挙地盤を受け継いで当選した議員を世襲議員という。世襲は一般に「3親等以内の親族が国会議員で同一の選挙区から立候補する」ことと定義[1]され、この定義を採用する『朝日新聞』の数値を用いると、衆議院議員選挙の場合、世襲候補者数と世襲当選者数がもっとも多かったのは1990年代である。以来、世襲候補者数と世襲当選者数は減少しているものの、2009年選挙を例外として、世襲議員が衆議院議員のなお約4分の1を占めている。

### 世襲議員が多い理由

日本で世襲議員が多いのは、**個人後援会**が継承されるからである。日本ではかつて中選挙区制のもとで、各地域の有力者は伝統的な地縁・血縁構造に支えられて選出されていた。第2次世界大戦後には、伝統的構造が弱体化した結果、政治家は選挙で当選するために自身の選挙区に個人後援会を育成し始めた。親の立場からすると、自分が引退するとき、多くの資源を投資し時間をかけて育てた個人後援会を自分の子供に継がせたいと思うのは当然である。また、**非課税措置**が世襲を促進する大きな要因となっている。子供が新たな政治資金管理団体を設置し、そこに親の政治団体から資金を移す場合、資金移転は政治団体間の寄付に当たるので非課税である。子供が親の政治資金管理団体を引き継ぐ場合、この行為を禁止する規定がないため、資金の相続は非課税である。

次に、個人後援会は選挙区にとっても有用である。すなわち、個人後援会は地方議員や地域有力者を通じて集票活動を行い、地元の業界団体や中小企業から資金を受け取る見返りに、**国の補助金や公共事業費を地元に配分する利益誘導と利権の構造**を形成している。したがって、後援会側も後継者争いで利権構造が崩されないよう親族が後継者になることを希望する。

実際にも、個人後援会を継承した政治家の当選率は高い。2000年から2012年

*1 この定義は、自民党、民主党、『朝日新聞』によって採用されている。『毎日新聞』は世襲をさらに広く定義し、この基準に「父母または祖父母が国会議員」を加えている。したがって、同じ衆議院議員選挙分析であっても、『朝日新聞』より『毎日新聞』の方が世襲議員数は多い。そのほかの新聞では、明確な定義がなされていない。

までの5回の衆議院議員選挙についてみると，非世襲候補者の当選率が約33%であるのに対して，世襲候補者の当選率は約78%である。そして，世襲議員は比較的若いときに政界に参入し，再選率も高いので，比較的早い時期から党内や国会のポストに就くことができる。

### 世襲議員の特徴と日本政治への効果

いわゆる叩き上げの政治家と比較すると，世襲政治家はひ弱で胆力がないといわれるものの，そうではない世襲政治家も多い。また，何の不自由もなく，挫折も知らずに育った世襲政治家には，国民の苦しみは分からないといわれるものの，そのような政治家も外で修行を積めば世の中を理解し，たくましくなる。したがって，世襲政治家の日本政治への効果を特定化するのは必ずしも容易ではない。あえていうなら，**世襲政治家が多すぎると，彼らの声が政策や決定により大きく反映され，また非世襲の政治家志望者が選挙で当選する機会が減少して一種の不平等「感」が生じてしまう**ということであろう。

### 世襲の規制

親族による地盤の世襲を制限することは容易ではない。例えば，日本国憲法第14条には「すべて国民は，法の下に平等であつて（中略）門地により，政治的，経済的又は社会的関係において，差別されない」，同第44条には「両議院の議員（中略）の資格は（中略）門地（中略）によつて差別してはならない」と規定されており，世襲制限は「門地の差別」に該当するため，憲法規定に抵触する可能性がある。

また，世襲制限には政党も消極的である。自民党は2009年に「3親等以内を同一選挙で公認しない」方針を掲げたものの，その後公募を条件に世襲を容認し，2011年には世襲制限の方針を撤廃した。民主党は内規で，現職国会議員が引退する場合，親族（3親等以内）が引き継ぐ形で同一選挙区から立候補することを禁止しているものの，事実上は世襲を容認している。

➡非世襲の自民党候補が掲げる「たたき上げ」ののぼり旗
（山形県山形市　2009.8.17）

---

### コラム

**世襲議員の重要性**　国政レベルでは，世襲議員の比率の高さが大きな問題となっている。例えば，議員の出身階層が固定化されてしまう，その結果として一種の不平等「感」が生じてしまう，などの弊害が指摘されている。しかし，地方レベルでは事情は異なる。というのは，特に過疎が進んだ県レベルでは，議員のなり手が少なく，選挙でも立候補者が少ないことが大問題となっているからである。2015年4月の41道府県議会議員選挙での無投票当選者は501人で，総定数に占める比率は21.94%に達した。このような場合，世襲は極めて重要なリクルート源である。日本の国政レベルと地方レベルの差異が，ここに明確に現れている。

---

◆参考文献　●市川太一『「世襲」代議士の研究』日本経済新聞社，1990年
　　　　　●上杉隆『世襲議員のからくり』文藝春秋（文春新書），2009年
　　　　　●松崎哲久『日本型デモクラシーの逆説：2世議員はなぜ生まれるのか』冬樹社，1991年

# 1 天皇の官吏－日本における官僚の発達（戦前）

### アプローチ

大日本帝国憲法下の官僚は「天皇の官吏」であった。官制大権（大日本帝国憲法第10条）に基づき，天皇が官吏を任免した。官吏は天皇への忠誠を誓い，忠実無定量の勤務に服する義務を負っていた。天皇との距離に応じて（任命方式の違いに応じて），高等官（勅任官，奏任官）および判任官という身分上の区別があり，高等官は高等官食堂で昼食をとることができたが，判任官は別の食堂があてがわれていた。俸給も等級に応じて大きな差があった。これら官吏以外に，各官庁に私法上の雇用契約で雇われていた雇員・傭人など非官吏が多数存在していた。

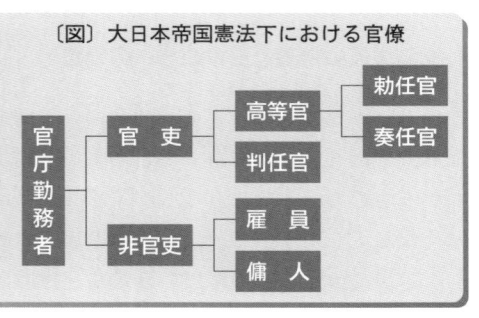

〔図〕大日本帝国憲法下における官僚

```
                    ┌─ 高等官 ─┬─ 勅任官
            ┌─ 官 吏 ─┤         └─ 奏任官
官庁勤務者 ─┤        └─ 判任官
            │        ┌─ 雇 員
            └─ 非官吏 ─┤
                     └─ 傭 人
```

### 明治期：官僚の形成

日本の現行官僚制の原型は明治初期に形作られた。明治政府はプロシアを参考にして **1887年に文官試験制度を導入** しているが，その前年すでに帝国大学令を発布して東京帝国大学[*1]を設置し，官吏養成のための実質的な役割を果たさせようとした。情実任用[*2]が広汎に行われていた英国で，公務員制度の改革が進められて資格任用制と政治的中立性を根幹とする現代公務員制度の基礎が築かれたのは1853年のノースコート・トレベリアン報告[*3]以降であること，猟官制[*4]をとってきた米国で資格任用制を定めた最初の連邦公務員法（ペンドルトン法）が成立したのが1883年であること，などと比較すれば，日本は，後進国家としてはかなり早い時期に試験制度の導入に踏み切ったといえる。

**1893年には文官任用令が制定** され，東京帝国大学法学部卒業生の無試験採用の特典は廃止され，その実質はともかく，広く社会に門戸を開く資格任用制が完成した。そして1899年，第2次山縣有朋内閣が政治による人事介入を極力少なくするための文官任用令の改正（勅任官への外部からの政治任用の廃止）を行って官僚制度の体系が整えられた。

### 天皇の官吏

大日本帝国憲法下の官吏は「天皇の官吏」であった（大日本帝国憲法第10条[*5]，官吏服務紀律[*6]）。天皇からの距離に応じて，**勅任官**（次官や局長，府県知事），**奏任官**（本省課長級等の中堅幹部）（以上が高等官），**判任官**（各省大臣が任命する下位官吏）に分けられていた。高等文官試験を通って官僚となった者は，短期間の判任官の時期を経て，高等官に任命されるのが通例であった。

高等官と判任官をあわせて **官吏** と呼んだが，両者をあわせても官公庁に勤務する職員の1割程度にすぎず，他の9割を占める **非官吏** として **雇員**（事務員），**傭人**（現業員）などがいた。

これらの区別は身分上の区別であり，同じ官吏でも，高等官と判任官とでは，トイレや食堂も異なっていた。

**高級官僚の給与は当初極めて高かった**。1892（明治25）年の局長級の給与は月額250円。当時の民間日雇いの平均額（月額換算）が4.9円だったことから，高級官僚は民間日雇いの4年分の年収を1か月で受け取っていたことになる。

---

*1 **東京帝国大学** 1886年，東京大学と工部大学校を統合して帝国大学を設置した。1897年，京都帝国大学の設置に伴い，東京帝国大学と改称。

*2 **情実任用** 為政者が，親族や友人，自分の支持者に官職任用の優先権を与えること。

*3 **ノースコート・トレベリアン報告** 有能な終身職公務員を獲得するためには成績主義の原則に基づく公開競争試験を導入する必要があると説いた。

*4 **猟官制** 選挙で勝った政党が任命することのできる全政府ポストを，その支持者に配分すること。

*5 **大日本帝国憲法第10条**「天皇ハ行政各部ノ官制及文武官ノ俸給ヲ定メ及文武官ヲ任免ス」

*6 **官吏服務紀律（1887（明治20）年）** 第1条「凡ソ官吏ハ天皇陛下及天皇陛下ノ政府ニ対シ忠順勤勉ヲ主トシ法律命令ニ従ヒ各其職務ヲ尽スヘシ」

同じ官吏でも，判任官は一番高い者でも75円，一番低い者は12円だった。官吏の間でも上に厚く下に薄い給与体系となっていた。

### 大正・昭和戦前期：官僚の発達，革新官僚

先に示した1899年の文官任用令の改正時には文官分限令に休職条項が設けられ，政治的更迭が実質的に可能となっていた。大正デモクラシーの時代以降，政党内閣が登場するようになると，この規定が利用されて，政権交代のたびに**高級官僚の更迭人事**が繰り返された。ただ，自由任用といっても官僚以外からの任用はかなり制限されており，高等文官試験に通った官僚の中から高級幹部が選ばれるという仕組みは貫かれている。

その後，政党内閣が徐々にその影を薄くするのと同時に軍部の政治的影響力が強くなっていく。省庁内部にも軍部出身の官僚の比重が高まっていった。これらの影響も受け，官僚の中に次第に新官僚や革新官僚と呼ばれる人たちが登場する。

新官僚とは満州事変（1931年）以降，軍部が推し進めた統制経済政策を背景に政治の場へ進出した官僚のことを指し，それがさらに発展したのが**革新官僚**である。後者は，2・26事件（1936年）から日中戦争に突入する過程で軍と一体になり完璧な統制経済を遂行していく。日中戦争の全面化に伴い，企画庁が資源局と一緒になって**企画院**[*7]に改編（1937年）された。革新官僚は，ここを拠点として戦時統制経済の実現を図っていった。モデルはソ連の統制経済であり，戦後総理大臣となる岸信介も商工次官のころは代表的な革新官僚であった。

革新官僚は，一部には国家社会主義を標榜しながら，希少な資源を国家のためさらには軍事体制のために総動員し，国民にそれなりの窮乏生活を強いることをもくろんだ。戦時体制下においては，**国家総動員法**[*8]などを企画立案していくことになる。

*7 **企画院** 1937（昭和12）年，戦時経済統制を強化し，総合的な国策企画にあたるため設置された内閣直属の機関。物資総動員計画の立案などを行った。

*8 **国家総動員法** 1938（昭和13）年制定された法律。総力戦遂行のため国家のすべての人的・物的資源を政府が統制運用できる（総動員できる）旨を規定したもの。

**回収された金属食器類**…兵庫県の飾磨署へもち込まれた献納の金属鍋，やかん，食器，食さじなど。（兵庫県姫路市　1941.4.25）

---

### コラム

**戦前期官僚の給与**　明治期の高級官僚の給与は労働の対価というより天皇の官吏としての地位や対面を保たしめるという性格が強いものだった。1886年の俸給令制定以降，1930年代末までに増額改定が2回，減額改定が1回なされたが，最初の1回の増額改定（一律1割アップ）を除いて改定は上薄下厚でなされたため，当初の上下格差は徐々に縮まった。

〔表〕官吏俸給水準の推移と部内格差の推移　　　　　　　　　　　　　　　　　（円）

|   |        | 1887年 | 1910年 | 1921年 | 1930年 | 1932年 | 1938年 |
|---|--------|--------|--------|--------|--------|--------|--------|
| A | 勅任官 | 337.9(100) | 373.8(110) | 488.5(145) | 498.6(148) | 442.2(131) | 429.2(127) |
| B | 奏任官 | 73.8(100) | 118.9(161) | 214.6(291) | 240.1(325) | 216.9(294) | 212.4(288) |
| C | 判任官 | 17.1(100) | 35.5(208) | 68.8(402) | 83.4(488) | 81.5(477) | 81.1(474) |
| A／C（倍） |  | 19.8 | 10.5 | 7.1 | 6 | 5.4 | 5.3 |
| B／C（倍） |  | 4.3 | 3.3 | 3.1 | 2.9 | 2.7 | 2.6 |

（稲継裕昭『公務員給与序説』）〈注〉（　）内は1887年を100としたときの指数。

---

◆参考文献　●水谷三公『官僚の風貌』中央公論新社，1999年（文庫版2013年）
　　　　　　●稲継裕昭『公務員給与序説―給与体系の歴史的変遷』有斐閣，2005年
　　　　　　●日本公務員制度史研究会編『官吏・公務員制度の変遷』第一法規，1989年
　　　　　　●人事院「平成20年度年次報告書（第2部）」，http://ssl.jinji.go.jp/hakusho/h20/032.html，033.html

# 2 GHQによる官僚改革－終戦と官僚（戦後）

### アプローチ

〔表〕官僚改革に関する歩み

|  |  |
|---|---|
| 1886（明治19）年 | 高等官官等俸給令（高等官を勅任官，奏任官とした），帝国大学令 |
| 1887（明治20）年 | 文官試験試補及見習規則<br>官吏服務紀律 |
| 1890（明治23）年 | 大日本帝国憲法施行 |
| 1893（明治26）年 | 文官任用令・文官試験規則 |
| 1894（明治27）年 | 第1回文官任用高等試験（高文）を実施 |
| 1899（明治32）年 | 文官任用令改正（政党による猟官運動を防ぐ。警保局長・警視総監などが自由任用でなくなる。） |
| 1945（昭和20）年8月 | ポツダム宣言受諾，敗戦 |
| 10月 | GHQから人権指令 |
| 11月 | 官吏制度改正に関する件を閣議決定 |
| 1946（昭和21）年11月 | 対日合衆国人事行政顧問団（フーバー団長）来日 |
| 1947（昭和22）年1月 | 全官公庁共闘2・1ゼネスト宣言→ゼネスト中止命令 |
| 5月 | 日本国憲法施行 |
| 10月 | 国家公務員法を公布 |
| 1948（昭和23）年11月 | 改正国家公務員法を公布 |

### GHQの考え方

1945年8月，日本はポツダム宣言を受諾し終戦を迎えた。敗戦後の日本を占領した連合国軍は実質的には米国軍であったが，対日占領は天皇を含む既存の日本の政府機構を利用しつつ進めるいわゆる**間接統治方式**がとられた。またドイツにおけるのと異なり日本本土を分割することなく占領が行われたため，日本の官僚組織は全体として連合国の占領統治に利用されることになった。

ただ，「利用する」ということは，連合国軍最高司令官総司令部（GHQ）[*1]が従来の官僚制の維持を支持することを意味しなかった。官僚にとっては，まず1945年10月，**GHQから出された「人権指令」**が衝撃的だった。これは言論集会の自由を制限する法令の廃止と，これら法令を執行する内務省の特高警察などの廃止，内務大臣や警保局幹部などの罷免を要求するものであった。罷免された警察官吏は4,900人に及んだ。これに続く**GHQ民政局**[*2]の計画では，戦犯や軍人に加えて**重要な政府官僚の追放案**を作成していた。官僚については1万7,000人に及ぶ奏任官以上の官僚（中央省庁の局長や課長以上，府県知事・部長）等の追放を予定していた。日本の官僚が軍閥，財閥と並んで軍国主義を支える1つの柱であったとの認識が背景にある。ただ，GHQ内部にも民政局の改革に対する反対があったため，結局公職追放に指定された官僚の数は約830人にとどまった。追放された官僚の約4割が内務省[*3]の官僚であった。

なお，公務員[*4]は，**事務官と技官の2種類**（教官を入れて3種類）に簡略化された（官吏制度改正に関する件［1945年11月］）。**「天皇の官吏」は国民全体の奉仕者である公務員へと衣替え**がなされた（1947年5月官吏服務紀律改正）。従来の高等官（勅任官，奏任官），判任官，雇員，傭人等の身分的区別もなくなり，食堂やトイレも含めて目立つ差別はなくなった。しかしGHQはこれらの形式的な変化には満足せず，より根本的な官僚制度改革を目指していた。

---

[*1] **連合国軍最高司令官総司令部（GHQ：General Headquarters）** 太平洋戦争の終結に際してポツダム宣言の執行のために日本において占領政策を実施した連合国軍の機関。大部分は，アメリカ軍，アメリカ民間人で構成されていた。なお，GHQは正式にはGeneral Headquarters/Supreme Commander for the Allied Powers 略してGHQ/SCAPである。

[*2] **GHQ民政局** GHQ内の1部局。通称GS（Government Section）。軍閥や財閥の解体，軍国主義思想の破壊を遂行し，民主化政策の中心的役割を担った。

[*3] **内務省** 1873年設置された中央官庁。地方行財政，警察，土木，衛生などの国内行政を担った。戦後，GHQの強い意向で解体された。自治省，警察庁，建設省，厚生省の前身。

[*4] **日本国憲法第15条**「（第1項）公務員を選定し，及びこれを罷免することは，国民固有の権利である。（第2項）すべて公務員は，全体の奉仕者であって，一部の奉仕者ではない。」

## 国家公務員法の成立と改正―人事院の創設

1946年11月に日本国政府（大蔵省）の要請を受けて米国・カナダ人事委員会連合会会長**ブレイン・フーバー**[*5]を団長とする**対日合衆国人事行政顧問団**が来日し，活動を開始した。調査研究を経て翌1947年6月に最終報告を提出した。この報告書には国家公務員法の原案であるいわゆる**フーバー草案**が含まれていた。これは同月，当時の社会党政権の片山哲内閣に提示され，それをもとに国家公務員法案が作成されることになっていた。

しかし片山内閣は，フーバーが一時帰国している間に，社会党の支持基盤であった労働組合の要求（フーバー草案の中にあったストライキ禁止条項を削除すること）や各省庁の要求（強力な人事機関の設置に対する懸念）を受け入れ，原案に大幅な修正を加えた法律案をまとめ，これを国会に提出して成立させてしまった。これが1947年に成立した当初の国家公務員法である。修正点は，中央人事機関（人事委員会）の独立性と権能をかなり弱めたこと，各省の事務次官の職を政治任用の対象になりうる特別職としたこと，**一般職職員の労働基本権**を広く認め，争議行為を禁止する規定を削除した（つまり公務員にスト権を与えた）ことであった。

同年11月に再来日したフーバーは烈火のごとく怒ったといわれる。このころ，公務員労働組合を中心とした労働運動が激しくなる。フーバーは，ストライキ禁止条項の削除がこうした動きに影響していると確信し，原案の復活を図る活動を進めることになる。公務員の労働基本権を制限する方向で国家公務員法を改正することを求めたマッカーサー書簡が1948年7月，芦田均首相宛で発せられ，結局，同年11月，吉田茂内閣のもとで改正国家公務員法が成立した。中央人事機関を独立性の強い人事院に改めるとともに，一般職職員の労働基本権を大幅に制限した。なお，当初の国家公務員法で自由任用職（政治任命職）とされた事務次官は一般職とされた。ヒラ職員からトップである事務次官まで，すべて一般職としてメリット主義の適用を受ける現行システムができあがった。

各省庁官僚制は，実質的にGHQが設立した人事院の存在を快く思わず，その後10年以上にわたり人事院を廃止縮小しようとする法案が3度提出されたが，結局，それらは成立しなかった。

*5 ブレイン・フーバー
[Blaine Hoover]（1893-1950） アメリカの労働問題専門家。日本の官僚制度の改革を勧告。GHQ民政局公務員課長として改正国家公務員法を成立させた。

①審議を参観するフーバー（手前右から2人目）…衆議院人事労働連合審査会を訪問し，国家公務員法改正案の審議を参観した。
（衆議院　1948.11.19）

### コラム

**S―1試験**　1948年に行われた国家公務員6級職試験は従来の高等文官試験に代わるものととらえられ，その後，上級甲種試験，I種試験へと引き継がれていく。

すでに事務次官，局長，次長，課長級などの職にあったものについては，新たな法律のもとでの能力実証を行う必要がある旨，国家公務員法附則第9条で規定されており，これに基づいて1950年1月の第1次筆記試験を皮切りに幹部が一斉に試験を受験した。S―1試験と呼ばれる（SはSupervisorの略）。受験しないと現職にとどまることができないため，ごく一部を除き多くの幹部が受験した。当時の大蔵省銀行局長だった愛知揆一（のちに国会議員となり外務大臣，大蔵大臣を歴任）は，事務次官や局長まで択一式の試験を受験させられることに驚き，「この試験に落第しても局長や課長が務まらないとは思えない」と回想している。

◆参考文献　●天川晃『占領下の議会と官僚』現代資料出版，2014年
　　　　　　●岡田彰『現代日本官僚制の成立―戦後占領期における行政制度の再編成』法政大学出版部，1994年

# 3 多すぎる公務員？ーー公務員の種類と数

## アプローチ

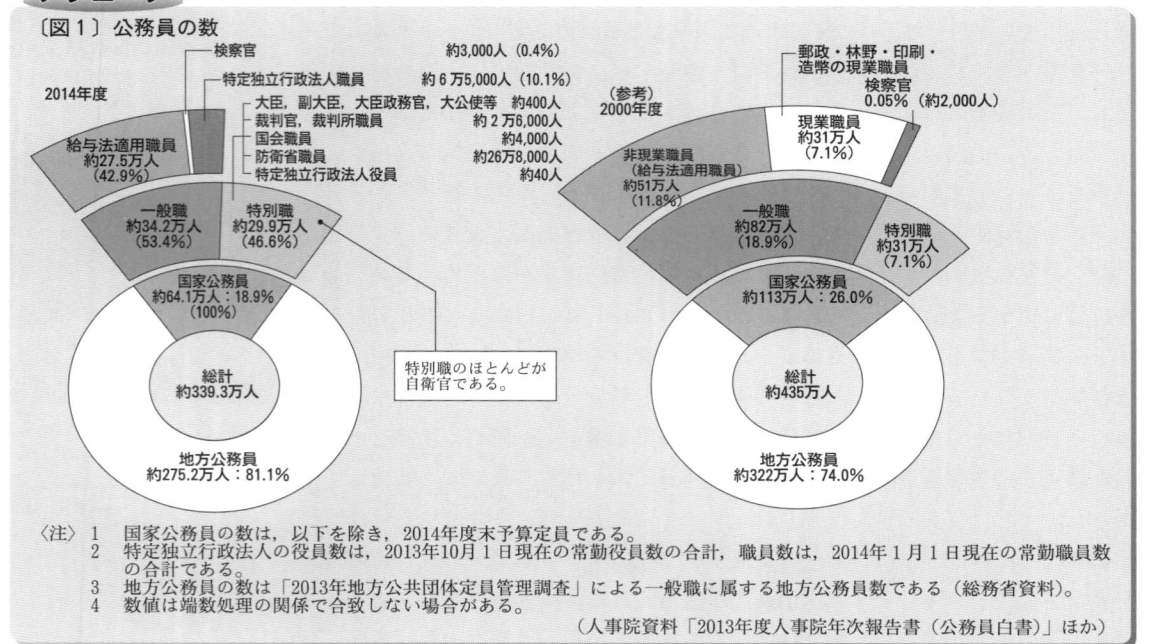

〔図１〕公務員の数

2014年度：
- 検察官 約3,000人（0.4%）
- 特定独立行政法人職員 約6万5,000人（10.1%）
- 大臣、副大臣、大臣政務官、大公使等 約400人
- 裁判官、裁判所職員 約2万6,000人
- 国会職員 約4,000人
- 防衛省職員 約26万8,000人
- 特定独立行政法人役員 約40人
- 給与法適用職員 約27.5万人（42.9%）
- 一般職 約34.2万人（53.4%）
- 特別職 約29.9万人（46.6%）
- 国家公務員 約64.1万人：18.9%（100%）
- 総計 約339.3万人
- 地方公務員 約275.2万人：81.1%
- 特別職のほとんどが自衛官である。

（参考）2000年度：
- 郵政・林野・印刷・造幣の現業職員
- 検察官 0.05%（約2,000人）
- 現業職員 約31万人（7.1%）
- 非現業職員（給与法適用職員）約51万人（11.8%）
- 一般職 約82万人（18.9%）
- 特別職 約31万人（7.1%）
- 国家公務員 約113万人：26.0%
- 総計 約435万人
- 地方公務員 約322万人：74.0%

〈注〉
1. 国家公務員の数は、以下を除く、2014年度末予算定員である。
2. 特定独立行政法人の役員数は、2013年10月1日現在の常勤役員数の合計。職員数は、2014年1月1日現在の常勤職員数の合計である。
3. 地方公務員の数は「2013年地方公共団体定員管理調査」による一般職に属する地方公務員数である（総務省資料）。
4. 数値は端数処理の関係で合致しない場合がある。

（人事院資料「2013年度人事院年次報告書（公務員白書）」ほか）

### 公務員の種類と数

公務員には、**国家公務員**（約64.1万人）と**地方公務員**（約275.2万人）がおり、あわせて約340万人となる（図１ー左）。非常に多くの公務員がいるようにもみえるが、後で述べるように国際比較するとむしろ人口当たりの公務員数は少ない。

国家公務員は、**一般職**の国家公務員（約34.2万人）と**特別職**の国家公務員（約29.9万人）に分けられる。一般職の国家公務員には国家公務員法が適用されるが、特別職の国家公務員には同法は適用されない。

特別職国家公務員は国家公務員法第2条第3項に列挙されており、大まかに分類すれば、①政務を担当するもの（内閣総理大臣、国務大臣、副大臣等）、②権力分立の憲法原則に基づき、その人事制度の設計を立法部、司法部に委ねることに合理性があるもの（裁判官および裁判所職員（約2.6万人）、国会職員（約4,000人）等）、③職務の性質上、別個の身分取扱いの基準によることが適当であるもの（防衛省職員）（約26.8万人）、④その他職務の特殊性により、採用試験や身分保障等の一般の公務員にかかる原則を適用することが不適当なもの（宮内庁職員）に分けることができる。数からみると、特別職の大半は防衛省職員で占められている。

一般職の国家公務員はそれ以外の国家公務員で、人事院勧告の対象となる非現業職員（約27.5万人）のほか、検察官（約3,000人）、特定独立行政法人職員（約6.5万人）などからなる。公務の公正、中立な実施を担保する意味から、**成績主義の原則**[*1]、**身分保障**[*2]、**厳正な服務に関する規定**[*3]などの諸規定が国家公務員法上に定められている。

---

[*1] **成績主義の原則** 公務員がある職に就くにはその職務を遂行するための能力が実証されなければならないという原則。情実人事を排除して、公務の中立性・公正性を確保するとともに、公務能率の向上を確保しようとするもの。

[*2] **身分保障** 職員は、公務員法で定める事由（勤務実績不良、心身故障による職務遂行困難等）による場合以外は、その意に反して首になったり降格されたりしないという原則。職員が恣意的にその職を奪われることのないようにして、公務の中立性・安定性を確保しようとするもの。

[*3] **厳正な服務に関する規定** 守秘義務、職務専念義務、営利企業等従事制限、法令および上司の命令に従う義務、争議行為等の禁止、信用失墜行為の禁止、政治的行為の制限などが課せられている。

**地方公務員数**　地方公務員も一般職と特別職に分けられるが、特別職は選挙で選出される首長や地方議員などが大部分を占めている。一般職の地方公務員（275.2万人）を部門別にみると、**一般行政部門**（一般管理、福祉関係）に約91万人（33.0％）、**特別行政部門**（教育、警察、消防）に約148万人（53.8％）、公営企業等会計部門に約36万人（13.3％）となっている。特別行政部門のうち、教育が約104万人、警察が約28万人、消防が約16万人である。

**公務員数の推移と国際比較**　一般職国家公務員数は2000年度、約82万人だった（図1－右）。12年間で約48万人減少している。①小泉純一郎内閣以降、**定員削減**が進んだこと（純減）のほか、②国立大学の法人化（約12.6万人）や日本郵政公社の民営化（約25.4万人）により公務員でなくなった者がいることが大きい。

地方公務員数も、12年間で約47万人減少している。地方公務員数は1994年の328万人をピークとして、その後継続する行政改革・定員削減により20年連続して減少している。

**人口千人当たりの公務員数**（国家公務員、地方公務員を含む）を英米独仏と国際比較した図（**図2**）をみると、フランスの88.7人やイギリスの74.8人に比べて日本の36.4人は半分以下だということが分かる。政治家やマスメディアが「日本の公務員数は多いので、さらなる行革・人件費削減が必要だ」と主張することがあるが、国際比較をするとむしろ日本の公務員数は少ないといえる。

〔図2〕人口千人当たりの公的部門における職員数の国際比較
（単位：人）

| 国 | 中央政府職員 | 政府企業職員 | 地方政府職員 | 軍人・医務職員 | 計 |
|---|---|---|---|---|---|
| フランス（2012） | 25.0 | 18.6 | 40.6 | 4.5 | 88.7人 |
| イギリス（2012） | 5.8 | 34.4 | 30.9 | 3.8 | 74.8人 |
| アメリカ（2012） | 4.5 | 2.1 | 52.1 | 6.9 | 65.5人 |
| ドイツ（2011） | 2.6 | 7.9 | 45.3 | 3.3 | 59.1人 |
| 日本（2013） | 2.7 | 5.1 | 26.5 | 2.1 | 36.4人 |

（総務省資料）

## コラム

**パーキンソンの法則**　ノースコート・パーキンソンは、海軍の戦艦や軍人の数は減る一方なのに海軍省（本省）の役人数が大幅に増えていることなどを観察し「ラインの仕事量は同じであっても、スタッフは毎年増え続ける」という役人の自己増殖作用を明らかにして、英『エコノミスト』誌に1957年発表した。「役人の数は、放っておくとどんどん膨張する」というものである（『パーキンソンの法則』至誠堂、1996年）。パーキンソンによれば、1．役人は部下が増えることを望む、2．役人は相互に仕事をつくりあう（調整業務が増え続ける）という2つの要因から自己増殖がもたらされるという。

先進諸国での公務員数の多さはパーキンソンの法則が当てはまる例かもしれないが、日本はそうではない。どのような制度枠組み、法律がそれを可能にしたのか、調べてみるのも面白い。

◆参考文献　●人事院「人事院年次報告書（公務員白書）」、http://ssl.jinji.go.jp/hakusho/
●総務省「地方公共団体定員管理調査」、http://www.soumu.go.jp/main_sosiki/jichi_gyousei/c-gyousei/teiin/
●内閣府経済社会総合研究所「公務員数の国際比較に関する調査報告（2006年）」、
http://www.esri.go.jp/jp/prj/hou/hou021/hou021.html

# 4 キャリアとノンキャリア－官僚の採用・昇進

**アプローチ**

官僚の世界ではキャリアとノンキャリアとの間に厳格な区別がつけられてきた。入口選抜方式を採って，両者の間には明確な昇進スピードの差があった（戦前の身分制は廃止したが，より非公式の目立たない形での身分制が残されたという学者もいる）。キャリアはほぼ全員30歳で本省課長補佐，40歳くらいで本省課長に昇進するのに対し，ノンキャリアは30歳を超えて係長，40歳代で一部の者がようやく課長補佐に昇進でき，本省課長まで昇進できる者は極めて限られている。だが，その厳格な区別や昇進スピードも徐々に変化しつつある。

### 官僚の採用

国家公務員になるには特定職種を除き，人事院が実施する国家公務員採用試験を受験する必要がある。これに合格して採用候補者名簿に登載された者の中から採用官庁が面接を行って採用者を決定する。いわば**2段階選抜**となっている。

戦後，人事院が発足してから従来の**高等文官試験**に代わるものとして**上級甲種試験**が始まり，また，短大卒程度として中級試験，高卒程度として初級試験が行われてきた。しかしその後，大学進学率の上昇に伴い，中級試験受験者の大部分を大卒者が占めるようになってきていた。そこで1985年度採用試験から，中級試験を廃止して新たに大卒程度のⅡ種試験を新設した。これと併せて従来の上級甲種をⅠ種，初級試験をⅢ種試験とした。

その後，1995年頃をピークとして受験申込者が徐々に減少していった。また，2002年頃からの強い公務員批判の影響で，公務の人材確保が極めて厳しい状況となっていた。そこで，新たな人材供給源を開拓しつつ，引き続き行政サービスの基盤を支える優秀かつ多様な人材を確保する必要性から，**2012年度から採用試験が大きく変更**された（図1）。またこれを機会に，キャリアシステムと慣行的に連関している採用試験体系を抜本的に見直すことにより，能力・実績に基づく人事管理への転換の契機とすることが目指されている。試験の内容も，知識偏重から，論理的思考力・応用能力の検証をより重視するものへと変更されてきた。

〔図1〕国家公務員採用試験の再編

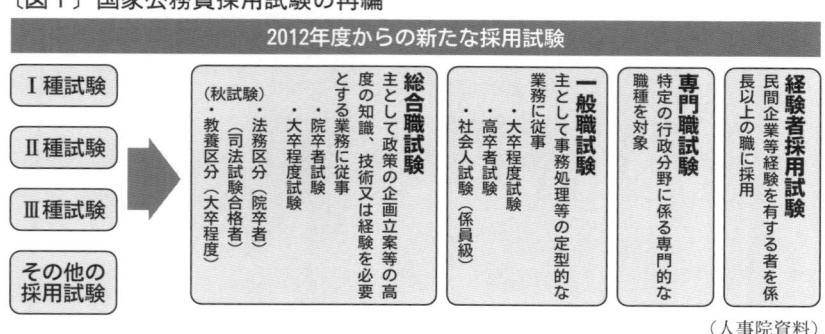

**2012年度からの新たな採用試験**

Ⅰ種試験 → 
Ⅱ種試験
Ⅲ種試験
その他の採用試験

- **総合職試験**（秋試験）
  - 法務区分（司法試験合格者）
  - 院卒者試験
  - 大卒程度試験
  - 教養区分（大卒程度）
  主として政策の企画立案等の高度の知識，技術又は経験を必要とする業務に従事
- **一般職試験**
  - 院卒者試験
  - 大卒程度試験
  - 高卒者試験
  - 社会人試験（係員級）
  主として事務処理等の定型的な業務に従事
- **専門職試験**
  特定の行政分野に係る専門的な職種を対象
- **経験者採用試験**
  民間企業等経験を有する者を係長以上の職に採用

（人事院資料）

### 官僚の昇進

長年運用されてきた国家公務員制度の根幹は，「**2重の駒形**」かつアップオアアウト（Up or Out）型の昇進管理にあった（図2）。まず各省ごとの採用時点でキャリア（上級甲，Ⅰ種）とノンキャリア（中級・初級，Ⅱ種・Ⅲ種）を分ける。同じキャリア官僚でも，行政・

法律・経済の区分で採用された**事務官**[*1]と，主として理科系の区分で採用された**技官**[*2]とでは昇進ルールに違いがある。

同期で採用された20人程度の各省事務官キャリアは，**同期採用同時昇進の原則**に従って本省課長級までは同時に昇進をしていく。だが，同期の中で審議官クラスには全員は昇進（Up）できず，昇進競争に敗れた者は外部（特殊法人，公益法人，民間企業）へ天下り（Out）する。その上の局長クラスに同期のうち数名が昇進すると，昇進できなかった他の者は退職（天下り）する。各省に1人だけいる事務次官を選抜するまで，この Up or Out 競争が続く。この長期に及ぶ**勝ち抜きトーナメント型の出世競争**は，各省に強い忠誠心を持ち職務に精励するキャリア公務員集団を作り出した。

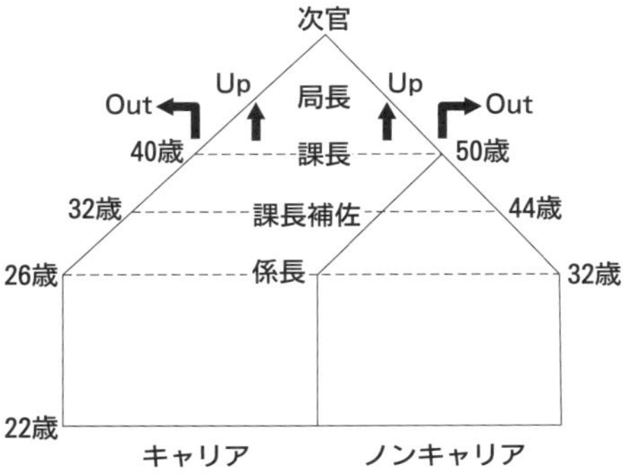

だが，2000年代に入り，このモデルは崩れてきている。

まず，キャリアの若手官僚が退職する事態が相次いだこと，大学卒（や大学院卒）の有能なⅡ種採用者が育ってきてそういったⅡ種採用者とキャリアとでさほど能力の違いがないことが明らかになったことなどから，ノンキャリアからキャリアルートへの選抜が行われるようになった。また，公務員の早期退職慣行が天下りを導いていると批判され，小泉 純一郎内閣は各省に**勧奨退職年齢を3年以上引き上げる**よう要請した。そのため，課長級以上への昇進が徐々に遅れてきた。

さらに，2009年，各省庁による斡旋天下りが原則禁止されたこと（→62-63頁）から，同期で審議官クラスに昇進する者がいても他の者が省内に課長級でとどまっていたり，独立行政法人や関連公益法人へ現役で出向したりするようになっている。従来は決してなかった年次逆転がいまや当たり前になっている省庁もある。幹部ポストの高齢化が進むとともに，キャリアの Up or Out 型昇進管理は採れなくなってきているのである。

〔図2〕2重の駒形昇進モデル

```
            次官
         Up ↑ Up
    Out ←  局長  → Out
    40歳 ――課長―― 50歳
    32歳 ――課長補佐―― 44歳
    26歳 ――係長―― 32歳
    22歳
        キャリア  ノンキャリア
```

[*1] **事務官** キャリア官僚のうち，行政・法律・経済の文系区分で採用された国家公務員は，技術系のⅠ種（上級甲種）採用者である技官に比べても昇進スピードが速く，また，各省庁の事務次官や局長ポストのほとんどは，これらキャリア事務官によって占められてきた。

[*2] **技官** 行政・法律・経済以外の試験区分で採用された主として理系の国家公務員。キャリアの技官は事務官キャリアに比べて冷遇されている。昇進スピードは遅く，最終到達ポストは低い。事務次官ポストで技官がなれるのは，国土交通省でしかも3年間で1年間だけという慣行がある。技官キャリアが事務官キャリアの10倍程度いる農林水産省でも技官が事務次官になった例はない。

## コラム

**キャリア官僚同士の報酬の差**　「公務員は働いても働かなくても給与は同じ」とよく批判されるが，長い目で見るとそうではない。官僚の昇進競争は，報酬の点でも勝敗により大きな違いをもたらす。給与に差がつかない状態が40歳代半ばまで続いた後，課長級で退職するか，その上に昇進できるかで，天下り先およびその後の処遇で大きな違いがあり，生涯の収入に相当の差がつく。本省内の出世競争に勝ち残ってより上位ランクに昇進した者は，ランクの高い特殊法人の理事長などの高いポストに天下り，そこでの報酬や在職年数も長い。また，公務員退職時に受け取る退職手当も，課長級でしかも勤続25年未満で退職すると，2,000万円を切るケースが出てくるのに対して，勤続35年で局長級や事務次官クラスで退職すると，6,000万円から7,500万円と跳ね上がる。昇進するかどうかで，その後の報酬が大きく異なるのである。

◆**参考文献**　●稲継裕昭『日本の官僚人事システム』東洋経済新報社，1996年
●村松岐夫編『公務員制度改革―英米独仏の動向を踏まえて』学陽書房，2008年
●人事院「国家公務員採用情報Navi」，http://www.jinji.go.jp/saiyo/saiyo.htm

# 5 公務員はおいしい？－天下りの功罪

## アプローチ

〔表〕国家公務員の再就職状況の公表（2013年度分）

| 再就職先区分／府省等名 | 国又は地方公共団体の機関 | 独立行政法人 | 特殊法人 | 認可法人 | 公益法人〈注2〉 | 学校法人等〈注3〉 | その他の非営利法人 | 営利法人 | 自営業 | その他 | 合計 |
|---|---|---|---|---|---|---|---|---|---|---|---|
| 内閣官房 | 1 | ― | ― | ― | 1 | 2 | 2 | 3 | ― | ― | 9 |
| 内閣法制局 | 1 | ― | ― | ― | ― | ― | 1 | ― | ― | ― | 2 |
| 人事院 | ― | ― | ― | ― | 3(1) | ― | 3 | 1 | ― | ― | 7 |
| 内閣府 | ― | 1 | ― | ― | 1 | 4 | 1 | 2 | ― | ― | 9 |
| 宮内庁 | ― | ― | ― | ― | 4(1) | ― | 1 | ― | ― | ― | 5 |
| 公正取引委員会 | ― | ― | ― | ― | ― | 1 | 2 | 1 | ― | 1 | 5 |
| 国家公安委員会 | 4 | ― | 2 | ― | 2 | 2 | 15 | 16 | ― | ― | 41 |
| 金融庁 | ― | ― | ― | 1 | 1 | ― | 4 | 9 | ― | ― | 15 |
| 消費者庁 | ― | ― | ― | ― | ― | ― | ― | ― | ― | ― | ― |
| 復興庁 | ― | ― | ― | ― | ― | ― | ― | 2 | ― | ― | 2 |
| 総務省 | 7 | ― | ― | ― | 4(1) | 3 | 23 | 14 | 1 | 1 | 53 |
| 法務省 | 20 | ― | 1 | ― | 8(3) | 8 | 14 | 13 | 52 | ― | 116 |
| 外務省 | ― | ― | ― | ― | 2 | ― | 1 | 4 | ― | ― | 7 |
| 財務省 | 19 | 1 | ― | 1 | 10(1) | 7 | 43 | 101 | 156 | 17 | 355 |
| 文部科学省 | ― | 4 | ― | ― | 5 | 18 | 7 | 4 | ― | ― | 38 |
| 厚生労働省 | 4 | 5 | ― | 1 | 26(1) | 19 | 28 | 9 | ― | ― | 92 |
| 農林水産省 | 3 | 3 | ― | ― | 16(1) | 2 | 46 | 33 | 1 | 5 | 109 |
| 経済産業省 | 4 | 1 | ― | ― | 4(1) | 8 | 46 | 32 | 18 | 2 | 115 |
| 国土交通省 | 4 | ― | ― | ― | 25(1) | 6 | 142 | 120 | 5 | 3 | 312 |
| 環境省 | ― | ― | ― | ― | 3 | ― | 4 | 2 | ― | 1 | 10 |
| 防衛省 | ― | ― | ― | ― | ― | ― | ― | ― | ― | 1 | 1 |
| 会計検査院 | ― | 2 | ― | ― | ― | ― | 1 | 11 | 1 | ― | 15 |
| 府省等計 | 67 | 17 | 13 | 2 | 115(11) | 80 | 385 | 377 | 234 | 28 | 1,318 |

〈注1〉次の法律に基づく公表。①国家公務員法第106条の23第3項の規定に基づく通知…再就職の約束に係る管理職職員からの在職中の届出の通知。②同法第106条の24第1項の規定に基づく届出…独立行政法人等の役員等に就く者に係る管理職職員であった者からの離職後の事前届出。③同条第2項の規定に基づく届出…当該場合以外に係る管理職職員であった者からの離職後の事後届出。
〈注2〉公益法人には，特例社団法人および特例財団法人を含む。なお，特例社団法人および特例財団法人への再就職に係る件数については，（ ）内に内数として記載している。
〈注3〉学校法人等には，医療法人，社会福祉法人および宗教法人を含む。

### 天下りとは

天下り[*1]とは，狭義では，国家公務員の退職に際して，**各省庁の人事を司る大臣官房（秘書課や人事課）が，省庁の外郭団体や公益法人，民間企業の役員等への再就職を斡旋して行うこと**を指す。

60頁でみた**アップオアアウト型**の昇進管理を維持するためには，昇進競争から外れた者にスムーズに省外に出てもらう必要がある。公務員は**身分保障**（→58頁）があって，定年まで勤務し続けることがおおむね保障されているので，省庁の側から無理矢理クビにすることは法律上できない。20歳代なら転職も難しくないだろうが，40歳代半ばをすぎ，あるいは50歳代の元公務員が，今まで受け取っていた給料と同程度のところに再就職することは簡単なことではない。そこで，省庁の大臣官房の方で，放出される予定の職員の再就職の世話をして，職員に定年前に辞めてもらうということが慣行として行われてきた。

再就職先としては，**政府関連の特殊法人，認可法人，独立行政法人，公益法人が多かった**。従来の国家公務員法の規定（旧第103条第2項，第3項）[*2]のもとでは，当該省庁が所管する外郭団体等，業界団体をはじめとする公益法人などの役職員への再就職を斡旋するのが一般的だった。2年経過すれば，上の規定に抵触することなく民間企業へ再就職することもできるので，いったん外郭団体等に再就職したのち，民間企業へ再々就職する例も少なくなかった。

### 天下りの功罪

天下りには，官庁人事を活性化させる点や，民間と行政を結びつけるネットワークとなる点，比較的弱い企業の力を高める点といった**効用も考えられる**。しかし，天下りという用語が好意的あるいは中立的なニュアンスで使われることはむしろ少なく，新聞や雑誌では批判的に使われる場合がほとんどだ。

政府の外郭団体や公益法人は必要性に応じてつくられてきたものだが，なかには省庁の外の人事ポストのためにつくられたと思われるものも皆無ではない。

---

[*1] 天下り　より広義には，地方公務員による同じような再就職（都庁職員が都の外郭団体に再就職）や，国家公務員が地方自治体へ移る（総務官僚が県の総務部長や副知事に異動する）場合，さらには日本銀行OBが銀行へ再就職する場合や，大企業OBが系列子会社へ再就職する場合などにも使われることがある。本項では狭義の天下りに限定して考える。

[*2] 旧国家公務員法の天下り制限規定　退職前5年間の業務と密接な関係のある民間企業への再就職は，人事院の承認がない限り，退職後2年間禁じられていた。

そのような外郭団体等に公的資金が投入されて天下り役職員の給与や退職金になる場合，税金の無駄遣いという批判を浴びることになる。また，民間企業へ再就職する場合，元官僚が有する高い能力（組織統率力や法令通達を熟知している知識等々）をいかんなく発揮してもらって業績を上げることを考える場合はよいだろうが，企業側が何らかの見返りや元官僚が持つ役所の後輩への影響力などを期待して受け入れる場合は問題がある。とりわけ**規制官庁の元官僚を受け入れて，様々な便宜を図ってもらおうとする場合**に問題が深刻化する。

天下りに対する世論の批判は決して衰えることはなく，むしろ極めて強くなってきた。そのため，**2007年には国家公務員法が改正**されて，斡旋天下りは基本的に禁止されることになった。また，官僚OBからの働きかけを規制し，違反すれば懲役刑すら科されうるような規定が置かれた。

### ●天下りの変化

天下りは戦後，徐々に増えてきた。戦前は40歳代前半で局長になることも多く，比較的早く退職していたが，退職後は**十分な恩給が支給**されていたので天下りの必要もなかった。

戦後，1960年代以降天下りは徐々に増加していく。高度経済成長に伴い公団や公社など特殊法人，認可法人などの外郭団体が次々につくられたが，その幹部ポストはプロパー職員（外郭団体の採用者）をすぐにあてるわけにはいかない。日本的雇用慣行の下で幹部にするためには新卒で採用して20年は必要だ。そのため，幹部には国家公務員OBが就くことが慣例となった。徐々に数も増えてきて，人事管理の一環として外郭団体ポストが使われるようになっていった。

恩給制度は1959年に廃止されて共済年金制度へ移行し，さらに1986年には計算の基礎が大きく変更された。算定基礎が，退職前1年間の年収（在職中1番高い給与）から，退職時までの給与の平均（しかも一定金額で頭打ちとなる）へと変更されたのである。そのため**年金額も大幅に減少**した。こうした変化は官僚OBにとって天下りを不可欠のものとしていったのである。そして天下りに対する世論も1980年代末までは必ずしも否定的ではなかった。

1990年代以降，世論は天下りに対して極めて厳しくなっていき，2000年代に入ってからの天下り廃止に向けた動きが活発になり，法改正もなされた。

他方で，官僚人事を考えていく場合，バッシングを繰り返すだけでは前に進まない。天下りの問題は，いかに有能な若手をリクルートするか，組織をどう活性化するかを考えることと，実は密接につながっている。

\*3　2015年10月に，共済年金は厚生年金に統合される予定。統合に際し，共済年金の職域加算部分は廃止される。

### コラム

**恩給と年金，他国の公務員年金**　戦前の恩給制度のもとでは，17年勤続で最終俸給の3分の1が支給され，17年を超える1年につき150分の1が加算された。俸給が高い勅任官（次官・局長）で辞めた場合，判任官の最高俸給に近い恩給が終身保障され，老後はそれほど心配するようなものではなかった。戦後の共済年金制度の幾度かの改正で，今では，年収2,200万円の事務次官が退職後に受け取る共済年金は月14万円強，基礎年金部分と合わせても月20万ほどである（年収240万円）\*3。最終年収の10数％，一時退職金を含めて考えても30％台である。

ちなみに，**諸外国**では，英国が最終年収の54％，ドイツ67％，米国・フランス72％ほどとなっている。日本の公務員年金は諸外国公務員年金に比べると（とりわけ幹部公務員にとっては）かなり低いのが現状である。

◆参考文献　●稲継裕昭「退職管理」村松岐夫編『最新公務員制度改革』学陽書房，2012年
　　　　　●塙和也『自民党と公務員制度改革』白水社，2013年
　　　　　●内閣人事局「再就職状況の公表」，http://www.cas.go.jp/jp/gaiyou/jimu/jinjikyoku/

## 6 官民交流－各国の官僚任用の仕組み

**アプローチ**

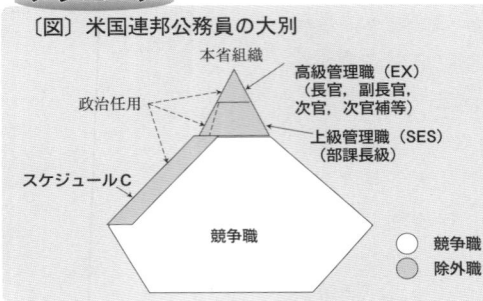

〔図〕米国連邦公務員の大別

米国連邦公務員は，競争試験により任用される「競争職」とそれ以外の「除外職」に大別される。「除外職」とは，様々なものの総称であり，行政府の上位職である「高級管理職」(EX)（長官～次官補）や「上級管理職」(SES)（部課長級），政治任用職である「スケジュールＣ」のほか，現業職である「賃金職員」や「郵政公社職員」，外交官や司法省FBI職員があげられる。このうち，EX全部とSESの10％程度（およびスケジュールＣ）は政治任用であり，政権が交代すればその多く（3,000人以上）は交代となる。

**● 外部登用を嫌う日本の官僚制―閉鎖型任用制**

明治期から形成された日本の官僚制は，幹部職員を外部から登用することを避けてきた。明治期に勅任官に政治任用がなされたことへの反省から文官任用令を改正するなどの努力を続けてきた。また，終戦後最初に制定された国家公務員法は事務次官を政治任命職としていた（➡57頁）が，翌年の国家公務員法改正で事務次官もまた職業公務員である内部からの登用を大原則とすることになった。**内部昇進の徹底が日本の公務員制度を理解するカギである。**戦前も戦後もどんなに優秀な者であっても一定のランクまでは同期は同じ速度で昇進していき，一定の段階を経ないと上位のランクへ昇進できない仕組みがあり（遅い選抜システム），このルールの下で競争に勝ち抜いた者だけが最高ポスト（事務次官）に到達する。

日本のように空席のポストを内部からの昇進又は異動により充たす制度は**閉鎖型任用制（クローズド・キャリアシステム）**と呼ばれ，フランスやドイツ，1980年代ごろまでの英国，欧州諸国で一般的にとられている制度である。有能な者をリクルートする可能性が高く，官僚の献身を引き出しやすいが，逆に，社会から隔絶されたエリートを生み出す可能性があると指摘されている。

閉鎖型任用のもとでは，官と民との交流は極めて限定的になされてきた。国家公務員が2年程度民間企業へ出向して研修を受ける場合や，逆に，民間企業から各省庁へ2年程度出向して研修を受ける場合などに限られてきた。いずれの場合も，戦力として期待されて招かれているというよりも，もっぱら他の組織での仕事の進め方や専門知識を蓄えるために派遣されていた。

**● 開放型任用制**

これに対し，アメリカでは欠員が出る度，そのポストに就く職員は組織の内外から募集され，必ずしも内部からの昇進者だけで異動が行われるとは限らない。これは**開放型任用制（オープン・キャリアシステム）**と呼ばれる。その上，ホワイトハウスや本府省の多くの上位官職が政治任用者で占められていることが米国連邦政府の大きな特色である。**米国の政治任用**は歴史的に独立時にさかのぼるものである。高級管理職（EX），上級管理職（SES）（一部〔SESの10％以内〕），スケジュールＣが大統領と命運を共にする政治任用である。3,000を超えるポストがあり，近年，増加傾向にある。ただ，政治的任命職の出身をみると，政治家であることはそれほど多くなく，職業公務員であった者や，大学教員やシンクタンク等の研究員などが

大部分であり，その意味では，いわば「自由任用」であって「政治家」任用ではない。開放型任用制をとっているが，能力を基準にして人を採用するメリットシステムである点では閉鎖型任用制と同じである。これらアメリカの開放型任用制ならびに政治任用は**代表官僚制**[*1]の信念からきており，一般社会から隔絶されたエリートを生み出す危険性は少ない。だが，トップの多くの地位が政治的任命によって占められているので，一般的な公務員精神の培養という点では機能障害をきたしており，公務員に対する刺激は弱くなって，有能な若者のリクルートの可能性も低く，彼らの献身も引き出しにくいといわれる。トップが政治任用であったために専門性を欠き，**危機管理に十分対応できていなかった例**[*2]も報告されている。

*1 **代表官僚制** 行政官僚制の職員構成に，社会の構成を反映させようとするもの。

### 開放型任用制への動き

すでに，伝統的に閉鎖型任用制をとってきた英国では1980年代以降，開放型任用制に徐々に向かいつつある。日本では，民間大企業が伝統的に新卒採用自社養成という閉鎖型任用制をとっており，公務部門もそれにならってきた。しかし，民間での中途採用の動き，経験者採用の動きもかなり一般的になりつつある。公務部門でも経験者採用の動きは徐々に各省庁で出始めていたが，2012年度からは試験体系の総合的見直しに際して経験者採用を重要な試験の1つと位置づけた。

また，任期つきで専門職人材を公務部門に登用する動きも活発化している。2000年に制定された**任期付職員法**では，公務に有用な専門的な知識経験等を有する者を任期を定めて採用し，その専門性等にふさわしい給与を支給することができるようにした。それまでは，公務に採用するということは定年までの勤務を大前提としていたが，それを一部政策変更した形になる。弁護士，公認会計士などのほか，システムエンジニアなどがこの法律により任期つきで公務に採用されている。課長補佐として採用されている者もいる。

さらに進んで，局長や審議官，課長といったポストに民間人を登用するべきだという議論が公務員制度改革に絡んで活発になされている。今後どうなっていくか注目される。

*2 **FEMAとハリケーンカトリーナ** 2005年，ハリケーンカトリーナがニューオーリンズなどを襲って多大な被害が発生したとき，連邦政府危機管理庁（FEMA）長官は十分な対応がとれなかった。政治的に任用された長官は，実は危機管理の経験があまりなく，めぼしい前職は全米アラブ馬協会会長だった。

## コラム

**英国の外部登用** 英国では1980年代までは，閉鎖型任用制度をとってきたが，1990年代に入り外部からの登用もかなり増えてきた。ファストストリーム（fast stream）と呼ばれる日本の総合職試験に相当する試験は継続しており，この試験で採用されたキャリア官僚は課長補佐の昇進までは約束されるが，課長以上の職（「上級公務員（SCS）」と呼ばれる）はポストに空きが出るごとに公募されることになっているため，将来を保障されたものではない。ちなみに，2007年度からの5年間をみると，公募されたSCSへの国家公務員からの登用は41%，63%，43%，66%，52%と推移している。

〔表〕英国上級公務員職（SCS）への採用者数および出身内訳の推移

|  | 国家公務員 |  | その他公務部門 |  | 民間 |  | 合計 |
|---|---|---|---|---|---|---|---|
|  | 人 | % | 人 | % | 人 | % | 人 |
| 2007年度 | 43 | 41 | 24 | 23 | 38 | 36 | 105 |
| 2008年度 | 62 | 63 | 13 | 13 | 23 | 23 | 98 |
| 2009年度 | 32 | 43 | 12 | 16 | 30 | 41 | 74 |
| 2010年度 | 21 | 66 | 4 | 13 | 7 | 22 | 32 |
| 2011年度 | 32 | 52 | 16 | 26 | 14 | 23 | 62 |

（英国人事委員会年次報告に基づき著者作成）

◆参考文献
- 村松岐夫編『公務員制度改革―米・英・独・仏の動向を踏まえて』学陽書房，2008年
- デヴィッド・ルイス（稲継裕昭監訳）『大統領任命の政治学』ミネルヴァ書房，2008年
- 小池洋次『政策形成の日米比較―官民の人材交流をどう進めるか』中央公論社（中公新書），1999年
- 人事院「平成24年度年次報告書（第2部）」, http://ssl.jinji.go.jp/hakusho/h24/1-2-03-data-1.html

# 7 幅広い業務を管掌－総務省

### アプローチ

第2次世界大戦前の内務省，逓信省，第2次世界大戦後は郵政省，自治省，総務庁などを統廃合して，2001年の中央省庁再編によって総務省（Ministry of Internal Affairs and Communication）が誕生した。同年，外局として消防庁，公害等調整委員会，郵政事業庁が設置された。2003年に郵政事業庁が廃止され，日本郵政公社が誕生，2007年に同公社は解散，日本郵政グループ4社に移管分割され，今日の総務省になっている。

総務省は，国家行政組織法ですべての省庁の筆頭に位置づけられ，行政組織，公務員制度，地方行財政，選挙，消防防災，情報通信，郵政，統計など，国家活動を支える基本的な制度，国民の社会経済活動を支える諸制度を所管している。その意味で，多様な行政事務を実施する官庁である。

### ●審議会，委員会，会議

総務省に設置される審議会，委員会，会議等も多岐にわたる。政府全体の政策評価の基本方針の策定に関与する「政策評価審議会」，独立行政法人を監視する「独立行政法人評価制度委員会」，政治資金の監視を担当する「政治資金適正化委員会」，年金記録問題を監視する「年金記録確認第三者委員会」などが置かれている。

### ●内部部局等

「内部部局」は大臣官房から始まり，図1のように構成される。

このほか，「外局」として消防庁，公害等調整委員会がある。「施設等機関」として自治大学校，情報通信施策研究所，統計研修所，消防大学校。「特別の機関」として中央選挙管理会，政治資金適正化委員会，自治紛争処理委員が置かれている。

さらに，「地方支分部局」として，管区行政評価局と総合通信局が，北海道，東北，関東，中部，近畿，中国四国，四国，九州，沖縄に置かれている。なお，四国は行政評価支局，沖縄は行政評価事務所とされ，他の地区は管区行政評価局となっている。同様に，沖縄総合通信事務所を除いて，他の地域では総合通信局となっている。

職員の規模も相対的に大きく，『公務員白書』によれば，2013年で5,000人を超えている。そのうち20%近くが女性職員となっている。これらの職員は，総務大臣，2人の総務副大臣，3人の総務大臣政務官によって統括される。職員の筆頭は事務次官で，現在は，旧自治省出身で消防庁長官であった大石利雄（としお）（2014年7月〜）である。

### ●予算と運営

総務省の年間予算は，2014年前後で，一般会計で17兆円程度，これに，東日本大震災復興特別会計の総務省関係分の6,000億円程度が加わ

〔表1〕総務省の審議会・委員会
（2015.4現在）

| 分類 | 審議会・委員会 |
|---|---|
| 国・地方関係 | ○地方財政審議会<br>○国地方係争処理委員会<br>○自治紛争処理委員会<br>○地方制度調査会 |
| 情報通信関係 | ○電気通信紛争処理委員会<br>○電波監理審議会<br>○情報通信審議会<br>○情報通信行政・郵政行政審議会 |
| 行政関係 | ○独立行政法人評価制度委員会<br>○政策評価審議会<br>○年金記録確認第三者委員会<br>○税制調査会<br>○統計委員会 |
| 選挙・政治資金関係 | ○衆議院議員選挙区画定審議会<br>○政治資金適正化委員会 |
| 国民生活関係 | ○消防審議会<br>○恩給審査会 |

〔図1〕総務省の組織図（2015.4現在）

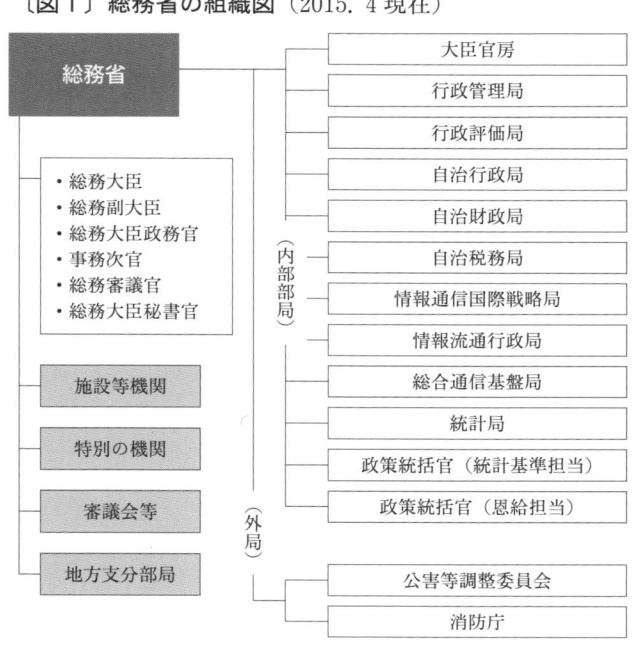

- 総務省
  - 総務大臣
  - 総務副大臣
  - 総務大臣政務官
  - 事務次官
  - 総務審議官
  - 総務大臣秘書官
  - （内部部局）
    - 大臣官房
    - 行政管理局
    - 行政評価局
    - 自治行政局
    - 自治財政局
    - 自治税務局
    - 情報通信国際戦略局
    - 情報流通行政局
    - 総合通信基盤局
    - 統計局
    - 政策統括官（統計基準担当）
    - 政策統括官（恩給担当）
  - （外局）
    - 公害等調整委員会
    - 消防庁
  - 施設等機関
  - 特別の機関
  - 審議会等
  - 地方支分部局

〔表2〕歴代の総務大臣

| 総務大臣 | 就任年 | 内　閣 |
|---|---|---|
| 片山　虎之助 | 2001年 | 第2次森内閣，第1次小泉内閣，第1次小泉改造内閣 |
| 麻生　太郎 | 2003年 | 第1次小泉改造内閣，第2次小泉内閣，第3次小泉内閣 |
| 竹中　平蔵 | 2005年 | 第3次小泉改造内閣 |
| 菅　義偉 | 2006年 | 第1次安倍内閣 |
| 増田　寛也 | 2007年 | 第1次安倍改造内閣，福田内閣 |
| 鳩山　邦夫 | 2008年 | 麻生内閣 |
| 佐藤　勉 | 2009年 | 麻生内閣 |
| 原口　一博 | 2009年 | 鳩山内閣，菅内閣 |
| 片山　善博 | 2010年 | 菅内閣第1次・第2次改造内閣 |
| 川端　達夫 | 2011年 | 野田内閣，野田内閣第1次・第2次改造内閣 |
| 樽床　伸二 | 2012年 | 野田内閣第3次改造内閣 |
| 新藤　義孝 | 2012年 | 第2次安倍内閣 |
| 高市　早苗 | 2014年 | 第2次安倍内閣改造内閣，第3次安倍内閣 |

る。一般会計のうち，最も大きいのは「地方交付税等財源繰り入れ」で，予算の95％程度を占めている。これが，「活力ある地域づくり」，「分権改革」，「地方財政の健全化」，「地域の自立」などを名目に地方に配分される。**地方交付税は地方自治体財源の生命線で，結果的に，総務省の地方に対する統制権限を強めることにもなっている。**

「地方交付税等財源繰り入れ」を除いた一般歳出で大きい額は「恩給費」で，一般歳出の5割強を占めている。

このほかには，経済成長戦略としての情報通信技術（ICT）産業の振興，ビッグデータ・オープンデータの利活用の推進，個人番号制度の導入や電子行政の推進にかかわる予算，政策評価ならびに政策評価と行政事業レビューの連携を強化したり，公的統計の電子化とオープン化など効率的で効果的な行政の推進にかかわる予算などが大きい。300億円を超える政党交付金も総務省の管轄である。

少子高齢化に伴う地方の活性化が日本政治の課題となっているが，そのためにも地方交付税のあり方を含めて，地方財政の健全化や自立化が必要不可欠となっている。他方で，国全体の財政再建も大きな政治課題である。その意味で，地方制度改革を含めて地方交付税の将来的なあり方を根本的に検討しなければならない。総務省に課せられた最大の課題である。

---

**コラム**

**総務省内の"派閥"**　総務省は，旧自治省，旧総務庁，旧郵政省が合併して2001年1月に誕生した。しかし，人事面では旧自治省出身者が主導権を握っており，省内の発言力も強いといわれている。また，全国の知事も，旧自治省出身者が多いことで知られている。

---

◆参考文献　●総務省HP，http://www.soumu.go.jp

# 8 かつては「省の中の省」―財務省

**アプローチ**

〔図〕金融行政における金融庁と財務省との所掌分担

```
┌─────────────┐                    ┌─────────────┐
│  内 閣 府   │                    │  財 務 省   │
└──────┬──────┘                    └─────────────┘
       │                            ・財政の健全性確保等の任務を遂行
┌──────┴──────┐                      する観点から行う金融破綻処理制
│  金 融 庁   │                      度および金融危機管理に関する企
└──────┬──────┘                      画・立案
・民間金融機関等に対する検査・監督
・国内金融制度の企画・立案
・民間金融機関等の国際業務に関する
　制度の企画・立案等
　　［金融破綻処理制度および金融危機
　　　管理に関する企画・立案等を含む］

┌─────────────┐              ┌─────────────┐
│証券取引等監視委員会│          │公認会計士・監査審査会│
└─────────────┘              └─────────────┘
・証券会社等の検査              ・公認会計士試験の実施
・課徴金調査                    ・日本公認会計士協会が行う「品質
・犯則事件の調査                　管理レビュー」の審査・検査
```

**●歴 史●** 　明治維新後の1868年に，政府を運営するための資金を調達する機関として金銭出納所が朝廷に設置され，翌1869年に大蔵省（Ministry of Finance）と改名された。1885年に内閣制度が採用された後，大蔵省は正式に歳入歳出，租税，国債，造幣，銀行を管轄する機関となった。初代大蔵大臣は松方正義。ちなみに，大蔵省という名称は，701年の大宝律令で規定された8省の1つである大蔵省――財政と出納にかかわる事務を行った――に由来する。2001年1月の中央省庁再編の中で，現在の財務省（Ministry of Finance，英訳は変わらない）に改称・改組された。

**●任務と組織●** 　財務省の任務は「健全な財政の確保，適正かつ公平な課税の実現，税関業務の適正な運営，国庫の適正な管理，通貨に対する信頼の維持及び外国為替の安定の確保を図ること」（財務省設置法第3条）にある。この任務を達成するために，財務省は国の予算・決算・会計，通貨，租税，日本国債，財政投融資，外国為替，国有財産を管轄する。また，たばこ税および酒税の関係で，たばこおよび酒類関連の製造・販売事業を管轄している。財務省は本省と外局からなる。本省は内部部局（大臣官房，主計局，主税局，関税局，理財局，国際局），地方支分局（全国9か所の**財務局**，全国8か所の**税関**），施設等機関（財政総合政策研究所，会計センターなど）から構成される。外局として**国税庁**が設置され，5審議会（財政制度等審議会，関税・外国為替等審議会，関税等不服審査会，独立行政法人評価委員会，税制調査会）が設置されている。職員数は本省が15,288人，国税庁が55,584人である（2015年1月15日現在）。所管の独立行政法人に酒類総合研究所，造幣局，国立印刷局があり，特殊法人に株式会社日本政策金融公庫，株式会社国際協力銀行，日本たばこ産業株式会社がある。

**●力の源泉としての予算編成権●** 　かつて旧大蔵省は「**省の中の省**」と呼ばれた。そう呼ばれた理由は，同省が予算編成権限を独占的に握っていた[*1]からである。1961年に旧大蔵省は同省がより

＊1　予算編成権を内閣に移管しようという試みは1955年と1962年に政治家側からなされたものの，同省の強い抵抗で失敗した。自民党の1党優位体制の確立後，このような試みは影を潜めた。

効率的に省庁予算を編成するため次年度予算の**概算要求枠**\*2を設定した。以来，同省は省内で概算要求枠を決定し，7月にそれを各省に提示した。各省の予算担当者はこれに基づいて予算案を作成し，9月に大蔵省に概算要求を提出した。そして，主計官が各省担当者と協議しながら査定——要求項目・額を削減——し，最終的に様々なレベルの予算復活折衝が行われた。1985年から，自民党が概算要求枠の決定に関与することを要求したものの，大蔵省主導の予算編成過程に大きな変化はなかった。

**金融行政の実際** 同省主導の予算編成権とともに旧大蔵省を特徴づけてきたのは，**護送船団方式**（→76-77頁）と称される業界保護行政である。旧大蔵省の**銀行局**は，金融秩序の安定化のために，政府系金融機関による分野調整，店舗規制などを通じて金融業界の過当競争を回避し，業績が悪化した銀行をつぶさず，預金者保護を名目に他の銀行と合併させた。また，**証券局**は証券業界に対して同様の保護行政を行った。このような保護行政の中で官僚と業界をより密接に結びつけたのが，銀行局や証券局に頻繁に出入りし，金融検査の検査日などを聞き出し，官僚と懇意になり新しいプロジェクトの根回しをする大手金融機関の**MOF担**\*3と呼ばれる中堅社員であった。その過程で，業界と官僚の関係がより密接になり，過剰接待などの問題も発生した。

**改革** 1995年に接待疑惑，大和銀行の隠蔽工作が発覚し，バブル経済が崩壊して住専（→コラム）を中心とする不良債権問題が深刻化すると，これまでの金融行政が批判され，大蔵省改革が始まった。1998年6月，総理府の外局として**金融監督庁**が設置され，旧大蔵省の銀行局と証券局から民間金融機関等の検査・監督事務が切り離された。2000年7月，金融監督庁が**金融庁**に改組され，金融制度の企画立案事務も金融庁に移管された。2001年1月，中央省庁再編により，金融庁は内閣府の外局となった。また，中央省庁再編に伴う内閣機能の強化策として，「内閣総理大臣の諮問に応じて経済全般の運営の基本方針，財政運営の基本，予算編成の基本方針その他の経済財政政策に関する重要事項について調査審議する」機関として**経済財政諮問会議**が設置された（内閣府設置法第19条）。同会議は小泉純一郎政権のもとで，骨太の方針，予算編成の基本方針の策定などを通じて，かつては大蔵省が主導した予算編成過程に大きな影響力を行使した。

\*2 **概算要求枠** 要求額の上限を示すので，「シーリング（ceiling，天井の意）」と呼ばれた。なお「概算要求枠」の名称は，1985年に「予算概算要求基準」，1998年に「○○年度予算の概算要求に当たっての基本的な方針」と変更された。

\*3 **MOF担** 「対大蔵省（Ministry of Finance）折衝担当者」の俗称である。

### コラム
**住専と不良債権問題** 1970年代に住宅資金需要が高まる中で，個人向けの住宅ローンを扱う住宅金融専門会社（住専）が設立された。1980年代になり，銀行が直接個人向け住宅ローンに力を入れ住専の市場を圧迫すると，住専は不動産事業に融資を行うようになり，当時のバブル景気の中で地価が高騰した結果，住専の融資量は一気に膨らんだ。しかし，バブルが崩壊し，地価が下落して不動産の担保価値が大きく目減りし，土地が売れなくなると，融資先は元金の返済どころか金利の支払いすらできなくなり，融資は不良債権化した。1995年8月の旧大蔵省の住専への立ち入り検査により，総資産の約半分の6兆4,000億円の損失があることが判明し，貸し倒れや処理の遅れによる金融システムの破綻をどのように回避するかが急務の政治課題となった。

◆**参考文献** ●真渕勝『大蔵省はなぜ追い詰められたのか：政官関係の変貌』中央公論社（中公新書），1997年
●財務省 HP「財務省について」，http://www.mof.go.jp/about_mof/index.html
●金融庁 HP「金融庁について」，http://www.fsa.go.jp/common/about/index.html

# ⑨ 日本外交の担い手―外務省

**アプローチ**

外務省は明治初期に太政官制のもとで設置された最も古い省の1つである。
外務省で働く外務公務員（外交官）は国際法によって地位と特権が認められている。2国間外交に加えて多国間外交が重要性を増す中にあって、外交の一元化も大きな課題である。

**外務省の任務**　外務省は、1869年に導入された太政官制のもとで、民部省、大蔵省、兵部省、刑部省、宮内省とともに設置されたのが始まりである。1885年に内閣制度が創設された際に、外務省は10省[*1]の1つとなり、現在まで引き継がれている。

現在の外務省の任務は、①平和で安全な国際社会の維持に寄与する、②良好な国際環境の整備を図る、③調和ある対外関係を維持発展させ国際社会での日本国や国民の利益の増進を図る、とされている（外務省設置法第3条）。具体的には、①外交政策の実施、②外国政府との交渉や協力、③国際機関や国際会議などへの参加、④条約・国際約束の締結や実施などに加えて、国際情勢や各国の情勢についての情報収集・分析、海外における邦人保護、旅券や査証の事務など、実に様々な事務を担当している（外務省設置法第4条）。

[*1] 設置された10の省とは、宮内、内務、外務、大蔵、陸軍、海軍、司法、文部、農商務、通信である。

**外務省の組織**　外務省の組織は、千代田区霞が関にある**外務本省**と在外公館に大別され、外務本省には約2,300人の職員が働いている。外務大臣を筆頭に、外務副大臣、外務政務官と政治家のポストが続き、外務事務次官の次に政治担当と経済担当の2人の外務審議官が置かれている。以下、大臣官房と10の局とで構成されるが、局は総合的・中長期的観点での政策立案と局の横断的事項を担当する総合外交政策局を除くと、地域別担当局（アジア大洋州、北米、中南米、欧州、中東アフリカ）と事項別担当の機能局（経済、国際協力、国際法、領事）に分けられ、総合外交政策局と中東アフリカ局、アジア大洋州には部が設けられている。さらにそれぞれの局には審議官・参事官がおり、その下にいくつかの課や室が置かれている。

〔図〕外務省組織図（2015年6月1日現在）

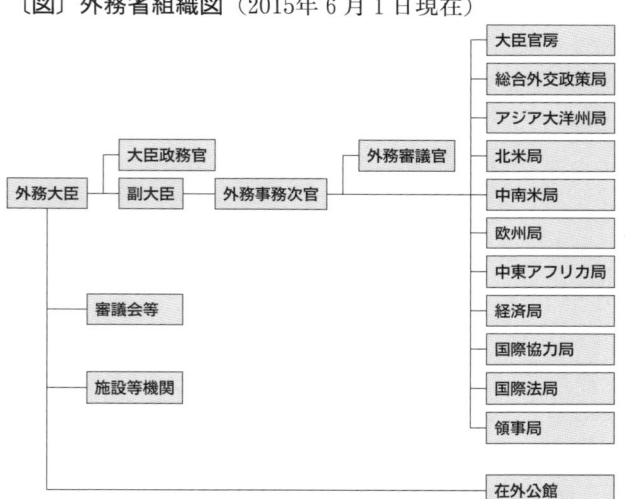

```
                          ┌─ 大臣官房
                          ├─ 総合外交政策局
                          ├─ アジア大洋州局
        ┌─ 大臣政務官      ├─ 北米局
外務大臣 ┼─ 副大臣 ─ 外務事務次官 ─ 外務審議官 ─┼─ 中南米局
        │                 ├─ 欧州局
        ├─ 審議会等         ├─ 中東アフリカ局
        │                 ├─ 経済局
        └─ 施設等機関       ├─ 国際協力局
                          ├─ 国際法局
                          └─ 領事局
                          ─ 在外公館
```

（外務省資料に基づき、局以上の組織を表記）

一方、**在外公館**は、国際機関の政府代表部のほか、各国に大使館[*2]や領事館として国外に200ほど設置され、その職員は約3,500人に達する。

**外務公務員**　外務本省や在外公館に勤務する国家公務員は、外務公務員として扱われる。外務省以外の省庁の職員が在外公館で勤務することも少なくないが、その場合は外務省に出向して外務公務員となる。

在外公館に勤務する外務公務員は、国際法上は**外交官**と呼ばれる。外交官の歴史は古代ギリシャやローマ帝国の時代までさかのぼるが、外交官の地位的な

[*2] 国交をもつ国すべてに大使館が設置されているわけではなく、小さな国の場合は近隣国にある日本大使館が兼轄し、その数は50近くに上っている。

取り扱いについては，19世紀初頭以降，ヨーロッパを中心に国際的慣習として培われてきた。それを国際法として集大成したのが，1961年の**外交関係に関するウィーン条約**である。同条約では，大使，公使，代理公使などの「外交使節団の長」と，参事官や書記官などの「外交職員」を合わせて外交官と定義している。

外交使節団の長を派遣する場合，事前に受け入れ国（接受国）の同意が必要となる。また，外交官に対しては，身体の不可侵（不逮捕）と，居住・書類・通信・財産の不可侵，裁判権や租税の免除などの**外交特権**が接受国から与えられている。

### 2国間外交から多国間外交へ

外務省が担う日本外交において，第2次世界大戦直後の最重要課題は，独立の回復であった。サンフランシスコ講和条約の調印後，アジア地域への戦後賠償や経済援助は重要な外交の柱となった。冷戦下にあっては，同盟国であるアメリカとの2国間関係が特に重視された。日米安全保障体制の維持に加えて，1970年代から90年代半ばにかけては貿易不均衡の是正についての調整にも追われた。

この一方で，1970年代から国際的な相互依存が徐々に深まるとともに，多国間枠組みに基づいた外交も重要性を増していった。冷戦終結後に，地域協力の枠組みがいっそう拡大する中で，多国間外交は飛躍的に発展している。

### 首脳外交と外交の一元化

2国間外交や多国間外交の発展とともに重要性を増していったのが**首脳外交**である。冷戦終結後には，多国間枠組みに基づく首脳会議*3が急激に増えた。首脳同士が直接会う機会が増えたことで，首脳間の個人的な信頼関係が培われるかどうかも，しばしば外交に影響を与えるようになった*4。

首脳外交と多国間外交が活発化する中で，多様で複雑でときには国内的な反発を招く外交案件を同時に処理する必要に迫られることもめずらしくない。**ナショナル・インタレスト**（国益）の観点から各省庁の立場を調整して外交の一元化を図るという役割は，外務省から官邸へと移っていくことになる。

首脳外交の活発化に伴い，大統領や首相がその国を代表する顔となった。大統領や首相が訪問国で行う演説が，相手国のメディアで大きく取り上げられ，その国民に注目されることも少なくない。相手国のメディアや国民に直接働きかける**パブリック・ディプロマシー**や，伝統文化や若者向けのポップカルチャーなど，**ソフト・パワー**を重視する文化交流にも力点が置かれるようになっている。

*3 日本が参加して開かれる多国間の首脳会議として，G8サミット（2014年からはロシアが不参加でG7），APEC（アジア太平洋経済協力会議），東アジア・サミット，G20（2008年のリーマンショック後に開始），ASEM（アジア欧州会議：2年に一度開催），核セキュリティ・サミット（2010年以降2年に一度開催）などがあり，その際に多くの2国間首脳会議も開かれる。

*4 個人的な信頼関係が外交に好影響を与えた例に，1980年代の中曽根康弘首相とレーガン大統領の「ロン・ヤス関係」や2000年代前半の小泉純一郎首相とブッシュ大統領の関係がある。

---

### コラム

**外交官のユーモア**　外交官について論じるときにしばしば引用される表現として，イギリスの外交官を務めたヘンリー・ウォットン卿（Sir Henry Wotton：1568-1639）が残した次のような言葉がある。

An Ambassador is an honest man, sent to lie abroad for the good of his country.

直訳すれば「大使とは，自国のために嘘をつきに国外に派遣される正直な人である。」となるが，lie には「嘘をつく」という意味のほかに，古い用法では「滞在する」という意味もあるのだそうである。イギリスらしいユーモアとウィットに富んだ表現である。

---

◆参考文献　●平林博『首脳外交力』NHK出版（生活人新書），2008年　●外務省HP，http://www.mofa.go.jp/mofaj/
●矢田部厚彦『職業としての外交官』文藝春秋（文春新書），2002年
●ハロルド・ニコルソン（斎藤眞・深谷満雄訳）『外交』東京大学出版会，1968年

# 1 利益団体とは？－日本における利益団体の発達

**アプローチ**

日本の政治において，リクルート事件*1などの贈収賄事件で利益団体が登場したことにより，利益団体には負のイメージが付着しているが，実際のところ利益団体とは何であろうか。日本を中心に考えよう。

## ●利益団体とは●

利益団体は，政治学において「圧力団体」などと同義である。「圧力団体」は，1930年代半ばごろにアメリカにおいて使用されるようになったが，「圧力」という用語にバイアスがかかっていることから，**D・B・トルーマン**\*2は，その用語の不適切性を指摘し，利益団体（interest groups）という用語を使用した。この利益団体とは，特定の利益や価値を実現するため，政治に対し何らかの圧力活動（影響力行使）を行う団体である。

## ●日本の戦後の利益団体●

利益団体は，一般に地域代表制の限界，政党の寡頭制化，国家機能の拡大などを背景として出現するといわれるが，日本の利益団体は，戦後，以下のような時期を経て発展してきた。

〔表1〕利益団体の発達　　（村松・伊藤・辻中（1992年）をもとに作成）

| 年 | 時期の特徴 |
|---|---|
| 1945－50 | 戦後復興と新集団の爆発的形成 |
| 1951－57 | 独立後の再編 |
| 1958－66 | 高度成長に伴う工業型団体の増大 |
| 1967－74 | 工業化対向型の多様な運動団体の噴出 |
| 1975－ | 工業化以後（国際化・情報化・サービス化・高齢化）型団体の形成・増大 |

その後，1990年代は相対的にやや伸び悩んだものの，NPO法人などを中心に増加傾向がみられる。

日本の利益団体台頭の要因としては，先述の一般的背景がかかわるが，内田満\*3によれば，新憲法による集会・結社の自由の規定ならびに請願権の確立，近来の政治の大規模な積極化，政党組織の未確立が挙げられる。すなわち，日本国憲法体制のもとで，また**行政国家化**\*4の進行などに合わせ，様々な集団が噴出してきたといえる。

---

*1 **リクルート事件**　リクルート社が，値上がりが確実視される未公開株を政治家，官僚，財界人などに贈った事件で，12名が逮捕，起訴された。

*2 **D・B・トルーマン**　〔David Bicknell Truman〕（1913-2003）アメリカの政治学者。1951年刊行の『政治過程』（The Governmental Process）で，この説を述べた。

*3 **内田満**（1930-2007）日本の政治学者。アメリカ政治の研究者。

*4 **行政国家化**　行政国家とは，行政需要の量的・質的拡大を背景として現出し，結果として，行政部門が，立法・司法部門に比べ相対的に優勢となった国家を指す。

⬅自民党本部につめかけた陳情団…1973年度予算政府案編成の最終日，出入りする代議士に陳情するため，自民党本部のビル1階玄関の床いっぱいに毛布を敷いて座り込んだ傷痍軍人会の人々。（東京千代田区永田町の自民党本部 1973.1.14）

## 第4章 利益団体

**利益団体の類型**

日本の利益団体には，様々なものが含まれ，分類基準を作成することが難しいが，以下のような団体が主要なものとして挙げられる。

〔表2〕日本の主要な利益団体[5]　〈注〉団体の正式名称に法人の種類が付いている場合は省略した。

| 分野による分類 | 性質による分類 | 受益者による分類 | 主な団体（カッコ内は設立年） |
|---|---|---|---|
| 経済団体 | セクター団体 | 特殊利益団体 | 日本経済団体連合会（2002），経済同友会（1946），日本商工会議所（1954） |
| 業界団体 | セクター団体 | 特殊利益団体 | 全国銀行協会（1945），日本建設業連合会（2011），石油化学工業協会（1958），電気事業連合会（1952），日本化学工業協会（1948），日本印刷業連合会（1985），日本証券業協会（1973），日本ガス協会（1947），日本機械工業連合会（1954），日本鉱業協会（1948），日本ゴム工業会（1950），日本自動車工業会（1967），日本製紙連合会（1972），日本チェーンストア協会（1967），日本鉄鋼連盟（1948），日本旅行業協会（1975），不動産協会（1963） |
| 専門家団体 | セクター団体 | 特殊利益団体 | 日本医師会（1916），日本歯科医師会（1926），日本薬剤師会（1962），日本看護協会（1951），日本弁護士連合会（1949） |
| 農業団体 | セクター団体 政策受益団体 | 特殊利益団体 | 全日本農業協同組合中央会（1954），全国漁業協同組合連合会（1952） |
| 労働団体 | セクター団体 価値推進団体 | 特殊利益団体 | 日本労働組合総連合会（1987），全国繊維化学食品流通サービス一般労働組合同盟（2012），全日本自治団体労働組合（1954），全日本自動車産業労働組合総連合会（1972），全日本電機・電子・情報関連産業労働組合連合会（1953），日本教職員組合（1947） |
| 消費者団体 | セクター団体 価値推進団体 | 公共利益団体 | 全国消費者団体連絡会（1956），主婦連合会（1948），日本消費者連盟（1974），消費者機構日本（2004） |
| 教育団体 | 政策受益団体 | 特殊利益団体 | 日本私立大学協会（1948），全国連合小学校長会（1949），全日本中学校長会（1950），全国高等学校長協会（1948），日本PTA協議会（1952） |
| 福祉団体 | 政策受益団体 | 特殊利益団体 | 全国社会福祉協議会（1951），全国老人クラブ連合会（1962），日本保育協会（1962），日本身体障害者団体連合会（1958） |
| 環境団体 | 価値推進団体 | 公共利益団体 | 日本自然保護協会（1951），公害・地球環境問題懇談会（1990），気候ネットワーク（1998） |

**日本の利益団体の特徴**

日本の利益団体は，「既存集団丸抱え」，政党系列化や行政中心の圧力活動などにその特徴がみられるとされるが，近年変化しつつある。

例えば政党の系列化に関しては，自民党の長期政権のもとで進行し，労働組合などを除き，多くの利益集団が，自民党に系列化され，特に参議院比例代表候補の供給源となってきた。しかし，日米貿易摩擦の解決をめぐって農業団体や中小商店などが一部離反し，両者の関係性や信頼性は希薄化し，直近の2009年における自民党の下野は，日本歯科医師連盟，看護協会や全国土地改良政治連盟の例にみられるように，それらの支持の動揺をもたらした。2012年に自公が政権に復帰して以降，民主党政権以前の状況に戻る動きもあるが，やや流動的な面がある。また，野党の支持基盤の1つである労働組合における組織率は減少傾向にある。さらに，組織内の一体化についても農業団体では一部下部組織が独自の行動をとるようになってきている。併せて，経済団体と労働組合が共闘する場合もあり，ケースごとに見極めなければならない場合が増えている。なお，ヨーロッパではネオ・コーポラティズムの議論にからめて利益団体が取り上げられていることも多い。

[5] **利益団体** 個人や集団の多様な利益に基づいて組織される。そのため日本でも，経済団体（経営者団体），業界団体，専門家団体，農業団体，労働団体，消費者団体など，様々な類型の団体が存在する。これらの分類として，経済的・職業的な構成や分野に基づく**セクター団体**，政府の政策に依存して存続する**政策受益団体**，推進するイデオロギーや価値が体制や政策体系に深く基づかない**価値推進団体**の3類型に区分するものがある。あるいはより簡潔に，特定の人々の利益を追求する**特殊利益団体**，および不特定多数の人々の利益を追求する**公共利益団体**の2類型に区分する分類もある。

### コラム
**ネオ・コーポラティズム**　それぞれの領域ごとに一元化した構造を有する利益団体と政府との協議を通じて，要求が処理される仕組みである。所得政策など労資の組織を政策決定に参加させる形態として広く採用されており，特に社会民主主義諸国（北欧やオーストリアなど）において一般的にみられる。

◆参考文献　●石田雄『現代組織論』岩波書店，1961年　●内田満『政党・圧力団体・議会』早稲田大学出版会，2000年
●村松岐夫・伊藤光利・辻中豊『日本の政治』有斐閣，1992年

## 2 功罪あわせもつ利益団体－利益団体の機能

### アプローチ

利益団体は現代のデモクラシーにとってどのような意味を有するのだろうか。贈収賄事件（→72頁）のように，政官業の癒着が指摘される場合もある。また，D・B・トルーマンに代表されるように，アメリカにおける政治過程論では，利益集団政治が肯定的に評価されていたが果たしてどうなのだろうか。メリット，デメリットを中心に，考えてみよう。

### 利益団体の活動

利益団体は，その特定の目的，価値の実現のために，当然のことではあるが，決定権を持っている**アクター**[*1]に接近する。日本の場合，行政機構（情報交換が主体，政策決定への協力，審議会への委員の送り込みも）を中心に政党（与党）執行部，族議員を対象とすることが多い。その場合，地元選出の議員を通じるなど，ネットワークを活用するケースもよくみられる。

このような接触活動以外に，選挙への動員，組織内候補の擁立もある。このほか，対世論工作も行い，自分たちの活動の好環境づくりを新聞などの媒体を活用して展開している[*2]。内田満によれば，利益団体の活動は次の4局面において現れる。

〔表〕利益団体の活動分類

| 局　面 | 活　動 |
|---|---|
| 選　挙 | 候補者推薦，選挙資金調達，選挙運動の推進など |
| 立　法 | ロビイング[*3]中心 |
| 行　政 | ロビイング |
| 世論形成 | 以上の3局面における圧力活動をバックアップする役割 |

（内田（2000年）をもとに作成）

### 利益団体のメリット

世界の中で，利益団体は様々な機能を果たしているが，ここでは，日本を含む自由民主主義国家を念頭に解説する。利益団体の活動は，当然，当該集団に利益をもたらすために行われることはいうまでもないが，行政機関にとって利益団体の活動は，業界団体等の情報を得たり，協力を得たり，了解を取りつけたりすることが容易になることにおいて有益である。また，政治家にとっても組織一丸の支持を得ることは，集票マシーンとして重要であり，それぞれの役割期待において，**鉄の3角形**[*4]が形成される素地を形成するといえる。

また，利益表出活動としての利益団体活動は，システム枠内での各集団による利益極大化競争において利益が調整され，多くの利益が効率的に実現されるという意味で，一定のデモクラシーの安定要因として作用する。さらに，議会制デモクラシーが地域代表に主として立脚しているのに対し，政治過程への職能代表的側面の導入をもたらすと同時に，様々なメディアを通して専門知識を伝達するという国民教育を行っているとみることもできる。

### 利益団体のデメリット

利益団体活動は，上述のメリットとも関連し，アメリカのデモクラシーにおいては比較的好意的

[*1] アクター（actor）行為者を意味する。

[*2] 最近では，アメリカを中心に，SNSなどが活用されている。

[*3] ロビイング（lobbying）利益集団が，政策決定に影響を与える活動。

[*4] 鉄の3角形　特定分野の政策過程における，政治家もしくは政党，省庁，利益団体の協力・緊密関係を指す。この用語は，アメリカでよく使われるものである。

にとらえられてきたが，その社会的・経済的偏倚性，利益団体の影響力（資金力，動員力など）による相違などに着目し，批判的な議論も出てきている。

また，多元的均衡による停滞の招来や**インクレメンタリズム**\*5が新たな需要に対応できない問題も出されてきている。

そのほか，少数派の過剰代表，短期的利益の優先性やレントシーキング（→コラム）についても，しばしば指摘される。

M・オルソン\*6は1965年の『集合的行為論』において，それまでの集団理論が利益集団への自発的参加や重複加入によって多数の利益を守るとし，アメリカのデモクラシーに調和的であるとしてきたのに対し，公共財のフリーライダー問題が絡み，多くの人にかかわる利益ほど組織化されず，逆に少数者の利益が組織化され，政策過程で現実化される可能性が高い，と主張した。

T・J・ローウィ\*7はアメリカにおいて政治過程が，特定の利益集団が行政を抱き込んで利益配分を行っている実態を明らかにした。結局，利益団体の要求に応える「利益集団リベラリズム」は，政府の非効率性，政府への不信へとつながっていくのである。

### 今後の利益団体

以上のように民主主義体制の中で，利益集団はメリット，デメリットを有しているが，今後，デメリットをより少なくしていくために，利益集団自体が社会における位置づけを明示し，組織のアカウンタビリティを高める努力が期待される。また，日本では，政治資金規正法の強化などにより，政官業の癒着がある程度緩和されているものの，癒着の問題自体がなくなったわけではない。今後は，公共的利益団体の形成などを促進し，利益のバランスを図っていかなければならない。

\*5 **インクレメンタリズム**（incrementalism）増分主義，漸増主義ともいう。新たに予算や政策を考える場合，前年度の予算や政策に依拠して決定され，その結果は前年度の微修正に終わってしまうことが多い。

\*6 **M・オルソン**〔Mancur Olson〕（1932-98）アメリカの経済学者。彼の集合行為論，合理的選択論は，政治学にも影響を与えている。

\*7 **T・J・ローウィ**〔Theodore J.Lowi〕（1931-）アメリカの政治学者。彼は，『自由主義の終焉』（1969年）において，利益団体の活動を自由にすることにより，特定の団体が特権的地位を享受すると指摘した。

⇐全国建設業協会との懇談会で支援を訴える橋本龍太郎自民党総裁…政治資金の規制強化などで企業献金が最低水準に落ち込み，政党や政治家が四苦八苦する中で，企業団体との結びつきを再び強化しようと開かれた。（東京千代田区永田町の自民党本部　1996.7.2）

### コラム
**レントシーキング**　レント（rent）は本来「地代」を意味し，例えば政府の規制に守られる産業は，その規制がない場合より，高い利益を得ることができる。この超過利潤にあたるものをレントと呼ぶ。「特権」「利権」もそれに近い。それを求める（seeking）利益集団を含むアクターの活動がレントシーキングである。

◆参考文献
- 内田満『政党・圧力団体・議会』早稲田大学出版会，2000年
- M.オルソン（依田博・森脇俊雅訳）『集合行為論』ミネルヴァ書房，1983年
- 辻中豊『利益集団』東京大学出版会，1988年

# 3 護送船団方式－保護と規制

### アプローチ

〔橋本龍太郎通産相と竹刀〕

日米構造協議（1989～90年），日米包括経済協議（1993～96年）では，日本の大幅な貿易黒字の原因として護送船団方式がやり玉に挙げられ，日本の経済構造そのものの変革がアメリカから要求された。

左の写真は日米自動車交渉の際，カンター米通商代表から竹刀をプレゼントされた橋本龍太郎通産大臣。橋本通産大臣は剣道の有段者で，自らの喉元に竹刀をあて，カンター氏に使い方を教えたが，どんな思いを込めて喉元に竹刀をあてたのか様々な憶測を呼び，話題となった。

⊙カンター米通商代表（左）と橋本通産大臣（右）
（1995.6.26 スイス・ジュネーブ）

### 意味と目的

護送船団方式とは，監督官庁がその**許認可権限**などを駆使して，経営体力が最も弱い事業者（企業）が脱落するのを防ぎ，他の産業からの参入や外国企業の進出を抑制して安定した産業秩序を確保し，さらに産業全体の競争力と収益力を高める**産業政策**を指す。第1次世界大戦中の「護送船団」——船団を護衛するとき最も速力の遅い船に合わせて航行する——*1と特徴が似ていることから，この産業政策が護送船団方式と呼ばれるようになった。

護送船団方式は，一般には官庁の**行政指導**，すなわち「行政機関が，行政上の目的を実現するため，国民や企業・団体の自発的な協力や同意を求める働きかけ」を通じて実施される。これは法律に基づかず行政機関の権限で行われるもので，要望を受け入れない事業者には許認可の取り消しがほのめかされ，要望を受け入れる事業者には優遇措置が与えられる。護送船団方式に基づく産業政策は特に旧大蔵省と旧通商産業省によって実施され，その目的は，貿易や資本の自由化に備え，産業基盤を強化するために業界団体の整備と結束強化を図ることにあった。

### 旧大蔵省の事例

1929年の金融恐慌で弱小金融機関が破綻し，取りつけ騒ぎなどの社会不安が起こって以来，金融秩序の安定と維持が重要視され，第2次世界大戦後，金融行政を担う大蔵省は，金利政策を決定する日本銀行とともに，金融秩序の安定化のために多くの行政指導を行った。同省は，長期信用銀行・外国為替専業銀行などの政府系金融機関による分野調整，店舗規制，新商品規制を通じて金融業界の**過当競争を回避**した。また，同省は，こうした調整にもかかわらず金融機関（都市銀行，地方銀行，信用金庫）の業績が悪化すると，預金者保護を名目にほかの銀行と**合併**させた。1971年の第一銀行と日本勧業銀行の合併（第一勧業銀行），1973年の太陽銀行と神戸銀行の合併（太陽神戸銀行），1990年の太陽神戸銀行と三井銀行の合併（さくら銀行），1992年の埼玉銀行と協和銀行の合併（あさひ銀行）がその好例で

*1 護送船団方式は，イギリスの首相ロイド・ジョージ（1863-1945）によって考案された。彼は第1次世界大戦中，商船を船団にして海軍に護衛させることにより，ドイツ海軍の無制限潜水艦作戦——民需用や中立国船籍も含めた商船も攻撃目標とする作戦——に対抗した。

ある。ここから「**大蔵省は絶対に銀行をつぶさない**」**という神話**が生まれた。

**旧通産省の事例**　旧通産省は，法律により中小企業団体中央会（1957年），環境衛生同業組合連合会（理容店・美容院・クリーニング店など，1957年），商店街振興組合連合会（1962年）などの団体を組織し，特定業界の保護を図り，必要に応じて「**不況カルテル**」*2の結成を促し生産調整をさせた。また，同省は1971年に，コンピュータ業界の国際競争力を強化する目的で，特定電子工業および特定機械工業振興臨時措置法を制定した。汎用システム開発（IBM互換機の開発）を目的に富士通と日立製作所が，国産システム開発を目的に日本電気（NEC）と東芝が，独自路線の追求を目的に三菱と沖電気がそれぞれグループを結成し，3グループは1972年に総額750億円の補助金を獲得した。

**その他の省の例**　これら以外の護送船団方式の事例とみなされるのは，文部科学省による**大学の保護政策**——学生の保護を名目とした大学「倒産」の回避，海外留学生による学生定員不足の補塡——であり，国土交通省による**固定的なタクシー料金制**の採用である。また，総務省による地方自治体の支援も護送船団方式と評されることもあった。**地方交付税交付金**やその他の補助金は，「国土の均衡ある発展」を名目に，自主財源が脆弱な地方自治体の社会基盤整備のために使われてきたからである。

**現状と課題**　戦後の復興期や高度経済成長期には，このような保護と規制を組み合わせた護送船団方式は重要な意味があり，実際にも大きな効果をもっていた。しかし，この政策方式は特定業界の秩序を重視し競争を排除するので，倒産し，本来なら「退出」しなければならない企業も保護された。その結果，事業者の**競争や刷新の意欲は失われ，自己責任の意識は希薄化した**。

1980年代後半になり，特定業界内で勝ち組と負け組が分かれ，企業戦略が多様化すると，業界としての意思統一を図ることが難しくなった。さらに，グローバリゼーションが進行する中で，規制緩和と競争が求められるようになった。実際，バブル崩壊後の1995年には木津信用組合が倒産し，また兵庫銀行が戦後初の銀行倒産となり，旧大蔵省の護送船団方式が揺らぎ，金融庁の設置とともに，金融業界における護送船団型行政指導は影を潜めた。しかし，別の多くの政策領域では，なお護送船団型行政指導が残っており，官庁と業界の関係の見直しが求められている。

*2　**不況カルテル**　1953年の独占禁止法の改正により，不況により商品の価格が平均生産コストを割り，その業種の相当部分が事業継続困難となるおそれがあり，しかも企業の合理化努力だけではこの事態を克服できないと判断された場合に，公正取引委員会が「不況カルテル」——業者間での生産数量，販売数量，操業率，価格に関する協定の締結——を認可することが可能になった。1970年代に新日本製鉄以下8社による粗鋼不況カルテルが実施され，石油危機後の不況長期化の中で繊維不況カルテルが認められた。「不況カルテル」は，1999年に禁止された。

## コラム

**日本の高度経済成長と産業政策**　アメリカの政治学者チャルマーズ・ジョンソン［Chalmers Johnson］（1931－2010）（→19頁）は，その著，*MITI and the Japanese Miracle: the Growth of Industrial Policy, 1925－1975*, 1982（邦訳『通産省と日本の奇跡』TBSブリタニカ，1982年）の中で，戦後日本の高度経済成長が旧通産省主導による産業政策を通して達成された点を指摘し，日本の官僚による産業政策の重要性を強調した。

◆**参考文献**　●岡田康司『されど護送船団は行く：巨大銀行と官僚の真実』講談社，1997年
　　　　　　●新藤宗幸『行政指導：官庁と業界の間』岩波書店（岩波新書），1992年

# 4 緩和も善し悪し－規制緩和と規制改革

### アプローチ

規制 (regulation) とは，国や地方公共団体が，特定の政策目的の実現を目指して，企業や国民の活動に関与・介入して，社会生活の特定の部分を統制することをいう。国や地方公共団体の許認可，許認可に伴う別個の行政指導，価格指導などの制度的関与などが典型である。規制には，①営業の許可，施設変更や運賃の認可など法による義務づけによるもの，②宅地開発の指導要領や景観条例などの地方公共団体が条例で行うもの，③農産物の価格についての行政による設定など価格指導等の制度的な関与などがある。規制の主体も多様で，国，都道府県・市町村などの地方公共団体，政府から監視・統制する権限を付与された規制機関 (regulatory agencies) などがある。

### ●規制の歴史

自由で公正な競争による経済の発展を目標として，競争の制限や事業活動の拘束を排除し，資本の過度の集中を防止する独占禁止法による規制などは代表例である。19世紀になり資本主義経済が発展する中で，自由な経済活動を抑制するトラスト，カルテル，企業結合などの独占が出現するようになったことから，それらを統制する規制が導入されることになった。

イギリスでは，自然独占を排除するために，運賃や安全を規制した1844年の鉄道規制法が嚆矢といわれる[\*1]。19世紀から20世紀にかけて，近代自由主義国家が福祉国家に変化し，政府の社会生活への介入が拡大すると，経済，社会保障，医療・保健，教育など様々な分野で規制が拡大することになった。

アメリカでは，1920年代の大恐慌に伴って行われたニューディール政策で多くの規制機関が誕生，社会生活の様々な分野に規制が導入された。株や証券の取引を規制する証券取引法と証券取引委員会，労働組合を認め，労使関係を仲介する労働関係法と全国労働関係局，通信や放送を規制する連邦通信法と連邦通信委員会などである[\*2]。

日本でも，第2次世界大戦後の民主化で政治改革が行われ，独占禁止法は1947年，労働関係調整法・労働基準法・労働組合法の労働3法は1946年から1949年にかけて制定され，それに伴い規制機関が誕生した。とりわけ福祉国家の建設が目標にされた結果，多くの規制が導入された。「大きな政府」の出現である。福祉国家は，社会的富の再配分によって格差の少ない公平な社会建設を目指す一方，それを達成するために多様な規制を導入して管理する体制でもあった。

### ●規制緩和

1970年代後半に，「大きな政府」に伴う財政負担，社会生活に対する管理統制の拡大など，「福祉国家」に対する批判が台頭する。その流れで，新自由主義に基づいて，公営企業の民営化，大幅減税，そして「規制の緩和」など，「小さな政府」を実現するための重要政策として位置づけられてくる。アメリカではレーガン政権の下で，連邦通信法が改正され「公正原則」の廃止と自由化，航空機産業の自由化などが志向され，イギリスではサッチャー政権の下で公営企業の民営化などが進められた。

日本でも中曽根康弘政権の下で，国鉄，電信電話公社などの公営企業が民営化され，その関連でそれらの事業にかかわる規制も徐々に緩和された。公営企業の民営化後，中曽根政権下の**第2次臨時行政改革推進会議**は，公的規制の緩

[\*1] Iain McLean and Alistair McMillan, The Concise Oxford Dictionary of Politics, 3rd edition, 2009, Oxford University Press

[\*2] The Routledge Dictionary, of Politics, 3rd edition, Routledge, 2002

和に関する答申を発表。規制緩和が，行政改革の主要な課題となった。その傾向は，1990年代にも続き，村山富市政権で行政改革の委員会に規制緩和小委員会が設けられ，橋本龍太郎，小渕恵三，森喜朗政権と続き，2001年の森政権で，**総合規制改革会議**と改称され，広く規制緩和が議論されるようになった。この流れは，小泉純一郎政権で加速され，2004年に「**規制改革・民間開放推進3か年計画**」が閣議決定され，労働者派遣事業の解禁や郵政民営化などが進められるとともに，規制改革手法として**規制影響分析**（RIA：Regulatory Impact Analysis）が導入されることになった。第2次小泉政権で，総合規制改革会議は規制改革・民間開放推進会議に改称されたが，小泉政権が終わると同時に終了した。第1次安倍晋三政権でも規制改革会議が誕生したが，2010年3月に任期満了で終了した。

「年越し派遣村」…2004年の製造業への派遣解禁などの労働規制緩和により，非正規雇用が増加した結果，貧困者が増大した。写真は，仕事と住まいを奪われた派遣労働者らのための「年越し派遣村」。（東京・日比谷公園 2008.12.31）

● 規制改革会議と近年の動向 ●

第2次安倍政権は，2013年1月に規制改革会議の復活を閣議決定，内閣府に岡素之（住友商事相談役）を議長として規制改革会議が誕生した。規制改革会議には，健康・医療，雇用，農業，投資促進，地域活性化などにかかわる規制の改革を検討するワーキンググループが置かれている。雇用，教育，農業にかかわる規制緩和などを広く議論するとともに，2014年には，保険診療と自由診療を併用する混合診療制度の導入などを答申した。安倍内閣が成長戦略の一環として打ち出している電力の自由化などエネルギーの規制改革，農協改革，国家戦略特区，派遣社員の受け入れ期間をなくす労働者派遣法改正，労働時間ではなく成果によって給与や賃金を決める「ホワイトカラー・エグゼンプション」なども，規制緩和を中心とした規制改革の流れに位置づけられる。

規制は，政策目標を実現するために行われるものであるから，一概に「望ましくない」として否定されるものではない。事実，新自由主義に基づく政治を見直す流れの中で，**大幅な規制緩和が社会に「格差」をもたらす**として批判が台頭しつつある。規制の社会的影響を，規制導入以前と以後で客観的に分析評価することが必要である。規制影響分析手法の洗練化，行政過程や政治過程への組み入れと高度利用などが望まれている。

## コラム

**規制の影響を分析** 規制影響分析（RIA）は，規制の導入や修正に際して，実施された場合に想定される費用や便益の影響を客観的に分析して公表し，規制制定過程の客観性と透明性を確保するものである。本来的に，規制導入時の客観性と透明性を確保するものであるが，規制導入から時間が経過した後に，社会経済情勢に照らして規制が有効であるかどうかを検証する上でも有効である。

英米では1980年代に導入された。日本では2001年の「政策評価に関する基本方針」で推進が謳われたが義務づけされなかった。2004年から各省庁で試行的に実施され，2007年に義務づけられた。規制影響分析の手法，点検，効果を体系的に検証しているのは，総務省とそこに置かれている政策評価審議会である。

◆参考文献　●福田耕治・縣公一郎・真渕勝『行政の新展開』法律文化社，2002年
　　　　　●藤井浩司・縣公一郎『コレーク行政学』成文堂，2007年

# 5 本系列と別系列－利益団体の発達と変容

## アプローチ

**［1党優位制と利益団体］**

　1950年代後半以降，自民党による1党優位制が定着するのと並行して，セクター団体を中心とする利益団体の登場も一段落し，その影響力行使も一定のパターンをたどるようになった。利益団体が，自民党との関係が強い経済団体・業界団体，農業団体，専門家団体など，および社会党などとの関係の強い労働団体などというように，いわゆる本系列と別系列に2分化されてきたのである。政権交代のなかった日本では，インサイダー的な本系列に属する団体が，政府や行政機関に対する大きな影響力を行使し，政官財あるいは政官業[*1]の癒着を批判されることもあった。他方で，アウトサイダー的な別系列に属する団体は，大きな影響力を行使できず，政策過程から疎外されている場合もあった。本来であれば労働者の経済的利益を追求するセクター団体である労働団体が，理念化し価値推進団体としての側面を強めることとなったことも，こうしたインサイダーとアウトサイダーの固定化を背景としていた。このことは，イギリスや西ドイツにおいて，労働団体が，現実化した労働党や社会民主党を通じて影響力を行使しえたのとは対照的であった。

### 1960・70年代の利益団体の成長

　1960年代後半から70年代には，高度経済成長の影の部分として，福祉，公害・環境，消費者などの問題が注目された。自民党政権は，当初，国政レベルで，これらの問題に効果的に対処しえなかった。そしてその解決を指向する**社会運動（住民運動や市民運動）**[*2]，あるいは利益団体は，地方レベルで，社会党などによる革新自治体を成立させる要因となった。危機感を覚えた自民党は，1970年の公害国会や1973年の福祉元年といった言葉が象徴するように，国政レベルでそれらの問題の解決に努めた。その結果，福祉団体の中には，政策受益団体として，本系列に属する団体となるものもあった。またその過程で，自民党，行政機関，本系列の利益団体の間に，既得権の閉鎖的なネットワークである**鉄の3角形**が形成された。**自民党政務調査会の部会**で活躍する族議員は，その典型的な構成員であった。他方で，環境運動や消費者運動も，環境団体や消費者団体へと成長したものもあったが，公共利益団体であるがゆえに脆弱であり，基本的には別系列にとどまった。

### 福祉国家の見直しと利益団体

　1980年代になると，低成長や財政赤字を背景とした福祉国家を見直す動きや，小さな政府への指向が強まってきた。そしてこれらの争点をめぐって，自民党と本系列の利益団体，および野党と別系列の利益団体の関係は，徐々に変化するようになっていった。すなわち，経済団体や有力な業界の団体にとって，企業の租税負担を増やす福祉国家化の進展は好ましいものではなかった。こうした考え方は，それらの大企業で働く労働者にも共有された。伊藤光利[*3]は，こうした企業と労働者の関係を**大企業労使連合**と呼んだ。

　一方で，政策受益団体となった福祉団体や農業団体は，受益の減少につながる福祉国家の見直しや小さな政府への指向に反対した。そしてこの考え方は，特に公務員系の労働組合に共有された。こうして利益団体は，その後の行政改革の時代を通じて，大企業労使連合とそれ以外の対立という形に展開していったのである。

---

[*1] **政官財・政官業**　政官財が政界（政治家）・官界（官僚）・財界（財界人）の関係を意味するのに対して，政官業は政治家・官僚・業界の関係を意味する。この両者の相違は，前者が業界の上位にある財界・経済界に注目し，産業セクターの一体性を重視しているのに対して，後者は経済界の中の様々な業界に注目し，産業セクターの中の多様性を重視している点である。政官財は国レベルで1つしか生じないマクロ・レベルの関係であるが，政官業は国レベルで業界ごとに多数生じるメゾ・レベルの関係である。

[*2] **社会運動**　共有性と反復性を伴う人間の相互行為としての集団のうち，団体は形式性や組織性が進んだものであり，運動（社会運動）はそれらが進んでいないものである。一般に，利益団体は，社会運動の形式性や組織性が進んだものとして形成される。住民運動は，特定の地域に住む住民の利益を増進しようとする運動である。それに対して市民運動は，地域を超えた一般的な利益を増進しようとする運動であり，成長すると公共利益団体へと発展する場合が多い。

**専門家団体** 本系列の専門家団体のうち，**日本医師会**\*4（日医）は，本来的に，医道の高揚，医学および医術の発達ならびに公衆衛生の向上を図り，社会福祉を増進することを目的とし，学術専門団体としての性格をもつ。しかし他方で，目的を達成するために日本医師連盟（日医連）を設立し，参院選に組織内候補を擁立するなどの政治活動を行ってきた。日医の会長は，日医連の委員長を兼務している。2010年の参院選では，日医は民主党を支持したが，日医連の候補はすべて落選した。日医と並んで3師会と呼ばれる団体として**日本歯科医師会**と**日本薬剤師会**があり，看護師・准看護師・保健師・助産師の団体として**日本看護協会**がある。これらの団体も，それぞれ日本歯科医師連盟（日歯連），日本薬剤師連盟，日本看護連盟を組織し，それらを通じて政治活動を行っている。日歯連は，自民党旧橋本派をめぐる日歯連闇献金事件を始め，カネと政治の問題で度々注目を集めてきた。

**消費者団体と環境団体** 別系列の環境団体と消費者団体も，1990年代に入ると，環境問題や消費者問題のグローバル化，両団体を担う弁護士を出身とする議員の増大，1993年の政権交代，法人制度改革などを背景として，政府に対して影響力を行使しうる利益団体へと成長してきた。本系列と別系列という区分は，今や無意味化したといえる。主要な環境団体のうち，**日本自然保護協会**は，尾瀬(おぜ)保存運動を契機に設立されたように，自然環境の保全を目的として設立された。やがて各地で公害問題が噴出すると，患者会や被害者団体や公害訴訟原告団が次々と登場し，公害行政の進展や後退を背景に，1976年に全国公害被害者総行動を始めた。そして地球環境問題が認識され，特に1997年に京都で第3回気候変動枠組条約締約国会議が開催されると，気候ネットワークなどの国際的な連携を意図した団体が登場した。また主要な消費者団体は，草分け的存在である**主婦連合会**（主婦連），海外の運動の影響を受けて設立された日本消費者連盟，両者を含む様々な消費者団体を会員とする**全国消費者団体連絡会**など，長らく，女性を中心とする，往々にして素人集団的な活動を展開していた。しかし2007年に**消費者団体訴訟制度**\*5が開始されると，消費者機構日本など，専門性をもつ有力な団体も登場し始めている。

\*3 **伊藤光利**（1947-）日本の政治学者。利益団体政治と労使連合の変化，政界再編などの研究で知られる。

\*4 **日本医師会** 1947年設立で現在の法人格は公益社団法人。開業医約8万4,000人，勤務医約8万2,000人，計約16万6,000人の医師を会員とする。ただし組織率は，任意加入であるため，2012年12月の時点で約55％にとどまっている。関連団体としては，47の都道府県医師会，約890の郡市区等医師会がある。

\*5 **消費者団体訴訟制度** 2007年施行の改正消費者契約法により導入された消費者被害の救済制度で，一定の要件を満たす適格消費者団体が，被害は少額だが人数は多数の被害者に代わって，差し止め請求のための訴訟を提起できる制度。この制度により，消費者団体は特権的な武器をもつ利益団体となった。

### コラム
**ボーカル・マイノリティーとサイレント・マジョリティー** ボーカル・マイノリティーは声を上げる少数派であり，サイレント・マジョリティーは黙っている多数派である。この対比を政治の場面で考えると，特殊利益団体はボーカル・マイノリティーを代表しようとし，公共利益団体はサイレント・マジョリティーを代表しようとしている。両者が対峙した場合，フリーライダー問題は後者により強く働くため，一般に前者の影響力のほうが強くなってしまう。少数派のほうが多数派よりも政治的に強いという逆説が生じるわけだ。とはいえ，近年の環境団体や消費者団体の成長が物語るように，公共利益団体が効果的に組織され，影響力を行使する場合もある。したがって，公共利益団体がどのような誘因の提供を通じて会員を獲得し，フリーライダー問題を克服しているかが問うべき課題となる。

◆参考文献 ●石田雄『現代組織論』岩波書店，1961年
●村松岐夫・伊藤光利・辻中豊『戦後日本の圧力団体』東洋経済新報社，1986年
●日本政治学会編『年報政治学2012-Ⅱ 現代日本の団体政治』木鐸社，2012年

# 6 岐路に立つ経団連－日本経済団体連合会

## アプローチ

〔表１〕経団連設立当初の経団連の政策提言

| 1948年 | 経済自立化の基本政策ならびに当面の緊急政策に関する意見 | 1956年 | 日ソ交渉に関する意見 |
|---|---|---|---|
| 1950年 | 経済の国際的自立に関する決議 | 1959年 | 貿易自由化の世界的趨勢に対処すべき財界の決意と基本的要望に関する決議 |
| 1951年 | 国際社会復帰に際してのわれわれの決意 | 1960年 | 暴力排除と議会主義擁護 |
| 1955年 | 当面の政局に対し保守連携を養成する決議 | | |

（日本経済団体連合会HPによる）

### 設立の時期と目的

**日本経済団体連合会**（通称：経団連，Japan Business Federation）は，2002年に経団連が日経連を吸収合併した団体である*1。それは「両者が培ってきた経験とネットワークの統合により，政策提言能力と実行力を一層高め，労働問題を含め経済界が直面する諸問題の迅速かつ着実な解決を目指す」ことを目的に設立され，5月28日の設立総会で，①経営改革を進める，②新たな事業，雇用機会を創造する，③国・地方を通じた簡素で効率的な政府を実現する，④地球環境問題の解決に取り組む，⑤対外経済政策を戦略的に推進する，⑥政治と経済界の新たな関係を確立することが決議された。現在の会長は，第13代の榊原定征（さかきばらさだゆき）である。

### 旧経団連

日本経済団体連合会の前身である旧経団連（正式名称：経済団体連合会）は，1946年に「経済界が当面する内外の重要問題について広く経済界の意見をとりまとめ，わが国ならびに世界経済の健全な発展に寄与する」ことを目的に設立された。電機，製鉄，自動車などいわゆる「重厚長大産業」が中心であり，第2次世界大戦後の日本経済の復興のために，毎年，多様な政策提言を行った。実際にも当初の提言には，国家方針や国民生活にかかわるものが多かった（➡アプローチ）。また，敗戦直後から大きな資金をめぐるスキャンダル事件が相次ぎ，これに対処するため，旧経団連事務局は自民党への政治献金を主要業界に割り当てる仕組み──**国民協会**──を考案した*2。戦後の高度経済成長期から1980年代末のバブル全盛期まで，旧経団連は大きな影響力をもち，経団連は「**財界の総本山**」，経団連会長は「**財界総理**」と呼ばれた。旧経団連は実際の経済政策形成に大きな発言力をもっていただけでなく，自民党のスキャンダルや派閥抗争が起こったときに自民党幹部に苦言を呈することも多かった。

### 日経連

新組織に吸収された**日経連**（日本経営者団体連盟）は，1948年に「経営者団体相互間の連絡提携，経営者団体の組織・運営強化の推進，団体共通の労働問題の調査研究，関係諸機関との連絡等を行い，建議意見を発表する」ことを目的に設立され，労働争議，団体交渉，労働法解釈など広く労働問題に対処し，労使関係や賃金問題の交渉を行った。その後，高度経済成長，労働運動の収束，官公労中心の「**春闘**」*3の消滅，官公労の衰退*4により，日経連の存在意義は失われることになった。

---

第4章 利益団体

---

*1 **日本経済団体連合会** 日本商工会議所，経済同友会とともに，経済3団体と称される。設立当初，「日本経団連」と略され，さらに2005年から「経団連」と略されるようになった。2015年6月2日現在，主要企業1,329社，主要業種別全国団体109団体，地方別経済団体47団体が加盟している。

*2 自民党の結党以来，政治献金を取りまとめてきた経済再建懇談会に所属する経済人と自民党の癒着が批判され，1961年に同会が廃止され，国民各層から政治献金を受け入れる国民協会が設立された。同協会は，1975年に国民政治協会に改組された。

*3 **春闘** 毎年1月から4月にかけて行われた賃金の引上げや労働時間短縮などの労働条件の改善を要求する労働組合の運動。日本国有鉄道の労働組合が「スト権獲得スト」の名日下に，数日間，列車の運行を止めることもあった。

*4 1984年の**電電公社の民営化**，1985年の**日本国有鉄道の民営化**などにより，電電公社はNTT，日本国有鉄道はJR各社となった。

### 経団連の方針と活動

1990年代に財界内部で「日経連不要論」が唱えられ，さらに日経連会長の人選が難航し求心力が低下すると，経団連と日経連の「統合」は既定の方針となった。統合の翌年2003年1月に発表された新ビジョン「活力と魅力溢れる日本をめざして」では，①民主導・自立型の成長モデルを確立し，実質2%の成長を達成，②企業中心から自立した個人中心の社会へ，③東アジア自由経済圏の確立と新しい関係の構築など，グローバリゼーションを前提とした新しい方針が提示された。

しかし，1993年の細川護熙内閣成立時に旧経団連が自民党への献金斡旋を停止して以来，統合後の経団連と自民党の関係はかならずしも良好ではなかった。さらに米倉弘昌会長がアベノミクスを「無鉄砲」と批判した結果，経団連と自民党政権との関係は悪化した。その後，榊原会長のもとで，関係改善が試みられたものの，なおかつての関係には戻っていない。経団連は自民党からの献金斡旋要求を受け入れたのにもかかわらず，安倍晋三政権は経団連に①賃上げ，②雇用増，③女性の活用など広範な要求を突きつけた。

### 模索される新しい役割

経済社会のグローバリゼーションの中で業界が「勝ち組」と「負け組」に2分化し，事業戦略も多様化し，さらに事業拠点の海外移転が増えている現在，単一の財界団体の名のもとに加盟各社の利害を調整して経済政策を統一することは容易ではない。また，そのような組織の中で，いずれの業界からも支持されるような指導部を選出することはほぼ不可能に近い。したがって，経団連は現在**岐路に立たされている**。一方において，国家方針や国民生活にかかわる意味のある政策提言をすることを意図するなら，現行の組織では不可能である。他方において，現行の組織を維持することを意図するなら，組織として合意できるのは景気刺激策や法人減税のような当たり前の主張だけであり，これでは普通の業界団体と何ら異なるところはない。

〔表2〕 歴代の経団連会長

| 代 | 歴代会長（就任当時の社名・役職） | 在任期間 |
|---|---|---|
| 旧経団連（経済団体連合会） | | |
| 初代 | 石川 一郎（日産化学工業社長） | 1948.3〜1956.2 |
| 第2代 | 石坂 泰三（東京芝浦電気社長） | 1956.2〜1968.5 |
| 第3代 | 植村甲午郎（経団連事務局） | 1968.5〜1974.5 |
| 第4代 | 土光 敏夫（東京芝浦電気社長会長） | 1974.5〜1980.5 |
| 第5代 | 稲山 嘉寛（新日本製鐵会長） | 1980.5〜1986.5 |
| 第6代 | 斎藤英四郎（新日本製鐵会長） | 1986.5〜1990.12 |
| 第7代 | 平岩 外四（東京電力会長） | 1990.12〜1994.5 |
| 第8代 | 豊田章一郎（トヨタ自動車会長） | 1994.5〜1998.5 |
| 第9代 | 今井 敬（新日本製鐵会長） | 1998.5〜2002.5 |
| 新経団連（日本経済団体連合会） | | |
| 第10代 | 奥田 碩（トヨタ自動車会長） | 2002.5〜2006.5 |
| 第11代 | 御手洗富士夫（キヤノン会長） | 2006.5〜2010.5 |
| 第12代 | 米倉 弘昌（住友化学会長） | 2010.5〜2014.6 |
| 第13代 | 榊原 定征（東レ会長） | 2014.6〜 |

*5 1974年の参議院議員選挙の際の金権政治批判，ロッキード事件を受けて，土光会長は経団連と国民協会の関係破棄を宣言し，1993年に平岩会長は献金廃止を宣言した。大手銀行に公的資金が注入された1998年以降，経団連は政治献金の斡旋を自粛した。2004年，経団連は自民党の要請に基づき，自民党への献金斡旋を再開し，2006年初頭には，三菱UFJ，みずほ，三井住友の3メガバンクが公的資金を完済したため，大手銀行に献金再開を要請した。

### コラム

**経団連の自民党への政治献金** 自民党への政治献金を主要業界に割り当てる仕組みを考案して以来，経団連は献金を見直したいという自身の希望と自民党からの献金要請の間を揺れ動いた*5。

2009年9月に政権交代により成立した民主党政権が企業献金廃止を主張したため，経団連は献金斡旋をやめた。しかし，再び政権に復帰した自民党から政治献金の要請があり，2014年9月，5年ぶりに加盟企業に政治献金を呼びかけるに際して，経団連は，「献金は企業の社会貢献の一環として重要性を有する」と述べ，政策本位の政治を実現するために「クリーンな民間寄付（献金）の拡大を図っていくことが求められる」と加盟企業に献金の増額を要請した。日本で政権交代が慣行化しない限り，経団連はつねに与党である自民党の献金要請を断ることはできないであろう。

◆参考文献　●安西巧『経団連―落日の財界総本山』新潮社（新潮新書），2014年

## 7　労組の寄り合い所帯？－日本労働組合総連合会（連合）

**アプローチ**

　日本労働組合総連合会（連合）は，日本最大の労働組合のナショナルセンター（全国中央組織）である。現在，50の労働組合，657万6,794人（2014年5月現在）の組合員から構成されている。会長以下，会長代行2名，副会長12名，事務局長1名，副事務局長5名，中央執行委員28名で，組織運営がなされている。2年ごとに大会が，年2回中央委員会が開催される。執行委員会は毎月開催される。加盟は産業別組織単位で，「構成組織」と呼ばれる。地方で連合の活動を行う組織は，「地方連合会」と呼ばれ，すべての都道府県に置かれている。各地方連合会の下に，都道府県をさらに区分して，地域活動の拠点である地域協議会が作られている。国際労働組合運動を代表する世界最大の組合組織である国際労働組合総連合（ITUC：The International Trade Union Confederation）に加入している。

**連合の形成過程**

　1960年代以降，日本の労働組合は，社会党右派の日本労働組合総評議会（**総評**・1950年），民社党の全日本労働総同盟（**同盟**・1964年），全国産業別労働組合連合（**新産別**・1949年），中立労働組合連絡会（**中立労連**・1956年）のいわゆる**労働4団体**が競合していた。

　1980年代になると，労働戦線を統一する動きが高まり，1982年に民間労働組合の協議体である全日本民間労働組合協議会（全民労協）が結成された。1986年になると，全民労協は第5回の総会で，「連合組織への移行について」を提案し，1987年11月20日に民間連合に改組・発展させることを明らかにした。

　この動きに呼応し，同盟は1987年1月の定期大会で，民間連合が結成された際に，同盟を発展的に解散すること，民間連合で解決しえない課題については，友愛会議を設立して取り組むことを決定した。同盟は，10月に友愛会議の設立総会を開くとともに，11月になって解散大会を開いて同盟の活動を閉じた。

　中立労連も，1987年9月の定期大会で解散を決定した。10月に，中立労組連絡会（中連）発足総会を開き，中立労連と新産別でつくられていた総連合も解散した。

　総評は，1987年10月の拡大評議会で，官公労は民間との対等合併の方式をとる暫定組織として総評センターの設置を翌年の大会で決めることを確認。総評内で，連合との合併を認めないグループは，全労連や全労協へ方向を定めた。

　こうして，1987年11月に，全民労協を母体に，総評，同盟，中立労連，新産別の民間労働組合が結集し，55組織，539万人余の組合員からなる**全日本民間労働組合連合会（民間連合）**が結成された。

　1988年になると，民間連合は，労働戦線の統一に向けて，総評系の官公労や旧同盟系の全官公と協議を重ね，最終的に合意が形成された。1989年になって官公労の組合の合流が決まり，民間連合，総評・官公労，友愛会議・全官公が，9月に日本労働組合総連合・統一準備会発足総会を開催して，連合の発足の準備作業に入った。11月21日，情報通信産業労働組合連合会出身の山岸　章を会

〔図〕戦後日本の労働組合の変遷

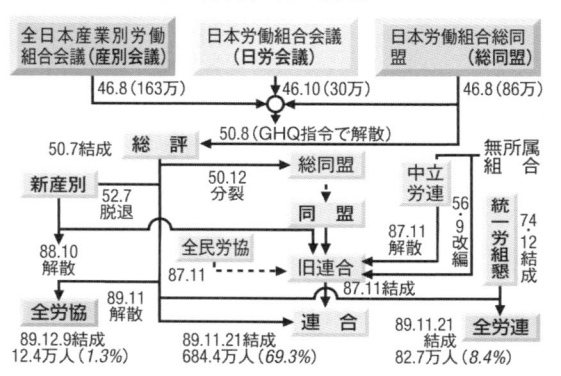

〈注〉連合等の組合員数は，2013年6月末現在。％は組合員総数に対する割合。

長として，78単産，組合員800万人からなる**日本労働組合総連合会（連合）**が誕生した。

これに対して，日本共産党系の労働組合は，連合を反共産主義と批判，**全国労働組合総連合（全労連）**を組織，社会党左派は**全国労働組合連絡協議会（全労協）**を結成した。

### 連合の現状と活動

雇用労働者全体に対する労働組合員の割合（組織率）は，1949年に55.8％を記録して以来一貫して減少し，2003年に20％を割り込み，2014年には17.5％になっている。これに伴い，連合の参加組合員も減少したが，2014年にはわずかに上昇した。2009年の総選挙で民主党が圧勝して政権交代を果たしたが，その際に当時の連合会長であった高木剛が民主党との選挙協力に大きな役割を果たし，連合傘下の労働組合の組織内議員を多く輩出した。民主党政権誕生後は，民主党との間に定期的な会合を開催し，雇用，賃金，ワークライフバランスなどの政策に影響を及ぼした。

2012年の政権交代によって安倍晋三政権が誕生すると，政治的影響力は縮小することになった。しかし，安倍政権は，経済，賃金，雇用にかかわる政労使会議を発足させ，連合は経団連とともにその会議に参加している。その意味で，主要な利益団体の1つであることには変わりはないが，日本の政治にどの程度の影響力を持っているかを判定することは難しい。

連合は，民間の労働組合と教員や公務員を中心とした公労系の労働組合に加え，民間の労働組合でも大企業や中小企業，重工業から軽工業，製造業からサービス産業など様々な職種の組合を内包している。さらに近年では，正規雇用と非正規雇用という就労形態の異なる組合も傘下に収め，現在の労働環境に応じて労働者の問題の解決を志向している。しかし多種多様な労働組合から構成されているためか，労働者がかかえる雇用，賃金，労働環境の問題に加えて，産業に深くかかわるエネルギー，FTAやTPPに代表される他国との自由貿易，外国人労働者の活用や移動などについて，**統一的な政策と方針を決定するのが難しくなっている**。それは，労働問題を超えて，教育，医療，年金など広く社会福祉にかかわる公的問題でも同様である。そうした状況が，強力な政治的影響力の行使を難しくしているとも指摘されている。

〔表〕歴代の連合会長

| 代 | 会長 | 出身組合 | 期間 |
|---|---|---|---|
| 1 | 山岸　章 | 情報通信産業労働組合連合会 | 1989～95 |
| 2 | 芦田甚之助 | ゼンセン同盟 | 1995～97 |
| 3 | 鷲尾悦也 | 日本鉄鋼産業労働組合連合会 | 1997～2001 |
| 4 | 笹森　清 | 全国電力関連産業労働組合総連合 | 2001～05 |
| 5 | 高木　剛 | 全国繊維化学食品流通サービス一般労働組合同盟 | 2005～09 |
| 6 | 古賀伸明 | 全日本電機・電子・情報関連産業労働組合連合会 | 2009～ |

---

### コラム

**国際労働組合総連合（ITUC：The International Trade Union Confederation）**　2006年11月に誕生した国際労働運動を代表する組織である。2015年1月の時点で，世界の163国・地域に，334加盟組織，1億7,600万人の組合員を擁している。自由で民主的な労働組合の世界的な組織であった国際自由労連（ICFTU），国際キリスト教労連を前身とした国際労連（WCL），さらにいずれの国際労働組織に加わっていなかった8つのナショナルセンターが合同して結成された。日本の連合に加え，アメリカ労働総同盟・産別会議，イギリス労働組合会議，ドイツ労働総同盟などが加わっている。

---

◆参考文献　●政策研究フォーラム・労働運動史研究会『民主的労働運動の歴史』政策研究フォーラム，2007年

## 8 改革されるJA－農業協同組合（JA農協）

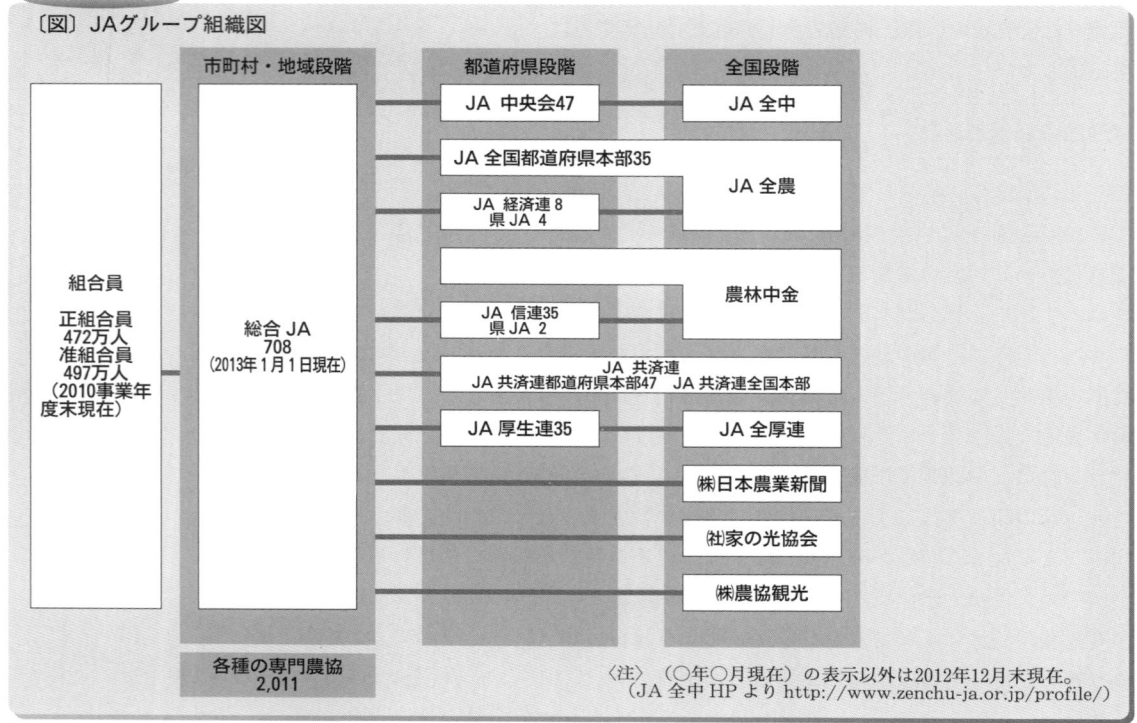

**アプローチ**

〔図〕JAグループ組織図

| 市町村・地域段階 | 都道府県段階 | 全国段階 |
|---|---|---|
| 組合員<br>正組合員 472万人<br>准組合員 497万人<br>（2010事業年度末現在） | 総合JA 708<br>（2013年1月1日現在） | JA中央会47 → JA全中 |
| | | JA全国都道府県本部35<br>JA経済連8<br>県JA 4 → JA全農 |
| | | JA信連35<br>県JA 2 → 農林中金 |
| | | JA共済連<br>JA共済連都道府県本部47　JA共済連全国本部 |
| | | JA厚生連35 → JA全厚連 |
| | | ㈱日本農業新聞 |
| | | ㈳家の光協会 |
| | | ㈱農協観光 |
| 各種の専門農協 2,011 | | |

〈注〉（○年○月現在）の表示以外は2012年12月末現在。
（JA全中HPより http://www.zenchu-ja.or.jp/profile/）

●設立目的　「農業生産力の増進と農業者の経済的・社会的地位の向上を図る」ことを目的に，1948年に，農業者（農民または農業を営む法人*1）によって組織された協同組合である。1992年からJA農協という名称を使うようになった。

組合員は，正組合員（農協の地区内に住所のある農民および農業を営む法人）と准組合員（農協の地区内に住所のある個人出資者）からなる。高齢化や後継者不足で農家戸数が減少し，2010年現在，正組合員数472万人，准組合員数497万人であり，准組合員数が正会員数を上回っている。

●組織と事業　組織形態は，地域農協－都道府県－全国というピラミッド型である。主要事業には，①経済事業（農産物の販売，肥料・農薬・農業機械や食品などの共同購入），②信用事業（貯金，貸付，証券の取り扱い），③共済事業（保険，医療・年金共済など），④厚生事業（医療）があり，全国レベルでは，それぞれJA全農，農林中央金庫，JA共済，JA全厚連が担当している。JAグループの頂点に立つのが**JA全中（全国農業協同組合中央会）**＊2であり，地域農協を指導・監査する役割をもっている。JA全中の運営費は農林中央金庫や地域農協が納める負担金で賄われ，現在，負担金総額は約80億円に達する。

●政策決定への関与　JA全中は農協による政治活動の中心的な地位にいる。農村を基盤として集票力を活かして，それは自民

＊1　農業法人の会員資格は，「その常時使用する従業員の数が300人を超え，かつ，その資本金の額または出資の総額が3億円を超える法人を除く」とされ，小規模な法人に限定されている。

＊2　JA全中（全国農業協同組合中央会）　1947年の農業協同組合法により全国に約13,000の地域農協が設立されたものの，経営破綻が相次いだ。1954年に同法が改正され，地域農協の経営を監査・指導するために全国農業協同組合中央会が設置された。

党の**農林族議員**（農村出身議員）を通じて政府に圧力をかけ、政府決定に大きな影響を及ぼした。例えば、1970年代に、全中は農林族議員に働きかけ、全国の農民代表を霞が関に結集させ、食糧管理制度のもとで政府が買い上げる**生産者米価**を引き上げさせた。また、全中は農産物の輸入自由化に対する反対運動を展開し、1993年に米輸入の部分的開放を決めたガットの**ウルグアイ・ラウンド合意**を日本が受け入れる見返りとして、政府から6年間で6兆円の補助金を引き出した。このように農協は、かつては総評、経団連、日本医師会などと並んで、日本で有数の圧力団体に数えられた。

● **批判・問題点** ●　農協の評価は立場によって異なるものの、①農家は農産物の販売力強化を期待しているのにもかかわらず、農協事業は農家の収益改善につながっていない、②農家が農協から共同購入する価格は高く、農産物販売価格は安い、という点が問題として指摘されている。「農協は小規模農家の所得を引き上げた」としばしば主張されるものの、その引き上げは農産物増産による収益改善ではなく政府補助金の配分に由来する。さらに、農家数が減少し、正組合員数が減少しているのにもかかわらず、農協は政策決定の場でなお不釣り合いに大きな発言力をもっているという批判もある。

● **最近の改革** ●　2014年5月、政府の**規制改革会議**は、農業を成長産業に転換するために、①企業の農業への参入促進、②農協組織の見直し、③農業委員会の改革という改革案を提案し、特に②には、JA全中が地域農協を指導する体制を根本的に見直す[*3]、JA全農を株式会社化する、という項目が含まれていた。これはTPP合意（→230頁）を念頭においたものであり、6月に安倍晋三首相も「現行の中央会制度は存続しない」と明言した。この提案に一部の自民党農林族議員が反対し、JA全中幹部は徹底抗戦の構えをみせたものの、2015年2月に自民党農林族議員、農林水産省幹部、JA全中会長の間で会談が行われ、①JA全中の地域農協に対する**指導・監督権を廃止**し、2019年3月までに一般社団法人化する、②JA全中の監査部門を分離させ新たな**監査法人**にし、地域農協に公認会計士による監査を義務づける、③**JA全農の株式会社への転換**を可能にする、という点で合意した。都道府県中央会が存続するので、地域農協がどの程度まで自立することができるかは不確定であるものの、少なくとも意欲ある地域農協が自己努力や企業との協力を通じて経営体力を強化し、新商品を開発し、生産性を高める道は開かれた。

*3　最終答申では「全中を廃止する」という表現は見送られ、「農協法上の中央会制度は、適切な移行期間を設けた上で現行の制度から自律的な新たな制度に移行する」と明記された。

---

**コラム**
**TPPとJA共済**　TPPにおいては農産物の関税ばかりが注目されるが、JA共済も注目点の1つである。アメリカは日本の保険分野の規制緩和を求めており、相互扶助で掛け金の安い共済組合は、民間保険会社の事業にとって障壁であるとして、共済組合の廃止を求めているといわれている。JA共済の総資産は52.4兆円（2013年度末）、契約者から収納した年間の共済掛け金は5.8兆円（2013年度）にものぼる。

◆参考文献
●大泉一貫『農協の未来：新しい時代の役割と可能性』勁草書房、2014年
●内閣府HP「規制改革会議公表資料、農業分野」、
　http://www8.cao.go.jp/kisei-kaikaku/kaigi/publication/p_index.html

# ⑨ 役割が増大するサード・セクター――利益団体の新しいカテゴリー

## アプローチ

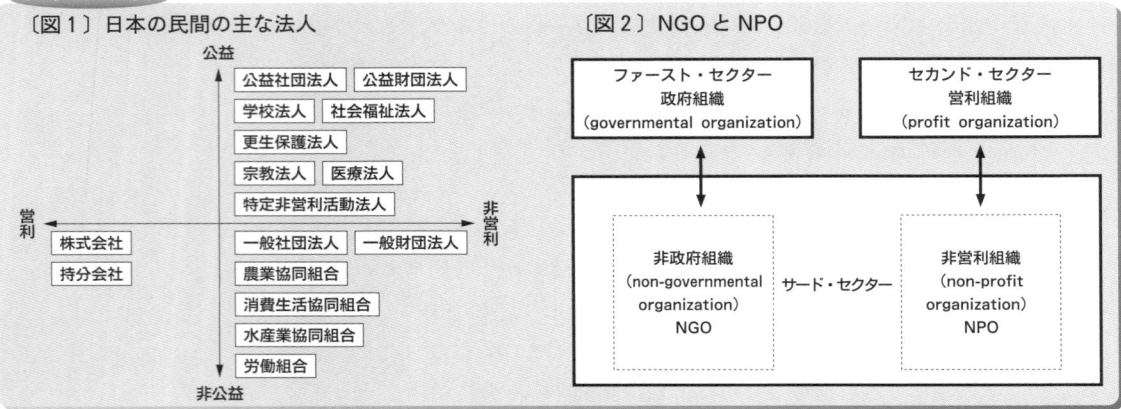

〔図1〕日本の民間の主な法人

〔図2〕NGOとNPO

### 法人と任意団体

利益団体，あるいは団体一般は，効果的に活動するには**法人**となっていることが望ましい。法人は，自然人と同様に，法律上の権利・義務の主体としての能力を認められた団体である。現在の日本の民間の法人は，大まかに整理すると図1のようになる。それに対して，法人としての資格，つまり法人格をもたない団体を，**任意団体**（権利能力なき社団）という。任意団体は，法律上の権利・義務の主体となれないため，端的にいえば契約を結ぶことができず，活動に大きな制約を伴う。しかし利益団体，特に環境団体や消費者団体の中には，任意団体にとどまり効果的に活動できないものもあった。その背景には，社会運動（住民運動や市民運動）や公共利益団体にとって不利な，旧来の日本の法人制度があった。

### 法人制度改革

旧来，商法（後に会社法）に基づく株式会社，社会保障法に基づく社会福祉法人などを除き，多くの民間の法人は，民法に基づいて公益法人として設立されていた。しかし旧民法第34条は，公益法人の設立を，主務官庁の許可に基づくものと規定していた。つまり法人の設立は，行政機関や都道府県知事の裁量に左右されていたのである。そのため環境団体や消費者団体は，主務官庁との関係が良好でないと許可を得にくいし，そもそも煩雑な手続きに耐えうる体力がなかった。しかし一方における財政赤字などによる行政の活動の縮小，他方における民間の団体の成長により，それらの団体に法人格を付与し，社会運営の新しい担い手を育てようという機運が高まった。そこでまず1998年に**特定非営利活動促進法**[*1]が施行され，**特定非営利活動法人（NPO法人）**という類型が登場し，さらに2008年に公益法人制度改革関連3法が施行され（民法が改正され），**一般社団法人・一般財団法人**[*2]という類型が登場し，法人の設立が容易化された。この団体をめぐる制度の変更によって，公共利益団体はもちろん，あらゆる類型の利益団体が増大することとなった。なお図1の法人のうち，**公益社団法人・公益財団法人**[*3]，学校法人，社会福祉法人，更生保護法人は，公益事業に対する非課税，寄附をした個人に対する寄附金控除の双方を認められた法人である。

*1 **特定非営利活動促進法** ボランティア活動を始めとする自由な社会貢献活動としての特定非営利活動を行う団体に法人格を付与することなどにより，その健全な発展を促進し，もって公益の増進に寄与することを目的とする法律。1997年に施行され，現在，「保健，医療又は福祉の増進を図る活動」など20の活動を特定非営利活動としている。同法に基づいて設立された法人が特定非営利活動法人，いわゆるNPO法人である。

*2 **一般社団法人・一般財団法人** 社団法人は，一定の目的のために結合した人の集合体であり，社員（会員）の存在を前提とする。財団法人は，一定の目的のために拠出された財産の集合体であり，社員の存在を前提としない。一般社団法人・一般財団法人は，様々な非営利の目的のための法人であり，一定の要件を満たしていれば設立される。

*3 **公益社団法人・公益財団法人** 非営利の公益目的のための法人である。一般社団法人・一般財団法人が，公益認定を通じて移行する。認定は，国および都道府県の第3者機関によって行われ，行政庁の裁量が入らないようになっている。

## 第4章 利益団体

### NGO と NPO

利益団体や法人に関連して，NGO と NPO という言葉がある。このうち NGO，つまり**非政府組織**（non-governmental organization）は，1945年に調印された国連憲章の第71条において，経済社会理事会が協議や取り決めのできる組織を意味する概念として登場した。そのため NGO は，環境 NGO や人権 NGO などのように，国際的な場面でよく見聞きする。それに対して NPO，つまり**非営利組織**（non-profit organization）は，福祉 NPO やまちづくり NPO などのように，国内的な場面，特に地域レベルで見聞きしがちだ。しかしこの2つは，**図2**のように，同じものの2つの側面であると考えると分かりやすい。

### サード・セクター

社会を構成するセクターは，一般に，国や地方公共団体などの政府部門であるファースト・セクター，営利企業などの民間営利部門であるセカンド・セクター，政府でも営利企業でもない民間非営利部門である**サード・セクター**に区分される。そしてファースト・セクターの組織が政府組織（governmental organization），セカンド・セクターの組織が営利組織（profit organization）であるのに対して，サード・セクターの組織は，ファースト・セクターの政府組織ではないことを強調するなら NGO・非政府組織，セカンド・セクターの営利組織ではないことを強調するなら NPO・非営利組織ということになる。ただし，ここでいうサード・セクターが，日本語のいわゆる**第3セクター**[*4]とは違うことには注意を要する。

### 市民社会

サード・セクターの組織は，グリーンピースや国境なき医師団などの著名な国際的組織から，自治会・町内会のような住民組織まで，極めて多岐にわたる。いずれも，政府の一部ではないし，営利を追求してもいないからだ。各種の利益団体も，経済団体や業界団体ですら，会員の企業は営利を追求していても，団体それ自体は営利を追求していないので，サード・セクターの組織ということになる。また最近では，サード・セクター，特にその中でも公共を指向した部分を，**市民社会**[*5]や**市民セクター**と呼んでいる。行政依存の伝統の強い日本では，従来，公共の問題の解決は，もっぱらファースト・セクターを担い手とすると考えられてきた。しかし近年では，「**新しい公共**」[*6]が喧伝され，それ以外のセクター，特にサード・セクターも，重要な担い手であると考えられている。そのような背景もあり，サード・セクターや NGO・NPO は，利益団体の1側面を表す概念ではあるが，自己の利益の拡大・維持を指向する従来からのイメージよりも，社会に貢献する新しいイメージで捉えられる傾向がある。

[*4] **第3セクター** 国や地方公共団体と民間企業が共同で出資し設立した半官半民の企業を意味する。法人としての形態は株式会社とは限らない。鉄道やレジャー施設などあらゆる分野でみられ，行政が苦手とする効率的な経営が意図される一方で，監視が不十分で膨大な赤字を抱え破綻する事例もみられる。

[*5] **市民社会** 日本語の市民社会は多義的であり，本項におけるように，①市民社会＝シヴィル・ソサエティを意味する場合，②市民社会＝ブルジョワ社会を意味する場合がある。①でも，サード・セクターの意味で用いられる場合，国家と対比されそれ以外のすべてを含むものとして用いられる場合があり，さらに時代によっては国家を意味する場合もあった。

[*6] **「新しい公共」** 公共領域や公共サービスが，ファースト・セクターによって独占的に担われるのではなく，それ以外のセクターによっても積極的に担われている状態，あるいはそうすべきであるという考え方を意味する。この言葉は，すでに2004年には『平成16年版 国民生活白書〜人のつながりが変える暮らしと地域−新しい「公共」への道〜』で用いられていたが，特に民主党の鳩山由紀夫政権による施政方針演説や「新しい公共」円卓会議の設置を通じて一般化した。

---

**コラム**

**NPO の3つの意味** 日本では，NPO という言葉が3つの意味で使われている。第1は，広義で，サード・セクターの非営利組織という意味での NPO だ。この意味での NPO は，法人でも任意団体でも構わない。第2は，非営利組織の中でも，法人格をもつ組織，つまり非営利法人という意味での NPO だ。そこには，**図2**でいえば公益法人や学校法人，消費生活協同組合や労働組合など，多様な法人が含まれる。第3は，狭義で，非営利法人の中でも，特定非営利活動促進法に基づいて設立された特定非営利活動法人，つまり NPO 法人という意味での NPO だ。現在，NPO 法人は約5万団体あり，そのうち約840団体は寄附金控除を認められた**認定 NPO** である。

---

◆参考文献　●辻中豊・坂本治也・山本英弘編『現代日本の NPO 政治−市民社会の新局面』木鐸社，2012年

# 1 日本におけるマスメディアの発達－マスメディアの歴史

### アプローチ

　日本において、人々に情報を届ける媒体は歴史的にも早い段階から生まれたが、現存する最古のものは17世紀前半（江戸時代）の瓦版である。1枚刷りで、1615年の「大坂安部之合戦之図」を記述したものである。以降、瓦版が出来事を伝える目的で断続的に発行されるようになった。

　現在の新聞に近いものが発行されるようになったのは幕末である。最初の新聞は、1862（文久2）年に幕府の番所調所が発行した『官板バタヒヤ新聞』とされ、オランダが幕府に献上した和蘭総督府機関誌を翻訳して編集、海外の重要ニュースを伝えたものである。

　英字紙の発行はそれより1年早く、長崎で週2回発行された商業紙『The Nagasaki Shipping List and Advertiser』であるが、発行後2か月程で廃刊となった[*1]。

　日本初の民間新聞は、1864（元治元）年に、播州生まれの漂流民でアメリカ国籍のジョセフ・ヒコが、横浜に入港するイギリス船がもたらした新聞を翻訳して発行した『海外新聞』であった。

## 明治・大正期のメディア

　明治になると、『中外新聞』など国内の出来事に触れる民間新聞が次々と発行された。明治政府が書籍出版物の許可制を採用すると多くの新聞が廃刊したが、流言飛語に悩まされ、1869年になって方針を変え、「新聞紙印行条例」を発布して、新聞の発行を進んで認めるようになった。新聞は復刊し、1870年に日本最初の日刊新聞『横浜毎日新聞』が誕生することになる。

　1870年代に鉄道、電信、郵便等の交通・コミュニケーション網が整備されると、1872年には『東京日日新聞』（現『毎日新聞』）、『郵便報知新聞』、さらに最古の地方紙『峡中新聞』（現『山梨日日新聞』）などが発刊される。新聞発行が全国に広がる中、漢字に傍訓を付した『読売新聞』などの試みも展開された。こうして、**政治などを中心に知識人を主な読者とする大新聞と、社会の事件を中心に平易な文で多くの人々に伝える小新聞**が誕生することになる。

　1880年代前後になると、自由民権運動が広がり全国に政社や政党が形成され、新聞の多くが政党の機関紙となり論争を展開する**政党新聞の時代**が訪れる。政治論争を嫌う政府は、新聞紙条例を改正して対抗した[*2]。

　1880～90年代にかけ、次第に報道を中心とした新聞が成長すると、1888年に日本初の通信社「時事通信社」が誕生し、速報を中心とする報道に道開くことになる。日清・日露戦争、第1次世界大戦などが、報道主義の新聞を発展させた。日露戦争期には、1日の発行部数が150万部を超えるまでになった。

　20世紀初頭に、新聞は企業として成長し、**近代新聞**が成立した。近代新聞は次第に成熟し、大正期の普選運動など社会的にも影響を及ぼすようになっていった。しかし、1923（大正12）年の関東大震災は、『東京日日』『報知』『都』（現『東京新聞』）を除き、東京の新聞社を全て焼失させた。これを契機に、大阪の『朝日』『毎日』が全国紙としての地歩を固め、1924年には両紙とも100万部を突破した。在京紙では、『読売』だけが台頭することになる[*3]。

## 大正期から昭和前期：ラジオの時代

　普通選挙法が発布された1925（大正14）年には、東京、大阪、名古屋でラジオ放送が開始された。翌年に3放送局が合同して**日本放送協会（NHK）**

---

[*1] 発行者はイギリス人ジャーナリストのアルバート・W・ハンサード（Albert W. Hansard）で、同紙廃刊後、横浜で『The Japan Herald』を創刊した。

[*2] この流れから、個人の主張を前面に出したパーソナル・ジャーナリズムや、報道を中心とした新聞が台頭した。前者の代表が陸羯南の『日本』、徳富蘇峰の『国民新聞』、後者の代表が福沢諭吉の『時事新報』、矢野文雄の『郵便報知』などである。

[*3] 新聞と同様、雑誌も『明六雑誌』などを代表に、明治初期から刊行されたが、19世紀後半になって『国民の友』『日本人』『太陽』『中央公論』などが刊行された。

が誕生，中等学校野球，相撲，ラジオ体操などの放送で全国に普及していった。1920年代は，新聞，雑誌，映画，ラジオと，日本のマスメディアが発達し，大衆文化の普及に大きな役割を果たすようになった。

1930年代になり状況が一変する。1932（昭和7）年の5・15事件を契機に政党内閣が崩壊し，1936年の2・26事件で陸軍の政治的影響が拡大する。1937（昭和12）年に盧溝橋事件が起こり，日中間が戦争状態に入ると，政府は報道制限を強めることになった。政府は，1937年に2大通信社を合併させて**同盟通信社**を設立，内閣に情報通信委員会を設置して情報の一元化を図った。情報委員会は，1940年には内閣情報局となり，敗戦まで国家の報道と宣伝の一元的統制を進めた。1938年には新聞用紙が統制され，1942年には統制団体としての「日本新聞会」が誕生，「1県1紙体制」が確立されることになった*4。

### ● 第2次世界大戦後：テレビの時代からニューメディアへ ●

第2次世界大戦後の民主化の中で，日本のマスメディアは大きな変化を迎える。言論統制は終わりを告げ，合併された通信社は解散され**共同通信社**と**時事通信社**が誕生した。地方の新聞も次々と復刊ないし創刊された。

*4 この間の1940年代には，ラジオ受信契約数は500万件を突破した。

日本が，1951年に独立を回復して国際社会に復帰すると，マスメディアも活動を活発化させた。1953年になると2月に **NHK が開局**し，民間放送の**日本テレビ**が8月に開局する。放送は，ラジオの時代からテレビの時代へ移行する。テレビはラジオよりもはるかに速い速度で普及し，1959年の皇太子殿下（現天皇）と美智子様の成婚とパレードの中継でテレビ受信契約は200万を突破，1960年にカラー放送が開始され，1964年に東京オリンピックが開催されると，テレビは全世帯の80％を超える受信契約となった。NHK 総合テレビが全番組をカラー化したのは，1971年のことであった。こうして，テレビはマスメディアの中心的位置を占めるようなる。

1980年代になると衛星放送や CATV などの多チャンネル化が，90年代からはデジタル化が進行した。21世紀になってアナログ放送の時代がほとんど終わりを告げ，コンピュータ，携帯電話，スマートフォンなどのニューメディアが浸透すると，放送と通信の融合，ネットワーク化が進み，メディア環境に大きな変化がもたらされる。これらは，活字を中心とした伝統的メディアばかりでなく，テレビを中心とした放送のあり方にも影響を与えている。マスメディアは，変革期にあるといえるであろう。

---

**コラム**
**大正時代の多様なメディア**　大正期に大衆文化が花開くと，『婦人公論』『主婦の友』，児童文芸雑誌『赤い鳥』が創刊され，1922（大正11）年には『週刊朝日』『サンデー毎日』などの週刊誌，1925年には月刊娯楽雑誌『キング』が刊行された。映画は，最初の常設映画館として「浅草電気館」が1906（明治39）年に誕生し，他のメディアと同様に大正期に映画館の数が拡大，浅草が日本最大の映画街となる。音声つき映画（トーキー）は，1931（昭和6）年に登場した。

---

◆参考文献　●春原昭彦『日本新聞通史』現代ジャーナリズム出版会，1969年
　　　　　●山本文雄『日本マス・コミュニケーション史』東海大学出版会，1970年

## 2 政治コミュニケーションの発達と現代的特性－メディアと政治

**アプローチ**

政治コミュニケーションは，政治の発生とともに開始された。いつの時代でも，いかなる政治体制でも，政治指導者は自らの権力と地位を確保・維持して目標を達成するために，支持や協力を求めて他の人々や集団を説得したり反論したりしなければならないからである。歴史の多くで，政治コミュニケーションは上意下達の直接的コミュニケーションであった。政治に参加する少数の人々が，政治に参加できない多数の人々を支配していたからである。中世の封建体制や絶対王政がその典型である。

### ●政治コミュニケーションの発達

そこに変化をもたらしたものが，**印刷技術の発明**である。パンフレット，書籍，雑誌，新聞などの印刷メディアが発達すると，人と人，人と集団とのコミュニケーションにメディアが介在し，情報の独占が揺らぎ始めた。メディアを媒介して，政治指導者や他の人々のメッセージが，徐々に拡大して伝わるようになり，社会のコミュニケーションの流れも上意下達だけにとどまらなくなった。

市民革命を経て，近代化の過程で，政治コミュニケーションの様相は大きく変わることになった。政治活動の多くが，一握りの人々ではなく多くの人々の公的な空間で行われるようになっていった。民主主義の思想と制度が整えられる中で，多くの人々が公的空間で政治的役割を果たすことが期待されるようになり，政治や社会の情報への接近も広くできるようになった。

情報への接近が拡大すると，人々はますます政治参加や政治的影響力の行使を自覚するようになる。近代における**主体的市民の誕生**である。こうして，政治指導者のみならず，人々や集団のコミュニケーションは，自らの政治的地位の確保と維持や目標の達成を求めて，ほかの人々や集団と競争することになった。18世紀から19世紀におけるメディアの発達は，それを支え加速させた。

20世紀に入り普通選挙が導入されると，公的空間はさらに拡大した。人々や集団のコミュニケーションが広がり多元化し，競争が激しさを増した。マスメディアの発達がそれを刺激した。人々や集団は，メッセージを多くの人に積極的に浸透させるために，メディアの発達や変化に対応しながらコミュニケーションの技術や戦略に磨きをかけることになり，政治コミュニケーションの専門化が進められた。

### ●政治コミュニケーションの特性

人々や集団に直接的に働きかける初期の政治コミュニケーションでは，弁舌や講演の内容，雄弁術やそのレトリック，会合や集会の技法などが開発された。

19世紀から20世紀にかけてメディアが発達すると，政治コミュニケーションは，個人的，直接的，対面的コミュニケーションから**メディアを媒介にした組織的，間接的コミュニケーションに変化**することになった。前近代的政治コミュニケーションから近代的コミュニケーションへの変化と指摘される。パンフレットの作成と編集技法，広告，宣伝，PR技法が開発され，ビラ，チラシ，新聞，雑誌に応用された。2つの世界大戦は，新たに誕生したメディアの利用を含めて，広告，宣伝技術の発達をうながした。政治宣伝のために映画やラジオが利

用され，それらのメディアに固有な技法と戦略が開発されていった*1。

### テレビと政治コミュニケーション

やがて時代は，テレビの時代となる。すると，政治家や政党のテレビ利用とその技法の習熟が進んだ。そのために，政治家や政党に専門家が登用され，スピーチライター，広報・PR担当官，コミュニケーション戦略家などを代表に，政治コミュニケーションに関わる多様な職種が出現した。政党がそれらの人々を登用して恒常的に利用し始めると，政党組織がつくり変えられていった。**政党の情報産業化**であった。テレビにおいても，ニュース，政見放送，テレビ政治広告，党首討論，視聴者参加の討論番組，政治ドラマ，風刺・批評番組など，政治に関連する番組ジャンルが多元化する。テレビが，365日24時間放送され，CATVや衛星放送とチャンネルが増えるとさらにジャンルは多元化し，テレビ視聴も世帯視聴から個人視聴と個人化していった。政治コミュニケーションも，それに対応してさらに多様な個人にターゲットをおいて細分化した。政治コミュニケーションは，**ブロードキャスティングからナローキャスティングへ転換**し，選挙時だけの特別なものから，恒常的で日常的なものになった。

*1 F. ルーズベルトのラジオ番組「炉辺談話」が著名である。

①ホワイトハウスの記者会見場…就任後初の記者会見で記者の質問を受ける米国のバラク・オバマ大統領（左奥）。ホワイトハウスの記者会見場は「スピンルーム」と呼ばれている。スピンとは情報操作，つまり国民に対して情報操作を行う場所という意味だ。
（アメリカ・ホワイトハウス 2009.2.9）

### ニューメディアと政治コミュニケーション

メディア技術は，情報通信技術のデジタル化，放送と通信のメディア融合，ネットワーク化などさらに発達を重ねた。政治家や政党のインターネット利用が進むと，政治におけるネット利用が制度的にも認められるようになった。日本においても，2013年に公職選挙法が改正され，**政党，政治家そして選挙民のネット利用が解禁**された。こうして，ホームページ，メール，メールマガジン，ツイッター，ブログ，フェイスブックなどの利用が進み，他の政治コミュニケーション技術との併用，ネットを利用したキャンペーン技術や戦略の洗練化がもたらされていくことになる。

これらの政治コミュニケーションは，主に国家を中心に国内の人々に向けられてきたが，メディア技術の発達がそれを変えることとなった。グローバリゼーションである。国内の政治アクターが，国外の政治アクターに影響を与える（その逆も同様）。こうして，政治アクターが多元化・錯綜し，政治そのものを変えて行き，政治はほかの国のアクターの反応を考慮なくしては成り立たなくなってきている。政治はますますコミュニケーションに資源を投入し，その利用を高度化している。**メディア中心民主主義，PR国家の誕生**などといわれる。

### コラム

**議題設定（agenda setting）** マスメディアは，「人々が何を考えるかではなく，何について考えるか」を伝えることができるとして，マスメディアの認知効果を実証的に明らかにしたもの。マスメディアがある争点について多く報道すると，人々もその争点を重要と考える。メディアのアジェンダが，人々のアジェンダになるのである。

◆参考文献 ●D.G.リリカー著，谷藤悦史監訳『政治コミュニケーションを理解するための52章』早稲田大学出版部，2011年
●谷藤悦史『現代メディアと政治』一藝社，2005年

# 3 「輿論」から「世論」へ―現代「世論」の特性と課題

**アプローチ**

政治を営む上で，人々の意見が重要と考えるようになったのは，近代市民革命以降のことである。この革命を経て，経済的に自立した地主や商工業主の力が増すと，彼らの政治参加が認められて議会に彼らの意見が反映されることになる。近代議会制民主主義の成立とともに，近代市民の意見の重要性が少しずつ増していったのである。このような政治状況を理論的に議論して正当化したのが，いわゆる啓蒙思想家にほかならない。

**J・ロックの議論**

啓蒙思想の出発に位置づけられるのが，イギリスの思想家J・ロック*1である。彼は，『統治二論』や『人間知性論』で，民主主義の政治のあり方や人々の意見の形成とそれによる政治の運営について広く議論した。彼は，人々の様々な意見を前提に，そこから「合意」を形成して政治決定をなし政治を運営することが民主主義の政治であると主張した。そこでは単なる人々の意見ではない，人々の異なる意見を前提に，議論や熟慮を経て人々の間に「合意」をつくり出すことが重要になる。人々の間につくられた新たな「合意」は，人々の意見の単なる集合ではなく，1つの新たな実体である。その意味において，**近代民主主義は「輿論*2」の政治**なのである。

**J・ロックの指摘**

しかし，ロックは，社会における私的意見や評価が人々の行動ばかりでなく政治に大きな影響を与えることも指摘していた。人々は，「合意」があるかないかに関係なく，社会に広がっている「私的な評価」に従ってしまう*3。

ましてやそれが多数であればなおさらであろう。18世紀から19世紀を通じて政治参加が拡大し，社会のあらゆる問題が政治の場に持ち込まれ政治問題となる。政治問題が複雑化し高度化して合意形成に時間を要するようになると，数の優位で政治決定がなされる。多数決である。さらにまた，政党が発達して政治が集団行動によって進められるようになると，政党規律が発達して個人の自由な政治発言や行動を許さなくなる。結果的に，選挙が行われた時点で勝利した政党が政治決定を独占する。社会における多数派が，議会における多数派を形成した時点で，政治が終わってしまう。議会過程での議論と熟慮による「合意」は形骸化し，一定時点における社会の意見の配置，それも多数派になった意見だけが重要になってしまう。

合意としての「輿論」は変質を迎える。もはや「輿論」ではなく，**世間に広がる「合意なき意見の集積」としての「世論」**であろう。近代民主主義の「輿論」をつくり上げる政治から，現代民主主義の「世論」にのる政治への転換が，最も大きな政治変化であろう。

**「世論」の特性**

「世論」は，選挙に表現されるばかりでなく，20世紀初頭から発達した**世論調査**によって「科学的」に明らかにされる。世論調査は，天気予報のように意見の配置と移り行きを説明する。人々は，それを共有しながら，自分の位置を確認し，態度や意見を決めて，様々な行動をつくりあげる。「世論」は人々の意見の集積であるから，そこには理

*1 J・ロック〔John Locke〕（1632〜1704）
イギリスの哲学者。国民の自由や財産を守るための社会契約の必要性や，権力分立論，圧政への抵抗権（革命権）を主張した。その考えは1688年の名誉革命を正当化し，アメリカ独立革命，フランス革命にも大きな影響を与えた。

*2 明治期にPublic Opinionという言葉が日本に流入したとき，当時の人々はそれに「輿論」という言葉を当てたが，極めて適切であったといわなければならない。「輿」は「乗り物」とか「かご」を意味し，「輿論」は「多くの人が載せて運ぶ意見」ということが明確になる。異なる人々が「合意」して1つの意見をつくり出し，それに基づいて政治を営むというロックの議論を適切に言い表しているからである。

*3 「自分が交わって推挙されたく思う公有の風習や意見に背くものは，公有達に非難され嫌悪されるという罰を誰1人免れない。自分自身の団体に絶えず嫌悪され難詰されても耐え抜くほどの強情で無感覚なものは，1万に1人もいない」ジョン・ロック著，大槻春彦訳『人間知性論』岩波書店（岩波文庫），351頁。

性的な判断から非理性的な感情まで含まれる。まさに私情の集積にほかならない。

それを踏まえて，現代の世論研究は現代の「世論」の特性を様々に明らかにする。アメリカの政治心理学者D・キンダー[*4]は，アメリカの多くの世論研究をたどりながら，ひどい無知や無関心があるにもかかわらず態度や意見がつくられることを指摘する。ドイツの**ノエル=ノイマン**[*5]は，多数派の意見は表明しやすくなり，少数派の意見は沈黙するという**「沈黙の螺旋」理論**を提唱し，意見は多数派に流れ，主流形成に至ることを明らかにする。

● 「世論」に対する指摘 ●

現代「世論」の特性を明らかにする研究は枚挙にいとまがない。主要な指摘を列挙しておこう。

第1は，人々の意見は必ずしも情報や知識をもとにしてつくられているのではないということである。多くの人々の情報や知識の衰退，無関心の拡大が指摘されている。

第2は，人々はすべての問題に態度や意見を有しているわけではないにもかかわらず，問われれば意見を表明する。こうして，態度や信条としての意見ではなく，反応としての意見の傾向が強くなっていると指摘される。

結果として，第3に，意見は安定性がなく変化しやすいことになる。意見は短期間で大きく揺れてしまうことすらある。

選挙結果，メディアの報道など，あらゆるものが議題を設定して，それが人々の意見に影響を与える。「世論」はますます流動的になる。それが分かっているから，政党，政治家，政府，企業，メディアなどあらゆるものの「世論」への働きかけが始まり，そのための技法や戦略も開発される。時々に多数を形成したものが勝利し，それに失敗したものが敗者となる。それも永遠に続かない。次々と勝者と敗者が生まれ変転する。こうして，近代の「財産と教養」を備えた自立した市民をもとに，「合意」を形成する「輿論」の政治の夢はますます遠いものになる。深い熟慮のもとに広い「合意」をつくり出す民主主義の形成は，現代では不可能なのだろうか。

[*4] D・キンダー〔Donald R.Kinder〕アメリカの政治心理学者。ほかに，アメリカ政治，調査法が専門。

[*5] ノエル=ノイマン〔Elisabeth Noelle-Neumann〕（1916-2010）ドイツの政治学者。西ドイツ最大級の世論調査機関であるアレンスバッハ世論調査研究所を設立し，所長として40年指揮をとった。

## コラム

**始点となりうる「世論調査」**　こうして，「世論」の天気予報である世論調査は，人々の意見の配置を明らかにするだけでなく，人々の意見の配置に影響を与えそれを変える。もはや世論調査は，人々の意見の配置を示す終点ではなく始点なのである。

◆参考文献
● E・ノエル=ノイマン著，池田・安野訳『沈黙の螺旋』ブレーン出版，1997年
● ドナルド・R・キンダー著，加藤秀治郎・加藤裕子訳『世論の政治心理学』世界思想社，2004年
● 谷藤悦史「世論観の変遷―民主主義理論との関連で」『マス・コミュニケーション研究』77号，2010年
● 岡田直之他著『輿論研究と世論調査』新曜社，2007年

# 4 日本における世論調査の発達とその影響ー世論調査

### アプローチ

　世論調査（public opinion poll）は，個人の態度や予想される行動に関する事実を収集・分析して，個人の態度の状況や将来的に予想される行動を明らかにするためにつくられた調査である。社会科学で広く行われている，問題や仮説を設定し，それに関連する事実を収集・分析して，問題や仮説に関する変数間の相関や因果関係を明らかにし，問題や仮説を検証する社会調査（social research）と区別される。社会調査の方法や技術の発展に影響を受けながら形成された「簡易な社会調査」ともいえるだろう。20世紀初頭，政治的には民主的な選挙制度が整備されるにつれて，人々の政治態度や行動の状況や方向を，経済的には資本主義経済が発展する中で，多くの人々の消費意向や行動を知る必要性が高まった結果，発展することになった。前者は世論調査として，後者が**マーケティング**として洗練化していく。同じ時期に，社会科学に統計や数学の方法や技術が流入して利用されることになったことも，その発展を後押しすることになった。

### ●社会調査・世論調査の方法

　社会調査には，標本抽出による質問紙調査，少数者の集団の議論と質問紙調査を組み合わせて行う焦点集団面接（focus group interview），メディアテクストの内容分析，実験集団と統制集団の観察に基づく実験法，フィールドでの参与観察など多様な方法があるが，世論調査もその影響を受けて多様である。一般には，標本抽出による質問紙調査が一般的である。標本抽出のあり方も，国勢調査のような全数調査，割り当て法，確率に基づく無作為抽出法などがある。事実やデータの取り方も，質問紙票に基づく**個人面接法**，**電話調査**，**郵送法**，近年ではインターネットを利用する**ネット調査**などもある。また，一定時点の意見や態度の配置を明らかにする調査や，意見の変化を時系列的にとらえるために同一の人物に繰り返し質問を行う**パネル法**なども存在する。コンピュータの高度利用も世論調査に及び，分析のみならず，標本抽出から回答方法ないし手段まで利用されるようになっている。現在では，マスメディアや世論調査機関が，世論調査の実施，分析して公表そして利用することが，世界的に日常化されている。世論調査をもとにしたマスメディアの報道スタイルも，常態化している。

### ●日本における世論調査の発達

　日本において，社会調査の前提となる国勢調査は1920年から5年ごとに実施されるようになった。日本でも，第2次世界大戦前から社会調査や世論調査に関心があったが[*1]，確率標本に基づく科学的な世論調査が本格化したのは第2次世界大戦後のことである。

　1945年にGHQが設置され，秋に日本の占領政策の方針である5大改革指令が出される。民主化政策の1つとして世論調査が位置づけられ，民間情報教育局（CIE）の世論・社会調査課（Public Opinion & Sociological Research：POSR）が，世論調査や社会調査を行うとともに世論調査を指導することになった。その中心人物が，アメリカの人類社会学者H・パッシン[*2]であった。CIEは，世論調査に関する研究会を開催するとともに，アメリカの世論調査ないし社会調査機関，大学などへ日本の研究者を送り込み，その結果，アメリカの世論調査の理論と実践が導入されることになった。

---

*1 戦前にも，貧困や労働者の状況を探る調査は断片的に行われたが，1940（昭和15）年ごろに科学的な世論調査に近いものを実施した記録がある。1940年に中等学校の入試制度が，従来の筆記試験から内申書と体力検査による入試に変えられた。これについて，当時の大阪毎日新聞・東京日日新聞が，新制度を経験した父兄，来年度受験する児童の父兄，小中学校教員を対象に，1,000から3,000人の標本を抽出して面接調査を行ったのである。賛成35.9％，反対63.6％，不明0.5％であったという。太平洋戦争開戦の前年であり，それがどのように利用されたかは不明である。

*2 H・パッシン[Herbert Passin]（1916-2003）知日家として知られるアメリカの人類社会学者。フォード財団の顧問として，多くの日本人学者の渡米を支援した。

### 日本における世論調査の機関

戦後の日本で，早い時期から世論調査を実施したのは新聞社であった。アメリカでは世論調査専門の会社を中心に世論調査が発展したが，日本では新聞，放送，通信社などが世論調査の発展に寄与したのである。政府の世論調査では，内務省の世論調査課などを経て，1949年に**国立世論調査所**が設置された。その後，国立世論調査所が廃止され，調査の実施部門は中央調査社，企画は内閣審議室に移管された。その後，企画は，政府省庁の改変に伴い，内閣調査室や総理府統計局などに移管された[*3]。

### 代表的世論調査

1950年代になると，1944年に設立された**文部省統計数理研究所**も世論調査に関与するようになった。1949年に港区長選挙，1951年には都知事選挙における予測調査を実施し，1953年からは今日まで続けられている「**日本人の国民性調査**」が開始された。「日本人の国民性調査」は，国民の態度や価値観の現在と変化を探る基礎的データとなっている。1950年代後半から60年代にかけて，政党政治が安定し始めると，選挙ごとに選挙予測調査が広範に行われるようになった。調査の主体も，新聞社からNHKや民放など，放送局の調査が加わり多元化した。おおむね調査法は，訪問面接法でなされた。1970年代になり世論調査データが集積されると，時系列的な分析，他国との比較分析などが行われるようになった。

### 世論調査の課題

1980年代になって，国民の生活様式の変化からか，回収率が急速に低下し，面接法によるコスト増もあいまって，次第に電話法が用いられるようになった。初期には，住民台帳や選挙人名簿から選択した標本の電話番号を調べて調査する名簿法が用いられたが，電話番号の上6桁を外し，下4桁ないし2桁を乱数で発生させて，標本を抽出する**RDD**（Random Digit Dialing）**法**の調査で行うようになった。1990年以降，マーケティングを中心にインターネット調査が利用され始めたが，個人情報保護法の制定による住民基本台帳の閲覧禁止やプライバシー意識の高まりによる回収率の低下で，代替策として用いられるようにもなっている。世論調査環境も転機にあるといえよう。

[*3] 1940～50年代にかけて多くの世論調査機関が誕生したが，まもなく姿を消していった。現在も残っているのは，輿論科学協会である。その調査は，東京新聞などで公表された。また，世論調査を統合，指導し，分析は方法を洗練するとともに指導要領などを検討する機関として，日本世論調査協会が設立され，現在も世論調査を指導している。

〔表〕世論調査年表

| 年 | 出来事 |
|---|---|
| 1944 | ・文部省統計数理研究所設立 |
| 45 | ・毎日新聞世論調査室設置<br>・GHQ世論調査課設置<br>・共同通信民論調査班設置<br>・中日新聞世論調査室設置<br>・朝日世論調査室設置 |
| 46 | ・時事通信調査室設置<br>・NHK放送文化研究所設立<br>・読売新聞調査部設置<br>・輿論科学協会設立 |
| 49 | ・国立世論調査所設立 |
| 50 | ・参議院調査（多数社が実施）<br>・(財)日本世論調査協会設立<br>・第1回ラジオ聴取率調査（NHK） |
| 52 | ・第25回衆議院総選挙調査（多数社が実施） |
| 53 | ・第1回「日本人の国民性調査」<br>・第1回「テレビ放送番組世論調査」（NHK） |
| 54 | ・国立世論調査所廃止（内閣官房審議室世論調査班へ）<br>・中央調査社設立 |
| 55 | ・第27回総選挙で「国政選挙予測」（朝日） |
| 58 | ・第1回「国民生活調査」（総理府） |
| 60 | ・「時事世論調査開始」（中央調査社）<br>・第1回「国民生活時間調査」（NHK） |
| 61 | ・第1回「テレビ番組視聴率調査」（NHK） |
| 62 | ・ビデオ・リサーチ設立「機械式視聴率調査」開始<br>・参議院選挙の選挙世論調査（NHK） |
| 69 | ・第1回「社会意識に関する調査」（総理府） |
| 73 | ・第1回「日本人の意識調査」（NHK） |
| 80 | ・80年代前後から新聞社の内閣支持率，政党支持率調査が毎月に定期化 |
| 85 | ・第1回「日本人とテレビ」調査（NHK） |
| 90 | ・RDDによる電話世論調査が普及，総選挙における出口調査 |

### コラム

**「日本人の読み書き能力調査」** 1940年代に行われた中で，最も科学的な社会調査。1948年に，GHQの勧めで，言語学，国語学，統計学などの専門家からなる委員会が立ち上げられ，3万人を超える標本で実施された。漢字の読み書き能力について，人口統計学的に興味深いことを発見した。

◆参考文献　●日本世論調査史編集委員会『日本世論調査史資料』(財)日本世論調査協会，1986年

# 5 家庭に1部は過去の話－新聞とその社会的影響

### アプローチ

マスメディアとしての新聞は、世界的に転機にあるといわれる。世界のいずれの地域でも、部数が著しく減少しているからである。20世紀後半に生じた**デジタル革命**による放送と通信の融合、コンピュータ通信やSNSの広がりなどによってメディアが多元化・多チャンネル化したことが、それを加速しているといわれる。人々の情報行動にも変化が生じ、日々の情報に接する際に新聞を媒介にすることが少なくなっている。述べるまでもなく、放送、インターネットそしてまた携帯やスマートフォンを媒介にして情報に接し、確保していることが上昇しているのである。

### 変わる新聞大国

そうした中で、日本は今なお「新聞大国」といわれている。発行部数では、人口が巨大な中国に次いで世界2位であるが、成人1,000人当たりの部数は400を超え、スウェーデン、ノルウェー、スイスなどに次ぐ水準になっているからである。

しかし、日本新聞協会のデータによれば、発行部数は、1997年の5,376万強をピークとして減少に転じ、2014年では4,536万部程度になっている。2007年ごろまでは、1世帯でほぼ1部の新聞を取っていたが、現在では0.8程度に低下した[*1]。結果的に、新聞社の総売り上げも減少した。とりわけ広告収入がメディアの多元化で減少し、総売り上げに占める販売収入の割合が上昇、広告収入は総売り上げの20%強を占めるにすぎない。

### 変わる新聞産業

この状況が、新聞の様々なところに変化を及ぼしている。典型的なのが従業員数の減少である。2004年ごろまでは、新聞社・通信社の従業員数は5万人を超えていたが、現在では4万2,000人程度になっている。記者数は2万人程度で推移しているので、それ以外の部門での人員減が図られたといえよう。

日本の新聞の大きな特徴は、「**宅配制度**」である。地域の世帯に新聞を配達する新聞販売店では、新聞の購読料、新聞とともに配布される地域の折り込み広告などが主な収入源で、これに新聞社からの補助金や奨励金などが加わる。新聞の部数が減少し、地域の産業や商店が衰退すると、必然的に販売店も縮小する。過去10年間に4,000店ほど減少し、現在では1万7,000店程度になり、販売店の従業員数も20万人近く減少することになった。

### 変わる購読

新聞産業や新聞をめぐるメディア環境の変化に応じて、人々の新聞接触のあり方も変化しつつある。調査によって違いがあるが、NHKの生活時間調査によれば、2010年の段階で、新聞に接触する人は40%程度、購読時間量は20分前後になっており、それぞれ年々減少している。日本新聞協会の2013年の調査では、1週間の平均接触日数で約6日と、テレビの約7日に次いでいるが、やはり減少している。他方で、インターネットへの接触が増加している。とりわけ若い世代でその傾向が著しくなっている。新聞は、世代的に高齢者のメディアになりつつあるのかもしれない。

---

*1 一般社団法人ABC協会の発表によれば、2014年10月の段階で最も大きな部数（朝刊）は、読売新聞の937万、次いで朝日新聞702万、日本経済新聞274万、毎日新聞333万、産経新聞167万となっているが、いずれも前年より部数を減少させている。

◆新聞販売店　（東京都　2009.2.19）

## 新聞ジャーナリズムの発展と変化

新聞は，歴史的にも早い段階で出現して発達し，情報を収集し，加工して編集し，多くの人々に伝達するジャーナリズム活動の中心であり続けた。20世紀になってラジオ，テレビなどの放送メディアが発展するまで，ジャーナリズム活動をどのように展開するかについての技法や方法などについて中心的な勢力であった。しかし，ジャーナリズムをどう展開するかについては，歴史状況が大きく関係し一様ではない。17世紀から19世紀までの西欧では，個人や集団の主張をすることがジャーナリズム活動と考えられ，「**主張ジャーナリズム（publicist journalism）**」といわれる時代が形成された。第1世代ジャーナリズムともいわれる。多くの新聞が政党と関係し，政党の主義主張を展開する政党新聞として発達するのみならず，個人の主張を中心としたパーソナル・ジャーナリズムも展開された。日本では，明治期の新聞に相当する。

19世紀から20世紀になると，事実を可能な限り速く客観的に報道することを中心とした「**事実ジャーナリズム（fact journalism）**」の考えが台頭し，そのための技法や技術が普及する。第2世代ジャーナリズムである。そこでは，客観性と速報性がジャーナリズムの価値とされた。その中で，事実を可能な限り客観的に表現して速く伝える技法として定着したのが5W1Hである。その考えや方法が，20世紀前半から後半まで踏襲される。

しかし1920年代からラジオ，50年代からテレビと放送メディアが台頭して普及すると，速報に価値を見出していた新聞ジャーナリズムに徐々に変化が現れる。速報では放送やインターネットなどのメディアと競争できないことから，ほかのメディアでは行うことのできない優れた解説や分析に活路を見出すことになった。第3世代ジャーナリズム「**解釈ジャーナリズム（interpretative journalism）**」といわれる。そこでは，多くの人々に共感を生み出すような優れた解釈や分析そして評論を提起することが新聞の目標とされる。調査報道などがその典型である。「主張ジャーナリズム」「事実ジャーナリズム」「解釈ジャーナリズム」など，新聞には多様なジャーナリズムが内包されている。

政治や権力との関係で，新聞を権力に対する監視と位置づける考え（watch dog model），権力に指針を与えるものとして考えるもの（guide dog model）などがある。それに対して，権力を称賛・支持するもの（lap dog model）も存在する。日本の新聞は，西欧の新聞のように政治色を明確にしないが，新聞が言論活動である以上，政治性を帯びるのは必然であろう。政治がメディアに働きかけて操作する技術も洗練性を増している。大切なことは，**権力からの独立をどのように確保するか**であろう。

---

**コラム**

**宅配制度** 新聞に系列している販売店を通じて，新聞を各家庭に配達する制度。世界的には，新聞スタンドや売店で売るのが一般的である中で，日本の新聞業界の特徴でもある。かつては，牛乳などいくつかの商品で宅配の割合が大きかったが，現在宅配が主流であるのは新聞だけになった。この制度の存続が，日本の新聞の高い普及を維持し，広告媒体としての新聞の価値を保持することになっている。

---

◆参考文献　●日本新聞協会 HP，http://www.pressnet.or.jp
　　　　　●藤竹暁『図説日本のメディア』NHK 出版（NHK ブックス），2012年

# 6 テレビ政治から多元化へ－放送とその政治的影響

### アプローチ

　1920年11月，世界で初めてラジオ放送が開始された。アメリカのピッツバーグ，KDKA局であった。日本は5年後の1925（大正14）年，東京，大阪，名古屋でラジオ放送を開始した。翌年には3つの放送局が合同して，社団法人日本放送協会（NHK）が誕生した。放送時代の始まりである。ラジオは，大衆文化の広がりの中で拡大し，1932年には100万台を突破した。ニュース，天気予報，洋楽と邦楽，ラジオドラマ，全国中等学校野球中継，大相撲中継，ラジオ体操など，多彩な番組の開発が行われたが，ニュースは新聞社と通信社に依存していた。

### ラジオと政治

　1928年に最初の男子普通選挙が行われた際，ラジオは「普選講座」番組を放送し，衆議院選挙の結果を報じた。人々は，ラジオの講演番組を通じて政治家の声を聴くことにもなった。しかし，番組は，逓信省その後は情報局が検閲をしていた。1941年に第2次世界大戦に参戦すると厳しい検閲と統制が敗戦まで続けられ，**ラジオは政府の重要なプロパガンダ手段**となった[1]。

　終戦後の1945年，GHQが「言論及新聞の自由に関する覚書」を日本政府に通告したが，GHQの民間情報教育局（CIE）と民事検閲部（CCD）が検閲を続行し，1950年まで続いた。

　1946年に，戦後初の衆議院議員選挙が実施され，NHKは全国放送で「政党放送」，ローカル放送で「候補者政見放送」を実施した。1951年には初の民間放送局が誕生し，1952年には聴取契約数が1,000万を超えた。

### テレビと政治

　1953年，**NHKと日本テレビがテレビ放送を開始**。日本の放送制度は，公共放送と民間放送の2元制で開始されたのである。1950年代後半には，後のTBS，テレビ朝日，フジテレビが誕生し，全国的なテレビニュースのネットワークが形成された[2]。1960年にカラー放送が開始，1971年には全番組がカラー化されると，9割近い人々がテレビ受信契約をするようになる。1975年には，テレビの広告費が新聞のそれを上回り，テレビはマスメディアの頂点に位置することになった。

　テレビは，早い時期から政治とのかかわりを始める。1955年には，衆議院議員選挙の開票速報番組，鳩山一郎首相の談話番組「鳩山首相にきく」が流された。55年体制の形成にいたる社会党と自民党の党大会の模様も放送された[3]。

　この流れを受けて**公職選挙法が改正**され，1969年の徳島県知事選挙で公職選挙法に基づく初めてのテレビ政見放送が開始され，同年の衆議院議員選挙で初の国政レベルでのテレビ政見放送が行われた。

　1970年代には，外交にもテレビ放送が大きな役割を果たす。佐藤栄作首相は，沖縄返還協定の調印式をテレビ中継したばかりでなく，1972年の日米首脳会談を衛星中継した。このように，政治のテレビ利用が進み，「**見せる政治**」が展開され始めた。後を継いだ田中角栄は，訪中，訪米，訪ソなどを次々こなし，そのほとんどをテレビ中継した。その傾向は，その後の政権でも続いていった。

　テレビの番組も変化し始めた。ネットワークが完成するとともにニュース番組がショー化された。政治は，多くの視聴者を引きつける重要なジャンルとなっ

---

[1] 終戦直前の1945年には，聴取契約数は戦前で最高の748万を超えていた。

[2] 1960年代前半には，最初にニュースを知るメディアとしてテレビが1位になった。

[3] 選挙の立会演説会など選挙キャンペーンの様子も報じられ，「国会討論会」などの政治番組も開発された。1959年には衆議院予算委員会の総括質問が初めて放送され，1960年には衆議院議長選挙，首班指名が中継されることになった。さらに，1965年の参議院議員選挙では，初めての政見・経歴放送がなされた。

た。政治家のテレビのプレゼンスが高まるとともに，テレビ出演の著名人は多くの人が知る存在になり，それらの人々の政治進出が始まる。「タレント議員」の誕生である*4。政治のテレビ利用とテレビの政治利用が，同時並行的に進み，1970～80年代にかけて，**テレビ政治**はますます勢いを増していった。

### ●多チャンネル化と政治キャンペーンの変容●

1970年代から始まったCATVが，80～90年代に拡大する。80年代後半には都市型CATVや衛星放送が開始されて普及し始め，多チャンネル化が始まった。90年代後半になると，デジタル放送が開始され，他方で，コンピュータとインターネットの普及が進んだ。こうして，放送のデジタル化は，通信と放送の融合を進め，多チャンネル化を加速させた。

2012年3月にはアナログ放送が停波され，デジタル通信を前提としたデジタル放送へ転換がなされた。これにより，多チャンネル化とメディア融合が一気に進むことになった。放送にパソコン，携帯電話，スマートフォンなどの媒体が加わり，ネットワーク化が進行するというメディア技術の変化は，放送や通信のあり方を変え，人々のメディア行動も変えていった。

その変化に政治も対応しようとする。政治が，放送に加えてニューメディアを利用することや，そのための戦略開発が進んだ*5。この状況に対応して，制度も変更された。2013年4月，公職選挙法が改正され，選挙運動でのインターネットの利用が認められたのだ。

メディア環境の変化の中で，政治キャンペーンの様式も大きく変わり，多様なメディアを多元的に利用する**メディア・ミックス戦略**が進んでいった。多くの人々に大量の情報を供給するブロードキャスティング戦略のみならず，特定の人々に最も関心のある情報を供給するナローキャスティング戦略も展開されている。SNSと小さな集会をミックスさせて，選挙民を選挙運動に取り込む，リーチアウト戦略なども展開される。草の根キャンペーンの復活もみられる。

これらによって，現在はテレビ放送の政治的影響が相対化されつつある。人々の政治家や政党などの政治的行為者や争点の認知，評価，感情などに影響をもたらす可能性のあるメディアの多元化の中で，テレビ放送はその影響をなくしたわけではないが，緩和されているのである。

現在の政治は，まさに進行中のメディア革命の変化の影響を受けつつあるのである。それは，政治家や政党のあり方そのものを変えるかもしれない。

*4 「ニュースステーション」「ニュース23」などのニュースショー，モーニングショーやアフタヌーンショーなどが，その傾向を促進した。

*5 政治家や政党による，ホームページ，メールマガジン，ブログ，ツイッター，フェイスブック，YouTubeなどの利用が進み，SNSが急速に普及していった。

❹**事情聴取されるNHKとテレビ朝日の幹部**…自民党の情報通信戦略調査会。左奥のテーブルに座るのが，NHKの堂元光副会長（左）とテレビ朝日の福田俊男専務（右）（東京都・永田町の自民党本部　2015.4.17）

### コラム
**テレビ局への圧力を強める安倍政権**　中立報道を定めた放送法を建前に，第2次安倍晋三政権下において政府・自民党からのテレビ局への圧力が目立っている。2014年12月の衆院選前にはテレビ局に選挙の中立報道を求める文書を送りつけ，2015年4月には自民党の情報通信戦略調査会がテレビ朝日とNHKの幹部を呼び出し，報道番組の内容について事情聴取を行った。

◆参考文献　●谷藤悦史『現代メディアと政治』一藝社，2005年
　　　　　●NHK放送文化研究所『20世紀放送史　資料編』日本放送協会，2003年

# 7 ネット選挙の光と影－インターネット選挙運動

**アプローチ**

インターネットの急速な拡大と社会への浸透は，日常の政治活動や選挙運動のあり方も大きく変えることになった。1980年代ごろから，欧米各国を中心にインターネットの政治利用が徐々に拡大し，政治家や政党のホームページの整備，メールマガジンの作成と配信，政党パンフレットやマニフェストのインターネット配信などが進行していた。

● **政党の情報産業化**

21世紀に入り，ユーチューブの動画共有サービス，ユーストリームの動画中継サイト，ツイッター，ブログ，フェイスブック，ラインなどの **SNS** が進展すると，選挙民との関係やネットワークを構築するための主要な手段として，政治家や政党の政治利用が進行し，選挙運動においても広範に利用されるようになった。そのためにヨーロッパ各国では，インターネット利用の専門家を採用しその洗練化に努めた。**政党の情報産業化**でもあった。

● **インターネット選挙運動の解禁**

こうした動きに比して，極めて厳格な公職選挙法にはばまれて，日本ではインターネット利用については抑制的であった。1990年代後半ごろから，超党派でインターネット利用に関する研究会などが立ち上げられ，選挙での利用に関する議論が行われたがなかなか実現にいたらなかった。その間に，政治活動の一環として政治家や政党のインターネット利用は進行していた。首相や政治家のメールマガジンやツイッターが話題になることもあった。選挙運動でインターネット利用を認める改正公職選挙法案が，2006年ごろ野党であった民主党から提起されたが，自民党から民主党への政権交代，民主党政権下での政治混乱と首相交代，東日本大震災の発生とそれに対する政治対応などによって，実現にいたらなかった。2013年4月19日，第2次安倍晋三政権の下で，「**インターネット選挙運動解禁に係る公職選挙法の一部を改正する法律**」が成立した。

この改正によって，①ウェブサイト等を利用しての選挙運動用文書図画の頒布，②電子メールの利用による選挙運動用文書図画の頒布，③選挙運動用ウェブサイトに直接リンクする有料インターネット広告の一部，④インターネット等を利用した選挙期日後の挨拶行為，⑤屋内の演説会場内における映写などの行為が解禁された。また，ウェブサイトには，メールアドレス等を表示することが義務づけられた。さらに，ウェブサイト等に掲載された文書や図画は，選挙期日当日もそのままにしておくことができるが，選挙運動は前日までに限られているので，期日当日に変更することはできない。政党等は，先に示されているように，当該政党の政党運動

〔表1〕選挙運動用電子メールの送信が認められる候補者・政党等

| 選挙 | 候補者 | 政党等 |
|---|---|---|
| 衆議院（小選挙区選出）議員 | ○ | ○候補者届出政党 |
| 衆議院（比例代表選出）議員 | ○名簿登載者 | ○名簿届出政党 |
| 参議院（比例代表選出）議員 | ○名簿登載者 | ○名簿届出政党 |
| 参議院（選挙区選出）議員 | ○ | ○確認団体 |
| 都道府県知事 | ○ | ○確認団体 |
| 都道府県議会議員 | ○ | ○確認団体 |
| 指定都市の市長 | ○ | ○確認団体 |
| 指定都市の議会議員 | ○ | ○確認団体 |
| 指定都市以外の市（区）長 | ○ | ○確認団体 |
| 指定都市以外の市（区）議会議員 | ○ | × |
| 町村長 | ○ | × |
| 町村議会議員 | ○ | × |

用ウェブサイトに直接リンクする政治活動用有料広告は掲載できるが，選挙運動のための有料インターネット広告は禁止されている。挨拶目的の有料広告も同様である。

### インターネットの選挙への影響

国政選挙では2013年7月参議院選挙で，広くインターネットの利用がなされた。また，2014年には東京都知事選挙，滋賀県知事選挙，福島県知事選挙などでも利用された。インターネットが政治家や政党の政治コミュニケーション戦略や選挙キャンペーンのあり方を変えつつあるのは紛れもない事実であるが，それが有権者の政治認識や政治行動にどのような影響を与えるのかの包括的な解明は，政治学の今後の課題となっている。現時点で，政治家や政党のインターネット利用が拡大していること，マーケティング戦略の応用と利用などで政治宣伝やPR技法が洗練化を増していることなどが指摘されている。他方で，日本では公職選挙法が改正されても，禁止事項が多くてインターネットの技術的特性が有効に発揮されていないという指摘もある。その意味で，現在の公職選挙法は，ICT技術変化に十分に対応しているとはいえない。ICT技術の進展や利用の拡大と併せて，選挙運動全般について包括的な議論を積極的に開始するときであろう。

〔表2〕選挙運動用ウェブサイト等に直接リンクする有料インターネット広告が認められる政党等

| 選　　挙 | 政党等 |
| --- | --- |
| 衆議院議員 | 候補者届出政党，名簿届出政党等 |
| 参議院議員 | 名簿届出政党，確認団体 |
| 都道府県知事 | 確認団体 |
| 都道府県議会議員 | 確認団体 |
| 指定都市の市長 | 確認団体 |
| 指定都市の議会議員 | 確認団体 |
| 指定都市以外の市（区）長 | 確認団体 |
| 指定都市以外の市（区）議会議員 | × |
| 町村長 | × |
| 町村議会議員 | × |

### コラム

**確認団体**　公職選挙法で，選挙期間中に，政談演説会や街頭演説会を開催し，ポスター・立札・看板の掲示，ビラの頒布，自動車等による宣伝を認められた政治団体を確認団体という。衆議院議員選挙が，1994年に小選挙区比例代表並立制に改められ政党中心の選挙になった結果，同選挙では確認団体制度は廃止されることになった。現在は，同選挙は候補者届出政党による選挙運動になっている。したがって適用されるのは，参議院議員選挙における選挙区議員，都道府県の知事選挙と議会議員選挙，指定都市の市長選挙と議会議員選挙，指定都市以外の市の市（区）長選挙である。確認団体になるためには，例えば参議院選挙では，比例区に候補者を擁立しているか全国に所属候補者を10名以上出していることが求められる。

◆参考文献　●総務省HP，http://www.soumu.go.jp/senkyo/snkyo_s/naruhodo/naruhodo10.html

# 1 日本における議会政治の発達－翼賛機関から国権の最高機関へ

## アプローチ

〔表〕議会政治発達年表

|  |  |
|---|---|
| 1874（明治7）年 | 板垣退助ら，民撰議院設立建白書を提出。 |
| 1889（明治22）年 | 大日本帝国憲法，憲法附属法（衆議院議員選挙法，議院法等）発布。 |
| 1890（明治23）年 | 第1回総選挙，第1回帝国議会召集。 |
| 1913（大正2）年 | 第1次護憲運動による第3次桂太郎内閣打倒。 |
| 1918（大正7）年 | 原敬内閣成立（初の本格的政党内閣）。 |
| 1932（昭和7）年 | 5・15事件による政党内閣の終焉。 |
| 1947（昭和22）年 | 日本国憲法による第1回国会召集。 |
| 1955（昭和30）年 | 社会党の統一と自由民主党の結成による1955年体制（55年体制）の成立。 |
| 1960（昭和35）年 | 60年安保による国会紛糾。 |
| 1993（平成5）年 | 細川護熙非自民連立政権の成立。 |
| 1994（平成6）年 | 政治改革法案（衆議院の選挙制度の改革等）の成立。 |
| | 自由民主党の政権復帰。 |
| 2009（平成21）年 | 民主党政権の成立。 |
| 2012（平成24）年 | 自由民主党・公明党の政権復帰。 |

### 帝国議会の成立

議会政治の思想は，幕末に西欧思想の流入とともに日本に伝わり，明治政府の基本方針を示した**五箇条の御誓文**にも「広ク会議ヲ興シ万機公論ニ決スヘシ」（**公議輿論**と呼ばれた）と盛り込まれた。しかし薩長藩閥政府の基盤の安定化とともに，公議輿論の思想が軽視されたことから，板垣退助らは1874（明治7）年1月，政府（左院）に**民撰議院設立建白書**を提出して自由民権運動を開始し，1880（明治13）年には国会期成同盟を結成した。国会開設は，憲法の制定を前提としたから，民間では様々な私擬憲法が作成された。政府内でも憲法制定をめぐり意見が交わされたが，1881（明治14）年プロシア流の君主制の採用を主張する長州閥の伊藤博文らが，イギリス流の議院内閣制の採用を説く肥前藩出身の大隈重信らを政府から追放するとともに，10年後に国会を開設する詔書が出された（**明治14年の政変**）。これを受け，自ら渡欧して憲法調査に当たった伊藤を中心に起草された大日本帝国憲法は，1889（明治22）年公布され，翌年第1回の衆議院議員総選挙が行われ，1890（明治23）年11月29日に憲法施行とともに第1回**帝国議会**の開院式が行われた。

↑帝国議会開院式臨御（聖徳記念絵画館・小杉未醒）（原画は彩色）

### 戦前の議会政治

大日本帝国憲法は天皇を統治権の総攬者としたうえで，天皇は「帝国議会ノ協賛ヲ以テ立法権ヲ行フ」と規定した（第5条）。**協賛機関**とはいえ，法律の制定や予算には帝国議会の同意が必要で，租税法定主義も明記された。ただし公選の**衆議院**は内閣の信任・不信任権を有せず，立法権や予算の議決権（先議権を除く）について非公選の**貴族院**（皇族議員・華族議員・勅任議員で構成）と対等で，貴族院は衆議院の議決を阻止することができた。さらに政府（名目上は天皇）は，緊急の場合は法律事項を**勅令**で定めることができ，予算が成立しないときは前年の予算を施行することができ，帝国議会の停会，解散の権限も有していた。黒田清隆首相は，憲法公布の翌日**超然主義***1を表明したが，第1回総選挙で自由民権運動の流れをくむ民党は過半数の議席を占め，衆議院は藩閥政府と民党の激しい抗争の場

*1 **超然主義** 憲法発布の翌日の1889（明治22）年2月12日，第2代内閣総理大臣の黒田清隆は，地方長官（現在の知事に相当）を前に，政府は「超然として政党の外に立つ」と演説した。日本の政党は，板垣退助の自由党，大隈重信の立憲改進党など，自由民権運動の中から結成され，藩閥政府に対立するものが中心を占めていたため，政府の政党に対する警戒感は強かった。戦前の議会政治は，超然主義と政党政治の相克の歴史である。

となった。その経験から伊藤は，議会政治における政党の意義を悟り，伊藤系官僚と旧自由党系の憲政党等を糾合して立憲政友会を結成し（1900年），同党を与党に政権を組織した（第4次伊藤内閣）。以後政権は，衆議院の多数派に依拠したり，超然主義に戻ったりを繰り返したが，第2次護憲運動の結果1925年に成立した護憲3派の加藤高明(たかあき)内閣以降6代にわたり**政党内閣**が続いた。これは次期首相を天皇に推薦する元老西園寺公望(さいおんじきんもち)の**憲政常道論**＊2によるもので，帝国議会が自律的に政党内閣をつくる仕組みをつくり出したり，政治力を獲得したわけではなかった。政党内閣は1932年の5・15事件による犬養毅(いぬかいつよし)首相の暗殺により終焉し，その後超然主義の復活により帝国議会（衆議院）は日本の政治の行方を決定する力にはなれなかった。また政党がもともと戦争への道を阻止しようとする勢力だったわけでもないことには注意を要する。

### 国会の成立

1945（昭和20）年8月，日本は**ポツダム宣言**を受諾して降伏し，アメリカの占領下に置かれた。アメリカは日本が再びアメリカの脅威とならないよう日本の民主化を進め，憲法についても連合国軍最高司令官総司令部（GHQ）＊3の作成した草案（マッカーサー草案）を基に日本国憲法が制定された。新憲法では，天皇は日本国と日本国民統合の象徴とされ，帝国議会は**国会**となり**国権の最高機関**となった（第41条）。もっとも国会と行政権の属する内閣，司法権の属する裁判所は3権分立の関係にあり，国権の最高機関は**政治的な美称**以上の意味はないとするのが現在の憲法学の多数説。貴族院は廃止され，国会は衆議院とやはり国民の直接公選による**参議院**で構成されることになった。帝国議会との最大の相違は，**議院内閣制**が採用されて単独または連立で衆議院で多数を占める政党が政権を担うことになったことである。これは国民が主権者になり，主権の行使の場である衆議院の総選挙が国政の行方を決めることを意味し，議会政治と政党政治の一体化が実現した。

### 国会政治の進展と55年体制成立

日本国憲法に基づく第1回国会は1947（昭和22）年5月20日に召集された。国会政治の姿は，1955（昭和30）年の日本社会党の統一と保守合同による自由民主党の結成による1955年体制（単に**55年体制**ともいう）の成立によって大きく変わった。それ以前は，国会で複数の保守政党間での対抗関係が存在したが，55年体制では国会は恒常的に政権を握る単一の保守政党の自由民主党が，日本社会党と日本共産党の革新および後に現れた中道の諸政党と対峙(たいじ)し，野党の追及を受けつつ融和策と強硬策を織り交ぜて国会を運営する独特の議会政治のパターンが成立した。55年体制は1993（平成5）年の細川政権の成立で崩壊し，その後は政権をめぐる政党間競争の場としての国会が形成されつつある。

---

＊2　**憲政常道論**　国民から選挙された衆議院の第1党が政権を担い，政権運営に失敗したときは野党が交代して政権を担うとする考え方。1924年7月以降，次期首相についての天皇の諮問に奉答する元老は西園寺1人となり，彼が実質的に次期首相の決定者となったが，政党内閣時代に彼が採用した政権選択原理がこれである。衆議院の第1党の内閣が政権運営に失敗して総辞職すると，西園寺の奉答により少数派の野党に政権が移され（首相の病死・暗殺等の場合には，政権党の責任によるものではないとして，西園寺は，政権を交代させなかった），新政権が衆議院の解散・総選挙で多数党になるということが行われた。首相が交代しても衆議院の多数派が政権を維持し続ける日本国憲法下の議院内閣制では現実には起きえない政権交代が，非民主的な元老制度によって実現されていた点は興味深い。

＊3　**連合国軍最高司令官総司令部**（GHQ：General Headquarters）　太平洋戦争の終結に際してポツダム宣言の執行のために日本において占領政策を実施した連合国軍の機関。大部分は，アメリカ軍，アメリカ民間人で構成されていた。なお，GHQは正式にはGeneral Headquarters/Supreme Commander for the Allied Powers 略してGHQ/SCAPである。

---

### コラム

**貴族院と参議院**　日本は2院制を採用し，衆議院のほか，帝国議会では貴族院，国会では参議院が置かれている。貴族院は皇族（儀式以外は審議には加わらなかった），華族（公侯爵は全員，伯子男爵は互選），多額納税議員等の勅任議員で組織され，公選の衆議院の抑制の役目を果たしたが，必ずしも政府支持というわけではなかった。参議院は，公選としたことから政党支配に服し，多数派が衆議院と同じなら無用，逆転すれば審議の停滞をもたらし，貴族院が非民主的ながら役割がはっきりしていたのに対して，その役割と存在意義が絶えず問われている。

---

◆参考文献　●衆議院・参議院『議会制度百年史』（全12巻）大蔵省印刷局，1990年
　　　　　　●川人貞史『日本の政党政治　1890—1937年』東京大学出版会，1992年

## 2 「国権の最高機関」の実態は？－国会の機能と役割

**アプローチ**

〔表1〕世界の議会の地位と役割

| | | | |
|---|---|---|---|
| イギリス | 「現在では，首相の選出が庶民院の最も重要な機能である。…第2の機能は（国民の考えの）表明機能と呼んでおこう。…第3の機能は（国民の知らないことを国民に教える）教育機能と呼ぼう。…4番目として，庶民院は（為政者に耳を傾けさせる）報告機能と呼んでもよいものを持っている。…最後に立法の機能がある」<br>（ウォルター・バジョット『イギリス憲政論』, Walter Bagehot, *The English Constitution*, 1867） | アメリカ | 「かくして，人民が統治するのです。かくして，人民がその直接の代表者によって行動するのです」<br>（アメリカ下院の入り口に刻まれたアレグザンダー・ハミルトンの言葉） |
| ドイツ | 「連邦議会の最も重要な任務は，立法および政府の仕事のコントロールである」<br>（ドイツ連邦議会HP―「機能と任務」） | フランス | 「（フランス）議会は，1958年には疑いなく有効だったが今日では民主主義の観点からは羨望されることのないフランス独特の行政権が立法権を管理する《合理化された議会主義》下に置かれている」<br>（2008年のフランス憲法改正のための「より民主的な第5共和政」と題するバラデュール委員会報告書） |
| | | 日本 | 「国会は，国権の最高機関であつて，国の唯一の立法機関である。」<br>（日本国憲法第41条） |

### 国会の地位

日本では，憲法の規定する国権の「最高機関」の意味をめぐり憲法学，政治学，また政治の実践の場で様々な議論がなされている。憲法学では，憲法は3権分立を採用しており，国会，内閣，裁判所は互いに対等なチェック・アンド・バランスの関係に立つから，「最高機関」は単に国会の美称にすぎないという**政治的美称説**が通説である。政府もこの立場を取っている（1993年3月9日参議院予算委員会における政府統一見解）。

↑国会議事堂（向かって左が衆議院，右が参議院）

しかし，この説は日本の統治の仕組みを3権相互の関係を中心にみていて，**国民代表機関**[*1]である国会の役割を過小評価しているという批判がある。国会は内閣の首長である内閣総理大臣を指名し，内閣が行政を行うに当たって従わなければならない法律をつくる。裁判所はその法律を違憲無効とすることはできるが，憲法の改正に関与することはできない。主権者の国民に憲法の改正を発議することができるのは国会だけである。また，内閣は衆議院を解散できるが，それは総選挙を行い国民の審判を求めるというだけで，内閣が衆議院の構成を決めるわけではない。さらにいずれの機関の権限か明確でないものは国会が処理するのが適当と考えられていることなどから，最近は「国会は3権の調整を図る最高の責任機関の地位にある」とする**総合調整機能説**も有力である。

政治の実際をみても，国会は政権の所在を決めるとともに，国民の利害関係や意見を反映させて，国政の課題をめぐって激しい論戦が繰り広げられる場であり，国の政治が先端的に展開される制度装置である。政治学は，それを踏まえて，国会が現実に果たしている，あるいは果たすべき役割について考えようとしている。

### 国会の権能

国会の権能（一定の効果をもたらす法的能力）は，次頁の**表2**のように，憲法や法律で定められている。法律によるものの中には，任命に衆参の同意を要する**国会同意人事**も多い。

2011年3月の東京電力福島原子力発電所の事故に関して法律を制定して国会

---

[*1] **国民代表機関** 憲法は，国会を構成する衆議院と参議院を「全国民を代表する選挙された議員」で組織すると規定する（第43条第1項）。これは，議員は1人ひとりが選挙区の代表ではなく全国民の代表であること，国会がそのような全国民の代表によって組織される国民代表機関であることを意味している。議員が全国民の代表であるという国民代表の原理は，イギリスの政治思想家で議員でもあったエドマンド・バークが，新たに自分の選挙区となったブリストルで行った1774年の「ブリストル演説」（「国民全体の利益のために」）によって説かれ，近代議会政治の重要な原理になった。

に調査委員会（国会事故調）を設置して調査に当たらせ，また2013年12月に国民の批判の強い中で特定秘密保護法を制定したときは，やはり法律で国会に特定秘密保護制度の運用の監視・勧告のための情報監視審査会を設置したなど，国会は自らの立法権を行使して，憲法に反しない限りいくらでもその権能を拡大することができる。その他衆議院，参議院それぞれが単独で行使できる権能もあり，その最も重要なものは，衆議院の内閣の信任・不信任権で，これにより内閣は衆議院の信任の下でのみ存立することができ，**議院内閣制**の政治体制が実現されている。

〔表2〕主な国会の権能

| 憲法によるもの | ・立法（法律案の議決による法律の制定）<br>・憲法改正の発議<br>・予算の議決，予備費の支出の承諾，決算の審査等の財政監督<br>・条約の承認<br>・内閣総理大臣の指名<br>・皇室の財産授受の議決<br>・裁判官弾劾裁判所の設置<br>・一般国務，外交関係，財政状況の報告を受ける<br>・内閣の信任・不信任（衆議院のみ）<br>・衆議院解散中の緊急集会（参議院のみ） |
|---|---|
| 法律によるもの | ・自衛隊の防衛出動<br>・災害緊急事態の布告の承認<br>・NHK予算の承認 |
| 国会同意人事 | ・日本銀行の総裁・副総裁<br>・NHK経営委員会委員<br>・原子力委員会と原子力規制委員会の委員長・委員 |

### 国会の政治的機能

国会がその権能によって個別的に遂行している役割ばかりでなく，日本の統治において国会が総体として果たしている政治的役割を考えることも重要である。**ベアワルド**[*2]は，日本の国会は官僚が決めたことに印を押しているだけとした（ラバースタンプ論，国会無能論）。これに対して**モチヅキ**[*3]は，与党が多数を占める国会で，野党の反対で成立しない法案があることから，国会は政権に抵抗できており機能していると説いた（粘着性論，国会機能論）。ベアワルドの説は，自民党の長期政権下で官僚主導政治の色彩が強かった時代のもので，政治の主導性が強まっている現在はそのままはあてはまらない。モチヅキの説は，粘着性という一元的な尺度だけで国会を評価しており，また国会内の過程のみを扱い，法案の与党審査（➡116頁）などを含む日本の立法過程の全体像をみていないなどの問題もある。

日本の国会の評価は様々だが，現在の国会については概して内外で高いとはいえない。その最大の理由の1つは，上述の国権の最高機関としての総合調整機能も，実際には多くが与党本部の政党機能として遂行されているからである（➡116頁。ただし与党がその機能を行使できるのは，国権の最高機関の多数派であることによる），通常各国の議会が果たす国政の**課題（アジェンダ）設定機能**も，スキャンダルやそれに伴う政治浄化の問題等を除き，日本では政府や与党の役割の方が大きい。国会審議は，主として野党が政府を追及する場として機能しており，これは政権に対するチェック機能（**行政監視機能**）として意味があるが，各国の議会は政府と野党の政策討論の場であったり，法案をめぐる妥協と調整の場であったり多様で，日本の国会が現在実際に果たしている役割が議会の普遍的な役割というわけではない。

*2 ベアワルド［Hans Baerwald］(1927-2010) 1974年刊行の *Japans's Parliament: An Introduction*, 1974 （邦訳名『日本人と政治文化』）でこの説を述べた。

*3 モチヅキ［Mike Mochizuki］(1950-) ハーバード大学の博士論文 "Managing and influencing the Japanese legislative process: the role of the parties and the National Diet" でこの説を述べた。彼が分析に用いた議会の粘着性（議会が政府案の通過を簡単に許すか手間取らせるかの程度）の考え方は，フランスの政治学者のブロンデル［Jean Blondel］(1929-)が各国議会の比較の尺度として提唱した。

---

**コラム**

**アリーナ型と変換型** アメリカの政治学者のポルスビーはアリーナ型と変換型という議会の2つのタイプを提唱した。前者は次回の選挙を意識した政党どうしの有権者向けの演説を中心とする議会，後者は個々の議員の活動として法案の修正を行う実務的な議会で，前者の代表はイギリス，後者の代表はアメリカとした。議会の類型論として最も知られたものだが，近年はイギリス議会も実務的要素が強くなり，アメリカ議会も政党間の対立が強まり，両者の差は小さくなっている。日本の国会は中間とされるが，単に中間にとどまらない異質性がある。

---

◆参考文献　●浅野一郎編『国会入門－あるべき議会政治を求めて』信山社出版，2003年
　　　　　　●林芳正・津村啓介『国会議員の仕事－職業としての政治』中央公論新社（中公新書），2011年

## 3　2院制が問いかけるもの－衆議院と参議院

**アプローチ**

　選挙で選ばれた代表からなる議会を，国家の最高の意思決定機関として位置づけ，その決定をもとに政治を行うのが議会制民主主義である。17世紀から18世紀のヨーロッパが，市民革命を経てつくり上げた政治制度である。多数の人々の支持をもとにして政府を形成し，支持を失って政府を解散する議院内閣制を構成するに際し，多様な議会制度がつくられたが，2院制もその1つである。

●歴史の文脈で形成された2院制　　イギリスでは，その歴史的文脈の中で2院制がつくられた。**地主層や独立経営者層を市民としてその利益を代表させる庶民院**（House of Commons）に対し，**貴族や僧侶などを代表させる貴族院**（House of Lords）がつくられた。その後，庶民院は国民代表の機関として発達した。貴族院は，世襲や任命などによって選出された議員で構成され，議員は終身議員である。庶民院の優越が認められ，貴族院は法の制定を時間的に遅らせることができるが，法の制定改廃権はもっていない。イギリスの2院制は，歴史の残滓といってもよいであろう。

　フランスでは，フランス革命後，市民の意志は1つであるとの理由で国民議会だけの1院制になったが，後に2院制に戻されることになった。19世紀から20世紀にかけて議会制民主主義が広がると，多くの国でこうした2院制が採用された。大日本帝国憲法下で形成された帝国議会の貴族院も，この系譜に属するものである。

●連邦制の国における2院制　　イギリス議会とは異なる理由から，2院制を採用する国々もある。アメリカ合衆国やドイツ連邦共和国などの連邦制を採用している国々は，**下院**（Lower House）**を国民代表**，**上院**（Upper House）**を州の代表**として位置づける。アメリカでは，下院の435名を人口比で選挙区に分けて選出するが，上院は人口に関係なく各州2名である。ドイツの連邦参議院では，議員は選挙されない。人口規模に応じて16州には，3，4，5，6票の表決権が与えられる。各州からは州首相と閣僚が「議員」として審議に参加し，州ごとに一括して表決権を行使する。

●日本の2院制　　日本では，第2次世界大戦後の日本国憲法で，衆議院と参議院が置かれるようになった。憲法第42条では「国会は，衆議院及び参議院の両議院でこれを構成する」とされ，第43条で「両議院は，全国民を代表とする選挙された議員でこれを組織する」と規定されている。どちらの議院も，「国民を代表する」ものとして位置づけられている。しかし，「国民を代表する」議院を2分する理由は，必ずしも明示的でない。

●第2院を置く理由は？　　第1院を地域代表，第2院を職能代表とする考え方がある。第2院の選出単位を職業集団とする考え方である。しかし，参議院の選挙はそのような構造になっていない。職業が多様化している現在，いずれの職業集団を選出単位にするかを確定することは難しく，そのような第2院を有している国も存在しない。

　そこで，国民の多様な民意を反映させるために，第2院を置くという考え方

がある。したがって，選挙区，選挙方法，任期などが，第1院と異なるようにして，多様性をもたらすのである。しかしそうすると，第1院と第2院が異なる議決をすると，どちらの民意に従うのかという問題が生じる。日本国憲法が認めているように，衆議院の議決を優先させると，参議院の民意は何のためにあるのかという問題が生じることになる。

　立法過程の観点から，第2院を置くという考えもある。第2院を置くことで，①慎重な審議が期待でき，第1院の過誤を抑制できる，②立法の高度化・専門化が進展し，第2院にそうした役割を遂行させることが期待できる，③解散によって第1院が活動能力を失ったときに，第2院が遅滞なく立法を行うことができるなどの理由が上げられている。しかし，これらの理由も説得的でない。第1院に慎重な審議を行うための過程を制度的に整備し，国会に立法を補佐するための機構や制度を広く整備することで，政治の高度化ないし専門化に対応できるからである。また，議会が解散されていても，内閣は新国会の召集後に総辞職することから，その間は存続している。したがって，立法はなされないが，行政的対応はでき，事後に国会で議論し，その責任を問うことも可能である。要するに，いずれの理由も必ずしも説得的ではないのである。

### 1院制はどこで行われているのか

こうしたことから，議会は国民の代表で，その代表は単一にして不可分のものでなければならないとして，連邦制を採用していない単一国家において1院制を採用する国々がある。スウェーデン，フィンランド，デンマークなどの議会がそうである。ノルウェーの議会はユニークで，1つの選挙で選ばれた議員が互選で2つの部会に分けて議会を運営する。1院制と2院制を融合した議会である。第2次世界大戦後独立したアフリカ諸国などは，1院制が一般的である。

　2院制を採用するかどうかは，理論的に導き出されるよりも，それぞれの国の歴史的な経緯や文化に依存しているといえるであろう。1院制と2院制のどちらが良いのかを理論的に導き出すことも難しい。第2院の実質的な政治的効果とそれから生み出される人々の評価や信頼に，その存続の可否は委ねられている。

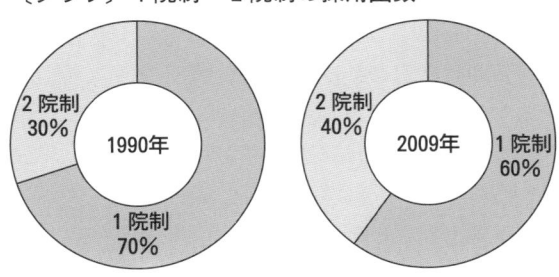

〔グラフ〕1院制・2院制の採用国数

1990年：2院制 30%，1院制 70%
2009年：2院制 40%，1院制 60%

（田中嘉彦（2010年）「二院制の比較制度論的検討：北大立法過程研究会報告」『北大法学論集』による）

---

**コラム**

**参議院改革**　1950年代から60年代にかけて政党政治が安定すると，参議院の政党化が進行し，衆議院と参議院の政治過程や審議が類似し，参議院の独自性や政治的意味が議論されるようになった。参議院に対する信頼性を確保するために1970年ころから参議院改革が議論されるようになった。改革議論の大きなものは，議員定数改革，選挙制度改革，押しボタン式などの採決方式の変更，議会公開制度の改善，参議院調査会，行政監視委員会の設置などの参議院機能強化策などである。1986年に，参議院調査会は，国の基本的事項を長期的総合的に調査する独自の機関として設置された。近年では，高齢化社会への問題を調査研究する調査会がつくられ，1995年に「高齢化社会対策基本法案」を提出，衆議院でも可決された。

---

◆参考文献　●浅野一郎『国会事典　第3版補訂版』有斐閣，1998年
　　　　　●大山礼子『国会学入門』三省堂，1997年

# 4 「ねじれ国会」の状況とその影響 ―「ねじれ国会」

**アプローチ**

衆議院と参議院の2院制からなる日本では，衆議院と参議院で，政権与党と野党の議席数が逆転してしまう状態が生じる。このような国会の状況で政治運営を行うことが「ねじれ国会」と呼ばれている。かつての自民党のように，衆議院と参議院の過半数を占めて政権を担うような政治状況であれば，「ねじれ国会」は出現しない。しかし，政党への支持が流動化して分散し，多党化が進行すると，衆議院で過半数を制しても参議院で過半数割れを起こしたり，衆議院で連立して政権を確保しても参議院で連立しても過半数を確保できない状況が出現する。人々の政党支持態度が流動化し，世論も絶えず変化することを前提とすれば，衆議院と参議院の選挙制度が異なり，選挙を行う時期も異なるので，こうした議会状況は当然のように生じることになる。

●「ねじれ国会」の登場●

日本では，1986年の総選挙で自民党が300議席を確保したが，1989年の参院選で過半数割れを起こし，「ねじれ」状況が出現した（右表の①）。以降，**90年代から2000年代を通じて「ねじれ国会」の政治状況が常態化している**\*1。

●「ねじれ国会」が作り出すもの●

「ねじれ国会」は1院制の国では生じないから，2院制を採用している国の議会の固有の問題である。それでは，「ねじれ国会」の何が問題なのであろう。一般に指摘されるのは，法案が成立せずに政治が遅滞し，政治的結果ないし成果が早急にもたらされないということである。しかし，この問題は，議会ないし国会で，衆議院の優越が明確に規定されていれば解消される。

ここで問題になるのが，日本においては，**憲法において参議院が衆議院とともに「国民代表」として位置づけられ，比較的強い権限を有している**ことである。衆議院の優越が明確に認められているのは，「予算の議決権」（憲法第60条），「条約の承認権」（憲法第60条，第73条第3号）そして「内閣総理大臣の指名権」（憲法第67条）などである。予算については，参議院が衆議院と異なる議決をしたときに，両院協議会を開いて妥協を図ることになるが，そこでも一致しないとき，または参議院が予算を受け取って30日以内に議決しないときは，衆議院の議決だけで成立することになっている。条約の承認も同じである。首相の指名は，参議院が10日以内に議決しないときとなっている。

通常の議案はどうであろうか。不一致が生じた場合，両院協議会を開いて妥協が図られなかったら，衆議院で3分の2以上の多数で再議決しなければならない。現在，自公政権は衆議院で3分の2の議席を有しているが，この政治状況は世界的にも日本においてもまれであり，この状態が継続するとは考えられない。すると政治は，法案を決定することができなくなってしまう。また，日本の議会における両院協議会制度は，衆議院では議決案に賛成した会派の中から所属議員数に応じて協議委員を指名し，参議院では委員の選任は各会派に割り当てられるので，各院の政党勢力比がそのまま反映されてしまう。政党政治

〔表〕戦後の「ねじれ国会」

| 期間 | 「ねじれ」の原因と解消 |
| --- | --- |
| ① 1989.7～93.8 | 日本社会党の「マドンナ旋風」で宇野宗佑内閣が参議院議員選挙（以下「参院選」と表記）大敗<br>→細川護熙内閣発足でねじれ解消 |
| ② 1998.7～99.10 | 消費税増税敢行の橋本龍太郎内閣が参院選大敗<br>→自自公政権発足で解消 |
| ③ 2007.7～09.8 | 第1次安倍晋三内閣が参院選大敗<br>→衆議院議員選挙（以下「衆院選」と表記）で民主党へ政権交代し解消 |
| ④ 2010.7～12.12 | 消費税増税を掲げた菅直人内閣が参院選大敗<br>→衆院選で自民党へ政権交代し，民主党・自民党のねじれが逆転 |
| ⑤ 2012.12～13.7 | 自民へ政権交代も参院過半数届かず<br>→自民が参院選圧勝で解消 |

\*1 【上表②】1986年衆院選後，自社さ連立政権が誕生したが，1998年参院選で過半数を失い「ねじれ」に。【上表③】2005年の小泉純一郎政権下で「郵政解散」を行い衆院選で圧勝したが，2007年参院選で民主党が圧勝し「ねじれ」に。この状況は，2009年衆院選において民主党が第1党となり，連立で政権を発足させて解消することになった。【上表④】2010年参院選で民主党が大敗，参議院では自民・民主とも過半数を確保できず，自公が民主党を上回る状況が出現し「ねじれ」に。【上表⑤】2012年末の衆院選で自民党が圧勝し，自公連立で政権に返り咲いたが，参議院では自公が過半数を超えていない状況で「ねじれ」が継続。2013年参院選で，自公が参議院の過半数を制し「ねじれ」が解消された。

が前提となり政党規律が存在するので，**両院協議会で各院の決定を翻す可能性はなくなり，ほとんど妥協がもたらされない**のである。「ねじれ国会」によって政治が遅滞するのは，このように両院を「国民代表」と位置づけ，参議院にやや強い権限を付与して，衆議院が半優越状況になっていること，両院の不一致を解決する「両院協議会」などの制度が未整備であることなどに原因があるといえるであろう。

### 大統領制の国々での「ねじれ」

これまで明らかにしてきたように，「ねじれ国会」の現象は，議院内閣制で2院制を採用している国固有の問題であるように思えるが，大統領制を採用している国でも多様な形をとって出現する。

立法，司法，行政の3権を分立させるアメリカでは，立法府を特定の政党が占め，行政の長である大統領が別の政党から出現する状況が生まれる可能性がある。議会の上院も下院も共和党が制し，民主党の大統領が誕生する場合がそれである。その場合，大統領のリーダーシップが抑制される可能性が出てくる。また，連邦議会で上院を民主党が制し，下院を共和党が制する場合などもある。政治決定は複雑になるが，アメリカの場合，ヨーロッパの国々と異なって政党の規律が弱く，政党を単位として集団的に行為するよりも個人的に行為することが比較的容易である。こうして，政治の停滞を回避するが，「ねじれ」の状況は当然のように大統領の政治や議会の政治の実行を遅滞させる。

フランスも大統領制であるが，アメリカとは異なる。大統領は国民から直接選挙で選ばれ，首相・閣僚の任命権，議会下院の解散権，国民投票をなす権限を有している。他方で首相は，大統領が任命し，議会に責任を負い，議会の不信任で辞任する。大統領と首相が併存しているのである。大統領は，議会の状況を無視することは難しく，議会で多数を占めた政党から首相を任命する。それゆえ，フランスの大統領制を半大統領制と呼ぶ場合がある。このような制度では，異なる政党の大統領と首相が誕生して共存する状態が生じる場合がある。1981年に誕生した社会党のF．ミッテラン大統領は，1986年の総選挙で保守連合に敗れて過半数を失い，共和国連合のJ．シラク総裁を首相に指名した。こうして，大統領と首相に保守と革新が共存することになった[*2]。これも一種の「ねじれ」であり，大統領のリーダーシップは，これによって大きく左右される。

多種多様な政治上の「ねじれ」現象は，**集票力の高い安定的で強力な政党が衰退してきた結果**でもある。

[*2] フランスでは「保革共存（コアビタシオン＝cohabitation）」と称している。

---

### コラム

**「ねじれ国会」の意味**　「ねじれ国会」とは，政治学的に定義されているものではなく，ジャーナリズムが，そうした政治状況を簡潔に表現するために用いた用語である。「ねじれ」が与野党の勢力比の逆転を意味するのか，政党勢力比の逆転を意味するのかも明確ではないが，一般には，与野党の勢力比の衆議院と参議院の逆転状況を意味するらしい。

---

◆参考文献　●浅野一郎編著『国会事典　第3版補訂版』有斐閣，1998年
　　　　　●加藤秀治郎『政治学　第2版』芦書房，2006年

# 5 法案をつくるのは誰か？－内閣提出法案

### アプローチ

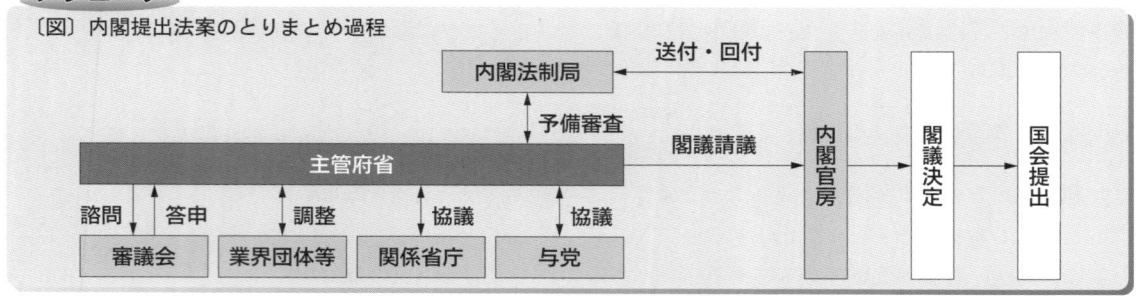

〔図〕内閣提出法案のとりまとめ過程

```
                          送付・回付
              内閣法制局 ─────────┐
                  ↑              │
                予備審査          ↓
  ┌──────────────────┐  閣議請議  ┌──────┐ ┌──────┐ ┌──────┐
  │    主管府省      │─────────→│内閣官房│→│閣議決定│→│国会提出│
  └──────────────────┘           └──────┘ └──────┘ └──────┘
   ↑↓    ↓     ↓      ↓     ↓
   諮問  調整  協議   協議
   答申
  ┌────┐┌──────┐┌──────┐┌────┐
  │審議会││業界団体等││関係省庁││与党│
  └────┘└──────┘└──────┘└────┘
```

### 議院内閣制と内閣提出法案

日本国憲法は，法案（正式名称は「法律案」）を衆議院と参議院で可決すれば法律となる旨規定しているが，誰が法案を提出するかについては触れていない。国会を構成する衆議院と参議院の議員が提出できることには争いがないが，内閣が提出できるかについては憲法学者の間で争いがある。しかし議院内閣制を採用していることから，内閣にも法案提出権があるとするのが通説で，内閣も第1回国会から法案を提出し，かつその法案が国会が審議する法案においても，また成立法案においても中心的な地位を占めている。2013年の常会では全提出法案のうち内閣提出法案の比率は48.1％，成立法案のうち内閣提出法案は86.3％，成立率は84.0％で，2014年の常会ではこの数字は51.2％，79.0％，97.5％であった。行政は法律に基づいて行われるから，成立法案に占める内閣提出法案の比重の大きさは，内閣の施策が国政の中心であることを意味する。なお，正式には内閣提出法律案というが，通称として政府法案の語が使われることもある。

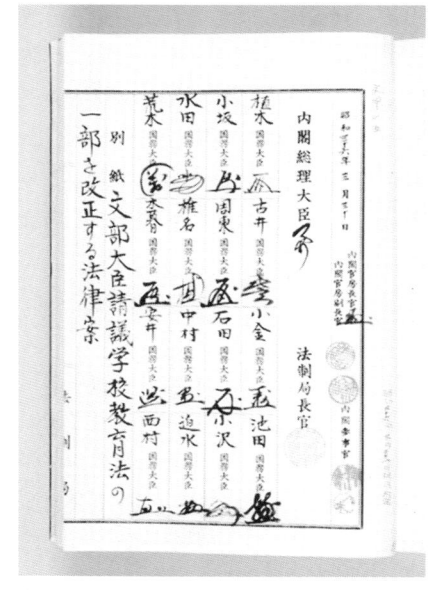

①内閣提出法案の閣議書（国立公文書館所蔵）…内閣提出法案は閣議で決定されるが，その際には閣僚が閣議書に花押（毛筆で描かれる署名代わりの記号）を記して同意の意思を示す。

### 国会における内閣提出法案

国会の活動の仕組みは基本的に内閣と各政党（形式的には与野党ともにだが，実質的には内閣・与党対野党）が対峙する形で組み立てられている。国会の召集は天皇の国事行為だが，内閣の助言と承認によって行うので，実質的には内閣が決定する。国会が召集されると，冒頭で**常会**＊1の場合は内閣総理大臣の**施政方針演説**などの政府演説が行われ，その常会に臨む政府の国政上の施策の方針が示されて，会期の最初に次年度の予算の審議が行われた後，この方針に基づいた内閣提出法案が審議される。**臨時会**＊1の場合は，冒頭で内閣総理大臣の**所信表明演説**が行われ，多くはそれに基づいた内閣提出法案が提出され，審議される。なお，**特別会**＊1の場合は，行うとすれば内閣総理大臣の所信表明演説だが，会期が短いときは行われない。施政方針演説ないし所信表明演説の後は本会議で各党による**代表質問**が行われ，さらに予算委員会が開かれ，全閣僚出席で内閣に対する質疑が行われる。このように予算（内閣が提出）とともに，内閣提出法案が国会政治の中心的な柱になっている。

＊1　常会・臨時会・特別会　3種類ある会期の区分で，日本国憲法と国会法により毎年1月に召集されるのが常会。常会の前半の主要議題は翌年度の予算。臨時に（多くは内閣の判断で秋に）召集され，その時々の課題を処理するのが臨時会。総選挙後に召集されるのが特別会。それぞれ通常国会・臨時国会・特別国会ともいう。

### 内閣提出法案の作成

内閣提出法案（以下，単に「法案」という）は，内閣が閣議で正式決定して国会に提出するが，その作成は官僚機構を含めた政府全体のこととして行われる。法案には主管（その事務を管轄すること）の府省があり，複数の府省にまたがるものは内閣官房の主管となる。さらに府省の中で担当課がある。法案の原案（第1次案）の取りまとめから各界との調整，法案の起草，さらには国会審議のサポートから施行のための政令・省令等の準備などの一連の作業を担当するのは主管府省の担当課である。課においても実際に法文を書くなどの実務的な担当者は課長補佐や係長などで，課長以上は政治や業界など外部との調整が主である。

法案の作成のきっかけは様々である。担当者の発案や局長の指示など組織の内部から提起される場合，審議会の答申に基づく場合，他の法律で義務づけられている場合（「○○については，別に法律で定める」となっている場合等）などのケースがある。全体として**官僚主導型**が多いが，最近は首相や大臣の方針等トップダウンによる**政治主導型**のものも増えており，さらに判決によるものも散見される*2。

### 内閣提出法案の手続き

法案の国会への提出までの手続きには定型（公式），非定型（非公式）のものがあり，案件によりその内容も異なる。主管の府省での最終決定には府議ないし省議が必要である。それに先立つ手続きとしては，法令によりまたは慣例により審議会の意見を求める必要があるものは，これを行う。また他省の所掌に関係する事項については当該省との，予算を伴うものについては財務省との協議が必要である。自由民主党政権下では，法案内容の基本方針の段階から与党の政務調査会の担当組織や有力議員との意見調整が必要であり（➡116頁），国会スケジュールとの関係で国会対策委員会とも事前協議が必要で，さらに業界団体との調整も欠かせない。

法文がまとまると内閣法制局の予備審査があり，法文の確定後府議ないし省議で決定し（民主党政権下では，大臣・副大臣・大臣政務官の「**政務3役会議**」で最終決定していた），その後大臣から内閣官房に閣議請議（閣議の議題とすることの要請）を行い，内閣官房から内閣法制局に正式の審査依頼を行い（この段階では内閣法制局は承認印を押すだけ），回付を受けて最終的に閣議で決定し国会に提出する。なお，従来は閣議の前に**事務次官等会議**で最終調整していたが，2009年の民主党政権で廃止された（事務次官等会議は，その後各府省連絡会議や次官会議として復活したが，法案の調整は行っていない）。

---

＊2　官僚主導型・政治主導型・判決型の法案
①内閣提出法案で官僚主導型のものは，官僚機構に依存していた自民党長期政権下で多くみられた。現在でも数の上では官僚主導型が中心。
②政治主導型は近年増えており，その内実は多様。首相の政治信条に基づくものは，小泉純一郎内閣の郵政民営化関連法案，第2次・第3次安倍晋三内閣の安全保障制度関連法案など。選挙のマニフェストによる政権公約によるものは，鳩山由紀夫内閣の子ども手当法案や高校無償化法案など。与党が主導的な役割を果たすものもあるが，大臣を介して内閣提出法案になったり，与党自らが前面に出るときは，与党単独または与野党共同の議員立法として提出される。
③判決型は最高裁の違憲判決等の結果として法改正・法制定を必要とするもの。在外日本人選挙権制限違憲判決による公職選挙法改正案，婚外子相続差別違憲判決による民法改正案などがある。判決による場合は，議員立法で対応する場合も多い。
④その他，地下鉄サリン事件によるサリン等人身被害防止法案，東日本大震災による東日本大震災関連の諸法案など，事件・事故・災害をきっかけにするものも多い。これらは政治主導・官僚主導の区別を超えて政府・国民一体となって事態に対応するためのものといえる。阪神・淡路大震災をきっかけとした被災者生活再建支援法案などの議員立法もある。

---

**コラム**
**内閣法制局**　日本の内閣制度の発足とともに設置された内閣の補助部局の1つ（組織・名称には変遷があり，原型となった組織はさらに古くからある）。最も主要な任務としては，閣議に付される法案，政令案，条約案の審査と，法律問題に関し内閣，首相等に意見（特に憲法を含む法令の解釈）を述べることである。第2次安倍内閣の集団的自衛権の行使に関する憲法解釈をめぐって注目を集めたが，内閣提出法案については，府省の起草した法案を憲法や他の法律との整合性から構成や用字用語まで逐条審査し，法案作成の重要な関門となっている。

◆参考文献　●内閣法制局ＨＰ「法律ができるまで」，http://www.clb.go.jp/law/
　　　　　●大島稔彦『立法学－理論と実務』第一法規，2013年

# ❻ 主戦場は「委員会」－国会審議手続き

### アプローチ

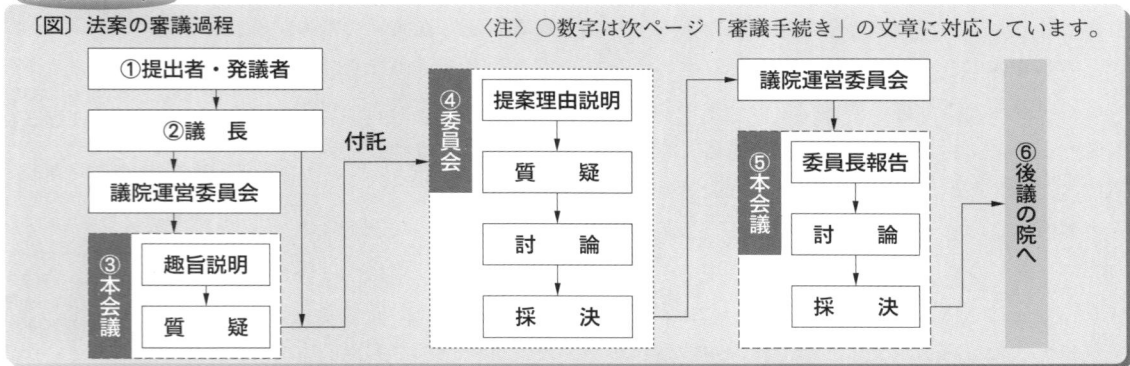

〔図〕法案の審議過程　　〈注〉○数字は次ページ「審議手続き」の文章に対応しています。

```
①提出者・発議者
    ↓
②議長
    ↓                            ④委員会                        議院運営委員会
議院運営委員会 ──付託──→  提案理由説明                            ↓
    ↓                           ↓                           ⑤本会議
③本会議　趣旨説明               質疑                             委員長報告      ⑥後議の院へ
        質疑                    ↓                              ↓
                              討論                             討論
                                ↓                              ↓
                              採決 ──────────────────────→ 採決
```

### 法案の種類と性格

　法案は内閣、その議院の所属議員、委員会（常任委員会、特別委員会）、参議院のみにある調査会および一定の分野のものについて憲法審査会が提出できる。議員が提出することを「**発議**」といい、発議には賛成者が必要である（→118頁）。誰が提出または発議しても、形式上の審議手続きは同じだが、実際の扱いは異なる。委員会が提出するもの（委員長が提出者になる）は、与野党合意でまとめた法案であり、直ちに本会議で可決される。野党議員の発議法案は、多くは一度も実質的審議なしに廃案となる。与党が党（国会内の組織では会派）として提出したものは、内容や政府の立場との整合性等から議員発議とされたもので、野党との対抗軸上は内閣提出法案と異ならない。超党派の**議員連盟**など委員会提出以外に与野党が共同で発議するものや与党の議員が発議するものは、与党が党として成立まで了承しているものは円滑に処理されるが、そこまで認めていないものは、提出だけや継続審査で終わることが多い。提出された法案は、提出者・発議者に応じて**閣法**、**衆法**、**参法**と略称される*1。

①衆議院本会議…中央の一番高い席にいるのが議長。その左は事務総長。正面のひな壇の前列は閣僚、後列は事務局の幹部職員。議員席は前列ほど当選回数の少ない若手議員。

### 対決法案・重要法案

　内閣提出法案または与党が党として発議する法案で、野党が採決で反対するだけでなく成立阻止をめざす法案を政界・マスコミ用語で**対決法案**という。**重要法案**は、対決度がもう少し低いものまで含めていわれることが多い。国会政治における重要度が問題なので、日本にとって重要でも与野党がともに推進するものは、一般に重要法案と呼ばれない。本格的な対決法案は、通常は1会期に1、2件にとどまる。乱闘もあったかつての保革対立の時代と異なり、近年は激突型の対決は影を潜め、野党の抵抗も政治スキャンダルの追及、微細な手続ミスの問題化、国民の関心の深い他の事項を優先させるなどにより、審議を遅延させる手法が取られている。与党の審議促進、野党の抵抗の指揮は各党の**国会対策委員会**\*2が行う。しかし野党が政権の法案にすべて反対するわけではなく、2014年の第186

\*1　閣法、衆法、参法
　内閣提出法案は閣法、衆議院議員の発議法案または衆議院の委員会等の提出法案は衆法、参議院議員の発議法案または参議院の委員会等の提出法案は参法と呼ばれる。国会の回次を冠して、この区分ごとに提出順に付番し、第178回国会閣法第23号、第183回国会衆法第5号、第187回国会参法第13号等として法案の一意的な番号としている。

回通常国会では，衆議院で採決された内閣提出法案80件のうち，野党第1党の民主党が反対した法案は11件（13.75％），共産党は45件（56.25％）である。野党も賛成する法案は，審議が形だけでチェック機能が果たされていないものも少なくなく，対決法案に過度にエネルギーが割かれる現状は問題でもある。

**●審議手続き●** 内閣提出法案は，衆参どちらに提出してもよいが，予算関連法案・重要法案は衆議院先議が通例である。発議および委員会提出等の場合は，所属議院に対して行う（チャート①）。議長は法案を適当な委員会に付託する建前だが，実際は**議院運営委員会**\*3が本会議での趣旨説明の聴取（重要法案についてのみ）の有無や，特別委員会を設置しての付託等を決定している（②）。本会議では趣旨説明に続けて質疑（通称は**代表質問**）が行われる（③）。付託された委員会での活動をマスコミは委員会審議と呼ぶが，国会用語では**審査**といい，本会議の**審議**と区別している。審査の大部分は，提出者または発議者に案の疑義を質す**質疑**（マスコミ用語では質問）である。委員会の運営は，会派代表の理事による**委員会理事会**（または非公式の理事懇談会）の話合いによって行い，質疑が終局すれば，会派の意見の表明である**討論**，修正案がある場合には修正案の採決を行い，最後に法案を本会議で可決（または修正可決）すべきか否かの採決を行う。可決すべきものと決することを一般に「委員会で可決」「委員会を通過」と呼ぶ。野党が採決に同意していない状況で与党が採決に踏み切ることを**強行採決**と呼ぶ（④）。可決すべきものと決した法案は本会議で**委員長報告**が行われ（⑤），可決されると後議の議院に送られる（⑥）。衆参の議決が異なった際は，**両院協議会**\*4の成案を両議院で可決するか，衆議院が衆議院通過案を3分の2以上の多数で再可決すると成立する。会期内に議決に至らないと廃案になる（**会期不継続**）が，議院で議決した場合は次の会期に継続する（衆議院では**閉会中審査**，参議院では**継続審査**と呼ぶ）。

**●予算の審議手続き●** 予算は内閣に作成権がある（日本国憲法第73条第5号，第86条）ので，国会に提出した時点で「予算」だが，マスコミは「予算案」と呼んでいる。予算は，日本国憲法の規定により先に衆議院に提出しなければならず，衆議院の可決後，参議院が議決しなくても，30日で**自然成立**する。年度の当初予算の審議は，常会の前半の最大のテーマで，予算委員会の**基本的質疑**は全閣僚が出席してテレビ中継も行われる。予算委員会は，予算を所管する委員会だが，実際には首相をはじめ政府と野党が国政の万般を議論する場として機能している。諸外国では，予算委員会は予算を精査する機関で，論戦の場は別に設けられており，この点も日本の国会の独自性となっている。

\*2 **国会対策委員会** 政党が各委員会に分散している審議の状況を統一的に指揮するための組織。政党の本部機関で，したがって国会の審議を政党本部が指揮している点に日本独特の議会政治の構造がみられる。各委員会は自律的に運営される建前だが，そこで行き詰まった場合には国会対策委員会同士の交渉や取引が行われる。かつては与野党の国会対策委員会が，委員会の頭越しに取引を行い，国対政治と批判されたことから，近年は国会対策委員会の活動は控えめになっている。

\*3 **議院運営委員会** 各議院の常任委員会の1つで，議院の全般的な組織・運営および本会議の運営等を所管する。各国の議会および戦前の帝国議会では，これらは委員会でなく議長を中心とするそのための特別の組織の担当だが，国会はこれを議長の手から奪い，実質的に与野党の交渉にゆだねたところに特色がある。また国会における党派間の対立を強めている要素の1つともいえる。

\*4 **両院協議会** 衆参が異なった議決（可否や修正）をしたときに，一定の場合を除き原則として衆議院の求めにより，各議院から10人ずつの委員が出て，3分の2以上の多数で成案（合意案）をつくることができる。成案を両議院で可決すると，法案はその成案の内容で成立する。

---

**コラム**

**1問1答方式** 委員会の質疑は，各会派の質疑者が持ち時間の範囲で自由なテーマで1つ質問し，答弁者（首相その他の閣僚等）がそれに対して1つ答えるということを繰り返す日本独特の1問1答方式で行われる。これは，欧米の逐条審議（条文を第1条から順に議論していく）と異なり，世間受けするテーマに議論が集中して重複質疑が多くなる一方，他のテーマはおろそかになるとともに，もち時間のある限り無限に続く過程である。何日質疑を行うかは与野党の交渉次第なので，特に対決法案では野党が質疑の継続を主張し，与党が質疑打ち切り動議を提出して強行採決が行われる制度的背景でもある。

---

◆参考文献　●浅野一郎・河野久編著『新・国会事典－用語による国会法解説』第3版，有斐閣，2014年
●白井誠『国会法』信山社出版，2013年　●大石眞『議会法』有斐閣（有斐閣アルマ），2001年

# 7 問題の多い事前審査制－与党の事前審査

## アプローチ

〔表〕自由民主党の政務調査会の活動
2014年1月28日（火）

|  |  |
|---|---|
| 8時 | 国土交通部会　1．株式会社海外交通・都市開発事業支援機構法案について<br>　　　　　　　2．港湾法の一部を改正する法律案について<br>　　　　　　　3．その他（3法案の概要について）<br>人口減少社会対策特別委員会公定価格に関するプロジェクトチーム　1．公定価格について<br>外交部会・外交・経済連携本部合同会議　1．今国会提出法案・条約について　2．その他 |
| 8時30分 | 経済産業部会　1．貿易保険法の一部を改正する法律案について |
| 9時 | 社会保障制度に関する特命委員会・厚生労働部会合同会議　1．医療・介護制度の改正について |
| 10時 | 内閣部会　1．第186回通常国会内閣部会関係省庁提出予定法案について<br>法務部会　1．第186回国会提出予定法律案の概要について |
| 16時30分 | 資源・エネルギー戦略調査会放射性廃棄物処分に関する小委員会　1．わが国の地層環境について<br>（他に各種の本部会議、本部合同会議、国対正副委員長打合会、総務会、代議士会等が開かれた） |

（自由民主党HPから作成）

### 与党の事前審査とは

自民党政権においては、内閣提出法案は、与党の**政務調査会**が国会提出前に法案を審査し、所管の内部組織（部会や調査会）の決定、政務調査会の議決機関である**政調審議会**の決定、そして党の日常の議決機関である**総務会**の決定（これにより決定内容が**党議**\*1 となる）を経てから、閣議決定が行われ、国会に提出される。この仕組みを与党の事前審査制と呼ぶ。対象は、法案の他、予算、条約承認、重要な政策に関する閣議決定も含まれる。2014年には集団的自衛権の行使容認に関する憲法解釈の変更の閣議決定の内容を、連立与党間の折衝という形で全面的に与党が準備した（ただし、変更の方針自体は首相によって提起された）。また現在では、法案の最終案文だけでなく、法案の基本方針、要綱、法文テキストの各段階でそのつど与党の承認を得ている。このことは、政府と与党が一体となって政策形成がなされていることを意味する。自民党内では、これを「政府与党一体の原則」に基づくものとし、議院内閣制では当然のこととする議論が一般的だが、実際は自民党政権の独特の仕組みである。これを政府与党二元と批判した民主党は、2009年の政権獲得後、政府一元化として政府が単独で意思決定したが、政策形成に関与できない与党の議員の不満を招き、安定的な党議の仕組みづくりにも成功しなかった。

↑自由民主党の部会

### 事前審査制の発達

事前審査の仕組みは、特定の出来事をきっかけにわかに始まったわけではなく、政府と与党の関係の模索のなかで、いくつかの段階を踏みながら、漸進的に形成された。戦前にも与党が国会提出前の内閣提出法案を議論したことはあるが、それが内閣の行動を拘束することはなかった。戦後議院内閣制の導入とともに、国会の自律が強化され、政府の国会運営への介入権限が縮減されたことで、与党は政府に対して大きな力をもつ制度的条件が整ったが、それで直ちに与党の事前審査制が成立したわけではない。自由民主党以前の各政権においては、当初党側が事前に所

\*1　**議会と党議**　党の所属メンバーを拘束する決定が党議だが、議会では議案の賛否についての党議のあり方が問題になる。自由民主党では、総務会の決定が党議になるのに対して、2009年成立の民主党政権では、党議の有無および手続きは明確でなく、最終的に政府・民主3役会議の決定を党役員会に報告することで党議とすることにしたが、所属議員の十分な議論の場を欠くという問題が残った。党議はどの国、党党でも、そのあり方が所属議員にとっての大きな問題となるとともに、議会政治の具体的な姿を決める重要な要素である。

管省庁の官僚を呼び説明を聴取するようなことはあっても，内閣は与党側の了承を得ずに法案を提出していた。それが徐々に重要法案の方針について与党と協議する，重要法案の要綱を事前に示して了解を得る，法案テキストも事前に示し法案の範囲も広げるなど，与党の関与が強化されていった。また1950年代に入って一時期議員立法が強化され，与党の法案発議や内閣提出法案の与党修正が行われるようになったときには，官僚機構が自分たちの関与しがたい形で与党の立法活動が行われることに強く抵抗したという事情もあった。こうして自由民主党結成前の自由党において政策審議機関の政務調査会によってかなりの範囲で事前審査が行われていたが，1955年の自民党結党後，その仕組みは大幅に強化された。そして1960年代初頭には内閣提出法案について自民党の政務調査会が事前に審査・了承したものを閣議決定して国会に提出する慣習が定着し，1962年初頭に総務会の了承も要件とされるようになったとされる（➡コラム）。与党の事前審査はその後もさらに強化され，特に1970年代の石油危機後のいわゆる**党高政低**を経て，起草した法案を審査するだけでなく，テーマの選定，基本方針決定の段階から，また法案や予算にとどまらず，重要な政策に関する閣議決定案件にまで与党が事前審査を行うようになっている。

**● 事前審査制と国会審議 ●** 　与党の事前審査は，議院内閣制の最も重要な法案形式である内閣提出法案について，閣議決定前に国会の多数派の与党との間で，与党内の政治事情や支持基盤の意向にも配慮した調整が済まされることを意味する。したがって法案の国会提出後は，与党にとっては「あとは通すだけ」となり，国会のことは法案の成立を担当する**国会対策委員会**と所管委員会の理事だけの関心事で，一方それまで審査から排除されていた野党は，でき上がったものへの抵抗という形でこれに対処することになる。また与党の党議は本部決定なので，衆議院と参議院をともに拘束し，2院制の特徴発揮を制約している。諸外国では一般に政府法案の審査は与党も議会内で行っており，与党の事前審査制は日本の現在の国会審議の特徴的な姿を形づくっている。政党内での審査は国会審議と違って，非公開で記録が残らず，仮に利害関係者との間で金品のやり取りがあっても収賄罪の適用対象とならない点なども問題とされ，また与党だけで審査が行われることから，政策内容が利益誘導型となりがちである。一方で国会の自律性のほか，日本の国会の会期が短く，かつ**会期不継続**[*2]があることから，与党は短期間に多数の法案を成立させなければならず，事前に法案の審査をしなければその責任を果たせないという事情もある。事前審査制の改革には，多くの制度の同時改革が必要になる。

\*2　**会期不継続**　会期とは国会の召集から閉会までの期間のことをいい，国会は会期中のみ活動能力をもつ。会期不継続は，会期中に議決に至らなかった案件が次国会に継続しないルールのこと（ただし，本会議の議決で次国会に継続させることができ，これを衆議院で閉会中審査，参議院で継続審査と呼んでいる）。会期と会期不継続は，王が必要な案件があるときだけ議会を召集した古い時代の名残で，現在は主要国の多くで会期または会期不継続が廃止されている。日本と並んで会期と会期不継続を残すイギリスは通年会期であり，国会の特徴は短い会期（常会で150日）に会期不継続があることで，このことが与党の事前審査が行われる制度的背景にもなっている。

---

### コラム

**赤城総務会長の大平官房長官宛て書簡**　学者やマスコミの間では，1962年に赤城宗徳自民党総務会長が大平正芳官房長官に宛てた「各法案提出の場合は閣議決定に先だって総務会に御連絡を願い度い」という書簡から与党の事前審査が始まったとする説が流布していた。奥健太郎は，自由党および自由民主党の政務調査会の活動記録である『政調週報』の1954年以降の記録を中心に調べ，1960年代初頭（赤城書簡以前）には自由民主党政務調査会による事前審査制が定着しており，赤城書簡は総務会の承認も得るよう通知したものだったとしている。

◆参考文献　●奥健太郎「事前審査制の起点と定着に関する一考察―自民党結党前後の政務調査会―」『法学研究』87巻1号，2014年1月
　　　　　　●中島誠『立法学―序論・立法過程論―』（第3版），法律文化社，2014年

# 8 国会議員が法案を提出するには？ー議員立法

## アプローチ

「議員立法の活性化について」（抄）

議会制民主主義は，まさに国民の信頼によって支えられているものであることに思いを致すとき，国民の代表機関である国会は，単に，内閣が行おうとする政策について国民の立場に立って審議するにとどまらず，民意を直接に反映する機関として，より積極的に自らの政策を提案し，決定するといった立法活動を通じて，国政における基本的かつ重要な政策の在り方と問題点について，国民の前に明らかにする権限と責務を有していると言うべきである。（中略）

このような観点から，議院内閣制の下における立法府と行政府とのあるべき調和と緊張関係を考えるとき，国会が，議員立法や内閣提出法律案に対する積極的な議員修正を通じて，その本来的な立法機関としての機能を十分に発揮し，その審議の過程を余すところなく国民の前に開かれたものとすることこそが，国民に「私たちの国会」として信頼される唯一の道であると確信する。

平成8年6月14日

衆議院議長　土井たか子
衆議院副議長　鯨岡兵輔

> 土井たか子衆議院議員と鯨岡兵輔同副議長は，「議員立法の活性化に関する１の提言」と題する文書を谷垣禎一衆議院議院運営委員長に手交した。これは，その提言の冒頭に付された文書の一節である。

### 議員立法の手続き

議員立法は，議員が主体となって行う立法のことで，議会が内閣の法案提出を受けて受動的（reactive）に対応するのではなく，自ら能動的（active）に行動し生み出す立法成果として意味がある。しかし，その内実は多様である。形式としては衆法または参法（→114頁）の形を取るが，衆法・参法には議員発議による場合と，委員会（参議院の調査会，憲法審査会を含む）の提出による場合があり，両者は手続きでも政治的意味合いでも大きく異なる。議員が法案を発議するためには，提出者（1人でよいが，提出者は審議において答弁者となるので，それを考慮して顔ぶれと数が決められる）のほか，表1の賛成者を要する。一方委員会等が提出する場合には，委員長が提出者となり，賛成者は不要である。また，通常法案は提出または発議されると，委員会に付託されるが，委員会提出法案は本会議で委員長の趣旨説明が行われたら，改めて委員会に付託されることなく，直ちに採決されて可決される*1。また議員が発議する場合は，所属会派の責任者の承認が必要とされている*2が，委員長提出についてはこのような手続きは不要である。議員立法は，これらの手続きを選択しつつ，内容や政治的意義の点で多様な形で行われている。

〔表1〕議員立法発議の要件（国会法第56条）

| | 発議に必要となる賛成者数 | |
|---|---|---|
| | 衆議院の場合 | 参議院の場合 |
| 予算を伴う法案 | 50人以上 | 20人以上 |
| その他の法案 | 20人以上 | 10人以上 |

※予算を伴う法案には経費文書の添付が必要。

### 議員立法の意義と類型

議員立法が実現するためには，多数派である与党の賛成が不可欠であり，この場合与党が賛成し野党が反対するケース（一部の野党の賛成はありえる）と与野党がともに賛成するケースがある。前者は基本的に政権をめぐる与野党の対抗軸と同じであり，国会関係の法案等内閣が関与しないものを除き，実質的には内閣提出法案であるが，内閣が表に出ることの適否や府省間の調整がつかなかった等の種々の事情で与党議員の発議法案になったもので，積極的な意味での議員立法とはいえない。一方，後者は大きく分けて，①政権をめぐる対抗軸を維持しながら与野党間の妥協の実現に当たって議員立法の形を取るものと，②政権をめぐる対抗

*1　委員会提出法案の審議　委員会による法案提出が行われるのは，与野党が合意して，委員会提出法案の形で処理するのが適当とされた場合に限られる。与野党の折衝や法案の起草は委員会理事の間や，そのために選任された者の間で非公式に行われるが，その過程は記録（委員会会議録等）に現れない。合意が成立すると，委員会で可決されて，本会議で委員長報告が行われ，全会一致（少なくとも主要政党の賛成）で成立する。このため委員会提出法案の成立過程や議論の詳細を議院の公式記録でたどるのは困難であり，その点が委員会提出法案の問題点といえる。

軸とはまったく無関係に成立する場合の2つがある。

①は，与党と野党がそれぞれの立場を維持しながら，国会の場で折り合ったもので，国会のもつ積極的機能の発揮されたケースといえる。内閣提出法案が提出されていながら，野党の発議法案を与野党が修正して成立させた1998年の金融再生法案はその一例である。与野党の妥協機能はいわゆる「ねじれ国会」（→110頁）で最も先鋭に発揮され，社会保障と税の一体改革に関する2012年の民主，自民，公明の「3党合意」では，内閣提出の6法案を修正し，それに「社会保障制度改革推進法案」など2法案を議員立法で成立させた。

②は，与野党の立場に関係なく社会にとって必要な立法を推進するもので，この類型はさらに表2のように分類される。近年では，議員立法では立法政策の方針だけを規定し（**基本法**：自殺防止基本法，がん対策基本法等），政府に細部を具体化する法案の提出を義務づけているものも多い。国会法の改正等国会に関する立法は，通常は議院運営委員会による委員会提出法案で行われるが，各会派一致のこの方式が国会改革を難しくしている面もある。

### 議員立法の補佐機構

1996年の土井衆議院議長と鯨岡副議長の「議員立法の活性化に関する1の提言」では，議員立法の活性化のために議員の立法活動をサポートする補佐機構を充実させる必要があることを強調している。現在，議員には1人の政策担当秘書，2人の公設秘書が国費でつけられている他，衆参の議院法制局，衆議院の調査局，参議院の常任委員会調査室・特別調査室，国立国会図書館調査および立法考査局などの補佐機関がある。議院法制局は，法案の作成の技術的サポート，衆議院調査局および参議院常任委員会調査室・特別調査室は，委員会の活動に即したサポート，国立国会図書館調査及び立法考査局は，諸外国の立法例を含む政策情報のサポートをそれぞれ提供している。

\*2　**法案発議の会派承認**
1950年代に議員立法が増加し，特に予算を伴う法案が内閣の意向を無視して乱発されたことから，当時の自由党が議員提出法案の提出に会派の機関承認を要するようにするとともに，議案の受付窓口の事務局の担当課にも会派代表の印のない法案は受理しないよう要請した。その後他党もこれにならい，議員提出法案の提出には会派の承認印を要することが慣例化した。1993年に社会党の上田哲議員が「国民投票法案」を提出しようとしたが，国会対策委員長の印を得られず，議案課も法案を受理しなかった。上田は裁判を起こしたが，1999年最高裁は1・2審に続き，議院の自律権に属することとして訴えを退けた。前掲の土井議長らの「**議員立法の活性化に関する1の提言**」では，**機関承認の慣行の廃止**に触れている。

〔表2〕与野党の立場に関係ない議員立法の分類

| 分類 | 成立した法律の例 |
|---|---|
| 社会的に関心を集めた出来事をきっかけとするもの | ・法隆寺金堂焼失をきっかけとした文化財保護法<br>・阪神・淡路大震災をきっかけとした被災者生活再建支援法，同震災でボランティア活動が注目を集めたことによる特定非営利活動促進法（NPO法）<br>・ストーカー被害の頻発によるストーカー規制法 |
| 与野党にまたがるグループが推進するもの | ・古都保存法，半島振興法などの地域に関する法律<br>・弁護士法，司法書士法など士法（さむらい法）と通称される業法 |
| 本当は必要なことながら，人目につかず立法プログラムに載らなかったものを掘り起こして立法化するもの | このケースでは熱心にそのテーマに取り組む政治家の存在があり，例として公文書の保存の必要性を説き続けて，公文書館法を成立させた岩上二郎がいる。 |

---

### コラム

**英米の議員立法**　【アメリカ】大統領に法案提出権がなく，法律は形式上すべて議員立法。実際には行政府が起草し，大統領の所属党の所管委員会の議員に提出してもらう依頼立法が，成立法の8割程度を占める。
　【イギリス】　政府法案が優先され，議員提出法案の審議時間は限られている。会期の初めに提出の順番がくじで決められ，早い順位の者の法案（政府の容認するものに限る）が成立の可能性をもつ。抽選法案と呼ばれる。

---

◆参考文献　●川人貞史『日本の国会制度と政党政治』東京大学出版会，2005年
　　　　　　●臼井貞夫『法と政治のはざまで－素顔の議員立法』花伝社，2007年

## ⑨ 国政をどうチェックするか―行政の監視

**アプローチ**

〔第91回国会 衆議院予算委員会 1980年2月22日〕
三谷(秀治)委員　（前略）その1つは行政監察の強化であります。明治以来この分野が日本では最も立ちおくれておるとされておりましたが、その具体の1つが行政監視官制度であります。こういう制度について、実施するという意思が政府としてはおありであろうかどうか、これをお尋ねしたいと思うのです。いわゆる諸外国で普及しておりますオンブズマン制度であります。それからもう1つは、国政調査権、行政監督権、これを強化することでありますが、その手段は情報公開法であります。国民の知る権利を具体的に保障して国政に国民の監視の目を行き渡らせることが特に必要でありますが、公文書等の公開を保障する手段であります。これについてどのようにお考えでしょうか。それから会計検査院の機能の拡大でありますが、（中略）総理としてこれについてどのような御見解か、お尋ねしたいと思うのです。
宇野(宗佑)国務大臣　（前略）昨年航空機疑惑に関しまして総理大臣の私的諮問機関で協議ができまして、ここでひとつ日本の風土に合ったオンブズマン制度を検討することが必要である、こういうふうな提言がなされておりますので、それを受けまして、行管といたしましては、行政監察も、また行政相談もございますが、そうしたことの活用を含めて、すでに研究会の発足をいたしております。（後略）

### 議会の行政監視の意義

現代の国家は**行政国家**と呼ばれ、行政の役割が大きなものになっている。行政は包括的または個別的に国民の生活に直接作用を及ぼすから、行政が公正・公平かつ効率的・能率的に行われることは極めて重要であり、その適切性をチェックするのが行政監視である。議院内閣制を採用する国においては、行政監視は立法と並ぶ議会の重要な任務となっており、また厳格な3権分立によって立法府と行政府が分離されている大統領制のアメリカにおいても、行政監視は最高裁判所の判例で立法権を補助する議会の主要な任務と位置づけられている。日本でも、憲法が「行政権は、内閣に属する」（第65条）とする一方で、「内閣は、行政権の行使について、国会に対し連帯して責任を負ふ」（第66条第3項）と規定していることから、行政監視は国会にとって極めて重要な使命である。しかし冒頭のアプローチにもあるように、日本では国会の行政監視機能は強力とはいえず、**行政監察、行政評価、行政相談**などの形で行政府自身が行っており、多くの国では議会が任命したり、議会が関与する形で運営が行われている**オンブズマン**\*1も、日本では総務省行政評価局が国際オンブズマン協会の会員になっている。また予算の執行の適切さを検査する会計検査院も、多くの国で議会の機関ないしは議会の補佐機関だが、日本では内閣から独立しているものの、国会の機関ではない。その意味で日本の行政監視には改善の余地があるが、それでも国会の審議を通じて、また以下に述べるような質問制度、決算行政監視委員会（衆議院）および行政監視委員会（参議院）の活動を通じて、国会による行政監視が行われている。

### 監視のための手段

日本国憲法は「両議院は、各々国政に関する調査を行ひ、これに関して、証人の出頭及び証言並びに記録の提出を要求することができる」（第62条）と規定し、これに基づいて証人の喚問と証言の聴取を強制力をもって行うことを可能にする**議院証言法**が制定さ

↑予算委員会での質疑…国会において行政監視として最も有効性を発揮しているのは、首相以下の閣僚に任意の事項について自由に質疑できる予算委員会である。

\*1　**オンブズマン**　行政に関する国民の苦情について調査し、必要な措置を取るための機関。スウェーデンが1809年に置いたのが最初とされる。強い独立性をもち、行政に対する調査・措置を行うために議会によって任命される国が多い。イギリスでは、議会コミッショナーの名称をもち、同コミッショナーへの申し立ては議員を通さなければならない。フランスでは権利擁護官の名称をもち、大統領によって任命され、行政機関の他、自治体、公的施設等から損害を受けたと申し立てるすべての人の案件について調査し、救済を図ることになっている。

れている。これは行政監視においても強力な武器となりえるが，証人喚問の実施は委員会での全党一致が慣行となっているため，実際に行われるのは政治スキャンダル等に限られ，通常の国政調査は，主として予算委員会を初めとする委員会での議案の審査や調査における大臣や**政府参考人**への質疑や，参考人からの意見聴取の形で行われている。このほか，国会法は議院または委員会は，審査または調査のため，内閣，官公署その他に対し，必要な報告または記録の提出を求めることができると定めているが，これも与党が防波堤となり限界がある。戦前の帝国議会時代からある行政監視の手段としては，内閣に対して特定の事項についての情報の提供や見解を求める**質問**制度がある。質問は各国の議会で広く行われているが，日本でも特に近年活性化し，貴重な行政情報が入手され，行政監視の有力な手段となっている一方，答弁の作成には多大の労力を要し政府が忙殺される事態ともなっている。行政監視を専門とする組織としては，衆議院の決算行政監視委員会，参議院の行政監視委員会がある。しかし決算行政監視委員会は決算も担当することから，行政監視に多くの時間をさけず，行政監視委員会は「行政の活動状況に関する件」などの一般的な形で質疑を行っているだけで，他の委員会での審査に比べて行政監視に特化した実績を上げているとはいいがたい。**決算**の審査も行政監視の重要な手段であり，参議院は第2院としての特色の発揮のために決算の審査を重視している。その結果決算の提出時期の早期化，全閣僚が出席しての決算委員会の全般質疑などが実現しているが，日本の決算は単なる報告事項とされていて，否決されても法的効果は生ぜず，行政監視としての有効性には限界がある*2。その他2013年の法律で導入された政府**特定秘密保護制度**の監視のために，衆参に情報監視審査会が設置されたが，その有効性は今後の実績によって判断されることになる。

### 諸外国における国政監視

諸外国では，国政監視のための本会議における質問制度が充実している。イギリスでは，質問時間（クエスチョン・タイム）として，月曜から木曜まで45分程度の質問時間が確保され，各大臣がローテーションで口頭で答弁する。水曜の12時から30分は対首相質問が行われる。ドイツでは，政府に対する重要テーマを文書で質問し，本会議で議論が可能な大質問，文書質問だけの小質問，政府による口頭の回答を求める質問時間，毎週水曜の閣議後政府からの報告を求め，質疑する政府質問などがある。フランスでは文書質問，口頭質問，対政府質問，対大臣質問などの多様な質問制度がある。アメリカは議院内閣制ではないので，定例化された質問の機会はないが，随時閣僚を証人として呼んで公聴会（ヒアリング）を行っている。

\*2 **決算と行政監視** 決算を行政監視の有力手段としている国は多い。イギリスでは決算委員会の委員長は野党から選出され，政府は決算委員会のレポートに対して必要な対応を下院に報告しなければならない。フランスでは，決算は決算法という法律で，成立させる必要がある。ドイツでは，決算に関する政府の責任を解除するために議会の議決が必要である。これらの国においては，報告事項に過ぎない日本の決算（本文参照）よりも，決算の役割は大きい。また多くの国では，会計検査院は議会の機関ないし議会の補佐機関だが（本文参照），特にアメリカの会計検査院は議会の行政監視の強力な補佐機関で，約3,000人の職員を擁し，議会の各委員会からの依頼による各省のプログラム評価を行っている。

### コラム

**口頭質問と文書質問**　帝国議会においては，質問は質問主意書の提出を要したが，本会議で質問内容について趣旨弁明の演説を行うことができた。田中正造の足尾銅山鉱毒問題陳情事件（川俣事件）に関する演説，齋藤隆夫の粛軍演説など，帝国議会時代おける名演説の多くは質問の趣旨弁明としてなされた。国会になって質問は，災害等の場合に緊急に行われる緊急質問を除き，質問主意書に内閣が答弁書で答える文書質問となり，行政の問題点を議員が自由に本会議で質す口頭質問はなくなった。このことが本会議を形骸化させているという指摘も多い。

◆**参考文献**　●国立国会図書館調査及び立法考査局「特集：議会の行政監視」『外国の立法』No.255，2013年3月
　　　　　　●荒井達夫「行政監視とは何か〜行政監視の本質と委員会の在り方」『立法と調査』No.293，2009年6月

# 1 日本における行政機構の発達－行政機構

**アプローチ**

行政機構と国会を比べれば，後者が国権の最高機関であるから，前者が機能的に劣ると考えられがちである。しかし，多数党の存在を前提に考えれば，行政機構の最上位にある，内閣総理大臣とその他の国務大臣からなる合議体である内閣，その中でも内閣総理大臣の実質的権力は大きいといえる。それでは，第2次世界大戦後の行政機構を中心に考えてみよう。

**行政機構とは**

日本国憲法第65条において「行政権は，内閣に属する。」と規定している。行政機構は，立法機構，司法機構と並ぶものと考えられるが，世界全体の傾向としていわゆる行政国家化，積極国家化の中でその比重を高めている。ここでは行政機構全体を議論の対象とし中央レベルの行政機関を扱う。

**戦後の行政機構**

大日本帝国憲法下の行政機構は，内閣に関し具体的規定がない。天皇の**国務大権**[*1]のもとで，第4章において「国務大臣及枢密顧問」として，各大臣の天皇**輔弼**[*2]義務（内閣総理大臣の規定はない），および国家の大事に関する枢密顧問の天皇諮詢への対応を規定する2条にすぎない。

それに比較して日本国憲法では，第4章において「内閣」が規定され，それは11条からなる。最初に「行政権は，内閣に属する。」と規定し，内閣の組織，国会への連帯責任，内閣総理大臣の指名，総理大臣による国務大臣の任命と罷免などの後に，内閣総理大臣の職務権限および内閣の職務権限が規定されている。

内閣総理大臣の職務とは，他の国務大臣の任命，罷免，内閣を代表し，議案を提案すること，内閣を代表して行政各部を指揮監督することなどであり，内閣の職務としては，法律の執行，予算の発案，外交関係を処理し，条約を締結すること，政令の制定，最高裁判所長官の指名，天皇の国事行為への助言などである。

なお，行政事務は，主任の大臣による分担管理を原則とし，大臣を補佐するための行政機関として府省が設置されている。

*1 **国務大権** 天皇の統治権に属する事務から，統帥事務，皇室事務を除いたものを指す。
*2 **輔弼** 天皇の大権を行使する際に進言することである。

**戦後の改革の変遷**

2001年に至るまで，1947年の内務省解体，1960年の自治省設置を除き，府省の数は安定していたが，外局の庁などの変化が目立つ。この変化の背景には，経済社会の変化に伴う行政需要の変化があった。主要なものを挙げると，表1のようになる。

〔表1〕1954年の防衛庁設置から2001年の省庁再編に至る変遷

| 年 | 事　項 |
|---|---|
| 1954 | 防衛の任を担う**防衛庁**設置 |
| 1955，56 | 経済計画の作成などを担う**経済企画庁**，**科学技術庁**設置 |
| 1971 | 公害問題に対応する**環境庁**設置 |
| 1972 | 沖縄返還が目前に迫ったことに伴い，沖縄・北方対策庁に代わる**沖縄開発庁**設置 |
| 1973 | 資源エネルギー行政の総合化のため，**資源エネルギー庁**設置 |
| 1974 | 全国総合開発計画の進展をつかさどる**国土庁**設置 |
| 1984 | 総合調整機能を強化するため行政管理庁と総理府の統合再編により**総務庁**設置 |

第7章 行政

## 第7章 行政

### 2001年の省庁再編

1996年発足の橋本龍太郎内閣は、**行政改革会議**[*3]を活用し、自ら会長ポストに就き、縦割り行政の弊害を超え、政治主導の国家・行政機構をつくろうとし、2001年の省庁再編が実現した。これは、「中央省庁のスクラップ・アンド・ビルド」であり、それまでの1府22省庁から1府12省庁体制になった。中央省庁改革としては画期的であったが、妥協の産物でもあった。

なお、内閣府の設置と関連するが、内閣法が改正され、総理大臣の発議権、内閣官房の強化、総理大臣の補佐機能も強化された。

[*3] **行政改革会議** 1996年11月に設置された首相の諮問機関で、財界、学会の有識者13名の委員で構成された。

〔図〕省庁再編図（2001年1月）

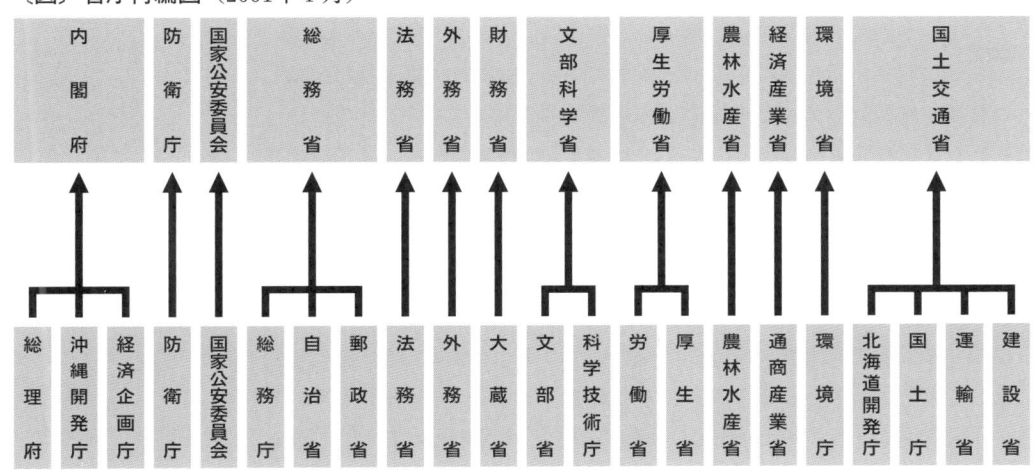

再編後：内閣府／防衛庁／国家公安委員会／総務省／法務省／外務省／財務省／文部科学省／厚生労働省／農林水産省／経済産業省／環境省／国土交通省

再編前：
- 内閣府 ← 総理府、沖縄開発庁、経済企画庁
- 防衛庁 ← 防衛庁
- 国家公安委員会 ← 国家公安委員会
- 総務省 ← 総務庁、自治省、郵政省
- 法務省 ← 法務省
- 外務省 ← 外務省
- 財務省 ← 大蔵省
- 文部科学省 ← 文部省、科学技術庁
- 厚生労働省 ← 労働省、厚生省
- 農林水産省 ← 農林水産省
- 経済産業省 ← 通商産業省
- 環境省 ← 環境庁
- 国土交通省 ← 北海道開発庁、国土庁、運輸省、建設省

### その後の展開

その後、小泉行革では、構造改革の一環として道路4公団の統合・分割・民営化、石油公団、住宅金融公庫などの廃止、さらには郵政事業の民営化に取り組んだ。さらに、安全保障環境の整備のために2007年に防衛庁から防衛省への昇格がなされ、2013年には東日本大震災への対応のために復興庁ができるなど、社会的需要に合わせて省庁の改変が行われてきた（→表2）。しかし、大規模な省庁再編から10年以上が経過したが、所期の目的がこの機構改革によって達成されたのか、今後の国のかたちを実現するものとなっているのか、国民を巻き込んだ形で検証する機会をもつことが求められている。なお、2015年10月には、2020年開催の東京オリンピック・パラリンピックに向けた施設整備や選手育成を含めたスポーツ振興のため、スポーツ庁が設置される予定になっている。

〔表2〕中央省庁再編以降の主な動向

| 年 | 廃止 | 設置 |
|---|---|---|
| 2003 | 郵政事業庁<br>食糧庁 | |
| 2004 | 司法試験管理委員会 | |
| 2007 | 防衛庁<br>防衛施設庁 | 防衛省 |
| 2008 | 船員労働委員会<br>海難審判庁 | 運輸安全委員会<br>観光庁 |
| 2009 | 社会保険庁 | 消費者庁 |
| 2012 | 原子力安全・保安院<br>原子力安全委員会 | 復興庁<br>原子力規制委員会 |

### コラム

**中央省庁改革等基本法** この法律は橋本内閣の公約であった行政改革実現にかかわって1998年に成立した。2001年1月をめどに実現するものとされた。この中には第42条にみられるように後述する特殊法人の整理、合理化も盛り込まれている（→136頁）。また、改革の基本理念、方針が法律上明文化されたことも特徴的である。

◆参考文献
- 西尾勝・村松岐夫『講座行政学第2巻－制度と構造』有斐閣、1994年
- 大迫丈志「中央省庁再編の制度と運用」『調査と情報』ISSUE BRIEF No.795、2013年

# 2　行政権の最高機関－内閣総理大臣（首相）と内閣権限

### アプローチ

　議院内閣制を採用する国家において、国家の行政権を行使する最高の合議機関が内閣（cabinet）であり、内閣の首長が内閣総理大臣である。日本では内閣総理大臣または首相、イギリスでは the Prime Minister または the Premier、ドイツでは the Chancellor と称される。内閣総理大臣の任務とその政治的特質は、それぞれの国の政治環境、政党政治のあり方、法的制度的規定などによって多様である。18世紀から19世紀にかけて、議院内閣制と政党政治が発達する過程で、内閣と内閣総理大臣の制度や地位が明確にされるようになった。一般的には、内閣総理大臣は内閣を構成する国務大臣を統率し、内閣を代表して行政の各部を指揮監督する国政の支配者である。

### 内閣の構成

　議院内閣制では、内閣総理大臣は、議会で多数を占めた政党から指名されるのが一般的である。1つの政党が議会で過半数を占めれば、内閣総理大臣はその政党の議員から選出され（多くは党首）、国務大臣もその政党の議員から選出される。単独政党の政権である。結果的に、内閣総理大臣が、国務大臣の任免権限、政府の政策指針の提示ならびに実行権限、国務大臣間の意見の違いを裁定する権限などについて高い政治指導力を有し、内閣の凝集性が強化され、統治能力の高い政権を創り上げることになる。

　いずれの政党も議会で多数を占めることがなければ、政党間の連立交渉によって内閣を構成する。**連立政権**である＊1。イギリスのように2大政党を中心として政党政治が展開されている国々では、単独政権で政治指導力が高い首相が形成される可能性が高いが、複数の政党が存在する多党制で政治を行う大陸ヨーロッパの国々は連立政権が多く、結果的に、首相は連立を構成する政党間の仲裁者・調整者として機能する場合が多くなる（→38-39頁）。

### 内閣総理大臣の指名・任命

　日本国憲法では、**内閣総理大臣は、文民で**（憲法第66条第2項）、**国会議員の中から国会の議決で選出され**（憲法第67条第1項）、**天皇によって任命される**（憲法第6条第1項）。国会の議決は、記名投票による投票で決せられるが、投票で過半数を得た者がないときには、投票の多数を得た者の上位2名による決選投票で決せられる。内閣総理大臣が新たに指名される場合は、①内閣が衆議院の不信任によって総辞職した場合、②内閣総理大臣が死亡ないし失格などで欠けて内閣が総辞職した場合、③衆議院議員総選挙後に初めて召集された国会で内閣が総辞職した場合などである。内閣総理大臣の指名は、すべての案件に先立って行わなければならない（憲法第67条第1項）。

### 内閣総理大臣の権限

　内閣総理大臣は、国務大臣を任命し＊2、罷免する権限を有し（憲法第68条）、内閣を代表して、①議案を国会に提出する権限（憲法第72条、内閣法第5条）、②一般国務および外交関係について国会に報告する権限（憲法第72条）、③行政各部の指揮監督権限（憲法第72条、内閣法第7条）、④法律および政令に連署する権限（憲法第74条）、⑤国務大臣の訴追に同意する権限（憲法第75条）が与えられている。

　これら憲法に規定される権限に加え、内閣法が、①閣議主宰権（内閣法第4条第2項）、②主任大臣の権限についての疑義を裁定する権限（内閣法第7条）、③行政の処分・命令を中止する権限（内閣法第8条）、④内閣総理大臣の臨時

＊1　連立のパターンは、第1党と第2党の大連立、第1党と第3党の連立、第2党と第3党の連立など多様である。その際には、議席数の多い政党の党首が首相の地位に就くのが一般的であるが、イタリアのように連立政権を構成しても、議席を持たない民間人が首相の地位に就く場合もある。

＊2　内閣総理大臣が国務大臣を任命する際に、その過半数を国会議員の中から選ばなければならない（憲法第68条第1項）。現在では、民間人が国務大臣に任命され内閣に加わることがあるが、憲法はその過半数を議員から選任することを求めている。これは、イギリス型議院内閣制の基本的な考えに沿うものである。その意味で、大統領の私的官吏として位置づけられ、議会に責任を負わないアメリカ大統領制における国務大臣と性格を異にする。

代理者を指名する権限（内閣法第9条），⑤主任の国務大臣の臨時代理者を指名する権限（内閣法第10条）を規定している。

### 内閣の権限

内閣総理大臣を首長として構成される内閣は，いかなる権限を有しているのか。内閣は，憲法や法律で他の機関が行うと規定されない限り，いかなる行政事務でも行うことができる。憲法第73条は内閣が行う主要な事務を集約的に列挙し，その他の条文でいくつかの事務を個々に列挙している。第73条で列挙されているものは，①法律を執行し，国務を総理すること，②外交関係を処理すること，③条約を締結すること，④法律に従い，官吏に関する事務を掌理すること，⑤予算を作成して，国会に提出すること，⑥政令を制定すること，⑦大赦，特赦，減刑，刑の執行の免除および復権の決定である。

憲法はほかに，①天皇の国事行為に対する助言と承認（憲法第3条，第7条），②最高裁判所の長たる裁判官の指名（憲法第6条第2項），③最高裁判所の長官以外の裁判官および下級裁判所の裁判官の任命（憲法第79条第1項，第80条第1項），④国会の臨時会の召集の決定（憲法第53条），⑤衆議院の解散中に参議院の緊急集会を求めること（憲法第54条第2項），⑥予備費の支出（憲法第87条），⑦国の収入支出の決算を国会に提出すること（憲法第90条），⑧国の財政状況について報告すること（憲法第91条）を定めている。

これらの権限は，**閣議（cabinet meeting）** で執行される。定例閣議は，首相官邸閣議室で毎週火曜日と金曜日に行われ，国会開会中は国会議事堂内の大臣室で行われる。このほかに，必要に応じて臨時閣議，さらにまた担当の職員が閣僚のところに出向いて決裁書類に署名を得て処理する「持ち回り閣議」が行われる。閣議を主宰するのは内閣総理大臣で，内閣官房長官の司会で進められ，**決定は，内閣の連帯責任に基づき全会一致**である。

内閣と閣議を構成するのは国務大臣であるが，広い意味での内閣は国務大臣のほかに副大臣，政務官を含み構成され，規模が拡大しているのが民主主義諸国の傾向である[*3]。内閣総理大臣や内閣そのものを補佐する機構や人材を補強する制度の整備が，議会制民主主義国の傾向になっているといえよう。

◉閣議室…報道陣に公開された2013年の初閣議。
（東京都・首相官邸　2013.1.8）［代表撮影］

*3　職務が拡大していることから，イギリスでは内閣の補佐機構として多くの内閣委員会が設置され，内閣の統治の実質化と効率化をはかっている。

### コラム

**内閣官房長官**　内閣官房の事務を統括する国務大臣が**内閣官房長官**である。内閣官房は，①閣議事項の整理とその他内閣の庶務，②内閣や閣議の重要政策に関わる基本方針，企画，立案，総合調整，③行政各部の施策の統一を図る企画，立案，総合調整などを行う（内閣法第12条第2項）とされているので，内閣官房長官の任務は広範である。このほかに，政府と与党との連絡役や内閣のスポークスマンとしての役割を果たす内閣の要となっている。内閣官房長官を補佐する任として，3名の内閣官房副長官が置かれている。

◆参考文献　●猪口孝ほか『政治学事典』弘文堂，2000年
　　　　　　●内田満『現代日本政治小辞典』ブレーン出版，2003年

## 3 「小さな政府」と「大きな政府」－政府の規模

### アプローチ

近代の民主主義国家は、「小さな政府（small government）」として出発した。近代民主主義国家では、人間が他者から束縛されない「自由」が至上の価値とされ、人間の「自由」を守るためにそれを束縛するような大きな権力を否定したのである。人間の生命や財産を守るために権力は必要であるが、そのために権力を大きくすると「自由」の価値が損なわれると考えたのである。人間としての権利が抑圧されていた中世や、絶対王政の時代から解放された近代の人々にとって当然のことであった。

### ● 近代民主主義国家と「小さな政府」

近代民主主義国家では、人間の生命と安全を保障するために政府を形成するが、政府に人間の「自由」を抑制するような多くの権力を与えることを否定した。国家と政府の役割は、平和をもたらすための外交と治安に限定され、最小の経費で国家を運営することが目標とされた。いわゆる「小さな政府」「夜警国家」そして「安価な政府」の形成であった。国家の権力を集中させないために、国家の権力が立法、行政、司法の3権に分けられた。いわゆる「3権分立」である。政府は、立法府である議会の監視の下に置かれ、その機能は限りなく小さくされたのである。

### ● 現代福祉国家の誕生と「大きな政府」

19世紀以降、徐々に政治の様相が変わる。人々の政治的覚醒によって、政治的権利を確保しようとする運動が広がる。そうした運動に対する政治的対応が、選挙権の拡張であった。19世紀から進んだ選挙権拡張が、20世紀になってすべての成人に選挙権を与える民主的選挙制度の実現につながる。それは同時に、多くの人々のあらゆる社会問題が政治過程にもちこまれ、社会問題が政治問題化することでもあった。選挙権拡張と並行して進んだ政党の発達で、政党政治が展開されると、政党も人々からの支持を確保するために、人々の要求に対応してその実現を約束する政治を展開する。このすべてが政府の拡大、すなわち内閣を構成する大臣の増加、政府の組織や機関の拡大、公務員や官僚の増加、予算などの国家財政の拡大など、「**大きな政府**（big government）」の形成につながった。

人々は、「自由」のみならず「平等」の価値も志向することになる。政治の目標は、人々に等しく豊かな生活を保障することにもなる。このように、「大きな政府」は、「福祉国家」「高価な政府」でもあった。20世紀初頭から、こうした政府が追求され、それに応じて政府は形を変えることになった。

### ● 福祉国家の変化と「大きな政府」批判

1970年代になって、「福祉国家」としての「大きな政府」に転機が訪れる。第2次世界大戦後にもたらされた世界的な好景気が終息すると、景気刺激策としての公共投資、さらに戦後に整えられた社会保障を支える財源を税収で賄うことが難しくなり、財政赤字が徐々に拡大した。「大きな政府」に伴う各種規制による管理も、自由な社会経済活動を抑制する状況を出現させた。他方で、政党は政権の確保を求めて、人々に大きな約束をし続ける。政府は過負荷状態となり、「大きく約束して、少なく実現する政治」が常態化すること

\*1 ハイエク〔Friedrich August von Hayek〕（1899-1992）オーストリアの経済学者、哲学者。社会主義を批判し、自生的秩序を前提とした自由主義を主張した。自生的秩序とは、市場参加者たちが、長い間取引を積み重ねる中でつくり上げたルールや慣行のこと。

\*2 フリードマン〔Milton Friedman〕（1912-2006）アメリカの経済学者。市場原理を重視し、政府の役割を最小限にする新自由主義の代表的学者。ケインズ理論による裁量的な財政政策の有効性を否定し、貨幣数量説を精緻にしたマネタリズムを唱え、通貨供給量の調整によって景気変動はコントロール可能とした。

## 新自由主義と「小さな政府」

「福祉国家」批判が叫ばれる中，「福祉国家」の経済理論を支えたケインズに代わって，「自由」や「規制緩和」を主張するハイエクやフリードマン[1][2]などの経済理論が台頭すると，政治に大きな影響を与え始め，1980年代から「**新自由主義**」の政治として展開され始める。そこでは，「自立と自助」「市場と競争」を中心にした成長が強調され，政府による保護や介入が否定された。こうして，規制緩和，政府機関の民営化，公務員や官僚の縮小と雇用形態の変更，政府による公共投資の削減，減税などが志向された。「小さな政府」の復活である。しかし，現代の政治状況で，近代民主主義国家のような「小さな政府」の実現は難しく，「大きな政府」を抑制する政治が志向されたといえるだろう。

## 日本における「小さな政府」志向

日本でも，橋本龍太郎政権下の「行政改革」，小泉純一郎政権下の「構造改革」などを通じて，新自由主義の政治が追求された。基礎自治体である市町村の縮減，公務員数の削減，中央政府では郵政民営化に代表される省庁再編，独立行政法人の導入などが行われたが，それらが「小さな政府」の形成につながったかどうかの判断は難しい[3]。

[3] 政府予算に代表されるように，財政は拡大しているし，財政赤字も1千兆円を超えているのである。内閣を構成する大臣，副大臣，政務官も大きなままである。中央政府の国家公務員も，日本郵政公社の民営化，国立大学の法人化などで，過去10年間に約49万人程度削減されたが，現在も64万人程度の人数になっている（2015年度。大臣等の特別職，国会・裁判所等の特別機関の職員，自衛官，特定独立行政法人の職員を含む）。

日本の政府の規模は決して大きなわけではないが，小さな規模ではないのである。その意味では，「大きな政府」ではなく，「小さな政府」を志向しているといってよいであろう。他方で，少子高齢化の社会状況で，地域の再生，社会保障の再編，生活インフラの再整備，自然災害に対する危機管理など，政治への要求は拡大している。現実的には「小さな政府」の志向は難しい。政治は，「小さな政府」と「大きな政府」のはざまにあって，一層難しいかじ取りを強いられる。何をもって「小さな政府」であるか「大きな政府」であるかを判断することは難しく，いつも政治論争になってしまう。そうしたことから近年では，「小さな」「大きな」という呼称に代えて，効果的・効率的で安価な政府を「**最適政府**（optimal government）」と称し，論争を回避することすらある。いずれにせよ，政府の規模についての議論は，果てしなく続くであろう（→22-23頁）。

〔グラフ〕公的部門における職員数の国際比較 （人口1,000人当たり）

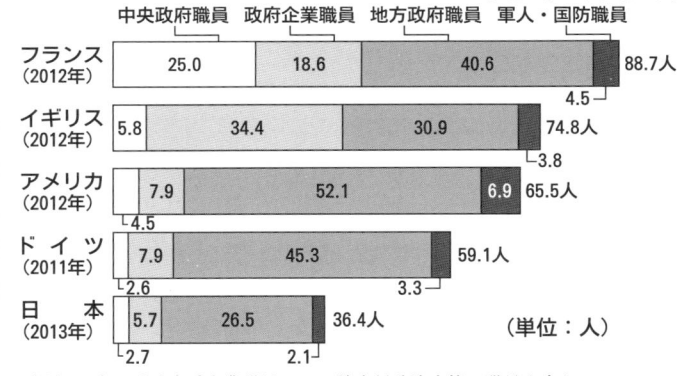

| | 中央政府職員 | 政府企業職員 | 地方政府職員 | 軍人・国防職員 | 計 |
|---|---|---|---|---|---|
| フランス(2012年) | 25.0 | 18.6 | 40.6 | 4.5 | 88.7人 |
| イギリス(2012年) | 5.8 | 34.4 | 30.9 | 3.8 | 74.8人 |
| アメリカ(2012年) | 7.9 | 4.5 | 52.1 | 6.9 | 65.5人 |
| ドイツ(2011年) | 7.9 | 2.6 | 45.3 | 3.3 | 59.1人 |
| 日本(2013年) | 5.7 | 2.7 | 26.5 | 2.1 | 36.4人 |

（単位：人）
〈注〉日本の「政府系企業職員」には独立行政法人等の職員を含む。
（総務省資料による）

## コラム

**フリードマンの社会保障観** フリードマンは，国家の社会保障政策の存在そのものを徹底的に批判している。国民の所得のかなりの割合について自由に使う権利を国家が奪う政策だとして，「どんな論拠を持ってしても正当化できない」とし，社会保障の廃止を主張した。

◆参考文献
● M.フリードマン，村井章子訳『資本主義と自由』日経BP社，2008年
● F.A.ハイエク，西山千明訳『隷属への道 新版ハイエク全集第Ⅰ期別巻』春秋社，2008年
● 片岡寛光『行政国家』早稲田大学出版部，1976年

# 4 国益よりも省益が優先？ーー縦割り行政

## アプローチ

日本の行政については，以前から縦割り行政の弊害が指摘されてきた。海外でも同じような問題があるが，日本では，例えば，幼保の一元化をめぐる問題（厚生労働省と文部科学省）やIT行政においては，省庁再編前の通産省と郵政省，再編後は，経済産業省と総務省の権限争いに継承されている。

その是正のために省庁再編の際の内閣機能強化，省庁間人事交流の強化などが謳われ，改革も徐々に実施されたが，十分とはいえず，直近では，内閣人事局の設置による弊害是正が目指されている。

➡幼保一体の認定こども園をご視察される天皇，皇后両陛下…幼保の一元化の一環として2006年に導入された認定こども園は，幼稚園と保育園の機能をあわせもつ。
（東京・港区立芝浦アイランドこども園　2012.6.11）

### 縦割り行政とは

縦割り行政は，別名セクショナリズム，割拠主義と呼ばれ，予算や管轄権の縄張り争いとして認識される。府省の設置法などを基礎とする省庁の自律性と考えることができるが，「省益あって国益なし」，「局益あって省益なし」という言葉に象徴されるように，「全体の奉仕者」たる公務員像に反しているという見方も成り立つ。このことは，明治以来の伝統として，かつ地方にも拡大したものと考えることができる。村松岐夫[*1]によれば，セクショナリズムは，人事や予算編成の手続きの中に制度化されている，という。

### 縦割り行政の成立

辻清明[*2]は，藩閥対立，統帥権の独立，枢密院の設置，貴族院の強力な権限などがあいまって，各省の割拠性を招来したとし，西尾勝[*3]は，**国務大臣単独輔弼責任制**[*4]がそれを助長したとしている。また，今村都南雄[*5]は，太政官制に代わる内閣制度の創設以降に官庁セクショナリズムが展開したと指摘する。

敗戦後，GHQ支配下において官僚機構は，内務省の解体を除き温存され，間接支配の担い手になったことで，セクショナリズムも基本的に踏襲されたといえる。また現代の国家は，様々な複雑な社会の中で，一定の専門性を培っていく必要性があり，そのことがセクショナリズムの基礎を形成している[*6]。

内閣による調整機能が十分でないことが縦割りを助長する部分もあるが，制度的背景として，内閣法第3条「各大臣は，別に法律の定めるところにより，主任の大臣として，行政事務を分担管理する。」とする規定が作用しているとみることができる。この分担管理こそが，大臣が省庁代表者として行動する礎となっていることは否めない。このほか，ニスカネンがいうような，自己の所属する組織の予算を最大化しようという誘因が働くとともに，天下りを含め，

---

[*1] 村松岐夫（1940-）
日本の政治学者。官僚制，地方自治制度の研究で高名。日本の官僚制について，「政党優位論」を提唱。

[*2] 辻清明（1913-91）
第2次世界大戦後，日本の行政学を確立した政治学者。官僚制について，「官僚優位論」を提唱。

[*3] 西尾勝（1938-）
日本の政治学者・行政学者。1990年代以降の地方分権の制度設計において中心的役割を果たした。

[*4] 国務大臣単独輔弼責任制　国務大臣が，独立に直接天皇への輔弼責任を負うことを意味する。

[*5] 今村都南雄（1941-）
日本の政治学者。主著に『組織と行政』東京大学出版会，1978年。

[*6] 日本の官僚は審議会や日々の陳情などを受け政策を練り上げていく。このことは省庁ごとの下位政府を形成することにもなり，このセクショナリズムは，社会全体に拡大しているとみることができる。

自己のキャリアの安定化のために，省への忠誠が培われる面も縦割り行政が成り立つ背景といえる。

● 改善の方向 ● これまでにも臨時行政審議会の提言も含め，提言の一定の実現が図られたものの，抜本的な解決に至っていない。以下主要な改善策をみてみよう。

〔表〕縦割り行政是正への提言

| | |
|---|---|
| 採用時の改善 | **国家公務員Ⅰ種職員**＊7に関し，これまで合格者の中から各省単位での任用を行っているが，内閣一括で行うべきだとする意見もある。しかし，行政の分担管理原則において大臣の職員に対する任命権がなくなる問題や採用される志望者の動機づけが弱まることなども指摘されている。 |
| 内閣レベルの総合調整機能の強化 | 橋本龍太郎内閣の行政改革会議では，中央省庁を大くくりに再編したり，内閣府を設置したりすることにより，セクショナリズムを解消しようとしたが，局や課はほぼ温存され，その効果は不明といわざるを得ない。<br>また，中央省庁再編時の内閣機能の強化は，副大臣・大臣政務官の導入を含め，政治主導による調整に期待しているが，良好な政官関係を築きえなかったことなどによる民主党の政治主導の失敗（➡133頁）にみられるように，マクロ設計とミクロ設計を十分調整していかなければ，実効あるものとはならないであろう。 |
| 人事交流の推進 | 1994年12月閣議決定の「各省庁間人事交流の推進について」に基づく省庁間人事交流の推進がなされ，局長，部長，審議官クラスの省庁間人事交流は，小泉純一郎内閣から本格的に開始されている。しかし，その成果は十分検証されているとはいえない。 |
| 幹部人事の管理 | 福田康夫内閣時に公務員制度改革基本法が成立した。各省課長クラス以上の人事を内閣で一元的に管理することになり，2014年には内閣人事局が成立している。 |

＊7　国家公務員制度改革基本法に基づき，2012年度から「総合職」「一般職」「専門職」区分による採用試験の導入が行われたが，この名称は現在使用されていない（➡60頁）。

このほか，安倍晋三改造内閣の1つの目玉である地方創生においても縦割り打破が掲げられているが，政治家が，省庁縦割りの反映として族議員化するのではなく，政策横断的な国益の観点を強く押し出すことや国民の強い監視と成熟化により，部分的最適化ではなく，全体における最適化を目指す必要がある。

**コラム**

**内閣人事局の設置**　2014年の第186回国会（通常会）で可決・成立した「国家公務員法等の一部を改正する法律」による内閣法改正により，同年5月30日に設置された内閣人事局は，事務次官，局長などの幹部人事を担当（格下げも可能な人事）する役所が，内閣官房に設置されることになった。これまで各省庁が人事案を作成し，当該省庁大臣などが決定していたが，ここで扱った縦割りの弊害をなくすことを狙いとして設置することになったが，官邸側の思惑が前面に出ることの抵抗もあるといえる。

◆ 参考文献　● 飯島勲『小泉官邸秘録』日本経済新聞社，2006年
　　　　　　● 村松岐夫『日本の行政』中央公論社（中公新書），1994年
　　　　　　● 今村都南雄『官庁セクショナリズム』東京大学出版会，2006年

# 5 時代へのフィッティング－行政改革

### アプローチ

社会が政治に突きつける課題は，時代や状況によって異なり多様である。政治と政権を担う者は，時代が提起する問題に対応して，何らかの成果をもたらさなければならない。それがなければ，政権は人々からの支持をなくし葬り去られてしまう。政治決定に基づいて政府が，様々な施策や事業を実施するのが行政である。行政は政治決定を前提とするが，それを待っていては政策の実行は遅滞することになる。その意味で，政治は大きな方針を決定，小さな事業や行為は行政に委ねることを常態化し，それを拡大した。その過程で行政は，組織的・財政的に，さらに人的にも拡大した。行政が大きな権限を備えて政治過程の中心になる「行政国家」が，20世紀にかけて出現したのである。結果的に，行政組織やそれを担う官僚ないし公務員の地位や権限が拡大し，彼らの権力が上昇した。行政は立法に従属するという近代民主主義の前提が崩れることでもあった。このような流れの中で，行政を改革する議論は，①近代民主主義の理念を明確にして立法の優位をどのように確保するか，②行政を実施する制度と組織をどう構成し，それを運営する規則や主体をどのように形成して運営するのかを中心に展開されてきた。

### ● 終戦直後から高度経済成長下の行政改革

日本では，第2次世界大戦後，連合国軍最高司令官総司令部（GHQ）[*1]の指導下で民主化政策が進められ，新たに制定された日本国憲法の下，省庁の改廃と創設，財政改革，人員整理，法令や規制の改廃などの行政改革が行われた。行政改革は，独立回復後にも続けられ，戦時の行政体制から平時の行政体制への転換，財政の安定化，行政委員会の整理統合などが進められた。

高度経済成長の戦略が展開された1961年，池田勇人内閣の下で**臨時行政調査会**が設置された[*2]。1964年，調査会は改革の目標として，①総合調整機能の強化，②行政の民主化の徹底，③行政の膨張の抑制と行政事務の中央偏在の排除，④行政運営の合理化・能率化の推進，⑤新たな行政需要への対応，⑥公務員精神の高揚などを掲げ，各種の提言がなされた。定員削減計画の開始（1968年），総定員法の策定（1969年）などは具体化されたが，内閣機能の強化などほとんどの提言が実行されなかったといわれる。

### ● 高度経済成長以後の行政改革

1970年代に入り，日本の経済成長は鈍化，税収は落ち込み，財政が悪化する。1975年になって赤字国債の発行を余儀なくされ，国債の発行が拡大する。この状況で，財政再建を目標とした行政改革が叫ばれるようになる。鈴木善幸内閣の下で，1981年3月に**第2次臨時行政調査会**[*3]が設置され，「増税なき財政再建」を原則に議論を開始する。1983年3月までに，「緊急提言」「基本提言」など5度にわたって答申が出された。答申に従って，1984年から赤字国債の発行が抑制され，1990年にゼロとなった。国土庁，北海道開発庁，沖縄開発庁の統合がなされ，国鉄，電電公社，専売公社の3公社が，1985～87年にかけて特殊会社として民営化された。中曽根康弘政権のときである。

### ●「橋本行革」とその特質

1996年に橋本龍太郎政権下で，首相直轄の諮問機関として**行政改革会議**[*4]が設置され，1997年に最終報告が出された。世界的に新自由主義が台頭し，それに基づく行政改革が展開される中，その影響を色濃く受けた改革が，日本においても展開された。

---

[*1] **連合国軍最高司令官総司令部**（GHQ：General Headquarters）太平洋戦争の終結に際してポツダム宣言の執行のために日本において占領政策を実施した連合国軍の機関。大部分は，アメリカ軍，アメリカ民間人で構成されていた。なお，GHQは正式には General Headquarters/Supreme Commander for the Allied Powers 略してGHQ/SCAPである。

[*2] 財界，労働界，学界などから選ばれた7名の委員のほか，専門委員や調査員が加えられ，100名に近い大組織であった。

[*3] **第2次臨時行政調査会** 土光敏夫会長ら9名の委員からなる。会長の名から，「土光臨調」とも呼ばれる。
・土光敏夫…東芝社長，経団連会長などを歴任。

[*4] **行政改革会議** 橋本首相が会長となり，財界，学界から13名の委員が任命された。

省庁については，1府22省を**1府12省に再編**し，総務省，国土交通省，厚生労働省の創設，**総合調整を行う内閣府の新設**などが提起された。内閣機能の強化を狙いとして，内閣府の新設，内閣官房の強化，特命担当大臣の創設，**経済財政諮問会議**，総合科学技術会議や中央防災会議の新設などが提起された。加えて，新自由主義的行政改革の代表としてイギリスで導入されたエージェンシー制度にならって，大蔵省の造幣局と印刷局，国立博物館，医療厚生施設の独立行政法人化が提起された。国立大学も，国立大学法人として法人化が提起された。これらの提言で行政機構が再編され，「**橋本行革**」と呼ばれた。

### ●小泉「構造改革」と行政改革●

「橋本行革」は，2001年に誕生した小泉純一郎(じゅんいちろう)政権に引き継がれた。小泉政権は，「橋本行革」の「官から民へ」の流れを加速した。その中心が**郵政の民営化**であった。郵政省は，中央省庁の再編で，総務省の外局として郵政事業庁となり，その後特殊法人としての日本郵政公社となっていた。小泉政権は，2005年に郵政民営化法案を提出したが，参議院で否決されたために，郵政民営化を争点として解散総選挙に打って出て圧勝し，同年10月に郵政民営化法案を可決した。

### ●行政改革としての地方制度改革●

中央省庁を中心とした行政改革に加え，近年大きく改革されたのは，地方制度である。1990年代後半から，「構造改革」と「行政改革」の一環として，地方分権改革が叫ばれてくる。その流れで，1995年に**地方分権推進法**が成立した。同法は，地方分権推進委員会による指針と監視下で，地方分権を進めることを謳い，政府は委員会の勧告に従って推進計画を策定，1999年に**地方分権一括法**を成立させた。

それにより進められたのが，「**平成の大合併**」と「**三位一体改革**」である。基礎自治体の合併は，2003～05年にかけて広く実施され2010年に終了した。この合併で，3,000を超える基礎自治体は1,700程度に減少した。この過程で，小泉政権が2002年の「骨太の方針」第2弾で提唱した「三位一体改革」も実施された（→214-215頁）。地方への補助金削減，地方への税源移譲，地方交付税の見直しである。2004～06年の間に，約3兆円の税源移譲がなされ，補助金は約4.7兆円，地方交付税は約5.1兆円削減されたといわれる。地方財源の削減が目的ではなかったかと指摘されている。いずれにせよ「行政改革」は，政治社会状況に応じた，終わりのない課題である。

\* 5　2012年10月には，郵便事業㈱，郵便局㈱の2社が統合され，日本郵便㈱が発足した。

### コラム

**郵政民営化のその後**　日本郵政公社は，2007年に日本郵政㈱と4つの事業会社（郵便事業㈱，郵便局㈱\*5，㈱ゆうちょ銀行，㈱かんぽ生命保険）に分割民営化された。事業会社の株式は日本郵政が保有，日本郵政の株式は政府が保有しているので，完全な民営化ではない。2015年秋にゆうちょ銀行，かんぽ生命保険が株式を上場すると同時に日本郵政も上場し，最終的に2017年までに民営化を完成するとしているが，いまだ明確ではない。なお，2012年成立の郵政民営化見直し法で政府保有株式の売却は努力義務になり，完全民営化は事実上撤回されている。

◆参考文献　●笠原英彦・桑原英明『日本の政治と行政』芦書房，2012年
　　　　　　●藤井浩司・縣公一郎『コレーク行政学』成文堂，2007年
　　　　　　●福田耕治・真渕勝・縣公一郎『行政の新展開』法律文化社，2002年

# 6 やっぱり強いのは官僚？－政官関係

### アプローチ

2009年に誕生した民主党政権は，政権交代において政治主導を前面に掲げ，官僚主導の象徴ともいえた事務次官等会議を当初開催しなかった。その後の自公政権では，次官連絡会議が，閣議の事前審査機能がない形で設置されている。官僚と政治家との関係は，明治政府から続いているが，両者の関係をどう考えたらよいのだろうか。「政」と「官」は簡単に区分できるものなのだろうか。また，近年内閣機能の強化とともに，政治主導が強まっているが，政治主導の実態とはどういうものであろうか。

⇒各府省次官に指示する鳩山由紀夫首相…各府省の次官らに政治主導の行政について指示をする鳩山首相。(2009.9.18)

### 政官関係とは

統治機構における「政」と「官」との関係をどうみるかは論者によって視点を異にするが，ここでは「政」とは政治家，「官」とは官僚を一般的に指すものとして議論を進める。

### 戦後の政官関係

大日本帝国憲法下においても，政治家と官僚の対立はあったが，政党内閣の成立期を除き，軍部官僚を含め全体として官僚勢力が政治をリードしてきたといえよう。

敗戦から1960年代前半頃までは，一般的に官の勢力が強いことは認められているが，その後の展開についての解釈は，政治家優位論と官僚優位論のどちらに立つかで異なるといえる。

官僚優位論は，辻清明により明確化されたものである。彼によれば，官僚制には3つの段階，第1に常備軍とともに絶対王政を支えた官僚制，第2に政治の「侍女」たることを理念とした市民社会の官僚制，そして第3に社会的責任と権力を拡大した現代の官僚制がある。その上で，日本の官僚制は第2段階を経ずに，専門性で武装した現代官僚制の過程に入っているとし，官僚が過大な権力を保有しており，政治家に優越していると考えている。

政治家優位論は，村松岐夫らによって唱えられ，その特徴としては，官僚は政党に主導権を譲り，これを助けるなどの活動を行う「政治的官僚制」であると指摘する。その後，政策領域により異なるという主張もなされているが，両者についての議論は，権力分析の曖昧さを含め，決着がついていないといってよい。

実際，官僚の政治化と政治家のテクノクラート化による相互浸透や，長期政権を担った自民党の政策づくりという経験の蓄積などもあり，条件なしの優位論に組するわけにはいかない。政治家の族議員化も官僚の応援団となっているとすれば，官僚の手のひらで踊る政治家像になり，官僚優位論を揺るがすには至らない。また，官僚にしても1960年代までの国士型・古典的官僚像が変質し，調整型官僚像が強まっている中で，単純に官僚優位論も唱えられない状態となっている。また，自民党政権下では，政と官の共存関係を維持してきた「**政官スクラム**」*1 が成立していたと，村松は新著（⇒参考文献）で指摘しているが，

*1 **政官スクラム** 政治家（政権党）と省庁官僚制の関係を「スクラム」の関係であるとし，両者は，合理的選択論におけるプリンシパル（依頼人）・エージェント（代理人）の間の契約を基礎としていると考える。

2000年以前にそれは崩壊したとしている。

1990年以前までは，官僚が相対的に政治家に優位していたとする見方が専門家の間においても多数派であるが，90年代以降は，官僚による不祥事の続発だけでなく，低成長からゼロ成長の中での「配分の政治」の終焉，国民ニーズの多様化を背景とする新たな複合的課題への対応の必要性から持続的ではなくなったとみることができよう。

### 政治主導の改革とその成果

橋本龍太郎連立政権では中央省庁再編とともに，政治主導の基盤となる内閣機能の強化が打ち出された。具体的には，内閣法第4条が改正され，首相の発議権が明確化された。また，首相の支援組織として，内閣官房の機能強化が図られ，首相補佐官も増員されたと同時に，国政上重要事項に関する企画立案，総合調整を行う**内閣府**が発足することになった。また，各省の大臣のもとに，**副大臣**と**大臣政務官**が置かれることになった。

### 今後の政官関係

以上，政治家と官僚との関係について制度改革を含めみてきたが，政官関係にとらわれすぎると木をみて，森をみない議論になってしまう可能性がある。両者とも憲法上「全体の奉仕者」である。つまり国民との関係で，どのように国民に納得してもらえる政策を作り出していくかが問われるというべきであろう。まずは，官僚組織を使い，動かせる政治家の育成が必要であろう。官僚も政治家をいかに使うかを考えている。両者の間合いをうまくとりながら，国益を目指して進む政治家が必要で，そのためにアイデア，省庁を超えた発想，国民の目線などを鍛えていかなければならない。

また，政治家と官僚の一定の役割分担も構築しなければならない。例えば，**A・エッツィオーニ**\*2の**混合スキャニング法**\*3におけるインクレメンタリズム（増分主義，漸増主義）の部分は，官僚が中心となり戦略的意思決定を政治家が担うことを含め，一定の棲み分けを明確化していくことも必要であろう。

\*2 A・エッツィオーニ
[Amitai Etzioni] (1929-) アメリカの社会学者。政治過程に関しては，『能動的社会』(The Active Society) (1968年) が主要業績といえる。

\*3 混合スキャニング法
政策決定を基本的決定と部分的決定に分け，主として前者を合理的決定，後者を増分主義的決定で特徴づけるものである。

---

### コラム

**民主党の「政治主導」** 2009年に登場した民主党政権は，政権交代において「政治主導」を掲げ，党と内閣を一体化し，官僚機構を動かそうとした。国家戦略局構想などを打ち上げ，官僚支配の象徴とみた事務次官等会議を廃止した。大臣，副大臣，政務官の政務3役が各省庁の最終決定をし，閣僚委員会，副大臣会議で省庁間調整を行うつもりであったが，結果は多くが失敗に終わった。おそらくその方向性は間違いではなかったとしても，官僚を使いこなせる政治家が少なかったことや官僚の排除が前面に出てしまったことが失敗の原因の一部であろう。

| 民主党政権の構想 | 結 果 |
|---|---|
| 国会議員100人を「政務3役」に…政務3役の国会議員が省庁に乗り込み政策決定を主導。事務次官は政務3役の下に位置。 | ×約70人で自民党時代と変わらなかった。 |
| 「事務次官等会議」の廃止…事務次官等会議が閣議内容を事実上決定していたため，官僚が政策を決定する官僚主導の象徴だと批判されていた。 | △廃止したが，野田政権時代に「各府省連絡会議」として復活（現在は「次官連絡会議」）。 |
| 首相直属の「国家戦略局」を新設…国家ビジョンや予算の骨格を策定することで縦割り行政打破を目指す。 | ×格下げされた「国家戦略室」で終わり，予算は財務省主導のまま。 |
| 「行政刷新会議」を新設…行政全般を見直し，天下り法人などを含めたムダや不正の排除を目指す。 | △事業仕分け（2010年度）は削減目標3兆円に対し実績0.7兆円。 |

◆参考文献 ●金子仁洋『政官攻防史』文藝春秋，1999年
●村松岐夫『政官スクラム型リーダーシップの崩壊』東洋経済新報社，2010年

# 7 New Public Management とその後―NPM

### アプローチ

　1970年代中期になって，世界の政治や行政モデルは大きな転換点を迎えることになった。第2次世界大戦後，各国の政治モデルとなったケインズ経済とベヴァリッジ的社会福祉政策に基礎を置いた福祉国家が，揺らぎをみせ始めた。有効需要や社会福祉を支えるための財政投入は，財政赤字を拡大させる一方で，1960年代のような経済成長をつくり出さなくなっていた。さらにまた，国家の社会介入は，官僚機構を肥大させ，管理主義的な社会をつくり出していた。結果的に，福祉国家の社会民主主義的原理や政策が，次第に見直されることになった。1980年代になると，国家政策の転換が明示的に模索され，新自由主義的政策の台頭をもたらすことになった。その流れは，国家の経済政策を超えて，国家のあり方や公行政のあり方にまで影響を与えることになった。

### NPMの基本理念

　転換期にあったのが，イギリスではサッチャー政権，アメリカではレーガン政権であった。この過程で，新たに登場した公行政についてのモデルが**新公共管理**（**NPM**：New Public Management）である。イギリスの行政学者C・フッド*1が，この新たな公行政についての世界的な潮流を新公共管理（NPM）として指摘したのである。日本の行政学者である稲継裕昭は，フッドの議論に依拠しながら，NPMの特質として，①専門家による行政組織の実践的な経営，②業績の明示的な基準と指標，③結果の重視，④公共部門におけるユニット（組織単位）分解への転換，⑤公共部門における競争を強化する方向への転換，⑥民間部門の経営実践スタイルの強調，⑦公共部門の資源利用に際しての規律，倹約の強調を挙げている。

　確かに，これらは1980年代に展開されたNPMの最大公約数的要素であるが，それらは，各国の政治や行政の文脈の中で，微妙に修正を施されて実践された。

*1　C・フッド〔Christopher C.Hood〕（1947-）
イギリスの行政学者。フッドが提唱したNPMの概念は，サッチャー政権の「小さな政府」路線を後押しした。

### NPMの実践

　そこに共通するのは，民間企業で実践されている管理や実践技法を公共部門に導入することであるといわれるが，統一的で体系的な理論展開は必ずしもなされていない。多くの論者は，NPMの考え方に，経営学における新経営主義や新制度派経済学の影響をみているが，NPMはそれらをそのまま受け継いだものでもなく，それらの議論を基礎に，経営学や行政学の様々な実践から導き出された原理・原則を組み込む形で形成されている。それゆえ，NPMは首尾一貫した理論体系ではなく，原理・原則の集積といえるであろう。過去30年間の実践から，次のことが指摘されよう。

　第1は，行政組織を政策形成部門と実施部門とに分離し，実施部門に権限を委譲したことである。**機能分離と組織構造の平準化**である。これに関連して，業績管理，品質管理，人的管理などが，ライン管理者に委譲された。

　第2は，**行政における合理化の徹底**である。これは，業績管理，品質管理，戦略的管理などの合理的経営と人員削減を中心とした合理化が含まれる。

　第3は，資源管理，手続き管理，効率管理を体系的に実践するために，組織効率や組織実行性を測る尺度を導入し，公行政全体の業績向上を図ったことである。その成果が，**行政における業績指標（PI）の導入**である。

　第4は，行政スタッフを組織目的と目標に積極的に関与させることを狙いとして，課せられた任務と与えられる報酬を個人ベースの交渉で決定する**人的資源管理（HRM）システムの導入**である。伝統的な集団的で斉一的な雇用―被

用者関係から，個人ベースの雇用契約関係への転換である。

第5は，法規則に基づく固定的な組織構造の維持が改められ，**柔軟かつ応答的で，学習能力を備えた組織の継続的な形成**が目標とされた。それに関連して，継続的な研修と人事刷新と組織変革が規範となった。

第6に，**「顧客ニーズ」，「消費者ニーズ」に対応した行政の実践**という規範の確立である。

こうして，各国において，行政サービスの民営化，エージェンシー（独立行政法人）の導入などの行政組織改革，政策評価の導入と実践，政策評価制度の開発とそれによる予算編成，人事・組織評価などが，1980年代から90年代にかけて，行われるようになった。新公共管理の考え方は，現在では中央政府や地方政府を問わず，行政過程に組み込まれ日常化されたといえよう。

### 1990年代以降のNPM

NPMは，初期の段階で新自由主義の市場主義的性格を色濃くしていたことから，経済性や効率性を強調して，それ以外のものは否定することになるとして，結果的に格差を放置し拡大するのではないかという批判などが当初から提起された。

1990年代後半以後，新自由主義の中道右派に代わる新たな政治潮流が生じ，イギリス労働党政権，ドイツ社民党政権，フランス社会党政権などの中道左派政権が誕生した。NPMに大きな見直しがなされると予想されたが，そうとはならなかった。むしろ初期のNPMの実践を修正しながら，洗練されていった。

例えば，エージェンシーなどは，初期の段階では政権政党の政治的判断で改廃されたりする事例が見られたが，エージェンシーの民主的統制を行うための情報公開や外部評価などの諸手続きの開発，エージェンシーの業績評価，組織評価，人事手法の開発などが進み洗練化され，結果的に，中道左派政権でも広く許容された。その後政治状況が変わり，中道右派政権が政権に返り咲いたが，同じようにNPMは広く実践されている。

要するに，NPMはそれ自体が目標ではなく，多くの市民に必要に応じた充足度の高い政治や行政を，低い費用で効果的・効率的に実践する手段なのである。したがって，政治社会の状況に応じて，絶えず改善を行わなければならない改革運動でもある。

---

### コラム

**政策評価・事業評価** NPMの考え方は，世界的に行政の実践に大きな影響を与え，それに即した様々な制度が開発されて導入された。その中で最も大きなものは，政策評価や事業評価の制度であろう。NPMが提起した経済性，効率性，効果性などの評価基準で，政策や行政事業の効果を体系的に明らかにするものである。日本においては，事務事業や公共事業の評価を中心にした行政評価として発展した。1996年の三重県の「事務事業評価システム」が嚆矢といわれるが，ほぼ同じ時期に全国の都道府県に広がった。2002年に国が政策評価法を施行したが，その前後の時期から都道府県でも総合計画全体の政策効果を測る政策評価が導入されるようになった。NPMに基づく政策評価も転換期にあるといわれる。

◆参考文献　●C.Hood, 'A public Management for all seasons?, Public Administration, Vol.69, No.1, 1991.
●稲継裕昭「NPMについて——諸外国とわが国の取り組み」『国際文化研修』全国市町村文化研究所，2000年冬，Vol.26.
●谷藤悦史「英国における行政改革と公共サービス管理の変容—サッチャー政権からブレア政権の変革を中心に」『季刊行政管理研究』No.94，2001年

# 8 国の機関？民間の機関？—特殊法人・独立行政法人

### アプローチ

特殊法人もしくは独立行政法人とは何だろうか。おそらく多くの読者は十分な理解が得られていないと推察される。林道整備業務の受注に関する官製談合事件（2007年）で問題とされた緑資源機構は，独立行政法人であった。官と民の役割分担が全体として問われるが，比較的に民間が不向きである事業で，どのように効率性を高めるかが問われる問題でもある。

### ●特殊法人，独立行政法人とは●

**特殊法人**とは，政府が事業を行う際に，政府による経営に向いていない場合，そして制度上の問題から効率的運営が困難な場合に特別の法律により設置された法人である。

昭和20年代には，財政投融資制度ができたことを契機として特殊法人および認可法人の数は拡大した。特に日本の高度成長に合わせ増大し，高度成長に伴う財政収入の増大を受け，政府本体を大きくすることなく仕事を確保しておきたい官庁の思惑が働いたともいわれる。昭和40年代には社会的批判を受け，抑制傾向になったが，大きな変化は，2001年の特殊法人改革法の実施によって生じた。

この改革は，財政投融資の改革と一体として進められ，郵便貯金や年金積立金の資金運用部への預託義務が廃止され，特殊法人は，政府保証のない財投機関債の発行により資金調達することになった。同年12月，特殊法人等合理化計画ができ，対象の163法人のうち，現状維持がNHKや日銀など6法人，17は廃止，統合4，民営化43，独立行政法人39，共済組合45となった。

〔表1〕 特殊法人一覧（2014年4月1日現在，総務省資料）

| 所管府省（法人数） | 特殊法人 |
|---|---|
| 内閣府（2） | 沖縄振興開発金融公庫，沖縄科学技術大学院大学学園 |
| 総務省（6） | 日本電信電話㈱［NTT］，東日本電信電話㈱［NTT東日本］，西日本電信電話㈱［NTT西日本］，日本放送協会［NHK］，日本郵政㈱，日本郵便㈱ |
| 財務省（5） | 日本たばこ産業㈱［JT］，㈱日本政策金融公庫，㈱日本政策投資銀行，輸出入・港湾関連情報処理センター㈱，㈱国際協力銀行 |
| 文部科学省（2） | 日本私立学校振興・共済事業団，放送大学学園 |
| 厚生労働省（1） | 日本年金機構 |
| 農林水産省（1） | 日本中央競馬会［JRA］ |
| 経済産業省（2） | 日本アルコール産業㈱，㈱商工組合中央金庫 |
| 国土交通省（13） | 新関西国際空港㈱，北海道旅客鉄道㈱［JR北海道］，四国旅客鉄道㈱［JR四国］，九州旅客鉄道㈱［JR九州］，日本貨物鉄道㈱［JR貨物］，東京地下鉄㈱［東京メトロ］，成田国際空港㈱，東日本高速道路㈱［NEXCO東日本］，中日本高速道路㈱［NEXCO中日本］，西日本高速道路㈱［NEXCO西日本］，首都高速道路㈱，阪神高速道路㈱，本州四国連絡高速道路㈱ |
| 環境省（1） | 日本環境安全事業㈱ |

（特殊法人33法人）

**独立行政法人**とは，特殊法人が有する弊害を除去し，行政組織の効率化，質の向上，透明性の確保を図るため，国から独立させた組織である。特殊法人等のうち，廃止または民営化できない事業，国の関与の必要性が高く採算性が低いもの，事業実施における裁量余地が認められるものが，独立行政法人になった。2001年の中央省庁再編に伴い57法人が発足した。その前身は，特殊法人以外に，国の機関，**認可法人**[*1]，**公益法人**[*2]など多様である[*3]。一部民営化された特殊法人と異なり，国の監視が強く，民営化されていないので，政府に資金を依存している。独立行政法人は，2008年に整理合理化計画がつくられ，廃止・民営化が6，統合が16から6へ，非公務員化が2法人となった。

[*1] **認可法人** 特別の法律に基づいて，民間により設立され，主務大臣の認可を必要とする法人である。

[*2] **公益法人** 財団法人や社団法人のうち公益性が高いものをいう。2008年の公益法人改革関連3法による制度改正で，一般社団・一般財団と公益社団・公益財団が認定され，それ以外は解散したとみなされた。

## 〔表2〕独立行政法人一覧（2014年4月1日現在，総務省資料）

| 所管府省（法人数） | 主な独立行政法人（**太字**は役職員が国家公務員の身分を有する特定独立行政法人：8法人） |
|---|---|
| 内閣府（2） | **国立公文書館**，北方領土問題対策協会 |
| 消費者庁（1） | 国民生活センター |
| 総務省（3） | 情報通信研究機構，**統計センター**，郵便貯金・簡易生命保険管理機構 |
| 外務省（2） | 国際協力機構，国際交流基金 |
| 財務省（3） | 酒類総合研究所，**造幣局**，**国立印刷局** |
| 文部科学省（23） | 大学入試センター，国立科学博物館，防災科学技術研究所，放射線医学総合研究所，国立美術館，国立文化財機構，教員研修センター，科学技術振興機構，理化学研究所，宇宙航空研究開発機構［JAXA］，日本スポーツ振興センター，日本学生支援機構，海洋研究開発機構，大学評価・学位授与機構，日本原子力研究開発機構など |
| 厚生労働省（19） | 労働安全衛生総合研究所，高齢・障害・求職者雇用支援機構，福祉医療機構，労働政策研究・研修機構，**国立病院機構**，医薬品医療機器総合機構，医薬基盤研究所，年金積立金管理運用独立行政法人，国立がん研究センター，国立循環器病研究センター，国立精神・神経医療研究センター，国立長寿医療研究センターなど |
| 農林水産省（13） | **農林水産消費安全技術センター**，種苗管理センター，家畜改良センター，水産大学校，農業・食品産業技術総合研究機構，農業生物資源研究所，森林総合研究所，水産総合研究センター，農林漁業信用基金など |
| 経済産業省（10） | 経済産業研究所，産業技術総合研究所，**製品評価技術基盤機構**，新エネルギー・産業技術総合開発機構，日本貿易振興機構［JETRO］，情報処理推進機構，石油天然ガス・金属鉱物資源機構，中小企業基盤整備機構など |
| 国土交通省（19） | 土木研究所，建築研究所，海上技術安全研究所，港湾空港技術研究所，電子航法研究所，航海訓練所，海技教育機構，航空大学校，自動車検査独立行政法人，鉄道建設・運輸施設整備支援機構，国際観光振興機構，水資源機構，空港周辺整備機構，都市再生機構［UR］，日本高速道路保有・債務返済機構，住宅金融支援機構など |
| 環境省（2） | 国立環境研究所，環境再生保全機構 |
| 防衛省（1） | **駐留軍等労働者労務管理機構** |

独立行政法人（98法人）

### 改革の成果と今後の役割

以上の改革は何をもたらしたのか。これまで，村山富市内閣，橋本龍太郎内閣を含め，特殊法人改革に取り組んできたが，十分な成果が得られたとはいえない。

確かに全体としては財政支出や役員報酬の削減，役員数の削減がみられ，アカウンタビリティが増大しているものの，職員数はほとんど変わっていないのが実状である。また，例えば，特殊法人改革は，事業経営の効率化が目指されたが，競争原理がうまく機能せず，効果を上げていない面がみられるとともに，天下りの問題や経営責任の不明確性なども問われている。

今後，天下り規制が徹底するなどの動きがあれば，さらなる改革が進む可能性があるが，重要なのは国会や国民の監視であろう。また，官と民の役割分担，効率性や公平性をどう構築するのかといった基本的な議論をもう一度展開し，より改革の実をあげることが必要である。

＊3 国立大学法人は，独立行政法人通則法の多数の規定が準用されており，枠組みは同じである。しかし，通常の独立行政法人は，法人の長の任命・中期目標等は担当の大臣が自由に決められるが，国立大学法人は，大学の自主性・自律性に配慮し，大学の意見が十分に反映される独自の仕組みになっている。

### コラム

**イギリスのエージェンシーとの比較** 日本の独立行政法人は，イギリスのエージェンシー（agency）を模したといわれるが，実は様々な違いがある。例えば，国家行政組織であるエージェンシーに対し，独立法人は，そうではない（政府外の別組織である）。しかし，独立行政法人の役職員は，非公務員が原則ではあるものの，公務員身分の法人も認められており，明確ではないとともに，政府による財源措置があるため，その独立性も問われている。また，エージェンシーが必ずしも立法措置で設立されてはいないのに対し，独立行政法人は，独立行政法人通則法と個々の設立のための個別法を必要としている。

◆参考文献　●財務省理財局『財政投融資リポート2012』
　　　　　　●大迫丈志「独立行政法人制度の課題」国立国会図書館 ISSUE BRIEF NUMBER 688（2010.10.5）

# ⑨ 「行政の責任を考える」－行政責任

## アプローチ

責任の概念は多様である。英語のresponsibility（責任）は，accountability（説明可能性），responsiveness（応答性），answerability（回答可能性）を含む概念として説明されている。一般には，自分自身が引き受けた任務や義務に関して，自分が行う行為が適切に対応しているか，さらにまたその行為から生じた結果について，他者に論理的・説得的に説明できることをいう。

### 議院内閣制と大統領制の行政責任

行政の責任は，行政を担う主体の問題として発生する。行政を担う主体は，内閣，それを構成する大臣，大臣の下にある公務員である。内閣の制度は多様で，代表的なものが議院内閣制の内閣と大統領制の内閣である。議院内閣制では，内閣を含めて政府のあらゆる機関は，議会の権限と統制に服し，**政府を構成する内閣は議会に対して連帯して責任を負う**ことを原則としている。これに対してアメリカの大統領制では，権力が分立され，大統領は議会とは分離して単独の意志で内閣を組織する。内閣を構成するメンバーは本質的に大統領の私的官吏であり，**それぞれの大臣はその行為に関して大統領に責任を負う**が，議会に対しては責任を負わない。

### 日本の内閣の責任体系

大日本帝国憲法においては，大臣は元首である天皇の大臣と位置づけられ，「国務大臣ハ天皇ヲ輔弼シ其ノ責ニ任ス」（第55条）とされているように，天皇を輔弼する責任を担うものとされた。第2次世界大戦後に制定された日本国憲法では，議院内閣制の理念が明確にされ，「行政権は，内閣に属する」（憲法第65条），「内閣は，行政権の行使について，国会に対し連帯して責任を負ふ」（憲法第66条第3号）とされる。内閣が担う任務や義務については，内閣総理大臣には，①国務大臣の任免，②国会への議案提出，③国務と外交関係についての国会への報告，④行政各部の指揮監督など，国務大臣については，①法律と政令についての署名，②閣議への出席，③内閣総理大臣に閣議を求めることなどが，憲法ならびに内閣法によって規定されている。また，憲法第73条は，①法律の執行と国務の総理，②外交関係の処理，③官吏に関する事務掌理など，内閣が行う主要な行政事務を掲げているが，内閣は行政の主体として，それを行使する地位にあるから，憲法や法律が内閣以外の機関が行うと規定しない限り，あらゆる行政を実施することになる。これが，内閣ないし行政が担う行政事務の拡大を生み出すことになる。

内閣が職務を執行する場合，閣議を中心として，その決定を各大臣が分担して実行する*1。内閣は決定と実行について，集合的に連帯して責任を担うのである。直接的には国会であり，間接的には国会を通して国民に対してである。したがって，各大臣は内閣の決定と実行について議会に対して連帯して責任を負い，さらに各省庁の業務と公務員の活動について，議会に対し法律に規定されている説明責任を負うことになる。伝統的なイギリス型議院内閣制の行政責任の枠組みである。日本の行政責任も，基本的にこの枠組みで形成されている。

*1 「内閣がその職権を行うのは，閣議によるものとする」（内閣法第4条第1項）と規定されている。

### 公務員の責任は？

この責任の枠組みに従えば，下位の公務員は上位の公務員へ，上位の公務員は大臣へ，大臣は議会へと責任の連鎖がつくられ，公務員の責任は限りなく省庁内部の問題とされることになる。つまり，「大臣は議会に責任を負い，公務員は大臣に責任を負う」構造がつくられるのである。これによって大臣が統括する各省内の成功も失敗も大臣の責任とされ，公務員は「無名」化・「匿名」化される。公務員は，共通の行動規範におかれ，職務執行の効率性，有効性，経済性については責任を負うが，議会への責任を負うことにはならない*2。

①頭を下げる小池百合子環境大臣…水俣病関西訴訟で，国と県に行政責任を認める最高裁判決を受け，原告団に頭を下げる小池環境大臣。（東京・霞が関の合同庁舎5号館　2004.10.15）

### 現代行政の変化と責任の拡大

このような伝統的な行政責任の枠組みが，いま世界的に変化を迎えているといわれる。例えば，行政が高度化・複雑化しているために，大臣が行政についての詳細を知りえない場合がある。議会は，そのような行政行為について，大臣に責任を帰することができるのであろうか。さらにまた，大臣が承認しない行為を公務員が実行することもある。その責任は，大臣に帰することができるのか。それらについては，公務員自身が議会に責任を果たさなければならないという議論が出されているのである。その根底には，高度化した現代行政についての責任は，大臣自身の責任を問うだけでは十分に満たすことができないという事情がある。こうしたことから，1980年代ごろから，対外的にも内部的にも**公務員の責任を広く問う流れ**が，行政改革とともに台頭した。議会における委員会制度の整備と成熟は，議会の審査・監視体制を強化し，結果的に大臣の説明に加えて，公務員の説明を拡大する流れを生み出した。オンブズマン制度のように市民が救済を求める制度が発達すると，行政の瑕疵について公務員自身が説明責任を果たさなければならない状況も出現した。

この行政が対外的に広く責任を果たす流れは，行政内部においても責任を拡大させることになった。1980年代に先進国を中心に広く展開された行政改革は，行政の成果ないし効果を厳しく問うことになり，行政内部の説明責任を明確に求めるようになった。これらの状況を前に，行政責任の体系を再形成しようとする試みが様々に行われているが，伝統的な議院内閣制の責任体系に代わるものが完成しているわけではない。しかし，大臣に加えて公務員自身が責任を負う傾向は，拡大しても縮小することはないであろう。現代行政は，行政責任においても転機にある。

*2　J.バーナム・R.パイパー著，稲継・浅尾訳『イギリスの行政改革』ミネルヴァ書房，2010年，159-160頁。

### コラム

**NPM・PPPにおける行政責任**　行政の企画と実施部門が分離され，後者がエージェンシーとして中央省庁から分離されると，エージェンシーの責任は大臣ばかりでなく，エージェンシーの長にも帰属させなければならなくなった。また，多くの政府業務を民営化し，民間企業やNPOとの契約で，公共性の高い業務を実施する現代行政を前にすると，行政の失敗を大臣に帰属させることで解決できないという問題も発生している（→134頁）。

◆参考文献　●片岡寛光『責任の思想』早稲田大学出版部，2000年
　　　　　　●福田耕治・真渕勝・縣公一郎『行政の新展開』法律文化社，2002年

# 10　増える非伝統的金融政策－戦後日本の金融政策

**アプローチ**

金融政策とは中央銀行が有している政策手段を操作することによって，「物価の安定」や「安定成長」というその国の政策目標の実現を図ることであるが，その具体的な中身はその時代時代によって変化している。

### 規制金利時代の金融政策

まず，1990年代初頭までの規制金利の時代においては，日本銀行は**公定歩合の操作**と窓口指導を用いて，マネーサプライや銀行貸出などをコントロールしていた。しかし，窓口指導は1991年6月に撤廃され，また，公定歩合は90年代中ごろからは次第に金融調節上の役割を低下させていった。また，「公定歩合」という用語も変更され，現在では「基準割引率および基準貸付利率」という用語になった。

### 伝統的な金融政策

金融自由化以降においては，日本銀行は公定歩合に代わって**コールレート（無担保翌日物金利）**を政策金利として，その変更によって金融政策を施行することが標準的な金融調節手段となった。そしてコールレートの変更は**公開市場操作**によって行われるようになった。例えば，景気の現状が不況であったとしよう。この場合，景気の回復を図るために日本銀行はコールレートの誘導目標水準を低く設定し，その目標水準を達成するように買いオペレーションによってコールレートを引き下げるという方法を用いた。

このように政策金利が変更されれば，中長期の国債金利，銀行の貸出金利，預金金利などに波及し，さらには株価や為替レートが変化して，投資や消費などの経済活動や物価に波及していくということになる。

### 非伝統的な金融政策

しかし，このような伝統的な金融政策は政策金利がプラスの領域では有効な政策であったが，政策金利がほぼゼロになってからは機能しなくなった。そして，金融手段の中身が大きく変わったのである。これがいわゆる「非伝統的な金融政策」である。具体的には，日本の場合，1999年2月にはコールレートはほぼゼロとなった（**ゼロ金利政策**）。それでも景気は回復せず，2001年3月に日本銀行はいわゆる**量的緩和政策**を採用した。それ以降，2006年3月から2008年末ごろまでの期間を除いて，日本銀行は非伝統的な金融政策を採用せざるをえなかった。

それでは政策金利がゼロになって以降に採用された非伝統的金融政策とは何か。ここでは3つの柱に分類する。政策金利がゼロになっても，これらの手段によって中長期の金利や資産価格を変えられるかどうかが非伝統的な金融政策が有効か否かのポイントになる。

第1の柱は，金融市場の調整を伝統的な買いオペの手段（主に短期国債）に限定するが，中央銀行のバランスシートを拡大するものである（"**狭義の量的緩和**"）。例えば，2001年3月からの量的緩和局面では**日銀当座預金**[*1]の目標水準はスタート時点には4兆円から5兆円程度へ増額され，以降，段階的に引き上げられ2004年1月には35兆円に達した。また，そのために日本銀行の長期国債の買入額も順次増大していった。さらには，2013年4月4日の"量的・質

---

[*1] **日銀当座預金**　金融機関が日本銀行に保有している当座預金であり，①金融機関が他の金融機関等と取引を行う場合の決済手段，②金融機関が個人や企業に支払う現金通貨の支払準備，③準備預金制度の対象となっている金融機関の準備預金（法定準備）といった3つの役割を果たしている。なお通常の場合は，この当座預金には金利は付かないが，現在は，法定準備を超える部分（超過準備）には0.1％の金利がつけられている。

的金融緩和"では2年間で**マネタリー・ベース**\*² を2倍に増加させることにした。

第2は，中央銀行のバランスシートは拡大させないが，資産サイドにおいて伝統的な資産（主に短期国債）を非伝統的な資産に入れ替えるものである（"**狭義の信用緩和**"）。例えば，日本銀行の場合，2001年から2004年頃までは短期国債に比べて中長期国債のウエイトを高めた。また，異例のことながら2002年9月には株式購入を決定した。

第3は，市場の"期待"に働きかけることを意図した**フォワード・ガイダンス**の採用である。フォワード・ガイダンスとは，中央銀行が金融政策の先行きについて市場と行う「対話戦略」といえるものであり，金融政策をめぐる誤解を避け，政策の先行きや将来の対応を示し，政策の効果を高めることを意図したものである。具体的には，政策金利を据え置く期間や国債購入量の規模をいつまで続けるかの期間を明示的に約束（コミット）したり，将来の政策変更の条件を設けたりするなどして市場の期待に働きかけることである。

このようなフォワード・ガイダンスが初めて採用されたのは，日本銀行が1999年2月にゼロ金利政策を導入した際に，ゼロ金利の継続条件として，「物価の安定が展望できる情勢になったと判断されるまでこれを続ける」と約束したのが最初である。当時は「時間軸政策」と呼ばれた。また，2001年に量的緩和政策を導入したときには「CPI\*³上昇率が安定的にゼロ以上になるまでこの政策を続ける」とコミットした。そして，2006年3月9日，この条件が満たされたとして量的緩和を解除した。また最近のフォワード・ガイダンスの例としては，"量的・質的金融緩和"時には「2％の物価安定の目標の実現を目指し，これを安定的に持続するために必要な時点まで継続する」としている。なお，このような非伝統的金融政策の有効性については，経済学者の間での評価は大きく分かれている。

\*2 マネタリー・ベース
「日本銀行が供給する通貨」のことであって，市中に出回っている日本銀行券（お札）＋日銀当座預金＋政府貨幣（コイン）の合計値である。日本銀行は2013年4月の"量的・質的金融緩和"によってこの額を2012年末の138兆円から2014年末には270兆円まで倍増させることとした。

\*3 CPI (Consumer Price Index) 消費者物価指数のこと。商品・サービスの小売価格の動向を表す指標。日本では総務省が毎月発表している。

## コラム
**アベノミクス**　アベノミクスとは2012年12月に発足した第2次安倍晋三内閣が掲げた経済政策のことである。具体的には，①"量的・質的金融緩和"，②機動的な財政出動，③成長基盤を強化という"3本の矢"によって，2年以内に2％の物価上昇と持続的成長を達成することである。その効果については，2015年3月時点では当初期待したほど実現していない。具体的には次の4つを指摘できる。①大幅な円安が進行したわりには，輸出は増加していない。②物価は上昇したが円安によるコストプッシュ（「悪いインフレ」）が主因であり，マネタリー・ベースの急増がインフレの上昇に結びついていない。③2014年4月の消費税引き上げによって実質賃金が低下する中で消費も伸び悩んでおり，設備投資の本格回復には至っていない。④雇用情勢は良好であるが，一部の産業では人手不足が顕在化し，生産能力を制約している。

このように当初期待したほどの効果が出ていない理由は，①「1本目の矢」が市場の"期待"という実証を欠く理論を信念として放たれたこと，②「2本目の矢」が消費税引き上げという緊縮政策によって的を外したこと，③「3本目の矢」の放射が遅れていることである。今後の注視すべき点は，2014年6月に閣議決定された，「『日本再興戦略』改定2014」の具体化，特に法人税減税といわゆる"岩盤規制"の成り行きである。

◆参考文献　●日本銀行金融経済研究所『日本銀行の機能と業務』有斐閣，2011年
　　　　　　●湯本雅士『金融政策入門』岩波書店，2013年
　　　　　　●岩田一政・日本経済研究センター（編）『量的・質的金融緩和』日本経済新聞社，2014年

# 11 上り坂から下り坂へ－戦後日本の社会保障

### アプローチ

2014年4月に消費税率が5％から8％に引き上げられた。さらに，2017年4月から10％に引き上げることが決められている。今回の消費税率の引き上げは，財政の健全化を意図した面もあるが，そのことよりも「社会保障と税の一体改革」という名のもとで，社会保障制度改革による安定化を求めた点が重要である。これからの日本の社会保障のあり方が問われているが，そのことを考えるためにも，日本の社会保障が戦後どのように展開してきたかを知る必要がある。

### ●社会保障制度審議会による勧告

**社会保障制度審議会**[*1]は，1950年に「**社会保障制度に関する勧告**」を提出した。同勧告は，まず**日本国憲法第25条**を引用した上で，国民には**生存権**があり，国家には生活保障の義務があるとしている。そして，次のように社会保障を定義している。「疾病，負傷，廃疾，死亡，老齢，失業，多子その他困窮の原因に対し，保険的方法又は直接公の負担において経済保障の途を講じ，生活困窮に陥った者に対しては，国家扶助によって最低限度の生活を保障するとともに，公衆衛生及び社会福祉の向上を図り，もってすべての国民が文化的社会の成員たるに値する生活を営むことができるようにすることをいう」。さらに，社会保障制度案を提案している。要約すると，次のようになる。

1. **社会保険**　2. **国家扶助（公的扶助）**　3. **公衆衛生**　4. **社会福祉**[*2]

同勧告が示した定義は，それ以降，日本の社会保障の基本となり，戦後の日本の社会保障制度は，提案された内容に沿って構築されていった。

### ●困窮者対策と社会保障制度の基盤整備（昭和20年代）

戦後の社会保障の展開をたどってみる。以下，『厚生労働白書（2011年版）』の内容を参考にしてまとめる。まず，終戦直後から昭和20年代である。終戦によって，救済を必要とする国民が増加した。そこで，生活困窮者対策が急がれた。また，日本国憲法の制定とともに，戦前とは異なった民主化のもとでの社会保障施策が進められた。旧生活保護法が制定（1946年）されるが，すぐにそれに代わって**新生活保護法**[*3]が制定（1950年）され，続いて**児童福祉法**（1947年），**身体障害者福祉法**（1949年），社会福祉事業法（1951年）[*4]が制定され，ここにいわゆる**福祉3法体制**が整備された。

戦後の社会保険制度の基盤もつくられた。戦前につくられた**厚生年金保険法**は，1954年に全面改正され，現在の厚生年金制度の基本体系となった。1947年には**失業保険法，労働者災害補償保険法**が制定された。

### ●国民皆保険・皆年金と福祉元年（昭和30・40年代）

日本では，医療・年金は社会保険で行われている。被用者には戦前から制度があったが，被用者以外の一般国民にはなかった。国民全員が医療保険・年金の対象になるようにという要望が強まり，1958年に**国民健康保険法**が改正され，1959年に**国民年金法**が制定され，1961年に「**国民皆保険・皆年金**」が実現した。

日本の経済は，戦後復興を経て，昭和30・40年代を通して，いわゆる「**高度経済成長**」を達成した。国民の意識の向上とともに選挙においても社会保障の充実が公約とされるようになった。高度経済成長により，社会保障を充実させ

---

[*1] **社会保障制度審議会**
1948年に発足。主として2つの活動を行った。1つは，社会保障関係のことに関して諮問を受けて答申すること，もう1つは，社会保障に関する勧告，建議，申入れ等を行うことである。戦後の社会保障制度の展開において同審議会は重要な役割を果たしたが，2001年の省庁再編成で廃止された。

[*2] **社会福祉**　児童・高齢者・心身障害者・母子家庭・寡婦などの社会的弱者が自立して，能力を発揮できるように，国や地方公共団体が行う諸活動を意味する。本文に記した定義にあるように，社会福祉は狭い概念であり，社会保障は社会福祉を含む広い概念である。

[*3] **新生活保護法**　旧生活保護法には欠陥条項があったことに加えて，民間の篤志家である民生委員の活用を前提としていたので，その条項を直すとともに，公務員である社会福祉主事を設置する新生活保護法が制定された。

[*4] 2000年に社会福祉法に改称された。

ることも財政的に可能であった。そして，1973年に社会保障を充実させる改革が行われた。多様な分野で社会保障の充実が図られたので，この年は「**福祉元年**」と呼ばれている。すなわち，**老人医療費**を公費でまかない自己負担をゼロにする**老人福祉法**の改正[*5]，医療保険の給付率を引き上げる**健康保険法**の改正，それと年金額を物価や賃金水準に対応させていくという年金制度の改正である[*6]。

### 低成長と少子高齢化の進展（昭和50・60年代と平成の時代）

福祉元年の1973年に**第1次石油危機**，さらに1979年に**第2次石油危機**に見舞われ低成長時代となり，日本を取り巻く経済環境はまったく変わってしまった。税収も落ち，財源確保のため，1975年度補正予算から**特例国債（赤字国債）**が本格的に発行されることになった。少子高齢化も進展した。雇用の安定と失業の予防のため，1974年に失業保険法に代わって**雇用保険法**が制定された。

年金制度は1985年に**基礎年金**[*7]制度の導入等の改正が行われ，現行制度の体系となったが，これ以降，改正を通して給付と負担のバランスが模索されている。

1973年に無料化された老人医療費ではあったが，医療費の中でも特に老人医療費が著しく上昇することもあって，1982年の**老人保健法**の制定およびその後の改正，さらには2008年の**後期高齢者医療制度**の創設によって，高齢者自身にも自己負担してもらった上で[*8]，増大する医療費の負担をいかに国民の間で分かち合ってもらうかが模索されている。

**高齢者保健福祉推進10か年戦略（ゴールドプラン）**を実施するため，1990年に福祉関係8法（老人福祉法，身体障害者福祉法，知的障害者福祉法，児童福祉法，母子及び寡婦福祉法，社会福祉事業法，老人保健法，社会福祉・医療事業団法[*9]）の改正が行われた[*10]。

高齢化は，介護問題をもたらした。1997年の**介護保険法**[*11]制定やその後の改正によって，介護サービスの提供と財源のあり方に関して模索が続いている。

### 社会保障と税の一体改革と今後

戦後の日本の社会保障はこれまでに述べてきたような展開を経てきた。その行き着いたところが「社会保障と税の一体改革」である。少子高齢化が進展し，社会保障費用が増加している。高度成長期とは異なり，成長も限定されているので，このままでは国債の発行に頼ることで将来世代の負担を増やすことにつながる。将来に向けて，少子高齢化と財政制約という状況の中で安定的な社会保障制度を求めていかなければならない。消費税率の引き上げという税制抜本改革を行うことによって社会保障の充実と安定化を進め，同時に財政健全化を達成しようとしたのが，社会保障と税の一体改革である。

---

[*5] 老人福祉法の改正によって，1973年1月から老人医療費支給制度が実施された。70歳以上の高齢者の医療保険における自己負担をすべて公費（税金）でまかなうというものである。

[*6] 物価の変動に合わせて年金をスライドさせる「物価スライド制度」，賃金の上昇に合わせて年金改正のたびに年金額を算定する際のベースを賃金スライドさせる「再評価率制度」が導入された。

[*7] **基礎年金** 職種に関係なく，国民に基礎的な年金を保障しようとするもので，それまで自営業者を対象として存在していた旧国民年金をベースに従来の被用者年金の1階部分（定額部分）を一貫させて全国民共通の基礎年金を創設した。

[*8] 後期高齢者（75歳以上の者）および65歳以上75歳未満で一定の障害のある者は，1割の自己負担で医療を受けられる。ただし，現役並みの所得者は3割。

[*9] 独立行政法人福祉医療機構法（2002年）の制定によって廃止。

[*10] ゴールドプランは1994年に全面的に見直され，「新ゴールドプラン」となった。また，1994年に「今後の子育てのための施策の基本的方向について」（エンゼルプラン）が策定された。

[*11] **介護保険法** 要介護高齢者の増加に応じて創設されたのが介護保険制度である。同制度は40歳以上の者から保険料を徴収し，高齢者が介護サービスを利用した際に，1割の自己負担で済むように9割給付を行う。

---

### コラム

**国民皆保険のない米国** 米国の医療保険は国民がそれぞれ任意で加入するが，公的なものでも保険が適用されない分野も多く，歯科医療保険をもたない米国民は実に3人に1人だという。また，日本で盲腸の手術入院（2泊3日）では医療費が30〜40万円かかるが，米国で旅行中に入院すると216万円もかかるという（2008年，ニューヨーク，AIU保険会社資料による）。

---

◆参考文献　●厚生労働省HP，http://www.mhlw.go.jp

# 12 新規から修繕へ迫られる転換－戦後日本の公共事業

### アプローチ

〔公共事業とは何か〕

道路・港湾・干拓などの産業基盤の整備，住宅・上下水道・公園などの生活基盤の整備，治山治水などの国土の保全など，社会的な共同利用を目的として，国または地方公共団体が建設する事業を指す。公共事業は，一般にはコストがかかりすぎ民間企業や個人では建設・維持することが不可能な社会資本を整備する事業を意味するものの，不景気のさいに需要を創出するために政府が行う土木事業も含まれる。

❶被災地で行われる公共事業…東日本大震災の被災地で，津波対策として行われる盛り土かさ上げ工事。（宮城県南三陸町 2014.3.11）

### ● 歴史と現状

日本では，政府による公共事業は明治初年に開始された。1868年に河川の流路整備，川底浚渫などを任務とする役所が置かれ，これが1874年に内務省の土木寮（1877年から土木局）となり，以来，土木局が河川工事を一手に引き受けた。その後，福島県令・三島通庸が自由党を弾圧するために地方で土木事業を起こすことを開始し，彼が内務省土木局長に就任した後，土木事業は全国的に行われるようになった。戦後，内務省が廃止され，建設省が公共事業の主務官庁となった（2001年から国土交通省）。

政府が積極的に公共事業に取り組む根拠は，日本国土の利用，開発，保全，産業立地を総合的に計画することを意図した1950年の**全国総合開発法**にあった。これにしたがい，「地域間格差の縮小，工業の地方分散」「過密・過疎の解消，人間と社会の調和」「自然・生活・生産の調和，地方での人口定住」「東京への一極集中の是正，多極分散型国土の形成」「21世紀の国土のグランドデザイン」を目標に，1962年の第1次から1998年の第5次に至るまで，約10年ごとに**国土総合開発計画**が策定され，これに基づいて年度ごとの公共事業計画が立てられた。なお，2005年に国土総合開発法は**国土形成計画法**に引き継がれ，さらに，東日本大震災を契機に，2013年に**国土強靱化基本法**が制定された。

### ● 財源と自己拡大システム

公共事業の費用は，租税，建設国債*1，地方債，地方への補助金，財政投融資*2などの多様な財源から支出され，しかも**特別会計***3で処理されている。

具体的にどのような公共事業にどのような資金が支出されるのかを理解するために，公共事業支出全体の4分の1を占める道路事業を例に説明しよう。1996年度の道路建設に直接支出された道路整備特別会計の総額は2兆6,000億円であり，このうち7,800億円が一般財源，残り1兆9,000億円は揮発油税，石油ガス税などの道路特定財源*4であった。しかし，この特別会計に地方財政と財政投融資を加えた道路事業関連支出の合計は，14兆4,475億円（内訳：国費3兆4,583億円，地方債8兆2,056億円，財政投融資2兆7,836億円）に達した。同年の一般会計予算に占める公共事業費総額が約9兆6,000万円であることを考えると，道路事業関連支出がいかに多額であるかが分かる。

また，これが意味するのは，日本で公共事業計画がいったん承認され，特定財源と特別会計手続きが採用されると，長期的な財源が保証され，国会による

*1 **建設国債** 道路などのように将来にわたって利用可能な施設の建設のために発行される（財政法第4条）。

*2 **財政投融資** 国民の郵便貯金，厚生・国民年金の保険料などが財務省理財局によって管理される「資金運用部」に集まり，日本道路公団などの特殊法人，住宅金融公庫など政府系機関に貸しつけられて運用される。財政投融資計画は，予算審議の参考資料として国会に提出される。

*3 **特別会計** 政府が特定の事業を行う場合，特定の資金を保有してその運用を行う場合，その他特定の歳入を以て特定の歳出に充て，一般の歳入歳出と区分して経理する必要がある場合に限り，法律を以て，特別会計を設置するものとする（財政法第13条）。

*4 **特定財源** 財源に使途制限が設けられるものを特定財源という。2009年度から一般財源化された。

チェックを受けずに公共事業が継続してしまうということである。

### 公共事業の政治問題化

敗戦後の混乱や当時の社会資本の水準の低さを考えると，1950〜60年代の公共事業は有用であったと評価することができる。しかしながら，1980年代後半以降，道路・ダムなどの**大型公共事業**に対して，「30年前に立てられた計画目標に現在でも意味があるのか」「人口が少なく，積雪のため4か月間通行止めとなる北海道北部に4車線道路を建設する必要があるのか」などの批判が相次いだ。このような批判の高まる中で，小泉純一郎内閣のもとで道路公団が民営化*5された。また，民主党は2009年のマニフェストで「コンクリートから人間へ」をスローガンに掲げ，「川辺川ダム，八ツ場ダムを中止し，時代に合わない国の大型直轄事業を全面的に見直す」と公約した。その結果，民主党政権下でこれらの工事は停止された。しかし，2012年12月に自民党が政権に復帰すると，これまで停止されていた公共事業が再開された。

### 日本における公共事業の特質と問題点

日本において公共事業が増加した理由は，中央レベルでは，**族議員**と官僚と建設業者が「産業基盤の整備」「国土の保全」を名目に既得権の維持拡大を図り，地方レベルでは，政治家が選挙勝利のために地元に**公共事業を誘導**し，地方自治体では公共事業が**景気浮揚・雇用創出の手段**となっているからである。その結果，中央で公共事業の支出が減らされると，地方経済が冷え込むことになる。また，現在の問題は，中央がしばしば不要と批判される大型公共事業に多額の税金を投入することができる一方で，地方自治体は2020〜25年に年間1兆円に達すると見積もられる老朽化した水道管などの設備交換に必要な費用を支出しなければならないという点である。これは「新規の大型公共事業」から「国民生活に密着した水道施設，道路，橋梁の修繕へ」という公共事業イメージ転換と支出優先順位の変更が必要であることを示唆している。

\*5　道路公団の民営化
小泉内閣のもとで，2005年10月に4公団が民営化され，日本道路公団は分割され東日本高速道路株式会社・中日本高速道路株式会社・西日本高速道路株式会社に，首都高速道路公団は首都高速道路株式会社に，阪神高速道路公団は阪神高速道路株式会社に，本州四国連絡橋公団は本州四国連絡高速道路株式会社になった。

### コラム

**諫早湾干拓事業の意味するもの**　公共事業の中には，産業基盤整備，生活基盤整備，国土保全など本来の目的ではなく，「事業」自体が目的化した事例もある。その好例が，諫早湾干拓事業であろう。これは少なくとも3回目的が変更されている。しかも，完工後，所管する農林水産省は，開門を求める漁業関係者と開門に反対する農業関係者の双方から訴訟を起こされ，板挟み状態にある。これは，政府が事業を無理に推し進めた「代償」である。

| 年 | 諫早湾干拓事業をめぐる出来事 |
|---|---|
| 1952 | 国が長崎大干拓構想を立案（米作地造成） |
| 70 | 長崎南部地域総合開発事業に変更…陸地は畑と工業用地，淡水湖は上水道に利用。 |
| 82 | 反対運動が激しく農水大臣が打ち切りを宣言 |
| 83 | 諫早湾防災総合干拓事業に変更 |
| 89 | 諫早湾干拓事業として着工 |
| 97 | 潮受け堤防締め切り |
| 2001 | 干拓規模の見直し，農地縮小 |
| 07 | 完工 |
| 08 | 諫早干拓訴訟判決・地裁判決…漁業影響調査，防災工事のために3年間猶予，5年間は常時開門する。 |
| 12 | 12月，福岡高裁判決［確定］…漁業関係者の開門要求に対して，2013年12月までに開門する。 |
| 13 | 11月，長崎地裁判決…農業関係者の開門差し止め要求に対して開門準備を禁止する。 |

◆参考文献　●五十嵐敬喜・小川明雄『公共事業をどうするか』岩波書店（岩波新書），1997年
●五十嵐敬喜・小川明雄『公共事業は止まるか』岩波書店（岩波新書），2001年
●藤井聡『公共事業が日本を救う』文藝春秋（文春新書），2010年

# 13 原発事故後のエネルギー政策は？ー戦後日本のエネルギー政策

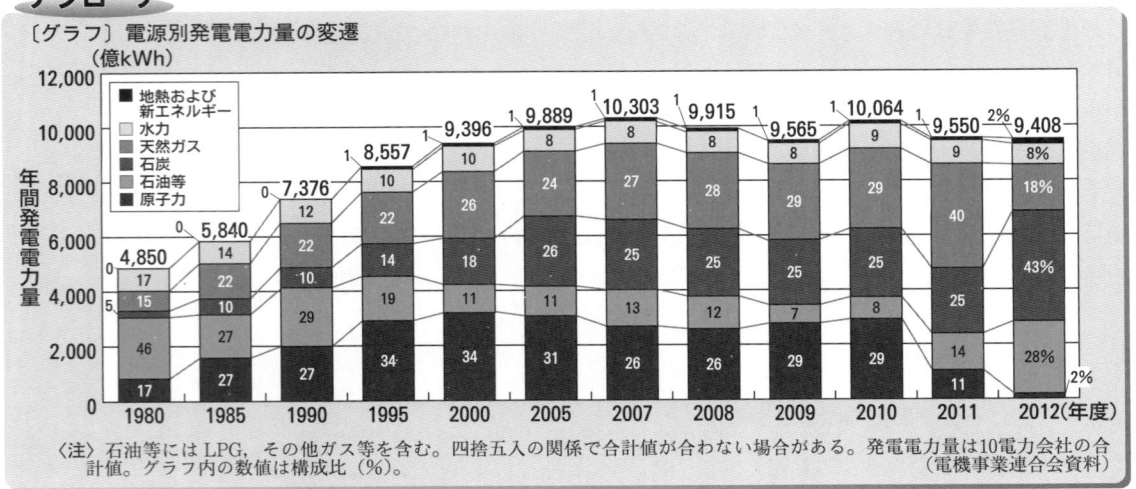

## アプローチ

[グラフ]電源別発電電力量の変遷
（億kWh）

| 年度 | 1980 | 1985 | 1990 | 1995 | 2000 | 2005 | 2007 | 2008 | 2009 | 2010 | 2011 | 2012 |
|---|---|---|---|---|---|---|---|---|---|---|---|---|
| 合計 | 4,850 | 5,840 | 7,376 | 8,557 | 9,396 | 9,889 | 10,303 | 9,915 | 9,565 | 10,064 | 9,550 | 9,408 |
| 地熱および新エネルギー | 0 | 0 | 1 | 1 | 1 | 1 | 1 | 1 | 1 | 1 | 1 | 2% |
| 水力 | 17 | 14 | 12 | 10 | 10 | 8 | 8 | 8 | 8 | 9 | 9 | 8% |
| 天然ガス | 15 | 22 | 22 | 22 | 26 | 24 | 27 | 28 | 29 | 29 | 40 | 18% |
| 石炭 | 5 | 10 | 10 | 14 | 18 | 26 | 25 | 25 | 25 | 25 | 25 | 43% |
| 石油等 | 46 | 27 | 27 | 19 | 11 | 11 | 13 | 12 | 7 | 9 | 14 | 28% |
| 原子力 | 17 | 27 | 27 | 34 | 34 | 31 | 26 | 26 | 29 | 29 | 11 | 2% |

〈注〉石油等にはLPG，その他ガス等を含む。四捨五入の関係で合計値が合わない場合がある。発電電力量は10電力会社の合計値。グラフ内の数値は構成比（％）。
（電機事業連合会資料）

### 原子力開発政策の開始

第2次世界大戦直後の日本には，狭義のエネルギー政策しか存在しなかった。当時はエネルギーといえば水力・火力発電が中心であり，これが変わり始めたのは，1950年代以降である。サンフランシスコ講和条約の発効後，日本での原子力研究が解禁され，1954年に最初の原子力研究開発予算が認められた。1955年には，原子力平和利用3原則（公開・民主・自主）を定めた**原子力基本法**\*1が制定され，1956年には日本原子力研究所（現・独立行政法人日本原子力研究開発機構）が設立され，茨城県東海村に研究所が設置された。1957年には**9電力会社**\*2と電源開発の出資により，日本原子力発電株式会社が設立された。そして，1963年には，東海村の実験炉で日本初の原子力発電が行われた。

### 石油危機と電源3法

しかし，すぐに多くの原子力発電所が建設され，原子力による発電量が増加したわけではなかった。1960年代には，固体の石炭から液体の石油に比重が移り，火力発電が増加した。原子炉では放射能漏れ事故やトラブルが多発した結果，原子炉の安全性が疑われ始め，原子力発電所に反対する住民運動が起こった。しかも，1960年代後半からの長引く中東戦争の影響により，石油価格が不安定化した\*3。ここに，石油を備蓄し，特定燃料への高い依存度を引き下げ，燃料の確保から効率向上まで日本のエネルギー政策を一元的に管理することが必要になり，そのための機関として1973年7月に**資源エネルギー庁**が通産省（現・経産省）の外局として設置された。翌1974年には，発電事業者に課税し，発電所を受け入れた自治体への地方交付金とする**電源3法**\*4が制定された。原子力発電の交付金は火力・水力と比較して2倍以上の交付金が支給された結果，これを機に原子力発電所増設が促進された。

### エネルギー政策基本法

その後，国連において，エネルギー問題は地球環境保全の視点からも議論された。1997年に第3回気候変動枠組条約締約国会議（京都会議）で気候変動枠組条約に関する議定

---

\*1 **原子力基本法** 同時に，原子力委員会設置法，原子力局設置法が制定された。これらを合わせて原子力3法という。

\*2 **9電力会社** 北海道・東北・東京・中部・北陸・関西・中国・四国・九州の各電力会社を指す。この9社体制は戦時統制――1941年の配電統制令により，1937年に470社におよんだ電気事業者が全国9ブロックの配電会社に統合された――の名残である。

\*3 1973年11月に第4次中東戦争が勃発し，石油輸出国機構（OPEC）が原油価格を70％値上げし，世界は石油危機に見舞われた。

\*4 **電源3法** 電源開発促進税法，電源開発促進対策特別会計法，発電用施設周辺地域整備法を指す。

第7章 行政

146

書が締結され，先進諸国は温室効果ガスの削減を迫られた。

このような新しい必要に対応するため，2002年に**エネルギー政策基本法**が制定された。同法では，安定供給の確保，環境への適合，これらを前提にした上での市場原理の活用が基本理念として掲げられ，国・地方公共団体・事業者の責務，国民の努力，4者の相互協力が明記され，政府がエネルギーの需給に関する基本計画を定めること，国がエネルギーに関する国際協力を推進するために必要な措置を講じ，エネルギーの適切な利用を啓発しエネルギーに関する知識を普及することが規定された。

### エネルギー基本計画

エネルギー政策基本法では，今後20年間のエネルギー基本計画を3年ごとに策定することが義務づけられ，2010年6月に第2次改定が行われた。計画では，2030年までに，原子力発電所を14基以上新規に増設し，次世代自動車を普及させることなどを通じて地球温暖化対策を推進することが謳われた。計画に盛り込まれた政策を実行することで，2030年までに温室効果ガスは（1990年度比）30％削減されると試算し，原子力，太陽光，風力などの発電を推進し，全発電量に占める発電時に温室効果ガスを排出しない発電割合を，現在の30％から70％に引き上げるとした。

### 原発事故とその影響

しかし，東日本大震災に伴う東京電力福島第1原子力発電所の事故により，エネルギー基本計画は事実上白紙に戻された。民主党の菅直人政権が原発ゼロ方針を打ち出し，野田佳彦政権は2012年9月に「2030年に原発稼働ゼロが可能となるよう政策資源を総動員する」との方針を打ち出したものの，閣議決定には至らなかった。

安倍晋三政権は，2014年6月にエネルギー基本計画を改定。その中で，原子力を「安全性の確保を大前提に，エネルギー需要構造の安定時に寄与する重要なベースロード電源である」と位置づけ，原子力依存度を「省エネルギー・再生可能エネルギーの導入や火力発電所の効率化などにより，可能な限り低減させる。その方針の下で，わが国の今後のエネルギー制約を踏まえ，安定供給，コスト削減，温暖化対策，安全確保のために必要な技術・人材の維持の観点から，確保していく規模を見極める」と結論づけた。

⊕福島第1原発の3・4号機の現場…東京電力が撮影した福島第1原発3号機と4号機。3号機は水素爆発で原子炉建屋が吹き飛び，4号機は建屋の壁に大きな穴が開いている。いずれからも白い煙が立ち上っている。（福島県大熊町2011.3.15）〔東京電力提供〕

### コラム

**電気事業法の改正：地域独占から自由化へ**　2013年11月に，電気事業法の一部を改正する法律案が国会で成立した。同法は，従来の9電力会社による地域独占型電力供給体制を根本的に見直すことを目的とし，①電気の需給状況を監視し，別の電気事業者に電気需給状況が悪化した事業者に電気を供給するよう指示する業務を行う広域的運用推進機関を設立する，②電気の安定供給を確保し，電力料金を最大限に抑制し，電気使用者の選択の機会と電気事業における事業機会を拡大するために，電気の小売業への参入を全面自由化し，発電送電業務において特定事業者に不当に優先的な取り扱いや不当な利益を与えないようにする，ことが明記された。同法に基づき，2015年4月に電力広域的運営推進機関が設置された。また，2016年4月に家庭向けを含む電力販売を全面的に自由化すること，2020年4月に大手電力会社に送電部門の分社化を義務づけ，発送電の分離を行うことが決定されている。

◆参考文献　●竹内啓二『電力の社会史　何が東京電力を生んだのか』朝日新聞出版（朝日選書），2013年
　　　　　●松岡俊二『フクシマ原発の失敗：事故対応過程の検証とこれからの安全規則』早稲田大学出版部，2012年
　　　　　●資源エネルギー庁—経済産業省「エネルギー基本計画」，
　　　　　　http://www.enecho.meti.go.jp/category/others/basic_plan/pdf/140411.pdf

# 1 英米法と大陸法のハイブリッド？－日本における司法制度

## アプローチ

〔表〕諸外国の司法制度の概要

| | | アメリカ | イギリス | 日本 | フランス | ドイツ |
|---|---|---|---|---|---|---|
| 裁判所 | 最上級裁判所 | 連邦最高裁判所 | 連合王国最高裁判所 | 最高裁判所 | 破毀院 | 連邦裁判所＊1 |
| | 憲法裁判所 | なし | なし | なし | 憲法院 | 連邦憲法裁判所 |
| | 行政裁判所 | なし | なし | なし | 国務院 | 連邦行政裁判所 |
| 裁判官の任用 | | 法曹一元 | | | キャリア裁判官制度 | |

● **最高裁判所の創設と違憲立法審査権**

戦前の裁判所は，検事が主流の司法省（現法務省）に人事権を握られ，その地位は脆弱だった。そこで，日本国憲法制定過程においては，司法権の地位を高めることは重要なテーマとなった。「強力で独立の司法部は国民の権利の防塁」（マッカーサー草案第68条）ということだ。日本国憲法第81条は，裁判所が議会制定法の憲法適合性を判断する権限（**違憲立法審査権**）をもつことを明記した。さらに，違憲立法審査権を担う最終審として，また，司法の最高機関として，これまでの大審院に代わって最高裁判所が創設されることとなった。加えて，最高裁判所は裁判官を含む裁判所に関する人事権を握った。司法制度の大転換が行われたのである。憲法制定過程では，国家の機関（議会，内閣）の間の争いを「憲法裁判所」に担当させる案もあったが，採用されなかった。アメリカ憲法およびアメリカ連邦最高裁判所をモデルとする改革が行われたのだ。

● **大陸法系から英米法系への転換？**

大日本帝国憲法下の日本は，ドイツおよびフランス（（ヨーロッパ）**大陸法系**）をモデルとする法体系であった。それは，議会制定法を中心として法秩序を形成する発想が強いものであった（「上からの秩序形成」）。これに対し，英米法は，裁判所がつくり出す判例法の比重が高く，1つひとつの事件を積み重ねることで法秩序が形成されるという発想が主流であった（「下からの秩序形成」）。日本国憲法はアメリカ憲法をモデルとしている。それでは，日本の司法制度は**英米法系**に転換したのだろうか。

司法制度を現実に担う裁判官・検事・法制官僚，そして弁護士は，これまで大陸法系の法学教育を受け，職業上のスキルを磨いてきた。研究者も同様で，英米法（特にアメリカ法）に通じた人は数えるほどしかいなかった。英米法学者の高柳賢三＊2は，「アメリカ政府は判例集等を最高裁判所に寄贈してこの点で日本を援助せんとする好意を示しているが，これら資料を十分に活用しうる弁護士も裁判官も，また法学者も今のところ絶無ではないにしても，極めて少数」と述べていた（1952年）。その後も，司法制度を担う法曹の中に，「意識的に（そしておそらくはそれよりもしばしば）無意識的に，大審院を頂点とする旧憲法時代の司法部への回帰」がみられたのである（田中英夫＊3）。法律家

＊1 ドイツの場合，最上級裁判所は連邦裁判所といわれているが，具体的には，連邦通常裁判所，連邦労働裁判所，連邦社会裁判所，連邦行政裁判所，連邦財政裁判所の5つである。

＊2 高柳賢三（1887-1967）東京大学名誉教授。1920年代に5年の留学を経てアメリカの違憲審査制に関する詳細な研究を発表するも，当時はドイツ法が隆盛で有力な見解とはなりえなかった。戦後は，内閣に置かれた憲法調査会の会長を7年あまり務めた。

＊3 田中英夫（1927-92）日本の法学者。英米法の研究者。東京大学法学部教授時代に，客員教授としてハーバード大学ロー・スクールで日本法を講義した。

の世代交代が進み，日本国憲法のもとで法学教育を受けた人たちが主流となった現在でも，国会制定法を中心とした法秩序の形成が行われており，大陸法系の考え方はなお強いようにみえる。それでは，最高裁判所および違憲立法審査権の意味はどこにあるのだろう。

### 大きな司法と小さな司法

最高裁判所長官を務めた矢口洪一*4は，「違憲立法審査権が裁判所に与えられたときから，裁判所は純粋の司法ではなくなったんです。政治の一環に繰り入れられたんです」という。確かに，メディアの反応を含め，国会制定法を違憲無効とする最高裁判所判決のインパクトは相当に大きい。したがって，最高裁判所は，違憲立法審査権の行使を抑制的に行うため，憲法が明文化していない「**司法権の限界**」をつくり出す。それによって政治との直接対決を回避するのである。「直接国家統治の基本に関する高度に政治性のある国家行為」（衆議院の解散）については，司法審査の対象としないとする「**統治行為論**」がその代表例である。

近時の最高裁判所は，長期にわたる低迷期を脱し，違憲審査を積極的に行うようになっている。それでも，権利や法的利益の侵害を要件とする「具体的事件」がないならば，裁判所は訴え自体を認めない。棟居快行*5が指摘するように，現在の司法は，具体的事件の解決という「ミクロの正義」と「真実発見」というコンビネーション（「**小さな司法**」）である。これに対して，憲法政治全体の健全化を志向する「マクロの正義」と「適正手続」のコンビネーション（「**大きな司法**」）がオールタナティブ*6として存在する。棟居は今後，「大きな司法」が否応なく現れることを予想し，それに最高裁判所が踏み込まないならば，「憲法裁判所による抽象的規範統制*7の制度化にしか，「国家」の領域の立憲主義的な保障手段はありそうにもない」という。これまで，最高裁判所の違憲判決が少ない理由について，**内閣法制局**の法案審査において合憲性の検討が厳密に行われている点を指摘する見解があった（山口繁元最高裁判所長官）。しかし，個別の法案に即した審査ではなく，「憲法政治全体」にかかわるテーマについて，内閣法制局が時の内閣の意向から離れて憲法判断することは難しい。棟居の指摘は，今後の司法制度を検討するうえで重要なポイントである。

*4 矢口洪一（1920-2006）第11代目最高裁判所長官（1985-90）。ミスター司法行政と呼ばれ，人事などに辣腕を振るう。矢口長官の時代に，海外の司法への国民参加の研究が最高裁判所内部で始まっていて，これが現在の裁判員制度にもつながっている。

*5 棟居快行（1955-）日本の法学者。憲法を専門とする。大阪大学名誉教授。

*6 オールタナティブ（alternative）代案。

*7 抽象的規範統制 具体的な事件の存在を前提とすることなく，裁判所への提訴が可能。ドイツの基本法第93条第1項第2号は，「連邦政府，ラント政府，又は，連邦議会議員の3分の1の申立てに基づき」，連邦法・ラント法が憲法に適合するか否かについて，「意見の対立又は疑義がある場合」，連邦憲法裁判所に提訴できる，と規定する。

---

### コラム

**最高裁判所裁判官の人事** 最高裁判所裁判官は，15名のうち5名については法律家以外の者から任命できる。ところで，最高裁判所創設以来の行政官出身の裁判官をみるなら，内閣法制局（長官）5名，外務省7名，旧厚生省1名，旧労働省2名となっている（内閣衆質176第223号を参考）。内閣法制局は，内閣提出法案の審査事務および（憲法解釈に関する）意見審査を任務とするもので，一般の行政庁とは異なる。また，外務省は国際法の知見や国際的な視野の広さが期待されているのであろう。それでは，旧厚生省・旧労働省出身者はどうかというと，3名とも女性である。行政官出身の裁判官は，「省益」とは異なった観点から任命されているようだ。ところで，最高裁判所の創設当初から，法律家以外の若干の者を裁判官に加えることは異論なく受け入れられてきた。違憲審査権を担い行政をコントロールする最高裁判所は，法律家だけで構成されるべきではないと考えたのだ。

---

◆参考文献 ●笹田栄司『司法の変容と憲法』（第1章）有斐閣，2008年
●市川正人・酒巻匡・山本和彦『現代の裁判 第5版』（244頁以下）有斐閣，2013年

## 2 「顔のない裁判官」－裁判所と裁判官

**アプローチ**

〔裁判官人事の実態とは？〕

「最高裁長官，事務総長，そして，その意を受けた最高裁判所事務総局人事局は，人事を一手に握っていることにより，いくらでも裁判官の支配，統制を行うことが可能になっている。……事務総局が望ましいと考える方向と異なった判決や論文を書いた者など事務総局の気に入らない者については，所長になる時期を何年も遅らせ，……あるいは所長にすらしないといった形で，いたぶり，かつ，見せしめにすることが可能である。……こうした人事について恐ろしいのは，前記のような報復や見せしめが，何を根拠として行われるかも，いつ行われるかもわからないということである。たとえば，『違憲判決を書いた場合』などといった形でそれが明示されているのなら，それ以外は安心ということになるかもしれないが，『ともかく事務総局の気に入らない判決』ということなのだから，裁判官たちは，常に，ヒラメのようにそちらの方向ばかりをうかがいながら裁判をすることになる。当然のことながら，結論の適正さや当事者の権利などは二の次になる。」（瀬木比呂志『絶望の裁判所』講談社）

● **裁判官と政治活動**

ある裁判官が，盗聴を認める「組織的犯罪対策法案」\*1に反対する集会に参加しようとしたところ，所属する裁判所の所長から，参加すれば懲戒処分もありうると警告された。そこで，この裁判官はパネリストとしての参加は取りやめたが，集会で，仮に法案に反対の立場で発言しても裁判所法に定める積極的な政治運動に当たるとは考えない，と発言した（裁判所法は「積極的に政治活動をすること」を裁判官に禁止する（第52条第1項））。これに対し，最高裁判所は，裁判官のこういった言動が「積極的に政治活動をすること」に当たるとして，戒告処分を行った。裁判官の独立および中立性の確保，そして「裁判に対する国民の信頼」の確保から，最高裁判所は，このような裁判官の言動は許されないと考えたのである（最大決1998.12.1民集52巻9号1761頁）。ところで，**司法権の独立**といっても，司法府の独立と裁判官の独立は区別して考える必要がある。前者は，立法権および行政権から独立して司法府が自主的に活動を行うことを指し，後者は，司法府の独立を前提として，裁判官は裁判をするに当たり独立して職権を行使するという意味で用いる。ところが，この両者は時として微妙な関係に立つ。

● **「司法府の独立」対「裁判官の独立」**

1891年に起きた**大津事件**で，政府が，ロシア皇太子に傷害を負わせた巡査の死刑判決を求めたのに対し，大審院（現在の最高裁判所）の児島惟謙\*2院長は担当の裁判官を説得し，結局，大審院は無期徒刑の判決を下している。司法府の独立を守るために，児島は裁判官の独立に介入したのである。

このような象徴的な事件ではないにしても，類似の事件は日本国憲法下でも起きている。それが**吹田黙禱事件**（1953年）である。裁判長が被告人らによる朝鮮戦争戦死者への黙禱を制止しなかったことについて，国会に置かれた裁判官訴追委員会は，黙禱を禁止しなかった裁判長の訴訟指揮は罷免事由に該当する可能性があるとして調査を開始した。最高裁判所は審理中の裁判に対する右調査は司法権の独立を侵害するおそれがあるとの見解を示す一方，「法廷の威信について」と題する通達を発し，その中で本事件を名指しして，法廷の秩序維持は司法部の重要問題に属するものであって，「かような事態の発生したことは，まことに遺憾」とする。最高裁判所は，対国会の場面では「司法権の独

\*1 組織的殺人，薬物および銃器の不正取引，集団密航の4類型に限り，犯罪捜査のために裁判官の令状に基づき，通信の傍受をできるようにするもので，1999年8月に「犯罪捜査のための通信傍受に関する法律（**通信傍受法**）」として公布され，翌年の8月15日から施行された。

\*2 児島惟謙（1837-1908）伊予宇和島の出身。1871年に司法官となり，1891年に大審院長に就任。のちに，貴族院および衆議院議員を歴任した。

立」を主張するが，司法部内の対裁判官の場面では，黙禱を許した裁判長の訴訟指揮を厳しく批判しているのである。

### 裁判官制度—キャリア裁判官と法曹一元

**キャリア裁判官制度**は，「当初から裁判官として採用され，その経歴自体の中において裁判官としての養成，訓練が行われる」制度をいい，**法曹一元**とは，「裁判官は弁護士となる資格を有する者で裁判官としての職務以外の法律に関する職務に従事したもののうちから任命することを原則とする制度」をいう（臨時司法制度調査会意見書（1964年））。前者の例として日本のほかにドイツがあり，後者の例としてアメリカやイギリスが挙げられる。

後者を日本が採用するなら，熟練の弁護士が裁判官として任命され，現在のような複雑な給与および昇進システムは不要になり，最高裁判所事務総局による人事行政は存在意義を失う，という主張もある。もっとも，裁判官として適任と思われる弁護士は，すでに社会的地位を築き，高収入も得ていることが多いだろうから，10年を任期とする裁判官（日本国憲法第80条第1項）に任官する可能性は，現状では高くないだろう。

裁判官と民主主義の関係については，アメリカの一部の州で行われているような裁判官を選挙で選ぶというやり方を，日本は採っていない。最高裁裁判官の国民審査（日本国憲法第79条第2項）が唯一，任命に関し民意が反映するものだ。**国民審査**は不要論も根強いが，最高裁裁判官に全く不適格な人物が任命された際に排除するという「非常ブレーキ」としての意味はあるだろう。なお，国会に罷免の訴追を受けた裁判官を裁判する「弾劾裁判所」（日本国憲法第64条）が設置されたことも，司法の民主的コントロールの現れである。

### 顔のない裁判官

最高裁判所は，統一的・等質的司法を日本の司法制度の特徴という。これは，全国津々浦々，裁判官が替わっても，ほぼ同じような判決がくだされる，ということである。この「**顔のない裁判官**」（伊藤正己*3）とアメリカの裁判官像との違いは大きい。アメリカでは，裁判官によって，事件の審理や理由づけなどが変わり，「場合によっては結論そのものさえ左右されうることが，広く認められている。また，裁判官が各人各様の個性をもって裁判官の職に就くことも，当然とされている」（ダニエル・H・フット*4）。最高裁判所は，政治活動を行うような裁判官は，「顔のない裁判官」や統一的・等質的司法を維持するうえで「異物」であり，それは，ひいては裁判官の中立性や公正さを危機に陥れるとみているようにも思われる。

*3 伊藤正己(1919-2010) 日本の法学者。英米法が専門。元最高裁判所判事でもある。名前は，「正己」と書いて「まさみ」と読む。

*4 ダニエル・H・フット〔Daniel Harrington Foote〕 ハーバード・ロースクールを卒業後，連邦地方裁判所ロー・クラークおよび連邦最高裁判所ロー・クラークを経て，現在，東京大学大学院法学政治学研究科教授。

---

**コラム**

**裁判官人事の透明性をどう確保するか？** 2003年に，下級裁判所裁判官指名諮問委員会が最高裁判所に設置された。メンバー構成は，学識経験者6名，裁判官と弁護士各2名，そして検察官1名である。答申には拘束力はないが，最高裁が諮問委員会と異なる判断を行った場合には，最高裁は委員会に理由を説明しなければならない。同委員会は，司法修習生からの判事補任用について，94名中92名について指名することが適当とし，判事の任命・再任について，114名を再任，3名を不適当とした（2012年12月，最高裁HP）。

---

◆参考文献　●市川正人・酒見匡・山本和彦『現在の裁判　第6版』（第2章，第3章1）有斐閣，2013年
●笹田栄司『司法の変容と憲法』（第2章）有斐閣，2008年

# 3 揺らぐ検察の"正義" － 検察庁と検察官

### アプローチ

〔郵便不正冤罪事件〕

　大阪地検特捜部の前田恒彦検事（当時）が郵便不正事件において証拠物件のフロッピーディスクを改ざんしたとして，2010年9月，最高検察庁に証拠隠滅容疑で逮捕された。この事件では，「実体のない障害者団体に郵便料金割引制度の適用を認める偽証明書を発行したとして，厚生労働省の村木厚子元局長（54）＝無罪確定＝らが虚偽有印公文書作成・同行使罪に問われ」ていた（『毎日新聞』2010.10.12）。

➡データが書き換えられたフロッピーディスク…更新日時が前田検事によって「6月1日」から「6月8日」に書き換えられた。

➡無罪確定に笑顔を見せる村木氏…拘置所での拘留は約5か月に及び，150冊の本を読んで過ごしたという。その後，女性として史上2人目の事務次官（厚生労働省）となった。　（2010.9.22）

### ● 地検特捜部の誕生

　そもそも，「特捜部」とは何だろう。地検特捜部でまず名前があがるのが東京地検特捜部だ。同部は，これまで，ロッキード事件，リクルート事件，そして東京佐川急便事件など，政治家・官僚と巨額の金にまつわる事件を摘発してきた。東京地検特捜部の成り立ちは，同地検に1947年に設置された隠退蔵物資事件捜査部にさかのぼる。これは，旧日本軍が「隠匿した物資の横流しを摘発する部門」だった（野村二郎*1）。同部は1948年，政府からの巨額融資の不正に絡む昭和電工事件を摘発し，これによって当時の芦田均内閣は崩壊する。1949年，隠退蔵物資事件捜査部は**東京地検特捜部**に改組され，その後，大阪地検や名古屋地検にも特捜部が設置されている。

### ● 法務省と検察庁

　霞が関の中央官庁が一様に事務次官をトップとするなかで，法務省だけが**検事総長**を組織のトップとする。法務省事務次官は，検事総長より下位のポストであり，次官退任後，東京高検検事長（あるいは仙台・札幌高検検事長）に就いている。また，法務省の幹部はおおよそ検事が占めており，「国家公務員Ⅰ種職員*2は，他省庁と異なり，局長以上に昇進することはできない」（高口努・城山英明*3）。さらに，裁判官が法務省（民事局や人権擁護局）に出向して検事に任じられることも多い（判検交流，➡161頁）。ところで，検察庁は法務省に置かれた「特別の機関」（法務省設置法第14条）と規定されている。これは，国家行政組織法第8条の3が規定するもので，特に必要がある場合に省庁に置かれる。検察庁は，それが司法機能と深く関わることから「高度の独立性を有している機関」である。

### ● 検察官の種類

　検事は，検事総長，次長検事，検事長，検事および副検事を指す。また，**検察官**は1級と2級に区分される。検事総長，次長検事，検事長（8ポスト）は1級で，内閣が任命し，天皇が認証す

*1　野村二郎（1927-）
日本の司法ジャーナリスト。朝日新聞の記者として司法関連の取材に携わる。後に千葉工業大学教授となる。

*2　2011年までは，国家公務員試験はⅠ種試験，Ⅱ種試験，Ⅲ種試験などに区分されていた。そのなかでⅠ種試験（大学卒）に合格し，中央省庁に採用された者は，幹部候補として昇進も早く，行政の中枢を担うものとされてきた。2012年からは，試験制度が変わり，総合職試験，一般職試験，専門職試験などに区分されている（➡60頁）。

*3　城山英明（1965-）
日本の行政学者。専門は，行政学，国際行政論，科学技術と公共政策。

る（認証官）。認証官は10ポストであるから，そこに到達する競争は厳しい。2級は検事および副検事である。検事は司法試験合格後，司法修習を終えた者から任命される。また，副検事は，法務事務官や検察事務官の職にあったものが法務省の選考によって任命される。なお，司法試験合格が検事になるための絶対条件ではない。3年以上副検事の職にあって，検察官になるための特別の試験に合格した者も検事になる資格を有する（法務省HP「検察Q＆A」）。

● 検察官の役割　**検察官**は，いかなる犯罪についても捜査することができる（検察庁法第6条）。もちろん，通常は，警察が捜査の主体となるが，政治家や官僚の関与が疑われる贈収賄事件や重大な脱税事件では，（地検特捜部の）検察官は検察事務官の助けを借りて主体的に捜査する。検察官は，事件について捜査を終了した後，公訴するかどうかを判断する。**検察審査会**による起訴議決を除けば，検察官だけが公訴するかどうかを決めるのである。かくして，検察官は「独任制の官庁」と呼ばれる。このような検察官の役割から，検察官の職務の独立性および手厚い身分保障もまた明らかになる。

次に，法務大臣と検察官の関係についてみるなら，法務大臣は，検察官が行う個別の具体的な事件の取調や処分について指揮することができず，検事総長のみを指揮する（検察庁法第14条）。個々の検事と法務大臣の関係は，検事総長を介してつながる仕組みがつくられている。

● 検察の抱える問題－「人質司法」　最初に挙げた郵便不正事件で，村木厚子元厚生労働省局長（現事務次官）は，164日間，拘留された。逃亡や証拠隠滅のおそれがある場合，保釈を認めず拘留が長引くことはあろうが，村木事務次官の場合，164日間，拘留する必要性はどれほどあったのだろう。このように，拘留をずっと続けるやり方は，否認する被疑者を自白に追い込む検察の手法である。それは「**人質司法**」と呼ばれる。拘留や保釈の段階で，裁判官は検察官に比べ事件に関する情報をもっていない。それで，検察官が証拠隠滅のおそれがあると拘留申請をした場合，裁判官がそれを否定するのはなかなか困難というのだ（木谷明＊4）。人質司法から「**冤罪**」が生まれると指摘する人もいる。裁判官は検察の権限行使をコントロールする，というそもそもの出発点を思い起こさねばならない。

＊4　**木谷明**（1937-）日本の法学者。東京高裁裁判官を退任してから，法政大学法科大学院教授を経て，現在は弁護士。

### コラム
**法務大臣の指揮権発動**　法務大臣は現場の検察官の個別の捜査や処分に口をだすことができない。できるのは，検事総長に対してのみである（検察庁法第14条）。1954年4月19日，検察が与党の幹事長を収賄容疑で逮捕することを決断し，それを法務大臣に報告し指示を仰いだところ，法務大臣の回答は，「暫時逮捕を延期して，任意捜査すべし」というものだった。これを法務大臣の指揮権発動という。その結果，捜査は尻すぼみとなり，この幹事長は政治資金規正法違反に問われたにすぎない（野村二郎）。もっとも，この後，法務大臣は世論の批判を受け，辞任に追い込まれた。この幹事長は，後に総理大臣を務める佐藤栄作であった。法務大臣による指揮権発動はこの時の1回だけで，この後はない。

◆ **参考文献**　● 市川正人・酒巻匡・山本和彦『現代の裁判　第6版』（第3章2）有斐閣，2013年
　　　　　　　● 読売新聞社会部『ドキュメント　検察官』中央公論新社（中公新書），2006年

# 4 強制加入の弁護士会―弁護士

## アプローチ

〔司法制度改革で増えた弁護士〕

司法試験合格者数は，1990年代は年間500人程度だったが，司法制度改革により3,000人が目標とされた。その結果，弁護士も増え，弁護士になっても仕事がないという状況が問題となっている。

|  | 1970年 | 1975年 | 1980年 | 1985年 | 1990年 |
|---|---|---|---|---|---|
| 司法試験合格者数 | 507 | 472 | 486 | 486 | 499 |
| 弁護士数 | 8,478 | 10,115 | 11,441 | 12,604 | 13,800 |

|  | 1995年 | 2000年 | 2005年 | 2010年 | 2014年 |
|---|---|---|---|---|---|
| 司法試験合格者数 | 738 | 994 | 1,464 | 2,133 | 1,810 |
| 弁護士数 | 15,108 | 17,126 | 21,185 | 28,789 | 35,045 |

※2006年に新司法試験制度導入。（日本弁護士連合会資料による）

❶法曹人口問題についての日弁連臨時総会…司法制度改革審議会の法曹人口増加方針に対して批判が噴出した。（東京都千代田区・日本弁護士会館　2000.11.1）

### ● イソ弁・ノキ弁・タク弁

これは弁当の種類ではない。若手弁護士の勤務の形態を表した言葉である。イソ弁は，司法試験に合格し司法修習を終了した若手弁護士が，先輩弁護士の事務所に入り給料をもらいながら仕事を覚える勤務形態である。かつては，若手弁護士はイソ弁として働き，その後，独立するというのが一般的だった。ところが，弁護士の増加もあり，最近は状況が変わってきた。ノキ弁やタク弁が増えている。ノキ弁は，先輩弁護士の「軒先」を借りて（給料はない），つまり事務所の机を借りて仕事をする。そして，タク弁は，自宅を事務所として弁護士登録するもので，先輩弁護士からのスキルの伝授は期待できない。若手弁護士のこのような勤務の様子を2007年11月18日の日経新聞が伝えているが，そこには「新人『ノキ弁』増加中」の見出しが載っていた。それから7年あまりが過ぎ，若手弁護士の置かれた就業状況はいっそう深刻だ。

### ● 弁護士制度の歴史―自治獲得の途

弁護士という名称が法律のなかに登場するのは，1890（明治23）年公布の民事訴訟法典をさきがけとする。それまでは，「代言人」と呼ばれていた。弁護士は各地方裁判所に備えられた名簿に登録し，所属する地方裁判所の検事正の監督を受けた（兼子一*1）。この時代，弁護士会には自治はほとんど認められていなかったのである。日本国憲法が制定された前後から，弁護士制度の改革が始まった。改革の焦点は弁護士会の自治だった。しかし，その実現に至るまでは紆余曲折があり，なんとか議員立法によって新弁護士法は成立し，1949（昭和24）年9月に施行された。この法律によって弁護士自治は大きく進展し，弁護士会は，司法省（現法務省）や裁判所の監督を受けることなく，新たに設立された**日本弁護士連合会（日弁連）**が指揮監督を弁護士会や弁護士に対し行うことになった。また，弁護士の登録や懲戒・資格剥奪も，弁護士会自身が行うことも認められた。このように，弁護士会は国家機関から切り離され，独立の団体としての地位を確立したのである（江藤价泰*2）。

日弁連のHPによると，2013年の弁護士に対する懲戒処分*3は98件である。

*1　兼子一（1906-73）
日本の法学者。元東京大学教授で，日本の民事訴訟法の基礎を築いた。

*2　江藤价泰（1928-）
日本の法学者。東京都立大学名誉教授。

*3　弁護士法は，「何人も」，弁護士・弁護士法人について「懲戒の事由があると思料するときは，その事由の説明を添えて」，その弁護士・弁護士法人が所属する弁護士会に懲戒を求めることができる，と定める（同法第58条第1項）。また，弁護士会が懲戒しないとの決定を下した場合，懲戒を求めた者はさらに，日本弁護士連合会に異議を申し出ることができる（同法第59条）。「何人」にも認められた懲戒請求は，弁護士の使命（人権擁護と社会正義の実現），および弁護士会に認められた自治権と表裏一体の関係にある。

10年前の2003年は59件だったから，件数は1.66倍に増えている。退会命令と除名という厳しい処分はそれほど増加していないが，戒告が27件（2003年）から61件（2013年）に上昇している。さらに目につくのが日弁連に対する懲戒請求件数の増大だ。2003年は1,127件だったのが，2013年は3,347件になっている。これが利用者の不満を反映しているとすれば，その原因を探ることは日弁連が取り組むべき緊急の課題だろう。

### 強制加入団体としての弁護士会

弁護士の仕事は民事事件や刑事事件の**訴訟代理人**のほか，いっさいの法律事務を行うことが認められている（弁護士法第3条）。ところが，弁護士としての資格を持っているだけではだめで，弁護士としての業務を行うためには，入会を希望する弁護士会（例えば，札幌弁護士会）を経て，日本弁護士連合会に登録請求を行い，同連合会に備えた弁護士名簿に登録されなければならない（弁護士法第8条・第9条）。弁護士会はしたがって，**強制加入団体**である。なお，司法書士や税理士も同じく，司法書士会や税理士会に加入することが，職業活動の前提条件である（医師については，強制加入団体は存在しない）。もっとも，弁護士会と異なり，これらの団体には会員に対する懲戒権が認められていない。また，これらの団体が自律的に決定することができる領域も，弁護士会に比べ，狭い。その意味で，弁護士会は，きわめて強力な自治権を持った強制加入団体である。

### 政治的活動と公益活動

強制加入ということから，弁護士会は様々な意見や思想をもった弁護士の組織体にならざるをえない。そして，弁護士会が過度に政治的な活動を会として行うことは，（それに反対する）会員との関係であつれきが生じることになる。弁護士法は，「基本的人権を擁護し，社会正義を実現することを使命とする」（第1条第1項）としたうえで，この使命に基づき，「社会秩序の維持及び法律制度の改善に努力しなければならない」（第1条第2項）と定めている。そうすると，弁護士会が，国会で基本的人権にかかわる法案（例えば，ポルノ映画上映禁止法案）について，専門的な批判を加えることは許されるだろう。その一方で，会員に対し特定政党への資金提供のための協力義務を課することは，弁護士会の強制加入団体という性格，およびその公共的性格から許されない。さらに，弁護士会が強制加入団体であるため，弁護士会に所属せず弁護士としての業務を行いたい人にとって，強制加入は職業活動を制約する，との批判がある。これは強制加入という「規制」の緩和を求める動きである。

---

### コラム

**日弁連の組織**　日弁連とはどのような組織だろう。日弁連は，各地の弁護士会（52会），弁護士（3万5,007名），弁護士法人（779法人），沖縄特別会員（9名），外国特別会員（外国法事務弁護士）（384名）から構成される。注目されるのは，弁護士の数の増加だ。2000年が1万7,000人だったから，現在（2014年）は倍となっている。また，かつては小規模の弁護士事務所が主体だったが，2002年から法人組織によるものが認められた。もっとも，その所在地は東京，大阪が多い。最後に，外国法事務弁護士は1986年から，「日本で外国の法律に関する法律事務を行うこと」が認められた。その数は，31名から384名に増えているが，2010年以降は横ばいである（日弁連HP）。

---

◆参考文献　●市川正人・酒巻匡・山本和彦『現代の裁判　第6版』（第3章3）有斐閣，2013年
　　　　　●木佐茂男ほか『テキストブック現代司法　第6版』（第4章2）日本評論社，2015年

# 5 身近な司法へ－司法制度改革

**アプローチ**

〔表〕司法制度改革のあゆみ

| 年 | 出来事・成立した法律 | 内閣 |
|---|---|---|
| 1999 | ・司法制度改革審議会を内閣に設置 | 小渕恵三内閣 |
| 2001 | ・司法制度改革推進法 | |
| 2002 | ・司法試験法及び裁判所法の一部を改正する法律 | |
| 2003 | ・裁判の迅速化に関する法律<br>・仲裁法…裁判外紛争処理（ADR）の根拠法 | 小泉純一郎内閣 |
| 2004 | ・労働審判法…労働審判制度の根拠法<br>・裁判員の参加する刑事裁判に関する法律…裁判員制度の根拠法<br>・総合法律支援法…日本司法支援センター（法テラス）の根拠法<br>・知的財産高等裁判所設置法<br>・裁判外紛争解決手続の利用の促進に関する法律 | |

● **改革の背景**　1980年代以降，行政改革や規制緩和の動きが強まり，「行政指導」に代表される行政による**事前調整**から透明なルールに基づく司法による**事後規制**への転換が主張されるようになる。このこととかかわるのが行政手続法[*1]の制定である。そのほか，各地方自治体で情報公開条例[*2]の制定が相次ぎ，行政の透明性への動きは強まり，紛争が起きた場合は，事後的に司法による解決を基本とする考え方が勢いを増していった。また，経済界も，行政による事前規制から，規制撤廃・緩和と合わさった司法による事後規制を歓迎していた。経団連の「司法制度改革についての意見」（1998年）は，「経済・社会の基本的なインフラとしての司法制度の充実」を主張していた。さらに，日弁連は「司法改革に関する宣言」（1990年）を初めとして，市民が司法を利用できるようにすることを提言していた。

● **司法制度改革の具体的内容**　1999年に内閣に**司法制度改革審議会**[*3]が設置され，多岐にわたる内容をもった改革が行われたが，その柱は，①国民の期待に応える司法制度の構築，②司法制度を支える法曹のあり方の改革，③国民的基盤の確立（国民の司法参加）である。代表的なものとして，①について，日本司法支援センター（法テラス），知的財産高等裁判所および労働審判制度の創設，そして，裁判外紛争処理（ADR：Alternative Dispute Resolution）手続きの拡充・活性化がある。②は法科大学院と新司法試験を組み合わせた法曹養成の仕組みの転換，そして，③は裁判員制度の導入である。②と③は別項目で取り上げられるので，ここでは，①について簡単に説明しよう。

**日本司法支援センター（法テラス）**は紛争解決の道筋を示す相談窓口であり，また，司法過疎地域における法律サービスの提供などを行う。組織をみていくと，地方事務所は全国50か所に設置されている。注目されるのが，地域事務所で「弁護士の数が少ないなどの理由で法律サービスが行き届かない地域」に31か所設置されていることである（法テラスHP）。

**知的財産高等裁判所**は東京高等裁判所に支部として設けられ，高裁段階での

---

[*1] **行政手続法**　1993年に制定された。行政庁の様々な処分や行政指導，届出に関する手続について，「行政運営における公正の確保と透明性」の向上をはかり，もって「国民の権利利益の保護」に資することを目的とする（行政手続法第1条）。

[*2] **情報公開条例**　地方自治体の保有する情報を開示するために制定されるもので，国の情報公開法に先行して制定された。地方では，税金の使い方，教育情報，そして環境や衛生情報が争点になることも多く，地方行政の透明性確保，および行政についての地方自治体の説明責任がポイントである。

[*3] **司法制度改革審議会**　1999年7月から2001年6月まで内閣府に設置され，「国民がより利用しやすい司法制度の実現，国民の司法制度への関与，法曹の在り方とその機能の充実強化その他の司法制度の改革と基盤の整備」（司法制度改革審議会設置法第2条）について調査審議した。約2年の間に63回開催された。

[*4] 意見書が出される前年（2000年）に，地方および簡易裁判所で受理された民事・行政事件（訴訟事件）は全国で49万6,680件であった。この数は2009年の93万9,086件をピークにその後減少を続け，2013年には53万723件になっている（司法統計年報）。

知財事件がここで集中して扱われる。

**労働審判**は，「解雇や給料の不払など，事業主と個々の労働者との間の労働関係に関するトラブル」について，裁判官1名と労働審判員2名（労働者側と経営者側それぞれ1名）が原則として3回以内の審理で解決策を示す（当事者がこの労働審判に対し異議を申し立てれば訴訟に移行する）。

**裁判外紛争処理（ADR）**は多様で，裁判所が行うもの（民事調停），行政が行うもの（上記の労働審判，国民生活センターADR，原子力損害賠償紛争解決センター（原発ADR））さらに，民間が行うもの（弁護士会紛争解決センター，日本スポーツ仲裁機構など）がある。処理件数は全体としては明らかではないが，この10年で相当な増加があったと推測される。その特徴は，法律に厳密に基づくのではなく，実情に即した解決を図ることにある。また，裁判と違い，費用と時間がかからない点も利用者には魅力的であろう。その一方で，話し合いによる解決である以上，間に立つ「仲裁者」の役割が重要だ。ADRによる解決に対する満足度あるいは魅力度を上げるためには，「仲裁者」の養成も重要な課題である。

●**①原子力損害賠償紛争解決センター（原発ADR）**…新橋にある東京事務所。福島にも事務所・支所がある。2011年9月から申し立てを受け付けている。2015年3月27日現在，申立総件数は15,509件，和解が成立した件数は10,577件に上る。

### 訴訟事件数の減少

司法制度改革審議会意見書（2001年6月）は，「今後の社会・経済の進展に伴い，法曹に対する需要は，量的に増大するとともに，質的にも一層多様化・高度化していくことが予想される」と述べていた。ところが，「法曹に対する需要」が拡大するとの予想に反し，裁判所に提起される訴訟事件数が伸び悩んでいる＊4。

司法制度改革が始まる前，よく主張されていたのが，民事・行政事件を念頭において，「司法が本来果たすべき機能の2割しかその役割を果たしていない」とする「**2割司法**」であった（中坊公平＊5）。そして，民事・行政事件の件数の増大を予定して，国民の期待に応える司法制度の構築が具体化されたのだが，現実には，事件数は減少に転じた。民事事件については，利息制限法の上限を超える金利に関し，クレジット会社などに対して提起された，払いすぎの利息を取り戻そうとする「過払い金返還請求事件」が，2010年以降，その数が減少に転じたのが大きい。行政事件については，時間と金がかかるうえに勝訴率＊6も低く，訴訟を提起するに当たってクリアすべき要件が厳しい，といった事情から，事件数＊7はなかなか増えないのである。この問題は司法制度改革の前提条件にかかわるものだけに留意する必要がある。

＊5 **中坊公平**(1929-2013) 弁護士として森永ヒ素ミルク事件などの被害者救済に活躍し，1990年には日弁連会長に就任。司法制度改革審議会の委員も務め，裁判員制度の導入に尽力した。

＊6 原告が国や地方自治体に勝訴する率は10〜15％といわれている（越智敏裕）。

＊7 行政事件（訴訟事件）については，第1審に提訴された件数を見ると，2000年の1,483件から2013年は2,237件に増えている。しかし，行政事件（訴訟事件）の数がそもそも少ないのだ。民事事件の第1審提訴件数は，減少傾向にあるとはいえ14万7,390件である（司法統計年報）。台湾や韓国と比べ，日本における行政裁判事件数の増加率は低いとの指摘もある（木佐茂男）。

---

**コラム**

**スポーツとADR** スポーツ紛争には裁判に適さない事案もある。国際大会での代表選手選考や，各種スポーツでのドーピング規則違反による資格停止・剥奪処分をめぐる選手と競技団体の間の紛争について，日本スポーツ仲裁機構（JSAA）は，「公正・適正かつ迅速に解決し，競技者がスポーツに打ち込みやすくするため」，2003年に設立された民間が行うADRである（JSAAのHP参照）。また，JSAAは，ADR法による認証を受けた最初の事業者（認証紛争解決事業者）である。

---

◆**参考文献** ●木佐茂男ほか『テキストブック現代司法 第6版』（第6章）日本評論社，2015年
●佐藤幸治・竹下守夫・井上正仁『司法制度改革』有斐閣，2002年

# ❻ 裁判員制度の「光と影」－裁判員制度

### アプローチ

[「現代の赤紙」としての裁判員制度?]

　憲法が定める，教育，勤労そして納税の義務を除くと，「法律の定める国民の義務」はほとんどなかった。ところが，裁判員になると，重大な刑事事件で判決に深く関与しなければならないのだ。大日本帝国憲法下に行われていた徴兵制になぞらえて，「現代の赤紙」と裁判員制度は批判されることもある。ところで，国民を巻き込んだ裁判員制度がなぜ必要なのだろう。それを理解するには，日本の刑事裁判を振り返る必要がある。

◆裁判員ストレス障害訴訟に敗訴し記者会見する原告…原告の青木日富美さんは，裁判員を務めた際に殺害現場のカラー写真や被害者が助けを求める119番の録音を見聞きし，急性ストレス障害を発症した。青木さんは「裁判所に出頭を強いられたことは憲法第18条が禁じる『意に反する苦役』に当たる」とし，裁判員制度が違憲だと主張したが，福島地裁は裁判員の職務は「苦役」に当たらないとして合憲との判断を示した。原告は控訴し，2015年3月現在，仙台高裁で争われている。(福島県　2014.9.30)

### ●「調書裁判」の大改革

　日本の刑事裁判は，裁判員制度が始まる前は「調書裁判」といわれていた。裁判官は，捜査官が作成した大量の資料を読み込むことで事実を認定し，有罪か無罪か決めていた。このやり方では，法廷での検察と弁護側との活発なやり取り（公判）など期待できるわけもない。ここでは，検察側の提出した証拠資料を裁判官が吟味・検討することを刑事裁判の本質とみるわけだ。これは，検察側の主張および立証，それに対する弁護側の反対主張および反証という，アメリカの法廷ミステリーにあるようなやり取りとはまったく別物だろう。実は，このアメリカのやり方が，憲法が予定する刑事裁判の構図に近い。

　1980年代になると**再審無罪判決**が相次ぎ，自白に頼りすぎる裁判に反省の機運も高まってきた。最高裁判所も1980年代後半に，欧米各国で行われている「陪審制」や「参審制」の調査研究に着手している。こうした流れのなかで，20世紀末に司法制度改革が始まり，裁判員制度が誕生し，「調書裁判」からの転換が図られていく。

### ●陪審制・参審制と裁判員制度

　**陪審制**（英米：jury）はアメリカやイギリスなどで行われており，市民から選ばれた陪審員が，事実認定を行い，被告人が有罪か無罪かを評決で決めるが，量刑は裁判官が行う。一方，**参審制**（ドイツ：Schöffensystem，イタリア：scabinato）はドイツやイタリアで行われており，裁判官と素人である参審員が共同で裁判を行う。参審員の権限はほぼ裁判官に準じており，量刑にもかかわる。

　国民が参加する陪審や参審は，時の権力に対抗する役割を演じてきた。イギリス植民地時代のアメリカでは，植民地人の自由と権利をイギリスから守る役割を陪審制が担ったといわれている。実は，日本でも陪審制は導入されたことがある（1928年導入，43年停止）。この時の陪審制は，陪審員の有罪無罪の答申は裁判官を拘束しない，とした点に特徴をもつ。

　日本国憲法制定過程でも陪審制は問題になった。**ポツダム宣言**の受諾により「民主主義的傾向の復活強化」が国策の基本とされたため，民間団体の憲法草

案に陪審制が取り入れられた。しかし，政府は熱心ではなく，結局，憲法で陪審制は規定されることはなかった。しかし，憲法制定過程では，陪審制や参審制を導入する際の障害とならないよう，憲法の規定にも工夫が施された。大日本帝国憲法第24条「法律ニ定メタル裁判官ノ裁判」を受ける権利が「裁判所において裁判を受ける権利」（日本国憲法第32条）とされ，**国民による司法参加**の途が広げられたのである。このような憲法制定過程の議論が今回の裁判員制度の誕生につながっていく。

● **裁判員制度の仕組み** ●　**裁判員裁判**は，「死刑又は無期の懲役若しくは禁錮に当たる罪に係る事件」[*1]など重大な事件を対象とする[*2]。裁判員の参加する合議体の員数は，裁判官3人，裁判員6人を基本とし，裁判官と裁判員からなる合議体が有罪・無罪の決定および量刑の判断を行う。また，選挙人名簿から裁判員候補者が無作為に選ばれ，裁判員候補者名簿が作成される。そして，事件の審理が始まる前に，この名簿から無作為抽出により裁判員候補者が選ばれる。裁判員制度は，審理および評決の場面で参審制，そして，裁判員選出方法で陪審制に近い。もっとも，裁判官と裁判員の関係や裁判員の職責に目を向ければ，裁判員制度の基本枠組みは参審制だろう。

[*1] 裁判員法第2条第1項第1号。
[*2] 裁判員裁判は「重大な刑事事件」を対象とするもので，民事事件や行政事件は対象とされない。

〔表〕陪審制と裁判員制度との違い

|  | 陪審制 | 裁判員制度 |
| --- | --- | --- |
| 役割 | 事実認定 | 事実認定＋量刑 |
| 数 | 陪審員12名 | 裁判員6名＋裁判官3名 |
| 就任期間 | 1事件 | 1事件 |
| 判断方法 | 全員一致 | 合議体の過半数により決定。ただし，裁判官および裁判員のそれぞれ1人以上が当該判断に加わっていること |
| 守秘義務 | 裁判終了後はない | ある |

● **裁判員制度の評価と課題** ●　裁判員制度のねらいは調書裁判の転換にあったが，その実現度合いは明らかではない。ただ，裁判員制度により刑事裁判は分かりやすくなり，また裁判員が判決に関与することで，従来の刑事裁判の仕組みは一定の変更を受けている。これは裁判員制度の「権力を抑制する機能」といってもよい。その一方で，裁判員裁判は凶悪事件について厳罰化に向かっているとの指摘もある。また，裁判員経験者がその体験を家族や友人に伝えることは「教育」的効果があるが，裁判員に課せられる現行の**守秘義務**[*3]を前提にすると，そこには限界がある。裁判員制度が始まって5年，検討すべき課題は依然として多い。

[*3] **守秘義務**　職務上知りえた秘密を漏らしてはならないとする法律上の義務。裁判員の職にあった者（元裁判員）は，担当した事件の裁判所による事実認定または刑の量定の当否を述べたとき，6月以下の懲役または50万円以下の罰金に処せられる（裁判員法第108条第2項）。

**コラム**

**裁判員経験者の感想は？**　最高裁による裁判員経験者のアンケート調査（2013年度）によると，「裁判員として裁判に参加したことは，あなたにとってどのような経験であったと感じましたか」という質問に対し，「非常によい経験と感じた」との回答が56.9％，これに，「よい経験と感じた」との回答（38.3％）を合わせると95.2％になる。この高い数字が毎年積み重ねられることが裁判員制度の成功にもつながると思われる。

◆**参考文献**　● 笹田栄司『司法の変容と憲法』（第4章）有斐閣，2008年
　　　　　　● 木佐茂男ほか『テキストブック現代司法　第6版』（第5章1・2）日本評論社，2015年

# 7 力の強い最高裁判所事務総局－裁判官人事と司法行政

**アプローチ**

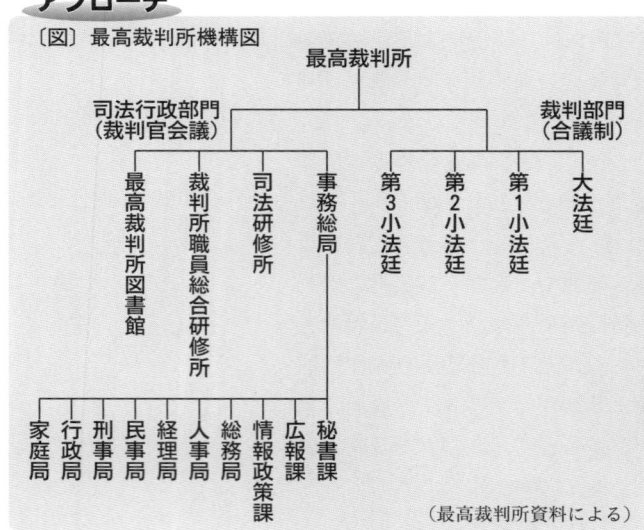

〔図〕最高裁判所機構図

```
                    最高裁判所
          ┌────────────┴────────────┐
    司法行政部門                  裁判部門
    （裁判官会議）                 （合議制）
```

司法行政部門：最高裁判所図書館／裁判所職員総合研修所／司法研修所／事務総局
　事務総局：秘書課／広報課／総務局／情報政策課／人事局／経理局／民事局／刑事局／行政局／家庭局

裁判部門：大法廷／第1小法廷／第2小法廷／第3小法廷

（最高裁判所資料による）

❶**最高裁判所**…最高裁判所に与えられている規則制定権と司法行政権は、最高裁判所の裁判官によって構成される最高裁判所裁判官会議の議決に基づいて行使される。最高裁判所事務総局は、裁判官会議を補佐し、最高裁判所の庶務をつかさどる。
（東京都千代田区隼町）

### 裁判官と人事

2004年10月，新任裁判官の辞令交付式で，町田 顕（あきら）最高裁長官は，「上級審の動向や裁判長の顔色ばかりうかがう『ヒラメ裁判官』がいるといわれる。私はそんな人はいないと思うが，少なくとも全く歓迎していない」と述べた（『朝日新聞』2004年10月19日朝刊）。ヒラメは海底にはりつき，上ばかりをみている。そんなヒラメをもじって，長官はあるべき裁判官像について語ったのだろう。会社や役所を考えてみれば分かるように，組織にとって人事はとても重要である。このことは当然，裁判所にも当てはまる。裁判官の採用，昇進，転勤を最終的に決めるのは，法制上は**最高裁判所裁判官会議**であるとしても，3,000人を超える裁判官の人事について，多数の事件を抱える最高裁裁判官が実際に関与できるわけがない。実際には，最高裁長官と**最高裁判所事務総局**が人事を取り仕切っている。

裁判官は，裁判をするに当たって**職権行使の独立性**が保障されている（日本国憲法第76条第3項）。また，裁判官は勤務地に関して，「その意に反して，……転所」されることはない（裁判所法第48条）。しかし，この後者の規定は現在では空文と化し，たいした意味をもっていない。転勤を断る裁判官はほとんどいないだろう。そうなると，会社や役所と同様，誰が人事権をもつかはとても大事なことだ。

### 司法行政

大日本帝国憲法下では，裁判官の人事権は検察が主流の「司法省」（現在の法務省）が握っていた。したがって，裁判官の地位も高くはない。そこで，第2次世界大戦後，連合国軍最高司令官総司令部（GHQ）＊1は司法権の強化を図り，それは，新しく設置された最高裁判所に裁判官の人事権を移すことに結実する。その結果，最高裁判所に人事・総務についての管理部門が必要となり，最高裁判所事務総局が誕生することになった。そして，裁判所における行政も，一般の行政庁と同じく，課長および局長の呼

＊1　**連合国軍最高司令官総司令部**（GHQ：General Headquarters）　太平洋戦争の終結に際してポツダム宣言の執行のために日本において占領政策を実施した連合国軍の機関。大部分は，アメリカ軍，アメリカ民間人で構成されていた。なお，GHQは正式にはGeneral Headquarters/Supreme Commander for the Allied Powers 略してGHQ/SCAPである。

第8章　司法

称が用いられ，当初は，司法省から移った事務官が行政を担当していたが，その後，検察官が幹部職を占める法務省と同様に，現職の裁判官が事務総局の幹部となっていく（「裁判をしない裁判官」である）。

最高裁判所事務総局のなかで司法行政にとって枢要なのは，長官は別にして，事務総長，「総務・人事・経理の各局長，それと秘書課長」だという（矢口洪一元最高裁判所長官の発言）。そして，事務総局の幹部から多くの最高裁判所裁判官が誕生しているのも事実である。裁判官の人事権が最高裁判所（事務総局）に集中したやり方は，比較制度的にみても珍しい。アメリカでは，州により様々だが，議会の任命，選挙による選出，あるいは裁判官選出諮問委員会の推薦など，様々なチャンネルを通じて裁判官が選ばれるのである。

### 法務省と最高裁判所の人事交流

2014年4月に最高裁判所長官に就任した寺田逸郎は，判事補任官後，1981年に法務省に移り，以後，2007年に東京高裁判事として裁判所に戻るまで（在オランダ大使館勤務をはさみ）ずっと法務省に勤務していた。このようなケースは裁判官として異例ではなく，相当数の裁判官が検事として法務省で勤務している[*2]。法務省の特徴はそのトップが事務次官ではなく**検事総長**というところにあり，刑事法領域に重心が置かれている。そういうことから，民事局や人権擁護局などは裁判官出身者が局長を務めることが多いといわれている（寺田長官も民事局長であった）。大日本帝国憲法下においては，（裁判官人事を掌握していた）「司法省」が担っていた民事に関する立法を，現在は，法務省に検事として任用された裁判官出身者が主として担当するのである。以上のことから，**法制官僚**として最高裁判所と法務省を結ぶ集団が存在していることが分かる[*3]。

このような裁判官と検事の人事交流を「**判検交流**」というが，検事が裁判官となり，その後法務省に戻るケースも含まれる。「判検交流」は民事司法制度の立案場面ではなく，具体的な裁判の場面で問題にされることが多い。つまり，国を相手取った裁判において，裁判官出身者が国側を代理する「訟務検事」となることから，裁判所に「帰還」した後，「訟務検事」を務めた裁判官が国側に有利な判決を出すのではないかとの批判である。一方，裁判所側は，若手裁判官に多様な経験を積ませるという「裁判官の育成」面での利点を指摘している。

[*2] 1999年の最高裁判所の報告では，101人という。

[*3] 牧原出は，さらに内閣法制局を結びつけている。内閣法制局には，法務省出身者の検事が3名勤務しているが，そのうち2名は裁判官出身である。

## コラム

**判検交流の停止**　2012年5月，法務省は，国が被告となる訴訟で国側を代理する「訟務検事」に裁判官であった者を任命する割合を減らしていくこと，および裁判の公正を踏まえ，刑事裁判における裁判官と検察官の人事交流を停止することを決めた。これは自民党政権のもとでも維持されている。もっとも，民事司法制度の立案過程では従来どおり，判検交流は続いている。

◆参考文献　●木佐茂男ほか『テキストブック現代司法　第6版』（第3章）日本評論社，2015年
　　　　　●牧原出「政治からの人事介入と独立性」『法律時報86巻8号』（41頁以下）日本評論社，2014年

## 8 法律家をどう育てるか？－司法試験とロースクール

### アプローチ

第2次世界大戦後の法律家の養成は，司法試験と最高裁判所付属の**司法研修所**による**法曹一元的制度（統一修習制度）**によってきた。司法試験は「裁判官，検察官又は弁護士となろうとする者に必要な学識及びその応用能力を有するかどうかを判定」する国家試験で，大学の教養課程修了程度の1次試験と法律科目を中心にした2次試験に分かれていた。司法試験の受験には法学士は必要ではなく，学部教育とは独立しており，誰にでも開かれていた。この開放性は，再挑戦の機会を保障することにもなり，法律家の前歴の多様化に寄与していた。

### 旧制度の陥穽

司法試験は司法修習生となるための資格試験ではあったが，司法修習生は国費の**給付**を受けていたため予算制約が働き，実質的に競争試験として機能していた。実際，当初は合格者300名前後であり，1960年代から500名前後，1990年代から700名前後，1999年から1,000名前後となっていた。合格率は，当初を除いて，おおむね2〜4％であり，1.6％であったこともある。合格者の平均年齢は30歳前後で，合格者の高齢化や多くの若者が青春を無駄にすることの社会的喪失が深刻な問題となっていた[*1]。受験回数の少ない受験生を優先する合格枠制度[*2]が採られたこともあった。

### 司法制度改革

**司法制度改革審議会**は「21世紀の日本を支える司法制度」という副題の最終報告書をまとめた（2001年6月12日）。そのなかで，法曹人口の大幅な拡大が謳(うた)われた。2018年頃までに実働法曹人口を5万人規模とする想定であった。その養成の中核的機関として法科大学院が位置づけられ，2004年に開校した。

法科大学院は，法曹養成に特化した実践的な教育を行う学校教育法上の大学院（専門職大学院）として設置され，標準修業年限は3年であるが，法学既修者に対して修業年限2年の短縮型も認められている（法学部は存続する）。入学生は社会人を含む法学部出身者以外の多様性を確保すべきとされた。また教育は，法理論教育と実務教育の導入部分を併せた内容とし，少人数に基づく双方向・多方向で密度の濃いものとなるように配慮された。厳格な成績評価と修了認定が求められ，また第3者評価が定期的に義務づけられている。教員組織も，教員実績や教育能力，実務家としての経験・能力をもとに資格基準をパスした，少人数で密度の濃い教育を実施するのにふさわしい数の教員数で構成される。修了者には法務博士（専門職）の学位が付与される。

法科大学院の設置に伴って司法試験も一新された。新試験[*3]は，法科大学院の教育内容を踏まえたものになり，受験には法務博士の取得が要件となった。

新試験は受験者の7割前後が合格するとされ，法科大学院修了後5年以内に3回だけ受験できるとする受験制限制度も導入された（2015年から5年以内に5回に緩和）。新試験は法科大学院の最初の修了生が出た2005年から実施されている。ただ，経済的理由などから法科大学院を修了できない者に対して，法科大学院修了と同等の資格を付与する司法試験**予備試験**も創設され，2011年から実施されている。

----

[*1] 受験対策をする予備校が隆盛を極め，論点を丸暗記するテクニックに長けた者が合格するという現象もみられた。画一的で思考しない法律家の卵に大いなる危惧も表明されていた。

[*2] 司法試験法第8条第2項，それを受けた「司法試験第2次試験の論文式による試験の合格者の決定方法に関する規則」第1条。論文式試験合格者のうちおおむね7分の5に相当する部分は受験回数に関係なく合格させ，7分の2に相当する部分は受験開始3年以内の受験生からだけ選抜する制度（いわゆる丙案）が採用されていた時期もあった（1999年からは合格者の9分の7が無制限で，9分の2が受験開始3年以内）（1996−2004年）。

[*3] 試験は短答式と論文式からなり，公法系科目（憲法・行政法），民事系科目（民法・商法・民事訴訟法），刑事系科目（刑法・刑事訴訟法）は両者が，選択科目は後者のみ課せられる（2015年から短答式は憲法・民法・刑法のみ）。なお，司法試験施行規則第1条によると，選択科目は，倒産法，租税法，経済法，知的財産法，労働法，環境法，国際関係法（公法），国際関係法（私法）である。

**現況** 法科大学院開校前後は熱気を伴っていた。社会人経験者も多く多様な人材が集まった[*4]。しかし，法科大学院の定員は過多であり，最初の新司法試験（2005年）では受験者2,091名，合格者1,009名，合格率48.3％であり，未修者の受験が始まった翌年の2007年は，全体では4,607名，1,851名，40.2％であったが，未修者の合格率は32.3％にとどまった[*5]。

法科大学院ブームはにわかにしぼみ，志願者は大幅に減少し2014年にはのべ11,450名になっている。入学者は，定員の削減や募集の停止があり，2,272名であり，社会人は422名，18.6％にとどまっている。既修未修の構成も逆転し，64.3％ 対35.7％となっている。また予備試験合格者の司法試験合格率が高いことから[*6]，法科大学院を迂回する予備試験受験が人気を博している。

**展望** こうした状況から，法科大学院は失敗したとの評価も多い。ただ新司法試験の合格者は16,725名を数え，法律家として社会の様々な分野に進出している。被疑者国選や法テラスなどの充実，いわゆるゼロ・ワン地域の減少，また企業内や自治体の弁護士の拡大などを指摘できるだろう。彼らの活躍を適切に評価することなく，法科大学院の実際の評価は定まらないであろう。また多くの実務家が法科大学院教員として後進の養成に熱心に携わるようになっているし，研究者教員も一般に教育の仕方にこれまで以上に工夫を凝らしている。また，司法試験の累計合格率は，既修がおおむね6～7割である。標準として学部4年に法科大学院2年の勉強で，この程度合格するのであれば，初期の目標設定にかなり適合的である。旧試験の合格者の平均年齢がほぼ30歳であったことからすれば，むしろ画期的なことである。

もちろん問題も多い[*7]。そもそも日本では法律家の数が限定されてきたので，司法書士・行政書士・税理士・社会保険労務士などの隣接業種が多く形成されている。法化社会における法律家とそれら業種との適切な役割分担の再考が必要である。弁護士の質を保つことは国民にとっても利益となる。また累積合格率が3～4割にとどまっている未修については，法科大学院の標準年限が3年と設定されたのであるから，司法試験も3年で身につく内容にしてよいのではないか。従来の司法試験という「点」のみによる選抜ではなく，法学教育，司法試験，司法修習を有機的に連携させた「プロセス」としての法曹養成制度の新たな整備という司法制度改革の理念は，発想の転換を求めているはずである。そもそも大学院だけで高度に専門的な教育をすることは困難であろう。学部教育で学問の基礎を徹底して身につけていて初めてそれは可能となる。そうでなければ結局，法科大学院の司法試験予備校化を招くだけである。

[*4] 2004年の志願者はのべ72,800名，倍率は13倍，入学者は5,767（既修2,350／未修3,417）名，そのうち社会人は2,792（1,038／1,754）名，48.4％を占めた。

[*5] 司法試験の合格率は，2009年から20％代で推移し，2014年は，全体で21.2％，既修32.8％，未修12.1％となっている。

[*6] 予備試験合格者の司法試験合格は以下のとおり。2012年：85名／58名，68.2％，13年：167名／120名，71.9％，14年：244名／163名，66.8％。

[*7] 現在，法曹養成制度改革推進会議のもとの法曹養成制度改革顧問会議で議論されている。2015年5月に，司法試験合格者を毎年1,500名程度にする案がまとめられた。また，法科大学院の教育のレベル向上を目指して，学校教育法に基づく文部科学大臣による改善勧告・変更命令・組織廃止命令の発動を可能にするような仕組みを準備するとされている。

---

**コラム**

**司法修習制度の変容** 統一修習制度は維持されつつも，司法試験の改革に伴い司法修習制度も変容している。法科大学院での教育を前提として，修習期間は1年に短縮され，各所に分かれて10か月の実務修習（民事裁判・刑事裁判・検察・弁護・選択修習を各2か月）と，司法研修所（埼玉県和光市）での2か月の集合修習を行う。2011年修習開始の65期生から給付制が廃止され，貸与制に移行している。

◆参考文献
● 竹下守夫「法曹養成制度」『ジュリスト1995年8月1‐15日号（No.1073）』有斐閣，1995年（146-152頁）
● 佐藤幸治・竹下守夫・井上正仁『司法制度改革』有斐閣，2002年
● 中央教育審議会大学分科会法科大学院特別委員会65回（2014年9月19日）資料，http://www.mext.go.jp/b_menu/shingi/chukyo/chukyo4/012/siryo/__icsFiles/afieldfile/2014/09/24/1352164_12.pdf

# ⑨ 捜査の適正化への遠い道のり－取調べの可視化問題

### アプローチ

日本の刑事司法には，一方で，50％を超える刑法犯検挙率を記録し，起訴率は全刑法犯事件の約35％と低いが，約75％の事件は1審審理期間が3か月以内で終了し，また99％を超える極めて高い有罪率を維持するなど，警察検察裁判を通じて良好であり，精密司法[*1]との高い評価がある。他方で，日本の刑事司法は警察官や検察官による糾問的な捜査手続きが中心であり，当事者主義や直接審理主義を前提とする公判機能が弱体化しており，調書中心の裁判は有罪を確認するところにすぎないという否定的な評価もある。死刑囚等の再審無罪など重大な誤判も発生している。こうした相対立する見方は，被疑者取調べの段階でも現れる。

### ■これまでの経緯

取調べは被疑者から供述を引き出すための重要な要素であるが，密室で行われ，特に糾問的であれば行き過ぎの懸念が深刻となる。そこで捜査の適正のために取調べの可視化[*2]が主張されることになる。1983年にイギリスが取調べの録音を開始したことが紹介され可視化への関心が高まったが，1999年に設置された司法制度改革審議会では，取調べの録音録画は将来的検討課題とされた。だが，国際機関による勧告[*3]，虚偽自白による冤罪事件の連続[*4]，民主党への政権交代など可視化を求める声は一層大きくなってきた。捜査側にも変化があった。警察では，2004年から取調べの書面による記録制度が導入され，2008年からは警察捜査における適正化指針により，任意捜査段階にも拡大されている。同年9月から裁判員裁判対象事件について部分的な録音録画の試行が開始されている。また検察は，裁判員裁判に対応するため2006年8月から録音録画の試行を始め，2009年4月から裁判員裁判対象事件に加えて，検察独自捜査事件などに拡大されている[*5]。

2010年秋，郵便不正事件に関連して検察への信頼が大きく揺らぎ[*6]，事態が一変した。法相諮問機関として「検察のあり方検討会議」が設置され，2011年3月に「検察の再生に向けて」という提言をまとめた[*7]。提言は，「極端な取調べ・供述調書偏重の風潮」を指摘し，「『密室』における追及的な取調べと供述調書に過度に依存した捜査・公判を続けることは，もはや，時代の流れとかい離したもの」と退けた。この提言に基づき同年6月から法制審議会の新時代の刑事司法制度特別部会で審議され，2014年7月に「新たな刑事司法制度の構築についての調査審議の結果」がまとめられた[*8]。

### ■取調べ可視化の対立点

【慎重派】①取調べには被疑者との信頼関係の構築が必要であるが，録音録画はそうした人間的なコミュニケーション関係を阻害する。被疑者に反省悔悟を促すという刑事政策的機能も考慮すれば，なおさらである。また海外の実施例は捜査の方法が異なるので参考にはならない。

②録音録画によって，仲間を裏切ることに躊躇したり報復を恐れたりして被疑者から供述を得ることが困難になる。共犯事件，特に組織的な背景のある事件では，特にそうである。また，事後的対応は取調べ時点では確実ではなく，録音録画の停止自体供述を推認させる。

③被害者や第3者の名誉やプライバシーを保護する必要がある。録音録画により被疑者以外の者のプライバシーが漏洩する危険があり，特に性犯罪の場合，

---

第8章 司法

---

[*1] **精密司法** 公判前の十分な捜査と慎重な起訴，そして公判における詳細な審理と判決からなる刑事司法過程をいう。裁判員制度の導入によって精密司法から核心司法へと移行しているとされる。核心司法とは，公判前に争点や証拠を整理して絞り込み，公判では短期間で絞り込まれた証拠によって当事者間の攻撃防禦が尽くされる刑事裁判の手法のことである。

[*2] **取調べの可視化** この言葉は，1985年刑法学会分科会報告で三井誠が初めて用いたとされている。三井誠「被疑者の取調べとその規制」刑法雑誌27巻1号（1986年）179頁。なお可視化は録音録画に限定されない。また，被疑者側には，日弁連は被疑者ノートの活用を呼びかけている。不当な取調べに対する牽制や弁護士が状況を把握するといった効用がある。

[*3] 拷問禁止委員会，自由権規約委員会，人権理事会から，例えば，2008年第5回自由権規約委員会政府報告書審査では，取調べ全過程について体系的に録音録画すべきと勧告されている。「規約第40条(b)に基づく第5回報告に関する自由権規約委員会の最終見解」7頁。http://www.mofa.go.jp/mofaj/gaiko/kiyaku/pdfs/jiyu_kenkai.pdf

[*4] 2007年の志布志事件・氷見事件，2009年の足利事件の再審開始決定。

被害者が捜査に協力しなくなり，結果的に犯罪の野放しが被害を拡大させるおそれもある。実際には適正な捜査であっても，その適正さが争われることはあろうし，取調べ時に将来を完全に見通すことはできない。

【推進派】①被疑者と取調官はそもそも権力的な関係であり，真正な信頼関係が築かれるわけではないし，取調官の思い込む信頼関係の圧力に屈して被疑者は虚偽自白をすることもある。海外では可視化後取調べの技術が進化したという報告もある。

②本人が録音録画を望む場合もあるし，証拠開示や公判時の再生の仕方など事後的な対応が可能である。

③公判での再生の適切な対応が期待できるし，録音録画が一般化すれば捜査の適正さが争われることはなくなっていくであろうから公判再生の必要もなくなる。また，適正手続保障はプライバシー保護に優先されるべきである。

● 法制審特別部会の調査審議の結果　　取調べの録音録画は，取調べの適正確保と，捜査段階での供述の任意性の立証に資するので，制度導入自体には基本的に同意があった。問題は義務的か裁量的か，どの程度例外を認めるのかにあった。①録音録画義務の対象とする取調べの範囲については，身柄拘束中の被疑者限定ではあるが，全過程の録音録画が義務づけられた。②当該義務の例外事由は，録音録画機器の故障などで記録が困難な場合，および被疑者が記録を拒むなど被疑者の言動により記録したならば被疑者が十分な供述をすることができないと認められる場合[*9]の4つに分類された[*10]。③制度の実効性は担保として，供述調書の任意性が争われた場合，検察官に対し，その調書が作成された取調べの録音録画記録の証拠調べ請求を義務づけた。そして，④制度の対象事件は，一定期間後の見直し規定設定とともに，録音録画義務対象は**裁判員裁判対象事件**および**検察独自捜査事件**に限定された。今後こうした結果は法文化される。

● 今後の課題　　例外が広く設定されたとはいえ，取調べの録音録画が原則義務づけられたことは刑事司法にとって大きな意義を有する。ただ，実際に極端な取調べや供述調書偏重の傾向を脱する方向で法文化・運用がなされるか注目する必要があろう。先の調査報告はおとり捜査・通信傍受・司法取引なども論じている。身柄拘束の必要性や**被疑者国選弁護士制度**の一層の充実など刑事司法全体を広い視点で点検することも必要である。

[*5] 「警察における取調べの録音・録画の試行の検証について」http://www.npa.go.jp/sousa/kikaku/record/1-2.pdf，「検察における被疑者取調べへの録音・録画についての実施状況」http://www.kensatsu.go.jp/kakuchou/supreme/rokuon_rokuga.html

[*6] 厚生労働省課長が無罪となり，続いて大阪地検特捜部主任検事が証拠の隠滅，上司の特捜部長らが犯人隠避で起訴され，有罪となった（→152頁）。

[*7] 「検察の再生に向けて」28〜29頁 http://www.moj.go.jp/content/000072551.pdf

[*8] 法務省「法制審議会－新時代の刑事司法制度特別部会」http://www.moj.go.jp/content/000125178.pdf

[*9] その具体化として，報復のおそれや暴力団構成員の犯罪の場合を含む。

[*10] 名誉やプライバシーの保護は証拠開示の制限や公判再生の制限によって配慮対処しうると判断された。

---

### コラム

**「日本の刑事司法は中世のよう」**　　これは，2013年5月に行われた国連拷問禁止等条約に基づく第2回日本政府報告書審査における，国連拷問禁止委員会のドマ委員（モーリシャス最高裁元判事）の発言。自白に依存する日本の刑事司法を批判したものである。ドマ氏は，2014年に来日した際の講演において，取調べの可視化については，逮捕直後の時点から，最後までの可視化が必要だと述べた。（『日弁連新聞』第483号を参考）

◆参考文献　●日本弁護士連合会編『裁判員制度と取調べの可視化』明石書店，2004年
●重松弘教・桝野龍太『逐条解説　被疑者取調べ適正化のための監督に関する規則』東京法令出版，2009年
●小坂井久『取調べ可視化論の現在』現代人文社，2009年
●長末亮「取調べの可視化の現状と議論」『調査と情報－Issue Brief－№825（2014.5.13）』国立国会図書館，2014年

# 10 更生を前提とした少年事件への対応－少年法

## アプローチ

　少年法は，少年に対する保護事件の手続きや少年の刑事事件に関する刑事訴訟法の特例等を定める法律（1948年7月15日公布）である。「少年の健全な育成を期し，非行のある少年に対して性格の矯正及び環境の調整に関する保護処分を行うとともに，少年の刑事事件について特別の措置を講ずること」を目的とする（第1条）。成人とは異なり，少年には人格の可塑性が高く教育による改善更生の可能性が高いとされ，少年非行には特別な対応をすることが当該少年のためにも，また社会一般のためにもよいという判断が働いている。ただし少年による重大事件が発生するたびに，厳罰化の方向で改正が進んできている（近年のもので，2000，07，14年）。

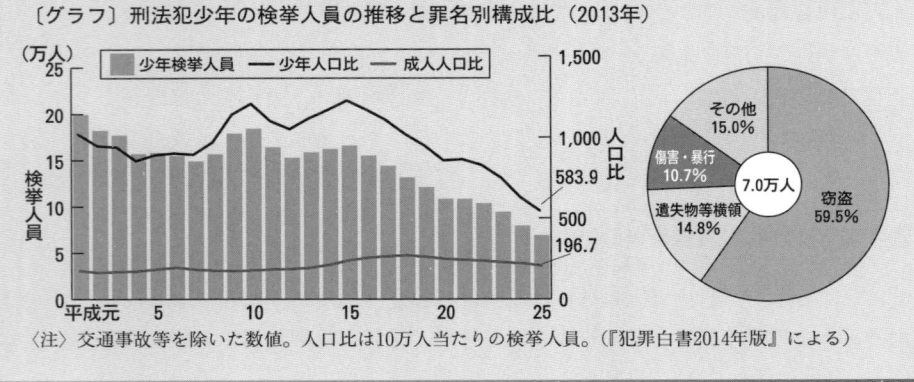

〔グラフ〕刑法犯少年の検挙人員の推移と罪名別構成比（2013年）

〈注〉交通事故等を除いた数値。人口比は10万人当たりの検挙人員。『犯罪白書2014年版』による。

### 少年とは

　少年法で，少年とは20歳に満たない者をいう（第2条第1項）。性別は無関係で，3分類されている。①満14歳以上で罪を犯した少年（**犯罪少年**），②満14歳未満で刑罰法令に触れる行為をした少年（**触法少年**），③保護者の正当な監督に服しない性癖のあること，正当な理由がなく家庭に寄りつかないこと，犯罪性のある人や不道徳な人と交際したりいかがわしい場所に出入すること，自分や他人の徳性を害する行為をする性癖のあることの事由があり，その性格・環境に照らして，将来，罪を犯したり，刑罰法令に触れる行為をするおそれのある少年（**虞犯少年**）である。これらの少年は家庭裁判所の審判に付されるが，②③の14歳未満の少年は，都道府県知事または児童相談所長から送致を受けたときに限られる（第3条）。なお，満14歳未満の少年については刑事責任を問われない。

### 少年事件

　少年事件は，一般に捜査機関によって家庭裁判所に送致される。窃盗，交通事故関連，遺失物横領などが上位を占める。家裁は少年の調査・審判を行い，処分を決定する。「審判は，懇切を旨として，和やかに行うとともに，非行のある少年に対し自己の非行について内省を促すものとしなければならない」とされる（第22条第1項）。一般の刑事事件であれば，憲法上は，裁判公開の原則により公開の法廷で裁判が行われるが（憲法第37条第1項，同第82条），**少年審判については公開されない**（第22条第2項）。審判は**職権主義的審問構造**[*1]で行われ，検察官の関与は重大な事件に限定されている（第22条の2）。2008年改正により，犯罪被害者等基本法に合わせて，少年にかかわる一定の重大事件の被害者等は，一定の要件の下，家裁の許可により，審判を傍聴できることとなった（第22条の4）。

### 処分の種類

　調査審判の結果，家裁は処分を下すが，その処分は次頁の**表**のとおりである。

---

*1 **職権主義的審問構造**
　少年事件の裁判では，原則として裁判官と少年が向き合い，裁判官が事案の解明や証拠追究を積極的に行う職権主義的審問構造が採られている。これに対し，民事裁判・刑事裁判では，一般的な検察官と被告人・弁護人が争う形で事案の解明・証拠の提出が行われ裁判官が裁定するという**当事者主義的対審構造**が採られている。

## 〔表〕少年事件の処分の種類

| 処分 | 内容 |
| --- | --- |
| 保護処分 | 保護処分は，次の3種類がある（第24条）。<br>①保護観察…社会内で指導監督・補導援護によって更生可能と判断された場合。<br>②児童自立支援施設等送致…比較的低年齢の少年で，開放的な施設での生活指導が相当と判断された場合。<br>③少年院送致＊2…再非行を犯すおそれが強く，社会内での更生が困難と判断された場合。 |
| 検察官送致 | ・死刑，懲役または禁固に当たる罪の事件で，刑事処分を科するのが相当な場合，刑事裁判手続きに移行させる家裁の決定である（逆送）（第20条）。また，故意の犯罪行為により被害者を死亡させた罪の事件で，その罪を犯したとき満16歳以上の少年の場合には，原則として検察官に送致しなければならない。裁判員裁判の要件を満たせば裁判員裁判に付される。<br>・ただ有罪となっても，少年事件では，18歳未満の者には死刑と無期刑が緩和されており（第51条），また長期と短期を定めて言い渡す相対的不定期刑が採用されている（第52条）。 |
| 知事または児童相談所長送致 | ・児童福祉法による措置が相当である場合になされる（第18条）。 |
| 教育的働きかけとして不処分 | ・犯罪事実が認定できなかったり，教育的な働きかけにより再非行のおそれがなかったりすれば不処分となる（第23条）。 |
| 審判不開始 | ・審判に付すことができなかったり相当ではない場合には審判を開始しない決定がなされる（第19条）。 |

### 少年事件報道

先述のように少年事件の審判が非公開とされていることに呼応して，少年事件については少年本人が推知できるような報道が禁止されている（**推知報道禁止原則**，第61条）。少年および家族の名誉やプライバシーの保護に加えて，過ちを犯した少年の更生を図る目的で制定されている。また少年には模倣性が強いので，報道により非行少年を英雄にしないということも配慮されている。

ただ他方で「報道の自由」が憲法上保障された権利であることから，**本原則違反には罰則は付されていない**。その結果，社会の耳目を集める少年事件では，週刊誌等が少年本人を特定できる情報を掲載することがある。日本新聞協会は1958年12月26日以来，自主的に本原則を遵守するが，「逃走中で，放火，殺人など凶悪な累犯が明白に予想される場合」や「指名手配中の犯人捜査に協力する場合」など，「少年保護よりも社会的利益の擁護が強く優先する特殊な場合については，氏名，写真の掲載を認める除外例とするよう当局に要望し，かつこれを新聞界の慣行として確立したい」としている＊3。例外を認めるには法律によるべきという意見もある。また今日のようなインターネット社会では，マスメディアが推知報道を控えても，ネット上で情報が拡散し，社会的制裁が加えられることも多く，困難な問題を提示している。

＊2　少年院送致　少年院は，少年に対する矯正教育施設で，初等，中等，特別，医療の4種類があり，収容期間，処遇内容等は少年院法および少年院処遇規則で定められている。

＊3　http://www.pressnet.or.jp/statement/report/581216_89.html

## コラム

**少年法適用上限年齢**　選挙権年齢の引き下げと並行して少年法の適用上限年齢の引き下げも問題となろう。統一されていれば分かりやすいことは事実であるが，法制度はその目的に応じて相対的に設定されもする。少年非行は社会の問題の反映でもある。厳罰は対処法にすぎず，それで問題が解決されるわけではなく，事の本質を全体として慎重に捉える必要がある。

◆参考文献
- 藤原正範『少年事件に取り組む』岩波書店（岩波新書），2006年
- 澤登俊雄『少年法入門　第6版』有斐閣，2015年
- 武内謙治『少年法講義』日本評論社，2015年
- 田宮裕・廣瀬健二『注釈少年法　第3版』有斐閣，2009年
- 守屋克彦・斉藤豊治『コンメンタール少年法』現代人文社，2012年
- 松井茂記『少年事件の実名報道は許されないのか』日本評論社，2000年

# 11 女性の社会進出とともに－夫婦別姓問題

### アプローチ

婚姻制度の法的枠組みは民法第4編が定めている。現行法制によると，**法律婚主義**が採用されており，夫婦になろうとするものは戸籍法の定めに従って婚姻届を役所に提出する必要がある。それによって婚姻の効力が発生する（民法第739条）。婚姻届には，婚姻後，夫婦が名乗る姓（氏）を選択する欄があり，どちらかの姓を選ばなければならない。つまり夫婦は同一の姓を用いることになっている。民法は，「夫婦は，婚姻の際に定めるところに従い，夫又は妻の氏を称する」と規定しており（第750条），夫婦同氏制がとられている。

### 現行の夫婦同氏制

民法の規定によれば，夫または妻の氏（姓）を選択するので，性別に対して中立的である。しかし，実際には約97％の婚姻夫婦が夫の氏を名乗っており，その規定の効果としては女性に差別的に働いている。夫婦の純粋な合意というよりも，社会的に強いられた合意といえ，それは，男性は外で働き，女性は内で家事をするという伝統的な性別役割分業観の反映とみることが可能であろう。元来日本国憲法が性差別を禁止し（第14条第1項），家族法制は「個人の尊厳と両性の本質的平等」に立脚しなければならないとしており（第24条＊1），そして現実に女性の社会進出が広く展開すると，この夫婦同氏原則の再検討が求められるようになった。

### 民法改正案要綱

法務大臣の諮問機関である**法制審議会民法部会**は，1990年代の初め，家族法の全般的な見直しを議論した。その中で，夫婦の氏について，**夫婦別氏選択制の導入を提案**することになった。

1996年2月26日に法制審議会総会で決定された「民法の一部を改正する法律案要綱」の「第3　夫婦の氏」の項目では，「1　夫婦は，婚姻の際に定めるところに従い，夫若しくは妻の氏を称し，又は自己の婚姻前の氏を称するものとする」「2　夫婦が各自の婚姻前の氏を称する旨の定めをするときは，夫婦は，婚姻の際に，夫又は妻の氏を子が称する氏として定めなければならないものとする」とされた。1994年7月の試案とは異なり，改正案要綱では，原則と例外の区別をせず，**選択的夫婦別氏制を採用**し，別氏を選択する夫婦は子が称する氏を婚姻の際に定めなければならないとしている。しかしながら，この民法改正案は，主に自由民主党の反対で，政府案としては国会に提出されることなく，約20年が経過している。法務省としては国民の理解を得て，選択的夫婦別氏制を導入したいとしている。

別氏制を支持する根拠としては，①氏名は個人の人格的な利益の対象であり，個人の尊厳を体現する法制度が必要であること，②価値観・人生観の多様化を背景とし，画一的に同氏とする制度ではなく，個人の価値観や人生観の違いを許容する制度に改めるべきであること，③比較法的にみても，別氏制度が多くの国において採用されており，夫婦関係や親子関係の本質や理念に反するとはいえないこと，などが挙げられる。

同氏制を支える理由としては，夫婦親子の一体性を示し，長年慣れ親しんできた制度であり，子の福祉を維持し，社会的混乱を避けるといったことが指摘されている。

＊1　日本国憲法第24条
① 婚姻は，両性の合意のみに基いて成立し，夫婦が同等の権利を有することを基本として，相互の協力により，維持されなければならない。
② 配偶者の選択，財産権，相続，住居の選定，離婚並びに婚姻及び家族に関するその他の事項に関しては，法律は，個人の尊厳と両性の本質的平等に立脚して，制定されなければならない。

## 第8章 司法

**今後の展望**　2012年12月に実施された「家族の法制に関する世論調査」では，夫婦同氏制の維持が36.4％，選択的夫婦別氏制の認容が35.5％，そして通称使用の認容が24.0％と意見が分岐している。年代別で回答に差があり，60代で43.2％，70代以上では58.3％と同氏制維持が多く，20代で47.1％，30代で44.4％，40代で43.9％，50代でも40.1％と別氏制認容が多い。通称認容は20代から50代で20～30％台でそれぞれの年代で2番目に多い。性別・年齢別では，同氏制維持は男性の60歳代・70歳以上・女性の70歳以上で，別氏認容は男性の40歳代，女性の20歳代から40歳代で，そして通称認容は女性の30歳代から50歳代で，それぞれ多くなっている。性別と年代で意見の違いが顕在化している。

〔グラフ〕選択的夫婦別氏制度についての世論調査

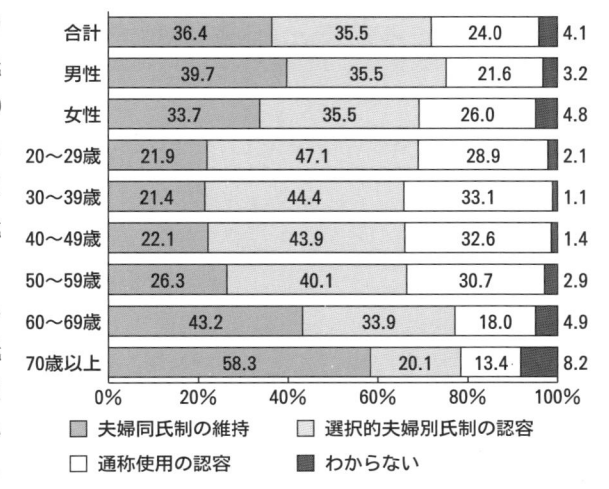

| | 夫婦同氏制の維持 | 選択的夫婦別氏制の認容 | 通称使用の認容 | わからない |
|---|---|---|---|---|
| 合計 | 36.4 | 35.5 | 24.0 | 4.1 |
| 男性 | 39.7 | 35.5 | 21.6 | 3.2 |
| 女性 | 33.7 | 35.5 | 26.0 | 4.8 |
| 20～29歳 | 21.9 | 47.1 | 28.9 | 2.1 |
| 30～39歳 | 21.4 | 44.4 | 33.1 | 1.1 |
| 40～49歳 | 22.1 | 43.9 | 32.6 | 1.4 |
| 50～59歳 | 26.3 | 40.1 | 30.7 | 2.9 |
| 60～69歳 | 43.2 | 33.9 | 18.0 | 4.9 |
| 70歳以上 | 58.3 | 20.1 | 13.4 | 8.2 |

〈注〉2012年12月調査。　　（内閣府資料による）

　もし氏名に人格的利益が認められるとすれば[*2]，選択的夫婦別氏制の導入は多数決に委ねる問題ではないであろう。ただ婚姻によっても婚姻前の氏名を保持する権利が具体的に憲法上保障されているかということになると，必ずしも判然とはしない。選択的夫婦別氏制度を導入しない立法不作為により精神的損害を被ったとして国家賠償を請求した訴訟で，東京地裁および東京高裁は請求を棄却している[*3]。

　この問題は国際的な関心事でもあり，現行の夫婦同氏制度は**女性差別撤廃条約第16条（g）**に抵触するおそれがある。国連女性差別撤廃委員会から，「夫婦の氏の選択に関する差別的な法規定が撤廃されていないことについて懸念を有する」と指摘されており，委員会の勧告が履行されていないと評価されている。日本も当該条約を締結している以上，それに沿った国内法の整備が求められる。

　なお，別氏を認めた場合，身分関係を登録し公証する戸籍制度はどうなるのか。1996年1月30日の民事行政審議会答申では，まず戸籍の編製基準として，市町村の区域内に本籍を定める一の夫婦およびその双方又は一方と氏を同じくする子ごとに編製するとされ，別氏夫婦の場合，①子が称する氏として定めた氏を称する者，その配偶者の順に記載し，②現行の戸籍において名を記載している欄に氏名を記載し，③婚姻中の夫婦の子でその一方の氏を称するものは，父母の戸籍に入る，とする。

[*2] 最判1988（昭和63）年2月16日民集42巻2号27頁参照。

[*3] 東京地判2013（平成25）年5月29日判時2196号67頁，東京高判2014（平成26）年3月26日TKC25503188。

## コラム

**夫婦別姓・待婚期間，最高裁が初の憲法判断へ**　2015年2月，夫婦別姓禁止と待婚期間（女性は離婚後6か月間は再婚できない）についての民法の規定が，憲法に違反するかどうか，最高裁の大法廷で審理することが決まった。2つの規定について，初めて本格的な憲法判断が行われる見通しとなっている。（2015年4月現在）

◆ **参考文献**　● 二宮周平『家族法改正を考える』日本評論社，1993年　　● 棚村政行『結婚の法律学　第2版』有斐閣，2006年
● 高橋菊江・折井美耶子・二宮周平『夫婦別姓への招待　新版』有斐閣，1995年
● 「選択的夫婦別氏制度（いわゆる選択的夫婦別姓制度）について」法務省HP，http://www.moj.go.jp/MINJI/minji36.html

## 12 子どもたちを守るために－ハーグ条約

### アプローチ

グローバル化の進展は，国境を越えた人々の往来を促進し，国際結婚・離婚も増加させている。結婚・離婚や子の親権・監護権などは各国の法律で定められており，一様ではない。離婚後一方の親が子を連れて，従前生活していた国（常居所地国）を離れると，誘拐などの犯罪となることもある。子も環境の一変でその成長に支障を来すかもしれない。1970年代からこうした問題に対応するため国際的な取決めが必要とされ，1980年10月25日に「国際的な子の奪取の民事上の側面に関する条約（ハーグ条約）」が作成された。国際的な批判が強まる中日本も本条約への参加を選択し，国内実施法の整備を経て，2014年4月1日に発効した。

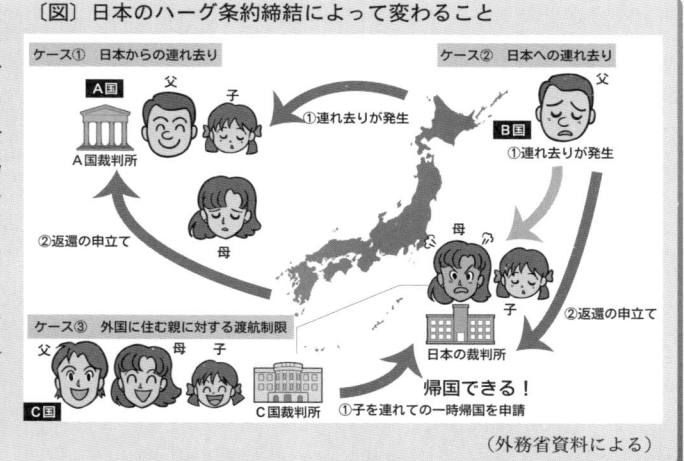

〔図〕日本のハーグ条約締結によって変わること

（外務省資料による）

### ハーグ条約の概要

2015年4月現在，93か国がハーグ条約を締結している[*1]。本条約では，子が国境を越えて連れ去られた場合等に，その子の迅速な返還を確保し，子との接触の権利を確保するため，条約締結国間の協力を促進する仕組みが用意されている。子が常居所地国から連れ去られた場合，子の福祉のために，まず常居所地国に子を戻し監護権の侵害という状態をなくした上で，どちらの親が監護するのが適切かをその国の司法手続に従って決めるという考え方に基づいている。また，国境を越えて生活する親子の間で面接交流が実現するよう締結国が支援することで，不法な連れ去り[*2]や留置[*3]をなくし，子の利益を擁護することにもなる。本条約は，①国境を越えた子の不法な連れ去り等に限り，②連れ去られた子の常居所地国と現に存在する国がともに締結国である場合に，③両親および子の国籍は無関係で，日本人同士であっても，適用されうる。④返還命令手続では監護権の帰属は決定しない（条約第19条）。⑤締結国において条約が発効する以前に行われた連れ去り事案には，返還命令手続は適用されないが，面会交流は適用される。

### 日本での実施

ハーグ条約を実施するため「国際的な子の奪取の民事上の側面に関する条約の実施に関する法律」（以下「法」という）が2013年6月19日に公布されている。条約によって締結国は**中央当局**と呼ばれる機関の指定が求められ，中央当局は子の返還や面接交流を求める者の援助申請に基づき，子の所在を特定するなどの作業を行うことが義務づけられている（条約第6条，第7条）。日本では**外務大臣**がそれに当たる（法第3条）。外務大臣は，子の外国および日本国への返還援助，日本国および外国での面会交流援助で中心的役割を果たす（法第2章）。

法第3章は子の返還のために必要な裁判手続きを定めている。日本への連れ去り等によって子に対する監護権を侵害された者は，子を監護している者に対して，子の常居所地国に子を返還することを命ずるよう，東京か大阪の家庭裁

---

[*1] 締結国は，ヨーロッパ・アメリカ諸国が中心である。締結国一覧はhttp://www.mofa.go.jp/mofaj/files/000023749.pdf を参照。

[*2] 連れ去りとは「子をその常居所を有する国から離脱させることを目的として当該子を当該国から出国させること」であり，不法な連れ去りとは「常居所地国の法令によれば監護の権利を有する者の当該権利を侵害する連れ去りであって，当該連れ去りの時に当該権利が現実に行使されていたもの又は当該連れ去りがなければ当該権利が現実に行使されていたと認められるもの」をいう（実施法第2条第3号，第6号）。

[*3] 留置とは「子が常居所を有する国からの当該子の出国の後において，当該子の当該国への渡航が妨げられていること」であり，不法な留置とは「常居所地国の法令によれば監護の権利を有する者の当該権利を侵害する留置であって，当該留置の開始の時に当該権利が現実に行使されていたもの又は当該留置がなければ当該権利が現実に行使されていたと認められるもの」をいう（第2条第4号，第7号）。本文では連れ去りと留置を合わせて連れ去り等とする。

判所に申し立てることができる（第26条，第32条第1項）。申立人，子を連れ去った者は，それぞれ表の事由を主張立証することになる。本手続きの審理は**非公開**（第60条）で，裁判は**決定**＊4でなされる（第91条）＊5。

**出国禁止命令**とは，当事者が子を日本国外に出国させるおそれがある場合に，一方当事者の申立により，子の返還命令申立事件が係属している家裁が他方当事者に対して，子の出国をさせてはならないことを命ずる手続き（第122条第1項）である。この命令を発する際，相手方が子の旅券を所持している場合，家裁は申立により，当該旅券の外務大臣への提出を命じる（**旅券提出命令**，第122条第2項）。

返還命令が出された場合，その執行は**代替執行**＊6と**間接強制**＊7による（第134条）。ただし間接強制前置方式がとられており，間接強制の決定が確定した日から2週間を経過した後にはじめて代替執行の申立ができる（第136条）。代替執行では，執行官が債務者による子の監護を解くのに必要な行為をなす＊8。

**面会交流**の保障については，国内における場合と同様，原則として家事事件手続法に基づくことになる。ただし，外国返還援助決定もしくは日本国面会交流援助決定を受けた者または子の返還申立てをした者は，東京家裁か大阪家裁に管轄が追加的に認められる。また子を連れた親または子の所在地が不明の場合，外務大臣が関係機関に情報を求めることができる。外務大臣から提供される所在地等の情報は，原則として当該親の同意がある場合または強制執行に必要がある場合を除き非開示とされる（第149条，第62条第4項）。

● **今後の課題** ●　ハーグ条約は，常居所地国へ子を返還するという原則をとっており，例外は限定的に解されている。例えば，子の返還によって，子の心身に害悪を及ぼすなど子を耐えがたい状況に置くことになる重大な危険があること（条約第13条）の「重大な危険」は子に対する直接的なものに限定され，一方配偶者の他方配偶者に対するDVを子が目撃する場合などは含まないとされている。日本の国内法ではそうした場合も児童虐待に含むと解されており，かえって法的保護が後退しかねない可能性がある。国内法でこれまで獲得されてきた女性や子の権利が失われないよう，条約と国内法の抵触を解消すべく外交力の向上が必要である。また高い人権意識に基づく外務省・裁判所・弁護士会の密接な連携も重要になろう。

〔表〕裁判での立証事項

【申立人が立証する返還事由】
①子が16歳未満であること，②子が日本国内に所在していること，③常居所地国の法令によれば，当該連れ去り等が子を連れ去られた者の監護権を侵害すること，④当該連れ去り等の開始時に常居所地国が条約締結国であったこと，を立証する（第27条）。

【子を連れ去った者が立証する返還拒否事由】
①返還の申立が連れ去り等の開始から1年経過後になされたこと，かつ，子が新たな環境に適応していること，②申立人が連れ去り等の開始時に子に対し現実の監護権を行使していなかったこと，③申立人が連れ去り等の開始前に同意し，または開始後承諾したこと，④子の返還によって，子の心身に害悪を及ぼすなど子を耐えがたい状況に置くことになる重大な危険があること，⑤子の年齢等に照らして，子の意見の考慮が適当な場合，子が常居所地国への返還を拒んでいること，⑥常居所地国への返還が日本における人権および基本的自由の保護に関する基本原則から認められないものであること，という返還拒否事由を抗弁として主張立証する（第28条第1項）。

＊4　**決定**　訴訟法上，裁判所が民事，刑事の手続において口頭弁論を経ることを要せずになし得る裁判の一形式で，判決・命令と対比される。

＊5　和解や調停，ADRも利用可能である。なお，子の福祉のために迅速な裁判が求められるため，申立から6週間を過ぎると申請人または外務大臣は遅延の理由を明らかにするよう求める権利を有する（第151条）。

＊6　**代替執行**　強制執行の一形態で，代替的作為債務や不作為債務の内容の実現のための方法。

＊7　**間接強制**　強制執行の一形態で，裁判所が債務の履行遅延の期間に応じて一定の賠償をすべきことを命じ，債務者を心理的に強制することによって間接的に債務の実現を図る方法。

＊8　その後，子を常居所地国への実際の返還実施については，申立人が**返還実施者**を特定し，家裁がこれを指名する（第138条）。

---

## コラム

**国際結婚・離婚の数**　厚生労働省資料によると，2013年の国際結婚数は2万1,488組で，国際結婚の占める割合30年前（1983年）の1.4%から3.3%に倍増している。一方，国際離婚数は1万5,196組にも上る。

◆参考文献
● ハーグ国際私法会議（HCCH），http://www.hcch.net/index_en.php
● 外務省HP，http://www.mofa.go.jp/mofaj/gaiko/hague/index.html
● 「法令解説　ハーグ条約実施法」『時の法令　平成26年1月30日号　№1946』朝陽会，2014年（35-74頁）
● 「特集　ハーグ条約実施法の施行に向けて」『自由と正義　2013年Vol.64 No.11』日本弁護士連合会，2013年（8-36頁）

# 1 「べからず選挙」－公職選挙法の成立と変更

**アプローチ**

公職選挙法は，日本の公職選挙を規定する基本的な法律であり，1950（昭和25）年に成立した。大日本帝国憲法のもとで，1889（明治22）年以来衆議院議員の選挙について定めてきた衆議院議員選挙法に加えて，日本国憲法下で，新たに直接公選制の参議院が設けられ，さらには地方公共団体の長と議会の議員も完全公選制となり，それぞれの選挙を規律する参議院議員選挙法，地方自治法が制定された。公職選挙法は，地方自治法の選挙関連条文と衆議院議員選挙法，参議院議員選挙法とを統合整理する形で成立したものである。

● **基本目的**

公職選挙法第1条に，「この法律は，日本国憲法の精神に則り，衆議院議員，参議院議員並びに地方公共団体の議会の議員及び長を公選する選挙制度を確立し，その選挙が選挙人の自由に表明せる意思によつて公明且つ適正に行われることを確保し，もつて民主政治の健全な発達を期することを目的とする」と謳う。その規定範囲は多岐にわたる。本稿では，衆参両院の定数配分，そして選挙運動規制について述べる。

● **格差の起源**

当初は，衆議院では，議員1人当たり人口15万人を基準とし，別表で都道府県単位に議員数を定め，さらに選挙区を画定した。議員1人当たりの人口が最大であったのは鹿児島2区の約19万2,000人，最小は愛媛1区の約12万8,000人であった。参議院では，当時の総人口約7,811万人を選挙区定数150で割って48万7,000人とし，各都道府県の人口に応じて2人区，4人区，6人区，8人区に区分した。議員1人当たり人口が最小であったのは鳥取地方区で278,715人，最大は東京地方区522,884人であった。すなわち，衆参両院とも格差は2対1の範囲内に収まっていたことになる。

しかし，この定数配分の基礎になった人口分布には，特殊事情が働いていた。第2次世界大戦直後のことであり，本来の人口密集地区であった都市部は戦災と疎開の影響で人口を激減させていたのである。復興とともに，都市に再び人口が集中しだす。さらに，高度経済成長といわれる工業化の進展は，農村部から都市部への人口の移動を生じさせた。当初は，議員定数不均衡問題と表現され，その対策が求められたのである。衆議院でも参議院でも，農村部の選挙区の定数を削減し，都市部の定数を増やすという措置で対応はしたものの，不十分なままで，小選挙区比例代表並立制が衆議院に導入されて以後も，格差は消滅せずに現在に至っている。

● **選挙運動規制の奇奇怪怪**

選挙運動は，主権者たる国民に，投票の判断材料として，候補者・政党の知識・情報を伝達するためのものである。であれば，民主政治において基本的には，必要欠くべからざるものであることになろう。ところが，公職選挙法には，選挙運動を最善でも「必要悪」とみる傾向がある。すなわち，公職選挙法第13章では，極力選挙運動を制限しようとする。例えば，選挙運動をする期間を定め，その期間以外の選挙運動を違法としたり，選挙運動の方法，内容にまで立ち入った規制を定めている。つまり，選挙の公示までは，選挙運動は禁止なのである。例えば，本稿脱稿時点（2015年7月）で，アメリカでは，多くの大統領候補者が立

候補を表明し，大規模な集会が開かれている。ところが，肝心の投票日まで，何とあと1年以上もあるのだ。選挙運動をいつどのように始めるかの選択は，候補者や政党に委ねられている。それで何の不都合もないし，そうあるべきではないのか？

しかも，選挙運動の実際に関わる規制には，首をかしげたくなるものも多い。例えば，選挙運動に各陣営が用いる自動車について，台数・車種等煩瑣な規制が設けられているのはまだしも，いわゆる「選挙カー」には，候補者本人と運転手以外4人までしか同乗してはならないとは，なぜであろうか。また演説は停止した車でしか行えないとされ，走行中の車からは，候補者の名前を連呼することしかできない。日本の選挙に悪名高い「連呼」は，実は公職選挙法のしからしむるところであるといえなくもない。

日本選挙の風物詩ともいいうる「たすき」も，候補者自身しか着用できない上に，選挙が公示されるまでは，候補者の名前を出すことができない。苦肉の策として，最近は「本人」と表示したり，政党名のたすきが用いられている。さらに，第3種郵便物の認可を受けるなどの様々な条件を満たした新聞だけが，選挙の報道を許されるという，言論の自由との兼ね合いで問題をはらむ規制もある。

これらの諸規制は，一見すると，各候補者・政党に公平な条件を整備して，選挙の公正を期しているかに思える。つまり資金の豊富な候補者・政党も一定の枠内でしか選挙運動ができないようにして，金権選挙を防ぎ，公平にするというわけである。しかし，こうした規制は，結果として現職候補者優位を招来しうる。現職者は，自分の仕事をしているだけで，報道されて顔も名前も売れる。また，選挙運動を一種の「秘儀」としてしまい，ごく普通の市民の参加を難しくしていることも指摘したい。

将来の方向としては，どうしても不都合なことを禁止事項として列挙するネガティブリスト方式[*1]の規制を基本とし，禁止されていないことは原則としてできるとするようにすべきであろう。

〔表〕選挙運動の規制―「べからず選挙」の所以となる規制の多さ

| | |
|---|---|
| 選挙運動のできる期間 | 選挙の公示・告示日から投票日前日の午後12時まで。ただし，街頭演説，車上での連呼は午前8時～午後8時の間のみ。 |
| 許されている主な選挙運動 | ・個人演説会<br>・電話<br>・政党演説会<br>・街頭演説<br>・政見放送<br>※ただし，葉書・ビラ・マニフェストなどの頒布は枚数などに制限がある。 |
| 寄附行為の禁止 | 政治家，後援団体ともに以下のような寄附は禁止（ただし，政治家本人が出席する結婚式の祝儀や葬式の香典は例外）<br>・お中元，お歳暮<br>・祝儀，花輪<br>・年賀状などの挨拶状など |
| その他の主な禁止事項 | ・戸別訪問<br>・署名運動<br>・未成年者の選挙運動<br>・飲食物の提供<br>・人気投票の公表<br>・買収・供応 |

*1 **ネガティブリスト方式** 原則として規制がないが，例外的に禁止するものを列挙する方式のこと。これとは逆に，ポジティブリスト方式とは，原則禁止だが，例外的に許可されるものを列挙する方式のこと。

---

**コラム**

**改正公職選挙法** 2015年6月17日，改正公職選挙法が，参議院本会議で全会一致で成立した。1946（昭和21）年に投票権行使年齢が満25歳以上から満20歳以上に引き下げられて以来，満18歳以上への70年ぶりとなる引き下げを主たる内容とする。また，18～19歳の選挙運動も解禁される。しかし，少年法や民法上の成年年齢は，依然として満20歳以上である。選挙違反での刑事裁判では，依然として未成年としての特権がある。このため，18～19歳であっても，連座制が適用される悪質な選挙違反に関与した場合には，原則として検察官送致とする規定が盛り込まれた。なお，被選挙権の生じる年齢は，現行のまま据え置かれている。

---

◆参考文献 ●市民政調選挙制度検討プロジェクトチーム・片木淳『公職選挙法の廃止―さあはじめよう市民の選挙運動』生活社，2009年

## 2 選挙権と被選挙権－18歳選挙権は何を示しているの？

**アプローチ**

〔表1〕選挙法の推移

| 公布年 | 実施年 | 直接国税 | 選挙権年齢 | 被選挙権年齢 |
|---|---|---|---|---|
| 1889年 | 1890年 | 15円以上 | 男子25歳以上 | 男子30歳以上 |
| 1900年 | 1902年 | 10円以上 | 男子25歳以上 | 男子30歳以上 |
| 1919年 | 1920年 | 2円以上 | 男子25歳以上 | 男子30歳以上 |
| 1925年 | 1928年 | なし | 男子25歳以上 | 男子30歳以上 |
| 1945年 | 1946年 | なし | 男女20歳以上 | 男女25歳以上 |

〔表2〕日本の被選挙権年齢

| 衆議院議員 | 25歳以上 |
|---|---|
| 参議院議員 | 30歳以上 |
| 都道府県知事 | 30歳以上 |
| 都道府県議会議員 | 25歳以上 |
| 市区町村長 | 25歳以上 |
| 市区町村長議会議院 | 25歳以上 |

●議会制民主主義の仕組み●　民主主義政治の原則は，「自らの運命を自ら自身で決める」ということである。そのためには，すべての人々が政治の決定に参加することが前提となる。社会や共同体が人口においても地域の面積においても大きくなると，すべての人々を集めて社会や共同体の決定をすることは難しくなる。そこで作られたものが，人々の参加を前提とする選挙を媒介に代表者を選んで議会を形成し，そこで政治の決定を行うという近代民主主義の考え方であった。議会制民主主義の仕組みである。

●民主主義の歴史●　「人々の参加」をどのように捉えるかは大変難しい。民主主義の歴史は，「人々の参加」に誰を含め，誰を排除するのかをどう捉えるかの歴史でもあった。近代の歴史は，「**財産と教養**」を参加の前提としていた。「財産と教養」をもっている人々が，他者に左右されず自立した政治判断ができるという考えがその前提となっている。したがって，近代民主主義は，一定程度の税を納めている人に選挙権が与えられる制限選挙であった。例外的に，納税をしなくても教養を備えていると考えられる僧侶や知識人にも選挙権が与えられた。20世紀半ばまで，イギリスでは大学選挙区が認められ，大学の関係者は自分の選挙区で1票を行使するほかに，大学選挙区でも1票を行使することができたが，これも1948年の国民代表法で廃止された。フランスは，1848年の2月革命後に**男子普通選挙**が採用された。以後各国に広がり，ドイツでは1871年，アメリカでは19世紀の中葉に，イギリスでは1918年に施行されることになった。日本では，1925年に施行された。

●選挙権を制限するもの●　女性は財産的に独立していないという理由で選挙権は与えられなかったが，19世紀後半になると世界各国で広がりをみせるようになる。1893年のニュージーランドが嚆矢といわれる。ドイツで1919年，アメリカで1920年，イギリスで1928年と，20世紀の1920年代前後に急速に広がりをみせた。フランスと日本は，第2次世界大戦後の1945年である。直接民主主義の伝統をもつスイスでは，1971年になって初めて女性に選挙権が認められた。このように男女平等の普通選挙が広く確立したのは20世紀のことである。例えばアメリカでは，南部諸州で，黒人が連邦選挙や地方選挙に参加することを認めなかった。人種による制限を課していたのである。しかしそれも，1965年の投票権法によって改められた。こうして今日で

は，選挙権を制限する主なものは，選挙権年齢だけになった。

●**選挙権年齢引き下げ**　選挙権年齢を何歳にするかについて，明確な理由があるわけではない。日本では，表1に明らかなように25歳から始まり，1945年の衆議院議員選挙法の改正で20歳となった。

この規定が，2015年6月に見直され，20歳から18歳に選挙権年齢を引き下げる公職選挙法改正が行われた。国政選挙のみならず，地方公共団体の長ならびに議会にも適用されることになった。2017年に予定されている参議院議員通常選挙から実施されることになる。これによって200万人を超える10代の若者が有権者に加わることになった。

●**選挙権年齢引き下げの世界的な流れ**　選挙権年齢の引き下げは世界の流れにそうものであろう。第2次世界大戦直後は，世界各国でも20歳前後を選挙権年齢にする例が多かったが，1970年前後からそれを10代に引き下げる改正が相次いだ。イギリスでは1969年に，21歳から18歳に改められた。現在では，ほとんどの国が18歳以下となっていて，20歳以上の国は例外的となっている*1。他方で，多くはないが，選挙権年齢を18歳以下にしている国もある。インドネシア，北朝鮮，スーダン，東ティモールなどは17歳，オーストラリア，キューバ，キルギス，ニカラグアなどは16歳である。ヨーロッパ各国でも16歳選挙権を模索する動きがある。イギリスでは，スコットランドの分離独立を問う住民投票は，16歳を選挙年齢として実施された。今後も検討対象になるであろう。

*1　20歳としているのは，台湾，カメルーン，チュニジア，ナウル，バーレーン，モロッコ，リヒテンシュタインなど。選挙権年齢の最年長は，アラブ首長国連邦の25歳。

### コラム

**被選挙権年齢の問題**　選挙権年齢と併せて被選挙権年齢の問題も残されている。選挙権年齢は，20歳と規定されていたのに，なぜ被選挙権年齢は25歳や30歳に定められているのであろうか。歴史的な経緯としかいいようがないであろう。選挙権と被選挙権を区別する説得的で明快な理由も，なかなか見出しがたい。世界各国では被選挙権年齢の引き下げが進み，ドイツ，デンマーク，ノルウェー，イギリスなど，いくつかの国では選挙権と被選挙権の年齢を同じくする例（いずれも18歳）もみられる。日本のように25歳以上というのは例外的で，さらにまた衆議院と参議院の被選挙権年齢を変えるのも，知事と市区町村長の被選挙権年齢を異にするのも極めて例外的である。何歳が適切であるのかを決めるのは大変難しい。同時に，20歳や25歳というのも，明確な理由がないといえるであろう。大切なことは，人々の広い合意に基づいて選挙権と被選挙権の年齢を設定し，その年齢に達したならば意味のある政治参加をできるように，早い段階から市民教育を行っていくことではないだろうか。そのためには，市民教育の内容を広く議論することが大切であろう。それは，投票率の低下に示されているように，政治無関心の増大を防ぐ意味でも大切であろう。

◆参考文献　●国立国会図書館調査及び立法考査局「主要国の各種法廷法定年齢－選挙権年齢，成人年齢引き下げの経緯を中心に」（基本情報シリーズ②，調査資料），2008年
　　　　　●参議院事務局企画調整室『立法と調査（No.323）』，2011年

# 3 政府をつくる仕組み－小選挙区制と比例代表制

**アプローチ**

〔表１〕選挙区制の比較

|  | 投票忠実度／代表度 | 選挙による政権づくりのコントロール | 採用国の共通性 |
|---|---|---|---|
| 小選挙区制 | ○死票が多い。<br>○得票率と議席率の差が大きく、大勢力は過大代表され、小勢力は過小代表される。 | ○人為的に多数派をつくるので、最低２つの競争する大政党が存在する場合、それらによる政権交代が可能になる。選挙民は選挙を通じて議員個人を選ぶだけでなく、いずれの大政党を政権につけるのかを、ある程度まで決定することができる。 | ○人口規模が相対的に大きい。<br>○政治経済対立が激しい。<br>○その結果として、強い政府をつくる必要がある。 |
| 比例代表制 | ○死票が少ない。<br>○得票率と議席率の差が小さく、多様な勢力が得票率に応じて議席を獲得することができる。 | ○選挙でいずれの政党も過半数の議席を獲得することができない場合、選挙後どのような政権が形成されるかは、政党間の交渉に委ねられる。選挙民は選挙において政党を選ぶだけで、どのような政府がつくられるのかをコントロールすることができない。 | ○人口規模が相対的に小さい。<br>○言語・宗教・人種をめぐる社会内対立が激しい。<br>○その結果として、各集団を代表させ調停型政治を行う必要がある。 |

● **小選挙区制の歴史と仕組み** ●　　**小選挙区制**（single-member district system）は、最も古い選挙制度であり、19世紀の西欧民主諸国では支配的な制度であった。現在、欧米諸国ではイギリス、カナダ、アメリカ、オーストラリアなどの英米系諸国とフランス、アジア諸国ではインド、パキスタン、マレーシアなどがこの制度を採用している[*1]。仕組みは単純であり、すべての選挙区が定数１で、選挙民は候補者のうち１名に票を投じ、その勝者が当選する[*2]。この制度は、代表制の視点からみると、各選挙区から多数派が選出されるので、**多数代表制**として分類される。組織理念は、「過大代表を通じて人為的に多数派を形成し、**強い政府をつくる**」ことにある。

〔表２〕選挙区ごとの得票分布

| 選挙区１ | A…40% | B…30% | C…20% |
| 選挙区２ | A…43% | B…47% | C…10% |
| 選挙区３ | A…55% | B…40% | C… 5% |
| 選挙区４ | A…51% | B…48% | C… |
| 選挙区５ | A…48% | B…51% | C… |
| ……… | ……… | ……… | ……… |

● **小選挙区制の選挙結果** ●　　小選挙区制がどのような選挙結果を生み出すかは、**表２**をみると理解しやすい。例えば、２つの大政党A・Bと中政党Cが競争し、**表２**のような競争状況の選挙区が300あると仮定しよう。ここでは、①選挙区内で１位と２位を競う大政党の候補者に票が集まる可能性が高く、②２位の候補者はどれほどの得票を獲得していても、それは議席には反映されない、ことが分かる。これは、大政党のうちのいずれか一方が過大に代表され、議会内で絶対多数を獲得する可能性が高いことを意味し、イギリスでは**３乗比の法則**[*3]として定式化されている。２党に票が集中するのは、①小政党は落選する可能性が高いので、候補者を立てるのを控え、②選挙民は自分の票を「死票」[*4]にしたくないので、上位２党のいずれかに投票する可能性が高くなる、からである（**デュヴェルジェの法則**、→34頁）。

● **比例代表制の歴史と仕組み** ●　　**比例代表制**（proportional representation system: PR system）は、1899年に**ベルギー**で最初に採用され、第１次世界大戦後に多くの西欧諸国に広がった。現在、イギリス、カナダ、アメリカ、オーストラリア、フランスを除く欧米諸国、アジア、ラテンアメリカ、アフリカ諸国の多くで採用されている。仕組みは、選挙での得票率に応じて各政党に議席が比例配分され、政党が作成したが候補者名簿に基づいて当選者が決まる、というものである。政党への議席配分には、①

[*1] これらの国と、ほかの制度と組み合わせている日本、韓国、タイ、フィリピンなどを含めると、採用国数は50か国以上。

[*2] 当選者決定のルールは国ごとに異なる。例えば、イギリス、カナダ、アメリカでは、選挙区で過半数に達しなくとも相対多数を取った候補者が当選し（相対多数制）、フランスでは、選挙区でいずれの候補者も過半数を取ることができなかった場合、上位２名の間で決選投票が行われる（絶対多数２回投票制）。

[*3] **３乗比の法則**　小選挙区制のもとで全国的な競争をする２大政党が存在する場合、両党の議席は両党の得票率の３乗に比例する、すなわち、もしA党とB党の選挙における得票率が３：２であるなら、それらの獲得議席率は27：8になる。

全国1区で得票率に応じて議席を政党に比例配分する（オランダ，日本［参議院］など），②国をいくつかの選挙区に分け（州・県などの行政区画），人口に応じて各選挙区に議席を割り当て，選挙区ごとに得票率に応じてその議席を政党に比例配分する（ルクセンブルク，ノルウェー，ベルギー，日本［衆議院］など），③議席をより比例的に配分するため，あらかじめ一定の議席を**調整議席**としてとりのけておき，選挙区議席の確定後に残余の議席を用いて全体を調整する（スウェーデンなど），3様式が存在する。組織理念は，「社会の多様な政治勢力を議席に正確に反映させ，**議会を社会の縮図にする**」ことにある。

### 両制度の比較

政治学の教科書では，小選挙区制の特徴として，①死票が多い，②得票率と議席率の差が大きく，大政党は過大に代表され，小政党は過小に代表される，比例代表制の特徴として，①死票が少ない，②得票率と議席率の差が小さく，社会の多様な勢力が得票率に応じて議席を獲得することができるという点が強調され，さらに，これらの特徴から比例代表制が優れているという結論がしばしば導き出されている。しかし，もし両制度を比較しようとするなら，次の2点も考慮する必要があろう。

第1は，有権者が選挙を通じてどれだけ政権づくりをコントロールできるかである。一般に小選挙区制のもとでは，有権者は選挙を通じて次の政権を選択することができるものの，比例代表制のもとでは有権者は選挙を通じて次の政権を選択することができない。

第2に，そもそも選挙制度は，ある国が自由に選択することができるわけではない。各国がそれぞれの歴史の中でどのような政治が望ましいのかを考慮しながら選挙制度を考案し，試行錯誤をしながら運用してきた。例えば，歴史的にみると，小選挙区制は英米系諸国で採用され，比例代表制はヨーロッパ大陸の中小諸国で採用された。英米系諸国は，①人口規模が多い，②政治経済対立が激しい，③その結果として，強い政府をつくる必要があるという共通性をもち，ヨーロッパ大陸の中小諸国は，①人口規模が小さい，②言語・宗教・人種に基づく社会内対立が激しい，③その結果として，各集団を代表させ調停型政治を行う必要があるという共通性をもつ（→38-39頁）。これらの共通性と制度選択は，決して無関係ではない。

＊4 **死票** 議席に反映されず無駄になる票のことをいう。

### コラム

**西欧諸国と比例代表制**　ベルギーはワロン語（フランス語系）を使用するワロン地方とフラマン語（オランダ語系）を使用するフラマン地方からなる2言語社会であり，1894年に労働党が結成された直後に比例代表制を採用した。また，第1次世界大戦後に西欧諸国は相次いで比例代表制を採用した。当時，多くの西欧諸国は，「社会の多様な政治勢力を議席に正確に反映させ，議会を社会の縮図にする」という目的で比例代表制を採用したわけではなかった。当時の支配勢力（保守党・自由党）は労働・社会主義勢力の伸張をおそれ，新しい勢力を小さな勢力のままにとどめておくために比例代表制を採用したといわれている。実際，イギリスで労働党が大政党になった大きな理由の1つに，同国の小選挙区制が挙げられる。

◆参考文献　●網谷龍介・伊藤武・成廣孝編『ヨーロッパのデモクラシー』ナカニシヤ出版，2009年
　　　　　●小林良彰『選挙制度』丸善（丸善ライブラリー640），1994年　●西平重喜『各国の選挙』木鐸社，2003年

## 4 中選挙区制が支えた自民長期政権－日本政治と中選挙区制

### アプローチ

〔表〕中選挙区制の政党候補者数への効果

| 総選挙回 | 年 | 選挙区 | 議席 | 自民党 総数 | 自民党 選挙区当たり | 社会党 総数 | 社会党 選挙区当たり | 民社党 総数 | 公明党 総数 | 共産党 総数 |
|---|---|---|---|---|---|---|---|---|---|---|
| 第27回 | 1955 | 118 | 467 | 民主185/286<br>自由112/248 | 1.6/2.4<br>0.9/2.1 | 左派 89/121<br>右派 67/122 | 0.8/1.0<br>0.6/1.0 | | | 2( 3)/ 60 |
| 第28回 | 1958 | 118 | 467 | 287(70)/413 | 2.4/3.5 | 166(68)/246 | 1.4/2.1 | | | 1( 1)/114 |
| 第29回 | 1960 | 118 | 467 | 296(74)/399 | 2.5/3.4 | 145(78)/186 | 1.2/1.6 | 17(16)/105 | | 3( 3)/118 |
| 第30回 | 1963 | 118 | 467 | 283(79)/359 | 2.4/3.0 | 144(73)/198 | 1.2/1.7 | 23(39)/ 59 | | 5( 4)/118 |
| 第31回 | 1967 | 123 | 486 | 277(81)/342 | 2.3/2.8 | 140(67)/209 | 1.1/1.7 | 30(50)/ 60 | 25(78)/ 32 | 5( 4)/123 |
| 第32回 | 1969 | 123 | 486 | 288(88)/328 | 2.3/2.7 | 90(49)/183 | 0.7/1.5 | 31(46)/ 68 | 47(62)/ 76 | 14(11)/123 |
| 第33回 | 1972 | 124 | 491 | 271(80)/338 | 2.2/2.7 | 118(73)/161 | 1.0/1.3 | 19(29)/ 65 | 29(49)/ 59 | 38(31)/122 |
| 第34回 | 1976 | 130 | 511 | 249(78)/320 | 1.9/2.5 | 123(76)/162 | 0.9/1.2 | 29(57)/ 51 | 55(66)/ 84 | 17(13)/128 |
| 第35回 | 1979 | 130 | 511 | 248(77)/322 | 1.8/2.5 | 107(68)/157 | 0.8/1.2 | 35(66)/ 53 | 57(89)/ 64 | 39(31)/128 |
| 第36回 | 1980 | 130 | 511 | 284(96)/310 | 2.2/2.4 | 107(72)/149 | 0.8/1.1 | 32(64)/ 50 | 33(52)/ 64 | 29(23)/129 |
| 第37回 | 1983 | 130 | 511 | 250(74)/339 | 1.9/2.6 | 112(78)/144 | 0.9/1.1 | 38(70)/ 54 | 58(98)/ 59 | 26(20)/129 |
| 第38回 | 1986 | 130 | 512 | 300(93)/322 | 2.3/2.5 | 85(62)/138 | 0.7/1.1 | 26(46)/ 56 | 56(92)/ 61 | 26(20)/129 |
| 第39回 | 1990 | 130 | 512 | 275(81)/338 | 2.1/2.6 | 136(91)/149 | 1.0/1.1 | 14(32)/ 44 | 45(78)/ 58 | 16(12)/131 |
| 第40回 | 1993 | 129 | 511 | 223(78)/285 | 1.7/2.2 | 70(49)/142 | 0.5/1.1 | 15(52)/ 28 | 51(94)/ 54 | 15(12)/129 |

〈注〉「総数」…当選者数(当選者の割合)/候補者数。「選挙区当たり」…選挙区当たり当選者数/選挙区当たり候補者数。

### 中選挙区制の歴史

日本で最初の衆議院議員総選挙は，1890年7月1日に実施された。以来，選挙法は6回改正され，選挙区制も何度か変更されてきたものの，最も長く採用されたのは，1925年に導入された**中選挙区制**[*1]（medium-sized, multi-member district system）である。1926～93年まで67年間，1946年の1回を除き，中選挙区制のもとで24回の衆議院議員選挙が行われてきた。

### 中選挙区制の仕組みと特徴

中選挙区制の仕組みは，1選挙区から**3～5名の議員を選出**[*2]することにあり，選挙民は候補者のうち1名に票を投じ，各選挙区で上から定員分の候補者が当選する。これは**小選挙区制と大選挙区制**[*3]**の折衷案**であり，組織理念は「大政党だけにではなく小政党にも代表が与えられ，小党分立の可能性が低くなる」ことにある（→コラム）。そのほかの特徴に，①死票が少ない，②有権者は候補者を人柄，所属政党いずれの観点からでも選択できる，がある。また，小選挙区制よりも得票率と議席率の差が小さく，比例代表と同様の効果をもつ点から，中選挙区制を「**準比例代表制**」に分類する政治学者もいる。

### 中選挙区制の特質

中選挙区制には，小選挙区制や比例代表制にはない特殊な様相がある。それは，同一選挙区で同一政党から複数の候補者が立候補するとき，候補者間で競争が生じ，**同士討ち・共倒れ**が起こるという点である。例えば，複数の政党が競争する定員4名の選挙区で，ある政党から3または4名の候補者が立つと，つねに候補者全員が当選するとは限らない。また，ある政党が単独で過半数議席を獲得しようとするとき，議員定数467（1960年の数値）のうち234議席以上を必要とする。同党は118選挙区で1選挙区当たり2名以上の当選者を出す必要があり，そのためにはもっと多くの候補者を立てる必要がある。いずれの場合も，同一政党の候補者間の競

---

[*1] 「大正デモクラシー」と称される民主化の時期に，憲政会の加藤高明を首相とする護憲3派内閣（憲政会，政友会，革新倶楽部）が成立し，この内閣のもとで，男性普通選挙権が導入されるとともに，中選挙区制が採用された。

[*2] その後の人口移動に伴う選挙区定数是正の結果，1選挙区の定数は，2～6になった。

[*3] **大選挙区制** 1選挙区から10名以上の議員を選出するもので，定数が多いので少数派の議員を選出することも可能である。日本では衆議院議員選挙に1902～1917年まで府県単位の大選挙区制が用いられた。現在の地方議会議員選挙も大選挙区制である。

争から同士討ち・共倒れが起こりうるケースである。

#### サービス合戦と個人後援会の定着

同士討ち・共倒れを回避するために、候補者は政党に依存しない選挙運動を考案する。まず、政党政策は同一であるので、候補者は政党政策を主張してもほかの候補者との違いをアピールすることができない。そこで候補者は、誰が橋を架け道路をつくったかという選挙区への利益誘導合戦を開始する。また、選挙区の政党組織の資源は限られており、候補者は自身の選挙運動のために政党組織を動かすことができない。そこで候補者は**個人後援会**を組織し、候補者と選挙民のネットワークの維持を図る[*4]（➡52頁）。

#### 政党の候補者戦略

日本で中選挙区制が政党の候補者数に与えた影響は、表をみると理解しやすい。社会党統一と保守合同が起こる前の1955年の衆議院議員総選挙では、民主党と自由党は各選挙区で2名以上、左派社会党と右派社会党は各選挙区で1名の候補者を立てていた。しかし、社会党が統一され保守が合同して政党数が減ると、自民党・社会党ともに自党候補者間での同士討ち・共倒れ回避のため、候補者数を減らし始めた。最も注目されるのは、野党第1党の社会党である。同党は1969年の総選挙で候補者を立てすぎ、同士討ち・共倒れが起きて当選者が減った。その結果、同党はそれ以降の選挙では候補者数を絞り、1980年の総選挙以降、150名を超える候補者を立てることはなかった。これではたとえ候補者全員が当選したとしても、衆議院に占める社会党議員数は30%を超えることはなかった[*5]。

#### 中選挙区制の日本政治への効果

第1に、中選挙区制は、多くの政治家に個人型選挙運動（利益誘導と個人後援会）の採用を促し、政策論争が選挙区に浸透するのを妨げた。第2に、中選挙区制は、政党に候補者数の減少を促し、政党競争のダイナミズムを失わせた。もし全国的に競争する政党の数が多く、各党が1選挙区に1名の候補者を立てて競争していたなら、結果は違っていたかもしれない。しかし、1955年以降、全国的に競争する政党が自民党と社会党の2党に減少し、社会党が事実上1選挙区に1名しか候補者を立てなくなってしまったため、結果的に、自民党の多数派の地位が脅かされることはなかった。中選挙区制のもとで野党が候補者数を減らしたことが、自民党の長期政権が続いた1つの重要な理由であった（➡45頁）。

[*4] ネットワークの維持は、後援会有力者の冠婚葬祭、就職の世話、祭りや盆踊りへの寄付、お土産付温泉旅行の企画などを通じて行われた。

[*5] 公明党・民社党は当選確実な選挙区だけに候補者を立て、共産党は全選挙区で候補者を立てたものの、特定の選挙区（都市部または4人区以上）でしか当選者を出すことができなかった。

---

**コラム**

**中選挙区制の採用と内務省**　護憲3派内閣は当初、どのような選挙制度を採用すべきかをなかなか決めることができなかった。議会の最大勢力である政友会は自党に有利な小選挙区制を支持し、中規模の憲政会と革新倶楽部はそれぞれ自党に有利な大選挙区制を支持し、なかなか結論が出なかった。そこで内務省は、1選挙区から3〜5人の議員を選出すると、3党は最低1人ずつ当選者を獲得することができ、大政党は努力次第で4人目、5人目を当選させることができると主張して、中選挙区制を提案した。同時に内務省は、このように定数を限定して既成政党が議席を獲得してしまうと社会主義政党が入り込む余地がなくなる、と考えていた。その証拠に、同年、男性普通選挙権が導入されると同時に、過激な社会主義運動を取り締まる治安維持法が制定された。

◆参考文献　●川人貞史「中選挙区制研究と新制度論」『選挙研究』No.15，木鐸社，2000年
　　　　　●川人貞史・吉野孝・加藤淳子・平野浩『現代の政党と選挙　新版』有斐閣，2011年
　　　　　●スティーブン・R・リード「中選挙区制における均衡状態」『選挙研究』No.15，木鐸社，2000年

# 5 上位2党へ収斂する傾向 − 小選挙区比例代表並立制

## アプローチ

〔表1〕衆議院議員総選挙における上位2党の得票の占有率の推移

| 総選挙回 | 第41回 | 第42回 | 第43回 | 第44回 | 第45回 | 第46回 | 第47回 |
|---|---|---|---|---|---|---|---|
| 年 | 1996年 | 2000年 | 2003年 | 2005年 | 2009年 | 2012年 | 2014年 |
| 上位2党 第1党 | 自民 | 自民 | 自民 | 自民 | 民主 | 自民 | 自民 |
| 上位2党 第2党 | 新進 | 民主 | 民主 | 民主 | 自民 | 民主 | 民主 |
| 上位2党の得票の占有率 小選挙区（公明党を加えた値） | 66.6% | 68.6%(70.6%) | 80.5%(82.0%) | 84.2%(85.6%) | 86.1%(87.2%) | 65.8%(67.3%) | 70.6%(72.1%) |
| 上位2党の得票の占有率 比例区（公明党を加えた値） | 60.8% | 53.5%(66.5%) | 72.4%(87.1%) | 69.2%(82.5%) | 69.1%(80.6%) | 43.6%(55.5%) | 51.4%(65.2%) |

〈注〉2000年選挙で自民党と公明党は選挙協力，2003年選挙以降で連立。

● 採用の経緯　1993年9月に成立した細川護熙内閣は，広範な政治改革を行い，中選挙区制に代わり衆議院議員を選出する制度として**小選挙区比例代表並立制**を採用した。1996年，2000年，2003年，2005年，2009年，2012年，2014年の7回の衆議院議員総選挙は，この制度のもとで行われた。1994年1月に成立した政治改革4法案のうち，並立制の採用以外に，①国庫補助制度の導入*1，②選挙違反の罰則強化*2，③衆議院議員選挙区画定審議会の設置*3がある。

● 仕組み　議員定数は475，うち295は小選挙区，180は全国11ブロックからの比例代表（北海道8，東北14，北関東20，南関東22，東京17，北陸信越11，東海21，近畿29，中国11，四国6，九州21）で選出される*4。記入式（自書式）2票制であり，政党が議席の比例配分を受けるには2％以上の得票が必要である。注目すべきものに，小選挙区で落選しても比例名簿で当選することができる**重複立候補制度**がある。小選挙区で落選した複数の候補者が比例名簿に同一順位で登載されている場合，小選挙区における当選者の得票数に対する落選候補者の得票数の割合（惜敗率）を求め，惜敗率の高い候補者から当選となる。復活当選には，供託金没収点以上の得票を獲得することが必要である（➡コラム）。

● 目的　小選挙区比例代表並立制は，**第8次選挙制度審議会**（小林與三次会長）が1990年4月に海部俊樹内閣に提出した報告書「選挙制度及び政治資金制度の改革についての答申」で提案された。同報告書では，**中選挙区制**は1）個人本意の選挙になりやすく，2）カネがかかり，3）政治腐敗を招きやすいという点から批判され，並立制採用の目的が次のように説明された。①政策本位，政党本位の選挙とする。②政権交代の可能性を高め，かつ，それが円滑に行われるようにする。③責任ある政治が行われるために政権が安定するようにする。④政権が選挙の結果に示される国民の意思によって直接に選択されるようにする。⑤多様な民意を選挙において国政に適正に反映させる。結局，並立制は「小選挙区制を通じて，大政党間の政権交代の可能性を高めると同時に，比例代表制を通じて，多様な民意を国政に適正に反映させる」という妥協策であった。

*1　直近の国勢調査の人口に250円をかけた額（当時約309億円）を政党交付金とし，所属国会議員数および得票数に応じて各政党に配分する。

*2　買収・供応で禁固以上の判決を受けると候補者の当選が無効になる連座制の適用範囲を拡大する。

*3　衆議院議員選挙区画定審議会を設置し，10年ごとに行われる国勢調査の結果に基づき，衆議院小選挙区選出議員の小選挙区の改定に関して調査審議し，必要があると認めるときは，その改正案を作成して内閣総理大臣に勧告する。

*4　当初の定員は500（小選挙区300，比例代表200）であった。

### 選挙結果

小選挙区比例代表並立制がどのような選挙結果をもたらしたのかは，表から明らかである。まず，**表1**の上位2党の得票占有率をみると，1996年には66.6%であった占有率が，2009年には86.1%に上昇している。次に，小選挙区選挙の候補者をみると，1996年には1,261名であった候補者総数が，2009年には，幸福実現党を除くと846名に減少している。これは**選挙競争が2党に収斂している**ことを意味し，有権者が小選挙区選挙で上位2党に票を集中し，その結果，小政党は当選の見込みのない候補者を立てないという，**デュヴェルジェの法則**（→176頁）が作用していることを示唆している。しかし，2012年に日本維新の会（2014年には維新の党に党名を変更）が結成されると，得票と候補者数における上位2党への収斂傾向は崩れた。

〔表2〕衆議院議員総選挙における小選挙区の政党別候補者数の推移

| 総選挙回 | 第41回 | 第42回 | 第43回 | 第44回 | 第45回 | 第46回 | 第47回 |
|---|---|---|---|---|---|---|---|
| 年 | 1996年 | 2000年 | 2003年 | 2005年 | 2009年 | 2012年 | 2014年 |
| 自民党 | 288 | 271 | 277 | 290 | 289 | 288 | 283 |
| 公明党 | — | 18 | 10 | 9 | 8 | 9 | 9 |
| 新進党 | 235 | — | — | — | — | — | — |
| 自由党 | — | 61 | — | — | — | — | — |
| 民主党 | 143 | 242 | 267 | 289 | 271 | 264 | 178 |
| 社民党 | 43 | 71 | 62 | 38 | 31 | 23 | 18 |
| 共産党 | 299 | 300 | 300 | 275 | 152 | 299 | 292 |
| 維新 | — | — | — | — | — | 151 | 77 |
| 他・無所属 | 253 | 236 | 110 | 86 | 95(383) | 240(260) | 102 |
| 候補者総数 | 1,261 | 1,190 | 1,026 | 987 | 846(1,134) | 1,274(1,294) | 959 |
| 1選挙区当たり | 4.2 | 4.0 | 3.4 | 3.3 | 2.8(8.8) | 4.2(4.3) | 3.2 |

〈注〉（ ）内は幸福実現党を含む値。

### 政党競争への効果

小選挙区比例代表並立制のもとでの衆議院議員総選挙がまだ7回しか行われておらず，結論は暫定的にならざるをえないとしても，少なくとも，1996年に誕生したばかりの民主党を成長させ，2009年に小選挙区で民主党当選者を増加させて民主党を政権につけ，また，2012年に小選挙区で自民党当選者を増加させて自民党を政権の座に復帰させたのは並立制である。審議会が意図した目的のうち，少なくとも①，②，④が実現されたといってもよい。ただし，並立制を採用しても，有力な新党の選挙への参入を妨げることはできないし，審議会報告③の責任ある政治を安定政権のもとで行うという目的が選挙制度だけで実現されるか否かは疑わしい。

### コラム
**重複立候補制度とゾンビ議員** 1996年の衆議院議員総選挙で，重複立候補制度により，84人が復活当選を果たした。復活当選者の中には小選挙区での得票率が法定得票数に達しなかった者が8人おり，さらにそのうち2人の得票率は供託金を没収されるほど少なかった。これら復活当選者の一部はゾンビ議員と揶揄された。2000年5月に公職選挙法が改正され，復活当選には供託金没収点（有効投票総数の10分の1）以上の得票を獲得することが必要とされた。

◆参考文献　●曽根泰教・大山耕輔編著『日本の民主主義：変わる政治・変わる政治学』慶應義塾大学出版会，2008年
●宮川隆義『小選挙区比例代表並立制の魔術』政治広報センター，1996年

## 6 落選者が当選する選挙制度？ー重複立候補

### アプローチ

〔表〕惜敗率の仕組み

| B川花子 | C村和夫 | D橋恵子 | E山次郎 | F本沙織 |
|---|---|---|---|---|
| 当選 | 落選 | 落選 | 落選 | 落選 |

例えば，当選枠が2人の場合，F本沙織（惜敗率1位）とC村和夫（同2位）が当選となる。

|  | C村和夫 | D橋恵子 | E山次郎 | F本沙織 |
|---|---|---|---|---|
| 自身の小選挙区での得票数（A） | 150,000 | 120,000 | 90,000 | 200,000 |
| 同じ小選挙区で当選した人の得票数（B） | 200,000 | 240,000 | 150,000 | 220,000 |
| 惜敗率（A／B） | 0.75 | 0.5 | 0.6 | 0.909091 |
| 惜敗率の高い順位 | ② | ④ | ③ | ① |

### 重複立候補とは何か

重複立候補とは，同時に行われる複数の公職選挙に立候補することである。公職選挙法では重複立候補は禁じられており（第87条），参議院議員選挙でも全国区と選挙区の両方に同時に立候補することは禁じられている。

しかし，1994年成立の衆議院議員選挙の選挙制度である小選挙区比例代表並立制では，小選挙区と比例代表区で同時に立候補ができるようになった[*1]（同第86条の2第4項）。重複立候補が可能になったのである。

### 惜敗率と復活当選

この選挙制度では，小選挙区で落選しても重複立候補をしていれば比例代表区で復活当選を果たすことができる。名簿の順位が同じ候補が複数いて，その一部のみが当選する場合には惜敗率を適用する。すなわち同順位の候補者[*2]の中で重複立候補をした者が，自身が敗れた小選挙区で当選者に対してどれほど「惜しく負けた」かを比較するのである（➡180頁）。この惜敗率は小選挙区落選者への投票（死票）を有効活用することを目的に導入されたが，「惜敗」である以上，小選挙区で敗れたことが当選のための条件となる。つまり小選挙区で1度落選した候補者が比例区で復活当選することがふつうに起きる選挙制度なのである（➡アプローチ）。

実際の選挙では小選挙区の当落選決定の後に惜敗率が計算され，比例名簿からの補充当選者が決まる。2014年総選挙では，元首相の菅直人（民主党）が小選挙区（東京18区）で敗退したが，比例代表の最後の1人として復活当選を果たした。だが同じく小選挙区（東京1区）で落選した海江田万里・前民主党代表は惜敗率で菅を下回ったため，比例での復活当選がかなわずに落選したのである。メディアでは，元首相でありながら最後の1人として475番目に何とか再選を果たした菅を「475番目の男」と称して揶揄する論調が目立った[*3]。確かに票の計算に時間がかかるため最後の当選にはなったものの，原理的には投票終了直後に全475人の当選者は同時に決定するはずである。だが，それよりも問題なのは，小選挙区で落選した候補が比例代表で復活当選することの正当性，小選挙区当選者と比例代表区当選者に対する評価の違いにあるように思われる。

### 復活当選はどこまで許容できるのか

問題は，1度落選した候補が同じ選挙で復活当選していいのかという

[*1] 比例代表区では，候補者は政党が地域ブロック別に提出する名簿に登録される（➡180頁）。

[*2] 各党とも比例名簿の順位づけには明確な決まりはない。多くの政党では，惜敗率で競わせるため，（ほぼ）全員を同順位にする傾向がある。

①復活当選し記者会見する菅直人（東京都府中市 2014.12.15）

[*3] 2012年11月成立の衆議院小選挙区「0増5減」法により，衆議院の定数は5議席削減され，合計475議席になった。2014年総選挙は法改正後直近の選挙。

ことである。日本ではとりわけ「落選の程度」が問題視されてきた。例えば，小選挙区で法定得票数（有効得票数の6分の1）に達していなかったり，供託金*4没収が課せられるほど（同10分の1）の票数未満しか獲得できなかった落選者を復活当選させていいのかという問題である。2000年の衆議院選挙からは，小選挙区での得票率が有効得票数の10%未満の場合（＝供託金没収を課せられた場合），候補者の比例代表区での復活当選は認められなくなっている。

また，重複の是非を問わず比例代表区当選議員は，小選挙区当選議員よりも低くみられる傾向がある。これには，小選挙区当選者は候補者個人が評価されて議席を獲得した者なのに対して，比例代表区当選者はあくまで所属政党への評価で当選した者，他力本願による当選者にすぎないという理由がある。

*4 **供託金** 公職選挙の候補者が一定の得票数を獲得できなかった際に支出（供託）する金銭。候補者が乱立することを防止する狙いがある。

### 小選挙区当選は候補者個人の力量で決まるのか

いずれにせよ日本では小選挙区での当落が重視される。個人名で立候補する小選挙区では，候補者個人の力量が決定的に重要とみなす傾向があるためだろう。懸命に選挙運動をした候補が当選する，落選しても当選者に肉薄していれば，惜敗率で復活当選をする可能性がある―だから選挙運動をがんばりなさい，という理屈であり，候補者の選挙運動を活性化させる効用はあろう。重複立候補もこの限りでは有用とみなされるが，日本では必ずしも好意的に捉えられてはいないのである。

もっとも，重複立候補は他国では必ずしも否定的に捉えられてはいない。例えばドイツでは*5，首相や閣僚級の議員でも小選挙区で落選し比例で復活当選する者がいるが，特に問題視されていない。それは小選挙区での当選は，個人の努力を超えた社会的な要素に左右されやすいためである。例えば，候補者が実力者であっても労働者の多い工業地域で保守系の候補が当選したり，逆に保守が強い地方の農村地帯で左派系政党の候補が当選する可能性は低い。また，小政党は資金力も組織力も大政党に劣るため，小選挙区で当選者を出すことは難しい。もちろん候補者個人の選挙運動は重要である。だが最多得票者1人しか当選できない小選挙区制では，個人の力量ではいかんともしがたい社会構造的な要素が大きく影響する。そのため一部の候補者の主目的は小選挙区ではなく比例区での当選にある。小選挙区でも重複立候補をするのは，自身や所属政党の名前を売る手段にすぎない。これには欧米諸国では政党の離合集散が日本ほどに頻発しないために，政党支持が比較的安定していることも関係していよう。

*5 ドイツは小選挙区比例代表「併用」制という選挙制度で，比例で州ごとの議席配分を決めた後で小選挙区当選者に優先的に議席を与える仕組みになっている。

重複立候補による比例区復活議員を正当に評価するには，政党の解散や再編が減り，党組織が安定して，市民の政党への信頼を高める必要がある。

---

### コラム
**比例復活当選者は「ゾンビ議員」？** ホラー映画などでしばしばみられるゾンビとは，蘇った死体のことを表す。小選挙区比例代表並立制導入後の最初の総選挙が行われた1996年には，メディアで頻繁にこの「ゾンビ議員」という名称で比例復活当選者を批判する声が流された。最近では減ってきたものの，インターネット上では相変わらず，彼らを罵倒するサイトがある。一方，政党の側にもこの復活当選の仕組みを問題視して，再び新たな選挙制度をつくろうという動きがある。しかし「ゾンビ議員」を簡単に悪と決めつけられないのは，本文で述べたとおりである。

---

◆参考文献　●加藤秀治郎『日本の選挙』中央公論新社（中公新書），2003年
　　　　　　●読売新聞政治部『基礎からわかる選挙制度改革』信山社出版，2014年

# 7 「きれいなカネ」を政党に－政党助成法

### アプローチ

〔表〕政党交付金の近年の総額と各党への配分額

(円)

| | 2010(平成22)年分 | 2011(平成23)年分 | 2012(平成24)年分 | 2013(平成25)年分 | 2014(平成26)年分 |
|---|---|---|---|---|---|
| 自由民主党 | 103億7,508万2,000 | 101億1,468万5,000 | 101億5,400万0,000 | 145億5,053万4,000 | 157億8,366万0,000 |
| 民主党 | 172億9,798万5,000 | 168億2,588万6,000 | 165億0,430万2,000 | 85億3,402万4,000 | 66億9,288万3,000 |
| 日本維新の会 | | | | 27億1,578万8,000 | 32億9,488万2,000 |
| 公明党 | 23億8,930万5,000 | 22億7,534万4,000 | 22億7,916万6,000 | 25億5,791万4,000 | 26億0,003万7,000 |
| みんなの党 | 3億6,150万0,000 | 11億1,630万3,000 | 11億1,829万9,000 | 17億8,950万0,000 | 20億1,337万2,000 |
| 改革クラブ | 1億2,043万4,000 | | | | |
| 結いの党 | | | | | 3億4,899万3,000 |
| 生活の党 | | | | 8億1,605万1,000 | 7億4,872万0,000 |
| 社会民主党 | 8億6,487万1,000 | 7億6,230万4,000 | 7億6,369万7,000 | 5億4,104万0,000 | 4億2,913万8,000 |
| 新党きづな | | | 2億0,758万5,000 | | |
| 国民新党 | 3億9,720万3,000 | 3億9,571万6,000 | 4億4,254万3,000 | | |
| 新党大地・真民主 | | | 1億1,532万5,000 | | |
| たちあがれ日本 | | 1億9,659万9,000 | 1億7,377万9,000 | | |
| 新党日本 | 1億3,561万6,000 | 1億3,574万8,000 | 1億3,602万2,000 | | |
| みどりの風 | | | | 1億3,879万0,000 | |
| 新党改革 | | 1億1,941万0,000 | 1億1,961万4,000 | 1億2,468万9,000 | 1億264万9,000 |
| 合　計 | 319億4,199万6,000 | 319億4,199万5,000 | 320億1,433万2,000 | 317億6,833万0,000 | 320億1,433万4,000 |

(総務省政党助成関連資料より筆者が作成)

● **政党助成法とは何か**

自由民主党や民主党といった政党は私的結社であり，結成も解散もメンバーの自由である。当然，資金集めなどの組織運営も自らの責任で行わなくてはならない。その政党に国から資金援助をすることを規定した法律が**政党助成法**である。なぜ私的な団体である政党に国のお金，すなわち国民の税金を支給する必要があるのか。

● **なぜ政党に国からお金を支給するのか**

政党助成法導入以前，政党の主な収入源は**党費**と**政治献金**（寄付など）であった。一般に社会・共産主義系の政党は党員数が多いため，党員が支払う党費（会費）収入が多い。保守・自由主義系の政党は党員が少なく経済界からの支持があるため，企業などから多額の政治献金を受け取る。だが献金を受け取った政党には，資金を提供した企業への何らかの見返りが期待される。特に与党として権力を握る政党や議員は，立法や予算の配分に際して特定の企業に便宜を図るということが起こりうる。私的結社とはいえ議員を輩出したり政策を形成したりする政党には，公の存在として中立的な存在であることが求められる。他方，党費収入の多い政党でも党員数の減少で収入減に陥る危険性をはらんでいる。いったい資金提供者（団体）の顔色をうかがわずに，なおかつ安定的な収入を確保するにはどうしたらいいのか。

見返りを求めない無色無臭のお金—これを安定して提供できるのは唯一，国家のみであることから政党への資金（**政党交付金**）が支給されるようになった。政党助成法は，この政党交付金を規定する法律として制定されたのである。

## 第9章 選挙

### 日本の政党助成法

政党助成は西ドイツやスウェーデンなどの欧州諸国で1960年代には定着したが、日本では1994（平成6）年の政党助成法制定により、国は政党交付金*1として政党への助成を行うことができるようになった。導入理由は先進国と同様である。すなわち1990年代初頭までに頻発した当時の与党・自民党への政治献金にまつわる汚職事件*2への批判の高まりから、1993年成立の非自民党政権（細川護熙首相）の下で政党助成法が制定されたのである。なお政党助成法制定と同時期、政治資金規制法や公職選挙法なども改正され、細川政権の一連の政治改革案が実現している。

### 政党交付金の配分方法と総額

交付を受ける政党は、5人以上の所属国会議員を有しているか、直近の国政選挙で小選挙区ないし比例代表区で2%以上の得票率を獲得している必要がある。衆参両院の議員数と両院の直近の選挙（衆議院では前回、参議院では前回と前々回）での得票数（比例区・選挙区ともに）をもとに各党別の割合を算出・配分している。交付金の毎年の総額は、直近の国勢調査に基づき人口1人当たり250円で算出している。近年の総額と各党への配分額は、アプローチの表を参照。毎年4・7・10・12月の4回に分けて交付される。

### 政党助成法への批判

批判の1つは支給額についてである。どの国でも物価上昇に合わせて増額を求める政党側と、規制したい世論の対立はみられる。日本の年間支出総額はおよそ320億円（2014年分）で、他国と比べても突出して多く、批判も多い。

2つ目は交付金の活用方法についてである。資金は政党の本部だけでなく、地方支部にも支給される。党組織の整備された本部では資金管理は党主導で行えるが、特に組織の弱い政党の地方支部は事実上、同地域選出の国会議員や地方議会議員の個人事務所になっているところもある。すると、提供される資金は政党を名目にして地元の政治家個人の目的に使用されてしまう可能性もある。

3つ目に、国家からの資金供与により政党の自由な発言や行動が抑制されてしまうのではないかという懸念がある。この点は当初から心配されており、政党助成法では資金の使途については規定を設けていない。日本共産党はこの点を問題視し、政党助成法が憲法違反に当たると主張し、助成制度導入にもかかわらず企業献金が続いていることを理由に政党交付金の受け取りを拒否している。同党が受け取り拒否した分は他党間で分配しており、この点も批判されている。さらに、この制度が既成政党に有利で議席の固定化につながりやすいこと、政党交付金を獲得するため交付期日までの再結成を目指して政党の離合集散が行われることなどを批判する声もある。

*1 **政党交付金** 政党助成法により国が政党に支給する資金は、正式には「政党交付金」といい、政党助成金とはいわない。

*2 この頃の自民党にまつわる大きな贈収賄事件には、リクルート事件（1988年）や東京佐川急便事件（1992年）などがあった。

### コラム

**政治資金規正法はザル法？** 政党助成法とは別に、企業・団体などからの政治献金については政治資金規正法が規定している。1948年の制定後、1994年の細川政権下で大幅に改正され、企業・団体からの寄付は政党・政治資金団体・資金管理団体に制限された。その後も資金管理団体への寄付の禁止、政党と政治資金団体以外の政治団体間の寄付の上限設定、資金管理団体の収支報告義務の強化など、法律の厳格化が図られた。だが、抜け穴を探して資金の授受をする者は絶えない。

◆参考文献　●総務省HP「政党助成関連資料」、http://www.soumu.go.jp/senkyo/seiji_s/data_seitou/index.html

## 8 現在進行形の選挙制度改革－定数是正と区割り

### アプローチ

〔「違憲状態」の原因は，「選挙区」の区割り方式？〕

　16年ぶりの政権交代で民主党を中心とする連立政権が誕生した2009年8月30日の衆議院議員総選挙は，小選挙区比例代表並立制導入後初めて，最高裁判所（2011年3月23日・大法廷）が「違憲状態」の判決を下した選挙でもあった。さらに同判決は，小選挙区の区割り基準である「1人別枠方式（47都道府県に1議席ずつを別枠で割り当て，残りの議席を人口比例で各都道府県に配分する方式）」が，「1票の格差」の主要因であることの不合理性を指摘し，「1人別枠方式」の廃止と投票価値の平等の要請に基づく選挙制度の是正を国会に求めた。この判決を受けて，2013年6月に民主・自民・公明3党の合意に基づく公職選挙法改正案および新選挙区画定審議会法が成立し，「1人別枠方式」は廃止され，小選挙区の選挙区数は280から275に削減（0増5減）されたのである。
　一方，参議院についても，最高裁判所判決（2014年11月26日・大法廷）は，地方区における議員1人当たりの人口格差が4.77倍となっていた2013年参議院議員通常選挙を「違憲状態」とし，参議院設立以来維持されてきた都道府県を単位（区割り単位）とする選挙制度の見直しを要請している。
　このように最高裁は，衆参両院のいずれについても，選挙区間の「1票の格差」解消のために，現行の「区割り方式」の見直しを求めているのである。

### 小選挙区制における区割りの重要性

　一般に，人口変動によって選挙区間に「1票の格差」が生じた場合，（ⅰ）選挙区レベルの定数是正（各選挙区の議員定数の配分を見直し調整すること），（ⅱ）議員総定数の見直し，（ⅲ）選挙区割りの変更・調整の3つの手法を組み合わせた対応が検討される。例えば，比例代表の地域ブロックや中選挙区制では，選挙区割りの変更・調整よりも先に，まず選挙区レベルの定数是正や議員総定数の見直しが優先される。なぜなら，選挙区の設定には，地域「代表」の共通した論理がベースにあるため[*1]，各選挙区の事情に合わせて「代表」論理を調整することは，不合理かつ困難だからである。
　一方，小選挙区制では，1票の価値の基準となる「議員1人当たりの人口」が「選挙区人口」と等しいので，各選挙区の人口変動が，有権者の1票の価値に直接影響を及ぼす。だが，1人1区であるゆえに「選挙区」レベルの定数是正は不可能である。したがって，「1票の格差」解消のための手法は，選挙区の人口を調整すること，すなわち**選挙区の「区割り」の見直しが基本**となる[*2]。

### 誰が，どのような基準で，区割りを行うのか？

　そこで問題となるのが，ア）誰が区割りの見直しと再画定を行うか，イ）何を基準とするか，という点である。
　「誰が」に関しては，「ゲリマンダリング」を防ぐ，すなわち特定の党派が選挙において有利になるような恣意的で偏った区割りを防ぐことが留意されなければならない。そのため多くの国では，党派性に左右されない独立の機関に実際の作業をゆだねる場合が多い。日本でも，衆議院議員選挙に小選挙区比例代表並立制が導入された時に，専門家および有識者からなる**衆議院議員選挙区画定審議会**が設置され（➡180頁），区割り作業を行ってきた。審議会は，国勢調査が実施される10年ごとに区割りの見直し作業を行い，その結果が国会に報告され，国会の承認を得たのち，選挙区の再調整が実施されるのである[*3]。
　次に，区割りの基準であるが，考慮すべき2つのポイントがある。第1に，

---

[*1] 日本国憲法においては両院ともに「国民代表の理念」のみ明記されているが，各院の選挙制度を設計する裁量は国会に与えられており，これまでのところ，地域代表の論理に沿った区割り方式そのものについて，「違憲」判決が下されたことはない。

[*2] 人口の動向によって，議員総定数の見直しの可能性も検討されることになる。

[*3] 区割り作業を担当する機関を，どの行政／地域レベルに設置するかも重要である。米では州レベル，英では連合王国内の4地域レベル，仏・独では国レベルに設置している。日本は国レベルである。

どの程度まで行政区画を尊重した区割りを行うのか，第2は，どれほどまで「1票の格差」を許容するのかという点である。

アメリカ，イギリス，フランス，ドイツといった小選挙区制採用国の区割りをみると，基本的に既存の行政区画を尊重した区割りがなされているし，日本の衆議院においても，市（指定都市にあっては行政区）区町村の区域は分割しないことを原則とし，飛地も認めていない。このように小選挙区の区割りにおいて行政区画が尊重される理由は，（a）ゲリマンダリングを避けることと，（b）地域を単位とする各選挙区の「代表」論理の整合性を担保することにある*4。

次に，「1票の格差」の許容範囲を，日本の最高裁が採用している比較基準，すなわち「1選挙区当たり人口が最大の選挙区と最小の選挙区の較差」でみると，ドイツは実質的に約1.6倍，フランスは2倍強，イギリスは約5倍，アメリカにおいても州を越えての選挙区比較では約2倍である*5。実際，この4か国では，「1選挙区当たりの平均人口」を基準としながら，地域特性を尊重して定数是正および選挙区再画定の作業を行っているため，ある程度まで格差は許容されている。一方，「1人別枠方式」を廃した日本は，「選挙区人口」に関する明確な指針のないまま，「2倍未満」という作成基準のみで「1票の格差」の許容範囲が論じられる状況にある（2015年8月現在）。

*4 ただし，日本国憲法においては，E・バークが主唱した「国民代表」概念が明示されているのみである。

*5 佐藤令「諸外国における選挙区割りの見直し」『調査と情報』第782号，国立国会図書館。

### 衆議院選挙制度調査会の使命

要するに，衆議院の小選挙区制の新たな区割り基準の策定と議員総定数の見直し（定数是正）は喫緊の課題であり，この課題を託されたのが，衆議院議長のもとに2014年6月に設置された有識者による協議機関「**衆議院選挙制度調査会**」なのである。調査会では，都道府県を単位とし定数1の県をつくらないという方針のもと，アダムズ方式による議席配分*6を軸に議論を進めているが，その試算によれば「1票の格差」は1.598倍に是正されるという。

今後，2015年の年末にも，0増5減の新たな区割で実施された2014年12月衆議院議員総選挙の「1票の格差」訴訟における最高裁の判決が出る予定である。司法の判断を踏まえて，調査会からどのような成案が提起されるか，大いに注目される。

*6 各都道府県の人口を一定数で割り，その商の小数点以下を切り上げた数をその都道府県の議席数とする方式。

---

### コラム

**参議院選挙制度改革**　2013年7月に実施された第23回参議院通常選挙まで，参議院地方区は，都道府県を単位とする選挙区割り基準のもとで，小選挙区と中選挙区が混在するユニークな制度となっていた。2015年7月，上述の最高裁の要請に応じて公職選挙法が改正され，8つの都道県選挙区で定数是正がなされたうえに，高知県と徳島県，島根県と鳥取県の2つの組み合わせで，人口の少ない小選挙区同士の合区（「2の都道府県の区域を区域とする選挙区」）が誕生した。合区という新たな方式は，本文でも論じたように，小選挙区制における「1票の格差」解消の手段としては，合理的といえよう。だが，都道府県を基本とする区割り基準は無意味化するので，小選挙区と中選挙区が混在する合理的な理由は失われてしまう。今回の法改正では，2019年参議院通常選挙に向けて「参議院のあり方を踏まえて，選挙区間における議員1人当たりの人口の較差の是正等を考慮しつつ選挙制度の抜本的見直しについて（中略）必ず結論を得るものとする」との文言が盛り込まれた。今後は，地方区の是非も含め，参議院の「代表」論理をめぐる徹底した議論が望まれるところである。

---

◆**参考文献**　●読売新聞政治部『基礎からわかる選挙制度改革』信山社出版，2014年

## ⑨ 「1人1票」の許容範囲－1票の格差問題

### アプローチ

「1票等価」は，かつての選挙権に財産資格などがあった時代から普通平等選挙への進展の最終的到達点として位置づけられる。それは，「1人1票」によっては，必ずしも実現されない。1票等価は，選挙というゲームのルールとしての公正さ，民意の忠実正確な反映の問題であるとともに，政治学の観点からは，機能する政府の創出という視点が欠かせない。

### 「1票の格差」とは

「1票の格差」とは，選挙民の投票価値に不平等があることを意味する。すなわち，あらゆる選挙に生じうる問題である。しかし，日本においては，主として衆議院，参議院議員選挙について提起されてきている。選挙区間の格差という場合，議員1人当たりの有権者数が最小の選挙区を基準に，最大の選挙区の有権者人口が何倍に当たるかをもって「最大○○倍の格差」と表現する。

### 2倍までは許される？

「1票の格差」というからには，有権者人口が基準となる。しかし，格差をゼロにすることは，選挙区を地理上で区分する限り難しい。ある程度の格差は許容範囲であるとすれば，それは何倍であるべきであろうか。現在，一応2倍未満であれば，よいとされている。では，なぜ2倍が分かれ目なのか。何か，制限速度は時速50キロでも，時速99キロまでは違反には問わず，時速100キロを超えたら摘発するというようにもきこえるこの基準にも，それなりの根拠はある。もし格差が2倍を超えれば，最も1票の重い選挙区の有権者は，最も軽い選挙区の有権者の2票分の力を行使することになり，1人1票という大原則にもとるから，というのである。つまり，2倍未満の格差は，制度設計の技術上の事情も勘案して仕方がないということでもある。ただし，これは有力な学説であるにとどまり，判例に示されているわけではない。

### 有権者人口ではなく総人口

ところが，明治以来，日本の選挙区割りの際に基準とされてきたのは，未成年者や投票権をもたない者を含む総人口である。有権者人口と総人口の分布に極端な乖離はないものの，最大格差1.99倍と2.01倍が，違憲と合憲の分かれ目であるとすれば，微妙な差でも無視しがたい。それなら，最初から有権者人口で定数配分をすればよいと，誰しも思う。しかし，実はそうはできない。というのも，公職選挙法その他の関連法規で，総人口を基準とする選挙区割りが定められているのである。1950（昭和25）年に成立した公職選挙法は，当初1946（昭和21）年4月26日づけ人口調査に基づき，各都道府県と選挙区に議員数を割り振った。当時は，有権者ではなく人口で計算して，格差は2倍以内に収まっていたのである。その後制定された衆議院議員選挙区画定審議会設置法で，「各選挙区の人口の均衡を図り，各選挙区の人口[*1]のうち，その最も多いものを最も少ないもので除して得た数が2以上とならないようにすることを基本とし，行政区画，地勢，交通等の事情を総合的に考慮して合理的に行わなければならない」とされている[*2]。しかし，選挙人名簿に基づく格差が最大2倍を超え，高等

---

*1 官報で公示された最近の国勢調査またはこれに準ずる全国的な人口調査の結果による人口をいう。

*2 例えば，2014年の第47回衆議院議員総選挙における区割りは，2010年国勢調査人口に基づき格差が2倍以内の1.998倍に収まるようにされていた。

裁判所では違憲とする判決も出ている。

### では，どうする？

最も単純素朴に考えれば，選挙区というものを設けなければ，格差も生じない。全国のどこで投じられても，1票は1票と数えられるからである。しかし，選挙の目的は，可能な限り民意を反映して，機能する政府をつくり出すことにあるとすれば，全国を1区として，どのような投票の制度にすればよいのか。

仮に，総定員をそのまま定員とする巨大選挙区として，候補者個人に投票するとすれば，様々な弊害は明らかであろう。そのような巨大選挙区では，投票対象の候補者が多すぎて，投票者が候補者についての十分な情報・知識を得にくい。候補者の得票に，知名度によって大きな差がつくことが予想され，政党別の得票率と獲得議席比率に乖離が生じうる。かかる大選挙区では，やはり，政党に投票する比例代表制度を採用するべきであろう。つまり，全国を1区とする比例代表制度が1つの回答である。

そこで疑問が3つ生じる。まず，日本国憲法第47条は，「選挙区，投票の方法その他両議院の議員の選挙に関する事項は，法律でこれを定める」と規定する[*3]。全国を1区とする制度が，やはり選挙区であるといえばいえるにせよ，区分しない選挙区とは違憲なのではないかという疑念は残る。

また，衆議院と参議院の選挙制度の違いは，3年ごとの半数改選の有無のみとなる。基本的に同じ選挙制度で2つの議会をつくる理由を問われることになろう。各議院に性格の違いがあるべきなのかということは，権限の配分という問題と併せて考察されなければならない。

最後にどんな世論調査でも「支持政党なし」が最多である現在の日本国民に，政党への投票を強いることは適切なことなのであろうか。1票の価値を釣り合わせるためには，何物を犠牲にしてもよいというわけでもあるまい。

### 当座の対応と長期的課題

一連の訴訟が問うているのは平等な選挙権行使のみであって，その他の条件を備えた，あらまほしき選挙制度の実現には，長期的には憲法秩序の見直しも含む制度の再構想が必要となろう。であるならば，投票価値の平等を確保するための当座の措置としては，現行の選挙制度の枠内での定数の変更を行うべきである。とりわけ重要なことは，投票価値の平等と適正な総定数とは別の問題であることを認識し，当面の措置として，総定数の増加をためらうべきではない。これは，参議院について，とりわけそういいうる。

①衆院選無効訴訟…2014年第47回衆議院議員総選挙の区割りは違憲として選挙無効を求めた訴訟で，福岡高裁が違憲判決を出したことを受け（選挙無効は認めず），垂れ幕を掲げる弁護士ら。右から2人目は伊藤真弁護士。（福岡県福岡市　2015.3.25）

*3　日本国憲法第47条は，少なくとも地理上の区分としての選挙区を設定することを前提としているとも読める。比例代表制度と最も縁のなかった国であるアメリカの素人が，彼らなりに健全な市民感覚で書いた憲法であることを思えば，地理上の選挙区の定数やどう境界を引くかという委細を法律に委ねるということであったのであろう。

### コラム

**1票の「格差」か「較差」か**　メディアでは，「格差」が一般的な表現であるのに対して，裁判所の判決文や官公庁文書，法律家の間では「較差」が用いられる。「格差」は，標準や一定の水準との差，「較差」は，複数のものを比較したときの差と微妙にニュアンスが異なる。ただし，辞書により違いがある。使い分ける必要はなく，どちらかに統一していればよいであろう。なお「較差」は，本来は「こうさ」と読むようである。

◆参考文献　●読売新聞政治部『基礎からわかる選挙制度改革』信山社，2014年

# 10 Election Campaigns or Election Campaigning－選挙運動

### アプローチ

選挙運動とは，選挙において選挙民に様々な情報を提供して支持を調達して政権を確保するための一連の活動であるといえよう。その意味で，選挙運動は，多数の人々の支持によって政権を確保し，それに失敗して政権を失う近代議会制民主主義の根幹にある。近代民主主義の発達とともに，自由で公正な選挙運動を行うための条件や規則を整備してきた。表現の自由や集会・結社の自由の保障，公正な選挙を実施するための手続きの整備（選挙法の整備）などがそれである。

### 多くのアクターが競合する選挙

近代民主主義の制限選挙から現代民主主義の普通選挙へ移行する過程で，選挙では複数の争点に関して，政治家や政党ばかりでなくそれに関連する利益団体，メディアなど幅広く多くのアクターが関与して競合することになった。さらにまた，選挙民を説得して政権を確保するための説得技術やメディア利用，PR戦略など様々な技法が，メディアの発達など様々な政治社会環境の変化に応じて開発されてきた。

### キャンペーン

欧米各国では，政治活動そのものが政権確保や政策実現を目指すものであるから，選挙運動もそれら政治活動と大きく相違しないと考え，**通常はキャンペーンと称して選挙運動も政治運動も同じように議論する**。現代キャンペーンを広く研究する政治学者のP・ノリス[*1]は，キャンペーンが，現代以前キャンペーン（pre-modern）から現代キャンペーン（modern）に移行し，さらに現代以後キャンペーン（post-modern）に移行しつつあると指摘している。

現代以前キャンペーンでは，集会や戸別訪問など地方での対人的な直接コミュニケーションが中心で分散的であった。

テレビを中心にメディアが発達して政治に介入するようになると，政党は徐々にテレビ利用を開始し，全国統一的な枠組みでキャンペーンを展開するようになり，現代キャンペーンが確立されていった。個々の候補者のメッセージは統一され，政党リーダーが注目の中心となり，キャンペーン活動もすべての政治家で同じようなものになる。

その現代キャンペーンが1990年代から21世紀にかけて大きく変容し始めている。現代以後キャンペーンの開始である。その特徴をD・G・リリカーは，①全国規模の統合キャンペーンが各地方で分散的に展開され，全国レベルの政策も地方の文脈で語られる，②政党内にキャンペーン対策の部門がつくられ，専門家が登用される，③マーケティング技術の利用，④メディアに焦点化した政治コミュニケーション，⑤選挙民の中で鍵となる人や集団を目標として集中的に直接的なコミュニケーションを展開すること，⑥選挙期間中の集中的なキャンペーンから日常的・恒常的なキャンペーンへの展開として指摘している[*2]。インターネットの発達とその利用が，政治や選挙の世界に広がり，その結果政治運動や選挙運動が変化を余儀なくされたことの結果でもある。

[*1] P・ノリス〔Pippa Norris〕（1953～）　イギリスの政治学者。2001年刊の著書『デジタルデバイド』などで有名。

[*2] D・G・リリカー著，谷藤悦史監訳『政治コミュニケーションを理解する52章』，早稲田大学出版部，2011年，36-37頁。

### 日本の動向

日本の動向はどのようになっているのであろうか。**公職選挙法は，選挙運動と政治活動を理論的に分けている**。しかし，同法は選挙運動に関して明確な定義規定をもっていないし，政治活動についても同様である。それゆえ，選挙制度についての実務や研修のために用いられる解説本やテキストは，憲法で保障されている政治活動は基本的人権であり，「**選挙運動にわたる政治活動は，公選法においては政治活動としてではなく選挙運動として規制を受ける**」と指摘する[*3]。このようなことから，「特定の選挙について，特定の候補者の当選を目的として，投票を得または得させるために直接または間接に必要かつ有利な行為」[*4]を選挙裁判にかかわる判例から導き出して共有している。

また，選挙運動に広範な規制をかけている。しかし，現実的には，「投票を得または得させるために直接または間接に必要かつ有利な行為」を具体的に特定することは難しく，規制違反として摘発されることが裁量に委ねられることが多くなってしまう。選挙運動の期間は，「候補者の届出のあった日から当該選挙の期日の前日まで」（公職選挙法第129条）と定め，衆議院議員選挙は12日間，参議院議員選挙や都道府県知事選挙は17日間，市（区）議会議員選挙では7日間，町村長や町村議会議員選挙では5日間と，世界に比較してかなり短いのが特徴となっている。

インターネット利用の解禁など，公職選挙法は選挙運動の制限を少しずつ解禁しているが，全体として選挙運動の制限が大きく（➡コラム），時代に合わない制限や規制もかなりみられる。公職選挙法の改正が選挙区定数の問題を中心になされてきたが，現代選挙キャンペーンの世界的な流れを踏まえて抜本的な変革をなす時期なのではないかと考えられる。

[*3] 選挙制度研究会編『実務と研修のためのわかりやすい公職選挙法』ぎょうせい，2001年，245頁。
[*4] 同上書，162頁。

---

### コラム

**選挙運動についての規制**　選挙運動についての規制に関しては，主体に関する規制，選挙運動に関する規制，選挙運動費用ならびに寄付に関する規制，加えて選挙時における政治活動の規制などが，公職選挙法でかなり広く列挙されている。裁判官や検察官そして警察官などの特定公務員は選挙運動を禁止されている。公務員や教育者の地位利用による選挙運動も禁止されている。選挙運動の方法についても，広範な規制がかけられている。文書図画の頒布については，選挙運動用通常葉書，選挙運動用ビラの頒布枚数，新聞広告の回数などが規制されている。言論による選挙運動は，選挙運動の基本であるが，政見放送や経歴放送のその回数が制限され，述べるまでもなく戸別訪問による選挙運動は禁止されている。選挙費用も同様である。例えば，選挙運動に従事する者と労務者について大きく区分し，さらに選挙運動に従事する者を，①一般の選挙運動員，②選挙運動のために使用する事務員，③もっぱら車上または船舶上における選挙運動のために使用する者（いわゆる「うぐいす嬢」など），④手話通訳に使用する者に分け，実費の弁償や報酬を細かく規定している。

---

◆**参考文献**　●Ｄ・Ｇ・リリカー著，谷藤悦史監訳『政治コミュニケーションを理解する52章』，早稲田大学出版部，2011年
●Norris, Pippa, ed. A Virtuous Circle:Political Communication in Post-Industrial Societies. Cambridge University Press, 2000.

# 11 配慮か平等か？－過疎自治体と選挙

## アプローチ

〔「過疎」とは〕

「過疎」とは「ある地域の人口などが少なすぎること」である（『広辞苑』第6版）。2014年に民間の研究機関「日本創成会議」が，全国の市町村の49.8％が大都市への人口移動や出生数減少によって人口減少が止まらず消滅する可能性が高い，と発表して全国に衝撃を与えた。

過疎の進行は，地域の活力低下や税収不足による行政サービス低下などの面が主に心配されているが，地域の将来を決める選挙のあり方にはどのような影響を与えるのだろうか。

### 過疎地に手厚い定数配分の是非

政令指定都市，都道府県，衆議院と参議院の議員選挙は，いくつかの選挙区ごとに議員を選ぶが，選挙区ごとの定数や区域を決める際によく問題になるのが「過疎地への配慮」である。

単純な人口比例で選挙区に定数を配分すると，都市部選出の議員が多くなって政策が都市部寄りに傾いてしまう可能性があるので，困難を抱えている過疎地に定数を手厚く配分するべきだという意見がある一方で，投票価値の平等を重視するべきだという意見もある。

選挙区によって議員1人当たりの有権者数が違い，1票の重みに差があることを**1票の格差（較差）**という。例えば，2014年衆院選の際，定数1の小選挙区選挙では，有権者数が約23万1,000人で最少の宮城5区と，約49万2,000人で最多の東京1区の間では2.13倍の格差があった（→表）。1票の重みは，人口減少が続く過疎地が多い選挙区で重くなり，人口増加が続く都市部が多い選挙区で軽くなる傾向がある。

この1票の格差についての裁判所の見方は最近厳しくなってきており，2倍を超える格差は憲法違反であるという判決が出ることも多くなってきている。例えば，2009年衆院選についての2011年の最高裁判決では「人口の少ない地域に対する配慮は，全国的な視野から考慮されるべき事柄であり，地域性に係る問題のために，ことさらに投票価値の不平等を生じさせるだけの合理性があるとはいい難い」として，最大2.30倍の格差があった小選挙区の区割りについて違憲状態であったとした[*1]。

〔表〕衆議院小選挙区の「1票の格差」

|  | 第46回衆院選（2012.12.16実施） |  | 第47回衆院選（2014.12.14実施） |  |
|---|---|---|---|---|
| 有権者数が多い選挙区 | 千葉県第4区 | 495,212（2.43倍） | 東京都第1区 | 492,025（2.13倍） |
|  | 神奈川県第10区 | 492,394（2.41倍） | 北海道第1区 | 490,592（2.12倍） |
|  | 東京都第6区 | 484,860（2.37倍） | 東京都第3区 | 486,466（2.11倍） |
| 有権者数が少ない選挙区 | 宮城県第5区 | 211,113（1.03倍） | 鳥取県第1区 | 238,027（1.03倍） |
|  | 長崎県第3区 | 209,222（1.02倍） | 福島県第4区 | 233,320（1.01倍） |
|  | 高知県第3区 | 204,196 | 宮城県第5区 | 231,081 |

〈注〉（　倍）は，最も有権者数が少ない選挙区（第46回衆院選は高知県第3区，第47回衆院選は宮城県第5区）に対する格差。
（総務省資料により作成）

議員が選挙区の利益にこだわらず「全国的な視野」から判断するならば，都市部選出の議員が増えても政策が都市部寄りに傾くとは限らないはずだが，議

[*1] 最大判2011年3月23日民集65巻2号755頁。なお，「違憲状態」とは違憲の一歩手前の状態であり，違憲状態が合理的期間内に是正されないときに違憲と判断される。

員を選挙区の代表として捉える意識は議員にも有権者にも根強く，過疎地への配慮を求める声も根強い*2。

● 投票所や投票時間の減少

過疎地の選挙は，以上のような都市部と比べて議員定数が少ないという問題のほかに，選挙実施についても問題を抱えている。

最近，全国で人口減少や市町村合併に伴って投票所の統廃合が進んでいる。総務省によると2003年の衆院選では，投票所は全国で5万3,386か所あったが，2013年の参院選までに約1割減った。減少率が最大なのは鳥取県（33.5％）で，島根県（32.2％），秋田県（24.7％）と続くが，いずれも人口減少率が高い県である。また，投票時間は公職選挙法の第40条第1項で原則午前7時から午後8時までと規定されているが，「投票に支障を来さないと認められる特別の事情のある場合（中略），投票所を閉じる時刻を4時間以内の範囲内において繰り上げることができる」とも規定されていて，人口の少ない投票所などで経費節減等のため投票終了時間を繰り上げるところが増えており，2013年の参院選では全投票所の34.8％が繰り上げをしていた*3。

これらのことは，過疎地の有権者の投票の機会を狭めることにつながりかねない。

● 低調な選挙

最近，市区町村の選挙で候補者不足による無投票が多くなっている。総務省によれば2013年中に行われた選挙で，市・区（＝東京都の特別区）長選挙では26.4％，市・区議会議員選挙では12.4％，町村長選挙では45.9％，町村議会議員選挙では31.3％が無投票であった*4。その背景には，過疎地のような小さな社会では，対立を表面化させるべきではないという考えが強いことや，議員報酬の低さがあると考えられる。2013年時点の議員報酬は，市議会議員（政令指定都市を除く）の全国平均が月40万2,000円であるのに対して，町村議会議員は月21万円である。さらに町村議会議員でも人口5,000人未満の自治体の平均は月17万4,000円にとどまる*5。

議員のなり手の少なさは議員定数削減の動きにつながり，それが報酬の低さとあわせて新人の立候補を妨げて議会の硬直化を招きかねない。困難を抱えている過疎地においてこそ，地域の将来について選挙戦や議会での活発な議論が必要なはずであるが，以上のような過疎地の選挙の実態は憂慮されるところである。

*2 『朝日新聞』による2011年4月の全国電話世論調査では，「1票の格差はできる限り小さくすべき」が35％であったのに対して，「やむをえない」が51％であった。また，国会議員は「すべての国民の代表」だと思うという回答が42％であったのに対して，「当選した選挙区の代表」だと思うという回答が52％であった（『朝日新聞』2011年5月3日）。

*3 『朝日新聞』2013年10月4日。

*4 総務省「地方公共団体の議会の議員及び長の所属党派別人員調等」（http://www.soumu.go.jp/senkyo/senkyo_s/data/syozoku/ichiran.html），2014年。

*5 総務省「地方公務員給与実態調査」（http://www.soumu.go.jp/main_sosiki/jichi_gyousei/c-gyousei/kyuuyo/kyuuyo_jc.html），2013年。

### コラム

**限界集落** 過疎化などで人口の50％以上が65歳以上の高齢者になり，農作業や自治会活動や冠婚葬祭などの共同生活を維持することが困難となっている集落を「限界集落」という。国土交通省の過疎自治体に対するアンケート調査（「国土形成計画策定のための集落の状況に関する現況把握調査」2006年）では，65歳以上が50％以上の集落は全国で7,878あり，うち423は10年以内に，2,220はいずれ「消滅する可能性が高い」とみられていることが明らかになった。

◆ 参考文献　● 増田寛也（編著）『地方消滅』中央公論新社，2014年

## 12 有権者はどのように投票先を決めるのか―投票行動

**アプローチ**

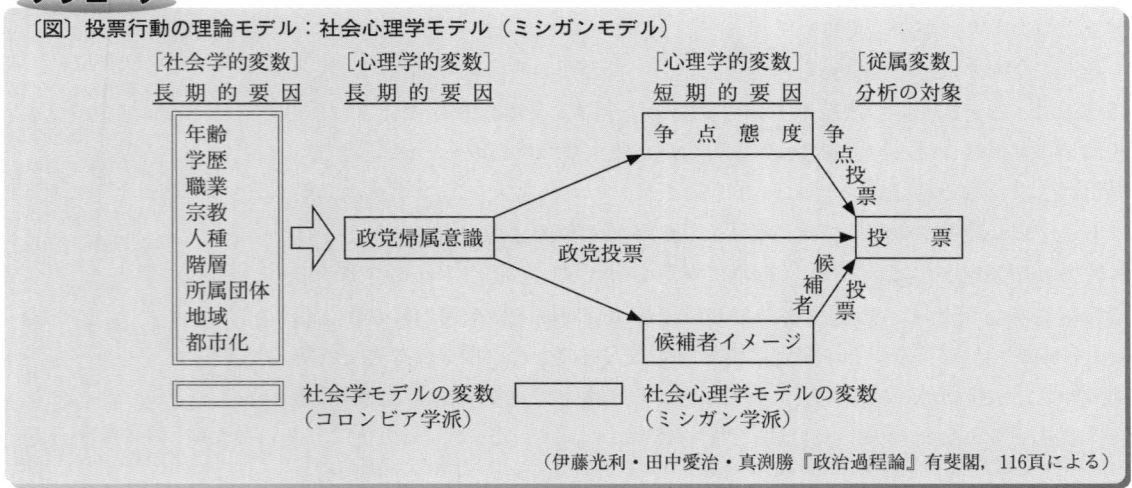

〔図〕投票行動の理論モデル：社会心理学モデル（ミシガンモデル）

```
[社会学的変数]       [心理学的変数]      [心理学的変数]    [従属変数]
 長期的要因          長期的要因         短期的要因       分析の対象

  年齢                                  争点態度 ─争点投票┐
  学歴                                   ↗              │
  職業                                  ↗               ↓
  宗教        ⇒   政党帰属意識  ──政党投票──────→  投 票
  人種                                  ↘               ↑
  階層                                   ↘            候補者投票
  所属団体                              候補者イメージ ─┘
  地域
  都市化

  □ 社会学モデルの変数         □ 社会心理学モデルの変数
    （コロンビア学派）             （ミシガン学派）
```

（伊藤光利・田中愛治・真渕勝『政治過程論』有斐閣，116頁による）

### 投票先を決めるまで

　財団法人明るい選挙推進協会が実施している選挙後の意識調査では，選挙前にみたり聞いたりしたものを挙げてもらい，それらが役に立ったか否かを尋ねている。2012年衆議院議員選挙後に行われた調査の結果によると，最も役に立ったのは「政党の政見放送（テレビ）」（23.0％），次に役に立ったのは「党首討論会」（16.7％），その後「選挙公報」（15.0％），「候補者の経歴放送（テレビ）」（13.3％），「政党のマニフェスト」（12.5％）と続く。インターネット選挙が解禁されてからは，選挙前にみたり聞いたりするものの中にインターネット上で更新される情報も入ってくるだろう。

　このように，有権者は選挙期間中に様々な情報に接触して，投票先を決めているようにみえる。しかし，投票する人を決めたのはいつごろかという質問に対しては，小選挙区では「選挙期間に入る前から」（32.0％）と「選挙期間に入った時」（22.4％）を合計すると選挙期間に入った段階で半数以上の有権者が投票先を決めている。比例区においても，この傾向は変わらず，「選挙期間に入る前から」（36.9％），「選挙期間に入った時」（19.1％）と半数以上が選挙期間に入った段階で投票先を決めているのである。多くの有権者が選挙期間に入る前から投票先を決めているとすれば，それはどのように説明されるのだろうか。

### 政党支持モデル

　有権者の**投票行動**を規定している要因を研究してきた投票行動研究では，有権者は人生を通して培われてきた政党支持を拠りどころに投票先を決めているとされてきた。この**政党支持モデル**は，アメリカのミシガン大学の研究者によって提唱され，「**ミシガンモデル**」とも呼ばれる。全米規模の世論調査をもとにモデルの検証が繰り返されてきた。

　ミシガンモデルは，長期的に形成される投票の規定因として，**有権者の政党への帰属意識**（party identification）に着目する。この政党帰属意識とは，有権者が政党に対して抱く心理的な距離のことであり，自分は〇〇党の支持者

であり，その支持者集団の一員であるという一種のアイデンティティ（帰属意識）のようなものを想定している。

政党への帰属意識は，幼少期から人格形成期にかけての経験を通して固まっていくとされており，この過程は**政治的社会化**と呼ばれている。政治的社会化を通して，個々の属性や環境（性別・年齢・家庭・教育・職業・都市化・地域など）が特定政党への結びつきを強め，政党帰属意識が形成されるのである。

ミシガンモデルは，それまでの投票行動研究[*1]が重視してきた有権者の属性や環境に着目し，政党帰属意識という概念を導入することにより心理学的に発展させたものであった。

*1 社会学モデルやコロンビアモデルとも呼ばれる。

**●争点投票・候補者投票●** ミシガンモデルは，政党帰属意識をもとに投票を決める政党投票のほかに，2つの投票モデルを提示している。1つは**争点投票**である。争点投票は，その名のとおり，争点への賛否をもとに政党や候補者を選ぶモデルであるが，重要なのは，争点への賛否の態度が政党帰属意識によって規定されているという点である（図参照）。すなわち，自分の政党支持をもとに，有権者は各党の政策を評価すると考えられるため，選挙における争点態度は，自分の支持政党の政策と一致する傾向にあると考えられる。

もう1つは**候補者投票**である。候補者投票モデルも，政党帰属意識によって候補者イメージや候補者への評価が規定されていると考える（図参照）。したがって，ある候補者へのイメージや評価は，その候補者がどの政党から公認・推薦されているかによって事実上決まってくるのである。

**●業績評価モデル●** ミシガンモデルが想定するように，すべての有権者が特定の政党に強い帰属意識をもっていれば，政党支持は安定し，世論調査のたびに政党支持率が上がったり下がったりすることはないはずである。しかし，実際には政党の支持率は変化するし，選挙によって投票政党を変える有権者がいることも確かである。

**業績評価モデル**は，有権者は必ずしも生まれ育った環境や政党との心理的距離のみから投票政党を決めているわけではなく，内閣や与党の業績をもとに投票先を決めていると考える。内閣のパフォーマンスが良ければ，次の選挙で与党に投票し，反対に内閣の仕事に不満があれば，野党に投票する。

このように，業績評価モデルは，有権者が合理的に投票先を判断しているという前提をもとにしているため，**合理的選択モデル**，ないし，**経済学モデル**とも呼ばれる。業績評価モデルにおいては，政党支持は，政党の仕事に対する評価により都度更新されると考えられており，もはや帰属意識ではない。

一方，特定政党に強いアイデンティティをもつ有権者は，仮にその政党が失政を続けて支持率が低下しても，支持することをやめないであろう。その意味において，ミシガンモデルの政党支持モデルは，負け続けても応援することをやめないプロ野球ファンの心理とも通じるものがあるといわれている。

### コラム

**無党派層と「風」** 2005年の郵政解散総選挙，2009年の政権選択総選挙は，ともに投票率が高かったが（前者67.51%，後者69.28%），いずれも無党派層の投票行動が選挙結果を左右したといわれる。また，投票行動が予測しがたい無党派層の動きは，マスコミなどでは「風」と表現されている。

◆参考文献　●伊藤光利・田中愛治・真渕勝『政治過程論』有斐閣（有斐閣アルマ），2000年

# 13 投票率はどのように決まるのか－投票率

## アプローチ

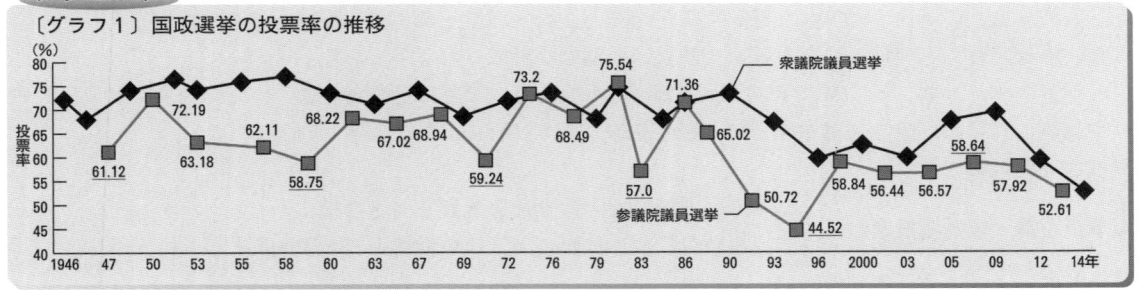

〔グラフ１〕国政選挙の投票率の推移

### 投票参加のパラドックス

個々の有権者はどのように投票に行くか棄権するかを決めているのであろうか。投票参加のモデルを示したライカーとオーデシュック[1,2]は、有権者は投票することにより得られる利得（Reward）を計算して投票するか否かを選択していると考えた[3]。

それでは、有権者はどのように利得を計算しているのか。ライカーとオーデシュックによると、この利得（便宜的にRと表記しよう）は、「R＝PB－C＋D」という式によって求められる。まず、有権者が投票することによって得られる便益（B：Benefit）が投票することのコスト（C：Cost）を上回っているときに初めて有権者は投票すると考えられる。ここで、有権者が投票することによって得られる便益とは、支持している政党・候補者が当選したときに得られる効用と支持していない政党・候補者が当選したときに得られる効用の差（**期待効用差**）のことをいう。この期待効用差が、投票することの時間・労力や機会費用よりも大きいと感じられるときに有権者は投票するのである。

選挙によって投票率が異なるのは、出馬している政党や候補者の間に政策の違いがある場合とない場合がある（すなわち期待効用差に違いがある）からである。ただ、仮にこの期待効用差が大きいときでも、投票に行く前から選挙の結果が予測できてしまう場合は、有権者は投票に行かなくても結果は同じであると感じてしまう。このように、自分の１票が選挙結果に影響を与える確率（P：Probability）を有権者は見定めており、期待効用差と同様に投票率を左右すると考えられる。すなわち、PとBの積がCよりも大きいときに有権者は投票することになる。

しかし、実際の選挙において自分の１票が選挙結果を左右する確率は小さいため、PBよりもCが大きくなることが懸念される。このように理論的には棄権が予測されるにもかかわらず、多くの有権者が投票している状況を「**投票参加のパラドックス**」という。ライカーとオーデシュックは、投票参加のモデルに民主的な価値観や義務感としてD（D：Civic Duty）を加えて定式化した。

### 投票コストの軽減

投票率を上げる方策の１つは、有権者の投票コストを下げることである。有権者の投票コストを軽減する様々な取り組みは、これまでにもなされてきた。1998年の参議院議員選挙では、

[1] ライカー〔William Harrison Riker〕（1920〜93）アメリカの政治学者。合理的選択理論やゲーム理論を政治学に応用し、実証政治理論を構築した。

[2] オーデシュック〔Peter C. Ordeshook〕アメリカの政治学者。ライカーの門下生。

[3] Riker and Ordeshook, 1968

投票終了時刻が午後6時から午後8時に変更された。これにより、日中に用事がある有権者も、夕刻に投票することが可能になった。また、投票日に仕事や用務がある有権者が投票日前に投票できる期日前投票の要件が緩和された。制度変更前の1995年参議院議員選挙では投票率が44.52%と過去最低であったが、1998年参議院議員選挙では投票率が58.84%に上がり、一定の効果があったといわれている（国政選挙の投票率の推移、**グラフ1**）。一方、近年では投票終了時刻が繰り上げられる投票所が増える傾向にあり、投票コストを軽減する効果は、投票所によって異なると考えられる（**グラフ2**）。

〔グラフ2〕投票所数と閉鎖時刻の繰り上げ数

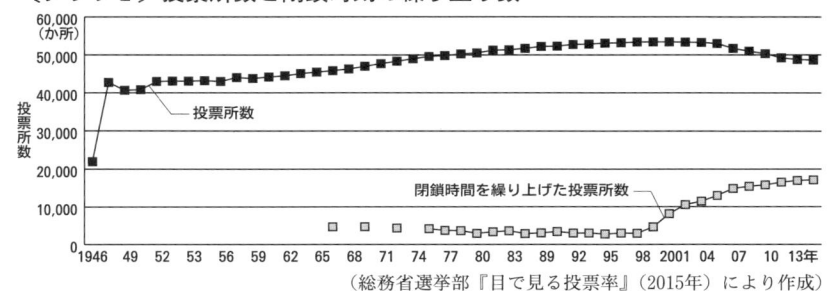

（総務省選挙部『目で見る投票率』（2015年）により作成）

2013年の参議院議員選挙以降のインターネット選挙解禁は、この意味において有権者が情報を取得するコストを軽減するものと考えられる。2012年の衆議院議員選挙以降に選挙公報を選挙管理委員会のホームページ上に掲載できるようになったこともコストの軽減に一役買っていそうである。また、ラジオやテレビによる**政見放送制度**もコストの軽減につながっているだろう。

● **選挙サイクル**　投票率は選挙のサイクルによっても変わってくる。例えば、参議院議員選挙は衆議院議員選挙と同日選挙になると投票率が高くなる[4]。また、4年に一度行われる統一地方選挙と3年に一度行われる参議院議員選挙が重なる年は、投票率が低くなる傾向にある[5]。12年に一度のサイクルが亥年に当たることから、この傾向は「亥年現象」として知られている[6]。統一地方選挙が4月に行われ、参議院議員選挙が2、3か月後に行われることから、政治家も有権者も「選挙疲れ」してしまうことが背景にあると考えられている。また、選挙が終わったばかりの地方政治家が熱心に支持者を動員しなくなることが指摘されている[7]。

[4] グラフ1の1980, 86年。
[5] グラフ1の1947, 59, 71, 83, 95, 2007年
[6] 石川
[7] 浅野
[8] International IDEA, 2002

**コラム**

**選挙制度と投票率**　投票率は選挙制度によっても異なる。世界各国の選挙制度と投票率の関係をみると、比例代表制において実施された選挙の方が、小選挙区制において実施された選挙よりも投票率が高いことが指摘されている[8]。小選挙区制では死票が多く、自分の1票が選挙結果に影響を与える確率（P）が小さいと有権者が感じ、棄権が増える傾向にあるためと考えられる。なかには、義務投票制を採用する国もある。棄権に対し罰金を科している国では、投票率が高くなる傾向にある。

〔グラフ3〕義務投票制がある国の投票率

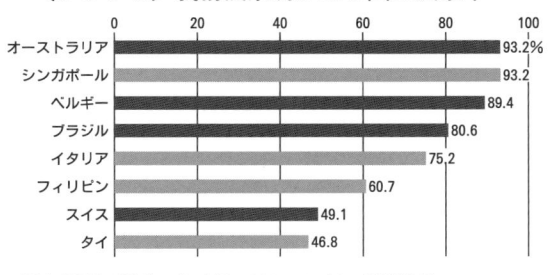

| 国 | 投票率 |
|---|---|
| オーストラリア | 93.2% |
| シンガポール | 93.2 |
| ベルギー | 89.4 |
| ブラジル | 80.6 |
| イタリア | 75.2 |
| フィリピン | 60.7 |
| スイス | 49.1 |
| タイ | 46.8 |

〈注〉■は罰金のある国。2011～14年の選挙結果。
（IDEA資料などにより作成）

◆**参考文献**
- Riker, W. and P. Ordeshook, "A Theory of Calculus of Voting," *American Political Science Review*, 62, pp. 25-42, 1968.
- International IDEA, *Voter Turnout since 1945: A Global Report*, 2002.
- 石川真澄『戦後政治史』岩波書店（岩波新書）、1994年
- 浅野正彦「国政選挙における地方政治家の選挙動員－「亥年現象」の謎」『選挙研究』第13号、120-129頁、1998年

# 14 選挙はどう管理されているの？―選挙期日・投票時間・投票方法

### アプローチ

民主主義の政治体制下では，選挙で勝利することで，政権の正当性が確保される。それゆえ，自由で公正な選挙は，民主主義政治の大前提である。自由で公正な選挙制度を維持・実施するために，選挙に対して様々な管理が行われる。選挙権・被選挙権，選挙区と議員定数，選挙管理機関，選挙期日・投票方法，開票，立候補と当選人，選挙運動とその費用，選挙訴訟などが重要な管理である。日本では，衆議院議員選挙，参議院議員選挙に関わる管理規則を分けて規定していたが，衆議院議員選挙法，参議院議員選挙法，その他の選挙関係法令を統合して1950年4月に公職選挙法が制定された。

公職選挙法は，政治社会状況の変化に応じて，選挙方法，定数，不在者投票など少しずつ改正が重ねられてきた。ここでは，すでに述べられている選挙権・被選挙権（➡174頁）や選挙運動（➡190頁）を除いて，選挙期日，投票時間，投票方法などの問題を中心に議論しよう。

● **選挙期日**

選挙期日は，1889年に制定された衆議院議員選挙法では，「通常7月1日ニ之ヲ行フ」とされ，第1回衆議院選挙は1890年の7月1日に行われたが，1900年に改正され，以後，特定の日が選挙に当てられることがなくなった。現在の公職選挙法も同様に，**選挙期日は定められていない**。任期満了，解散，欠員等により選挙の実施が必要になると，選挙管理委員会が準備手続きを開始する。最初に決定されるのが，選挙期日（投票日）である。選挙期日は，その期日前の一定の期間において公示または告示しなければならないとされている[*1]。立候補の届出期間は，公示・告示があった日の1日間である。こうして選挙期日と立候補者が決まり，選挙戦が開始される。公示・告示から投票期日までの期間が，表のように定められているので，それが選挙運動期間となる。

[*1] 公職選挙法第31条から第34条で規定。

〔表〕選挙期日の公示・告示をすべき日

| 選挙の種類 | 公示・告示をすべき日 | 選挙の種類 | 公示・告示をすべき日 |
| --- | --- | --- | --- |
| 衆議院議員選挙 | 選挙期日前少なくとも12日前まで | 指定都市の長の選挙 | 選挙期日前少なくとも14日前まで |
| 参議院議員選挙 | 〃 17日前まで | 指定都市の議会議員選挙 | 〃 9日前まで |
| 都道府県知事選挙 | 〃 17日前まで | 市（区）の長・議会議員選挙 | 〃 7日前まで |
| 都道府県議会議員選挙 | 〃 9日前まで | 町村の長・議会議員選挙 | 〃 5日前まで |

日本の選挙運動期間は衆議院議員選挙で12日，参議院議員選挙で17日間しかないが，アメリカでは選挙運動について期間の定めがなく，大統領選挙では予備選挙などを含めると1年以上にも及ぶ。議院内閣制を採用している欧州各国でも4～5週間ほどの選挙運動期間が確保されている。その間に，人々の考えも世論も変わる。候補者や政党の主張を知り理解することで，人々の判断は変わってくる。成熟した世論をつくり，選挙での投票決定をなすための前提である。日本では，お金のかからない清潔な選挙を目指して，短期間での選挙運動期間を目指した。それが結果的に，極めて短い選挙運動期間につながったのである。

● **選挙期日の曜日・投票時間**

選挙期日の曜日をみると，衆議院議員総選挙では，1972年の第35回選挙以降は，すべて日曜日になっている。それ以前には，もちろん日曜日に行われているが，水曜

日と木曜日に2回，金曜日と土曜日にそれぞれ1回ずつ行われている。その傾向は，参議院議員通常選挙にもみられ，第5回までは，火曜日や金曜日に行われることもあったが，1962年の第6回選挙からは，すべて日曜日に行われており，曜日の固定化が進行している*2。

投票期日における**投票時間**は，それまで午前7時から午後6時までとされていたが，1997年の総選挙から**午前7時から午後8時**に改められ*3，投票の便宜や支障をきたさない範囲で，開始時刻を2時間の範囲内で繰り上げないし繰り下げ，閉鎖時刻を4時間の範囲以内で繰り上げることができることになった*4。

● **期日前投票**　選挙期日に関連するものとして，2003年には，不在者投票とは別に**期日前投票制度**が導入された。従来の不在者投票制度のうち，選挙人名簿がある市区町村の選挙管理委員会が行う投票が対象となる。選挙期日に仕事や用務がある不在者投票事由を宣誓しなければならないが，その要件がレジャーや旅行などにまで大きく緩和された。選挙の公示・告示の翌日から選挙期日の前日までに，午前8時30分から午後8時の時間で，各市区町村に設置される「期日前投票所」で行われる。近年，期日前投票が増加し，2014年の総選挙では，総有権者の12.62%，1,315万1,976人が行っている。

● **投票方法**　日本の選挙における投票方法は，投票用紙に候補者名や政党名を自書して投票する**自書式投票**であるが，多くの国では投票用紙に記載されている候補者ないし政党を×の記号で選択して投票する**記号式投票**が一般的である。日本でも地方選挙で記号式を採用することが認められており，岩手県や熊本県などの知事選で○を記す記号式で行われたことがあるが，最高裁判所裁判官の国民審査を唯一の例外としてあまり行われてはいない。これは，高い識字率を誇る日本の特徴であるが，誤記載や誤った判定を生み出すことにもなっている。

世界の動向を踏まえ，地方公共団体の議員および長の選挙に，タッチパネルやボタンで投票するいわゆる「**電子投票**」を認める「**電磁記録投票法**」が2001年12月に公布され，翌年の2月から施行された。岡山県新見市をはじめとして，宮城県白石市，京都市東山区など，これまで23回実施されている。開票の迅速化が進み，数分から数十分で終わってしまう。将来的には記号式と併せて電子投票の適応できる選挙の拡大が望まれよう。さらにまた，人々の生活様式の変化に応じて，投票期日や時間の柔軟化，期日前投票制度を利用する要件の緩和などが広く議論されるべきであろう。

*2　世界各国では，選挙期日は多様である。イギリスは，伝統的に木曜日になされている。アメリカでは，連邦議会選挙は2年ごとに11月の第1月曜日の後の火曜日に行われる。大統領選挙は4年ごとに同じ日に行われる。大統領選挙と連邦議会選挙が同時に行われる年を大統領選挙年，連邦議会選挙のみが行われる年を中間選挙年と称している。

*3　イギリスの投票時間は午前7時から午後10時，アメリカでは州によって異なるが，午前7時から午後8時が一般的である。

*4　2014年の総選挙では，全48,620投票所のうち，開始時刻と閉鎖時刻をともに繰り上げた投票所が31か所，開始時刻を繰り下げ閉鎖時刻を繰り上げた投票所が71か所，閉鎖時刻のみを繰り上げた投票所が17,006か所，全投票所のうち35.2%で投票時間の変更がなされた。

### コラム

**公示と告示**　公示も告示も，一般的には公的機関が，官報や公報などによって特定の事項を広く一般に知らせることを意味する。日本の公職選挙法では，衆議院議員選挙と参議院議員選挙の期日は「公示」よって行い，国会議員の再選挙・補欠選挙と地方公共団体の選挙の期日は「告示」によって行うとされている。「公示」は，内閣の助言と承認によって天皇が詔書をもって行う国事行為である。「告示」は，選挙を管理する選挙管理委員会が行う行為である。

◆参考文献　●内田満『現代日本政治小事典』ブレーン出版，2004年
　　　　　　●総務省HP，http://www.soumu.go.jp/senkyo

# 15 連帯責任が問われる犯罪―選挙違反と連座制

### アプローチ

〔表1〕選挙期日後90日時点における選挙違反の件数―衆議院議員総選挙

| 選挙年 | 1993 | 1996 | 2000 | 2003 | 2005 | 2009 | 2012 |
|---|---|---|---|---|---|---|---|
| 検挙件数 | 3,021 | 886 | 552 | 562 | 258 | 295 | 133 |
| 逮捕者数 | 622 | 287 | 210 | 206 | 139 | 196 | 52 |

〔表2〕公職選挙法違反者の検察庁受理人数―統一地方選挙実施年

| 実施年 | 1995 | 1999 | 2003 | 2007 | 2011 |
|---|---|---|---|---|---|
| 受理人数 | 10,015 | 5,223 | 5,040 | 2,335 | 1,328 |

（表1は『警察白書』各年版，表2は『犯罪白書』2014による）

**拡大連座制適用後，最大規模の選挙違反事件発覚**　2013年12月，衆議院鹿児島2区選出のK議員の実父（元国会議員）が経営する医療法人グループTによる大規模な選挙買収事件が発覚した。実父の指示のもと，選挙応援に動員されたグループ従業員に不法な報酬を供与するため，法定選挙費用をはるかに超える億単位の資金を費やしたとされるこの事件では，グループT幹部7名およびK議員の親族3名が「**公職選挙法**」違反で逮捕起訴され，全員が有罪判決を受けている。K議員自身に違反行為はなかったが，実姉の1人が取調べ段階で容疑を認め**連座制**適用の可能性が大きくなった2014年2月，Kは衆議院議員の職を辞したのである*1。

**「選挙違反」とは，何か？**　日本において選挙過程を律する主たる法律は公職選挙法（以下「公選法」）であり，公選法の規定に違反する行為を，選挙違反と呼ぶ。

公選法の目的は，民主政治と不可分の関係にある選挙が「公明且つ適正に行われることを確保（第1条）」することにある。より一般化して述べれば，その目的は，「1人1票」原則に基づく投票権の公正かつ正当な行使を妨げる行為を防止するとともに，公正かつ正当な投票権の行使が妨げられた場合に，その事実を確認し選挙の正当性を取り戻すための法的根拠を準備することにある*2。

それでは，この法律のもとで，選挙違反の事実はどのような手続きによって確認され，選挙の不正が正されるのだろうか？

公選法においては，選挙違反は**刑事犯**と**行政犯**の2つに区分される。刑事犯とは，公選法第16章「罰則」において，犯罪構成要素と処罰が併せて直接に定められている事例であり，買収，利益誘導，選挙の自由妨害，投票の秘密侵害などがある。刑事犯として刑を科された者は，一定の期間（刑執行後5年あるいは執行猶予期間）選挙権・被選挙権が停止され，選挙運動をすることもできない。一方，行政犯とは，（公選法第16章以外の）ほかの章で命令や禁止が規定され，その規定に違反した場合の処罰が第16章において定められており，選挙運動にかかわる事例が多数を占める。

また，公選法では，選挙が公正に行われず有権者の意思が正しく反映されていないと考えられる場合には，裁判を手段として選挙の効力や当選人の決定を是正する道が開かれている。具体的には，「選挙の効力を争う」選挙訴訟，「当選の効力を争う」当選訴訟，選挙人名簿に関する訴訟，上述の刑事犯に直接か

*1　その後東京地裁は，医療法人グループT幹部数名をK前議員の選挙運動の地域主宰者として認定し，懲役3年執行猶予5年の判決を下した。検察は，判決後すみやかに，K前議員に対する連座制の適用を求める行政訴訟を起こしたが，K前議員の側は，判決後30日以内に異議を申し立てる行政訴訟を起こさなかった。その結果，2014年6月，K前議員に対し連座制を適用し，衆議院鹿児島2区から5年間の立候補禁止が確定したのである。K議員の実父は，難病療養中のため裁判で刑事責任を問うことが難しく，起訴猶予処分となった。

*2　Orozco-Henriquez, *Electoral Justice: The International IDEA Handbook*, IDEA, 2010

かわる「連座制による」当選訴訟の 4 種が想定されている。

●連座制と100日裁判● そのうち，連座制適用の可能性がある刑事犯の訴訟については，「事件を受理した日から100日以内に」判決を行うよう，努めなければならないという規定が設けられている。これを**100日裁判**と呼ぶ（公選法第213条）。実際，冒頭のK前議員の事例でも，東京地検特捜部は，K議員の実姉を起訴すると同時に，東京地方裁判所に対して100日裁判の申請を行っている。

連座制とは，候補者以外の者が犯した罪の責任を，候補者本人にも連帯責任として負わせる制度である。日本では，当選人本人の有罪が確定し刑に処された場合（執行猶予も含む罰金刑ないし禁固刑）のみならず，当選人の選挙運動総括主宰者，出納責任者，一定の親族，秘書の有罪が確定し刑に処された場合（ただし親族，秘書は禁固刑以上に限定される），当選人の当選は無効となる[*3]。さらに当該選挙における同じ選挙区からの立候補が 5 年間禁止される[*4]。

ただし，刑事裁判において有罪が確定してもすぐに当選無効が確定するわけではない。（ア）裁判結果が当選人に通知されてから30日以内に，当選人自身が当選無効を確認するための訴訟（不服訴訟）を起こすか，あるいは，（イ）判決確定後30日以内に，検察が高等裁判所に連座制適用を求める訴訟（当選無効訴訟）を提起するか，（ア）と（イ）いずれかの訴訟の判決を経て，連座制適用の可否が決するのである。

●拡大連座制適用の狙いと効果● 選挙の現場においては，当選無効のリスクを承知しながら，候補者自身が，買収や供応[*5]などの違反行為を自ら犯す可能性は小さい。近代法制において「連帯責任」の考え方は原則として支持されないが，選挙に連座制が導入される理由は，まさにそこにある。その意味において，**1994年の公職選挙法改正による連座制の適用対象および範囲の拡大（拡大連座制）**（→180頁）は，立候補者および支援者全体に公正な選挙を追求する責任を課したものであり，その効果が大いに期待された。

実際，**表 1・2** にみられるように，1994年以降，選挙違反の数そのものは，大幅に減少しており[*6]，対象者を秘書や選挙運動管理者まで広げた拡大連座制の不正防止効果は実証されている。しかし，コラムにあるような金権選挙こそ珍しくなったが，選挙違反が絶えることはなく，その大半が買収事件であることの事実は重い。18歳まで選挙権が引き下げられた今，あらためて有権者の自覚が求められるゆえんである。

*3 衆議院選挙の重複立候補の場合，比例代表選挙での当選も無効となる。

*4 公務員等の役職退職後 3 年以内の候補者と職務上関係のあった者が違反を犯した場合は，候補者に対する立候補禁止措置はとられない。

*5 **供応** 選挙運動や投票の報酬に，飲食などを提供する行為のこと。

*6 2014年総選挙では，選挙期日後30日時点における摘発件数は47件（前回より31件減）で，摘発人数は34人（前回より65人減）であった。また，2015年統一地方選挙前半戦の投票終了後30日を経た時点での摘発件数は57件（前回より55件減）で，摘発人数は141人（前回より274 人減）であった。

## コラム

**津軽（つがる）選挙** 2014年 1 月，青森県平川市で行われた市長選挙において，票のとりまとめの報酬として現金を授受したなどとして，20人中15人の市議会議員および前市長とその有力支援者が逮捕され世間を驚かせた。そのうち 8 人の議員が失職ないし辞職する事態となったため，同年 7 月に，8 つの議席を争う補欠選挙が実施されるなどしたが，2015年 7 月に任期満了による市議会選挙が実施されるまで，市政の混乱は続いたのである。津軽地方では，このような金権選挙がたびたび繰り返されるため，「津軽選挙」という言葉が定着しているという。

◆**参考文献** ●選挙制度研究会編『実務と研修のためのわかりやすい公職選挙法』ぎょうせい，2014年

# 1 中央集権か地方分権か－日本における地方自治の発達

### アプローチ

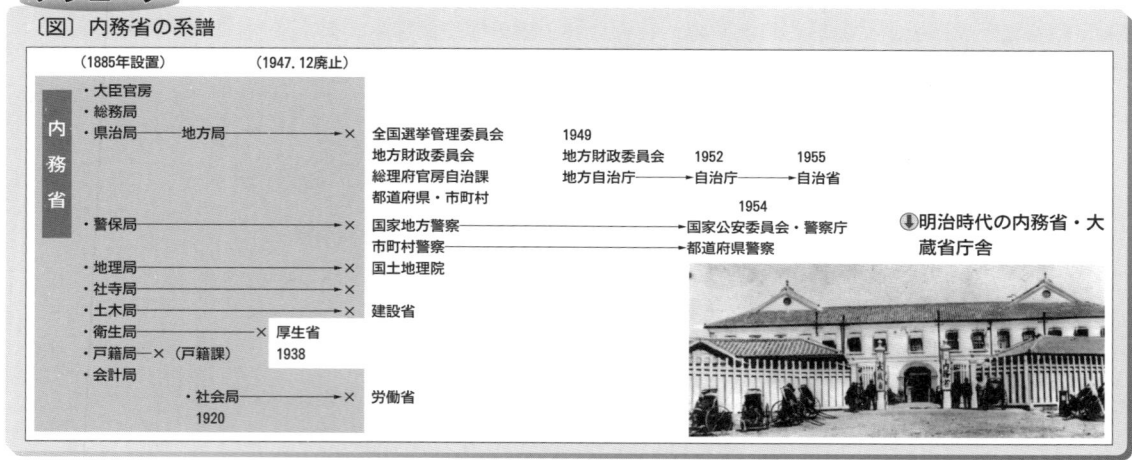

〔図〕内務省の系譜

```
（1885年設置）        （1947.12廃止）
内  ・大臣官房
務  ・総務局
省  ・県治局————地方局————×  全国選挙管理委員会    1949
                              地方財政委員会————地方財政委員会    1952        1955
                              総理府官房自治課    地方自治庁————自治庁————自治省
                              都道府県・市町村                     1954
    ・警保局—————————————×  国家地方警察————国家公安委員会・警察庁
                              市町村警察————都道府県警察
    ・地理局—————————————×  国土地理院
    ・社寺局—————————————×
    ・土木局—————————————×  建設省
    ・衛生局——————×厚生省
    ・戸籍局—×（戸籍課）  1938
    ・会計局
              ・社会局—————————×  労働省
               1920
```

●明治時代の内務省・大蔵省庁舎

### 地方自治とは

地方自治とは，一定の地域を基礎として，国からある程度独立した機能をもつ地方自治体を設置し（**団体自治**），自治体政府が自らの事務を地域住民の参加と意志に基づいて処理する（**住民自治**）ことを指す。日本においては，明治維新後，近代国家建設のための地方制度が上から整備された。1888年には**市制・町村制**が導入され，1921年に**中央政府－府県－市町村**という3階層制度が確立し，末端には**町内会・部落会・隣組**という「隣保組織」が置かれた。しかし，住民自治は認められなかった。地方の指揮監督権は**内務省**にあり，府県知事は中央から任命された。地方議会の権限は弱く，内務大臣は府県会・市町村会を解散することができた。1945年までの地方制度は，地方政治から民権・政党勢力を排除し，中央政府が地方自治体を掌握し，中央の事務を自治体に委任するためのものであり，自治といっても，中央政府から委任された事務の処理に自治体の住民が参与し，コスト（人材・経費）を負担しただけであった。

### 敗戦直後の改革

1947年に**地方自治法**が制定され，首長・議員の公選，議会権限の拡大，住民の直接請求制度*1，執行権の分割（行政委員会の設置）を骨子とする住民自治制度が採用された。1949年，**シャウプ税制調査団**が来日し，その勧告が実施された*2。1950年に地方行政調査委員会が「行政事務再配分に関する勧告」を行った。そこには，行政責任の明確化・能率・市町村重視の原則に基づき，補助金の整理・合理化，行政事務の再配分，財政の健全化などの多くの提言が含まれていたものの，中央官庁の抵抗により実施されなかった。これ以降，地方自治は大きな変化を経験した。

### 「逆コース」の時期（1952～60年代前半）

この時期には中央による監督が強化された。自治体警察が都道府県警察に統合され，**警察庁**によるコントロールが開始された*3。教育委員の公選が廃止され，同委員は首長が議会の同意をえて任命することになった。4分割された地方自治運営機関が，1949年に地方自治庁と地方財政委員に

---

*1 **直接請求制度** 地方自治法に規定された直接請求制度に含まれるのは，条例の制定・改廃の請求，事務監査の請求，議会の解散請求，議員の解職請求，長の解職請求，主要公務員の解職請求である。

*2 米コロンビア大学カール・S・シャウプを団長とする使節団が，直接税中心主義，酒税・関税を除く間接税の廃止，地方自治の独立性の強化，税務行政の改善を勧告した。勧告の多くは採用されたものの，付加価値税を都道府県税として導入することは見送られ，また導入直後，富裕税・有価証券譲渡益課税は廃止された。

*3 1954年，国家公安委員会のもとに中央警察機関として警察庁が設置され，国家地方警察と自治体警察が都道府県警察本部に統合された。ただし，警視正以上の都道府県警察の幹部（都道府県警察本部の部長，各警察署長）は国家公務員であり，人事権は警察庁・国家公安委員会がもつ。

統合され，1952年に自治庁が設置された*4。

● **政治の時期（1960年代後半〜70年代末）**　公害問題の発生を機に，多くの地方自治体で住民運動・市民運動が頻発し，革新自治体*5が相次いで誕生した。革新自治体は「反中央」「反自民」のスローガンのもとで，環境および福祉政策に積極的に取り組み，「対話」「住民集会」方式などの新しい行政スタイルをつくった。特に革新自治体首長の中に，美濃部亮吉（東京都知事・東京教育大学教授），長洲一二（神奈川県知事・横浜国立大学教授）など大学教授がいたことが注目される。

● **行政能力優先の時期（1970年代末〜80年代中頃）**　高度経済成長の中で，革新自治体首長がバラマキ福祉，役職者増員，職員給与の引き上げを行った結果，**自治体財政が悪化**し，石油危機後の低成長期になると，これらの政策への批判が高まった。これを契機に，自治体運営には「経営の手法」が必要という認識が広がり，自治体首長の選挙では**実務家**（元自治官僚・建設官僚・農水官僚など）が相次いで当選した。

● **地方分権の時期（1985〜1999年）**　1985年に，自治省が「地方行政改革大綱」（地方自治体の自主性の強化，地方行政の簡素化・効率化，広域行政の確立）を決定し，1989年に臨時行政改革推進審議会は，①広域行政のための自治体「連合制度」の導入，②地域中核都市への都道府県の事務権限の大幅移譲，③国から地方への権限移譲，補助金の整理合理化を勧告した。1993年には「地方分権大綱」（地方分権推進法の制定を求める最終答申）が出され，細川護熙政権が地方分権基本法制定の方針を固め，村山富市政権が「地方分権大綱」を決定し，1995年3月に**地方分権推進法**が成立した。総理府に設置された地方分権推進委員会から4次にわたる答申が出され，1999年に**地方分権一括法**（→210-211頁）が成立し，地方事務が再配分され，国・地方の係争処理手続き*6が定められた。

● **地方制度改革の時期（2000年〜）**　この時期はいわば地方制度改革の第2期に当たり，財源の地方への移譲（三位一体改革）が行われ，総務省により地方自治体の合併（平成の大合併）が進められた。このように戦後の日本の地方自治は，**集権と分権**（または行政と政治）の間を大きく揺れ動いており，地方自治に対する中央の影響力はまだ大きく残っている。

*4　1955年に**自治省**に昇格，2001年の中央省庁再編で郵政省，総務庁と統合されて総務省となった。

*5　**革新自治体**　社会党や共産党に支持された首長を長とする自治体を指す。1960年代中頃から出現し，1977年には「革新自治体」は200を超えた。その結果，同年，総人口の40％以上が革新自治体の居住者であったといわれている。

*6　国の関与のうち是正の要求，許可の拒否その他の処分その他公権力の行使に当たるものについて不服のある地方公共団体の長等からの審査の申出に基づいて，国地方係争処理委員会が審査を行い，国の関与が違法等であると認めた場合には，国の行政庁に対して必要な措置を行う旨の勧告等を行う（地方自治法第250条の7）。

---

**コラム**

**自治体警察と国家地方警察**　1947年に内務省が解体された後，GHQの指令によりアメリカをモデルにした自治体警察が導入された。それは，全国の219市と人口5,000人以上の1,386町村が独自の警察をもち，それ以外の地域を都道府県単位の国家地方警察が管轄するというものであった。しかし，自治体が独自に警察官を採用し訓練を行うのは容易ではなく，また自治体警察間に相互に連絡し協力する仕組みがなかった結果，犯罪数が激増した。1951年，自治体警察を維持するか否かで住民投票が行われ，約4分の3の自治体が廃止を選択した。このような経緯の中で，1954年に自治体警察が都道府県警察に統合され，警察庁が設置された。

---

◆参考文献　●宮本憲一『日本の地方自治　その歴史と未来』自治体研究社，2008年
　　　　　●寄本勝美・小原隆治編『新しい公共と自治の現場』コモンズ，2011年

## 2 実態は中央集権型だった地方自治制度－地方自治法

**アプローチ**

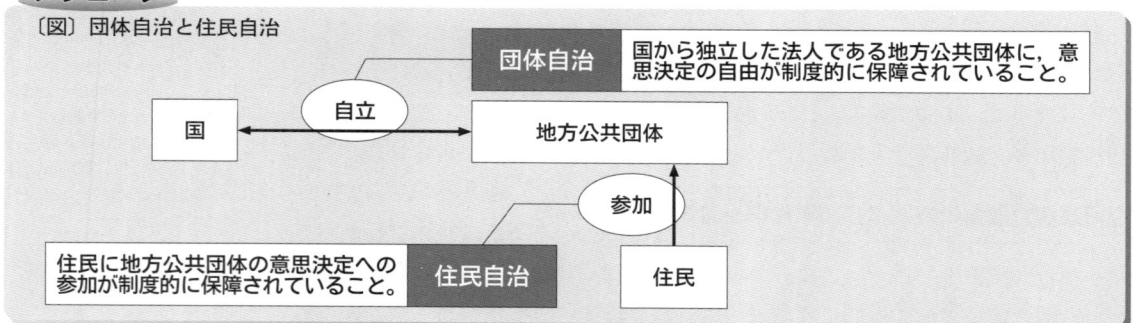

〔図〕団体自治と住民自治

- 団体自治：国から独立した法人である地方公共団体に、意思決定の自由が制度的に保障されていること。
- 住民自治：住民に地方公共団体の意思決定への参加が制度的に保障されていること。

国 ←自立→ 地方公共団体 ←参加― 住民

### 戦後改革と地方自治

日本国憲法は、第8章に地方自治の項目を設け、第92条で、「**地方公共団体の組織及び運営に関する事項は、地方自治の本旨に基いて、法律でこれを定める。**」としている。この規定は、同憲法の制定過程における日本政府とGHQ*1の複雑なやり取りの中から生まれた。地方自治は、日本の自由主義的な改革を進める上で、GHQにとって重要な課題の1つであった。しかし日本の憲法問題調査会（松本委員会）は、大日本帝国憲法が地方自治に関する規定を含まなかったため、憲法改正要綱にそれを取り入れなかった。他方でGHQは、民政局（GS）*2に設置した地方行政に関する委員会、および運営委員会での検討を経て、地方自治に関する規定を含むGHQ草案を用意した。そこで日本政府は、この草案を踏まえて改正案を作成するとともに、地方自治に関する規定の総則的なものとして、地方自治の本旨という表現を含む規定を憲法改正案に加えた。

### 地方自治法と地方自治の本旨

こうして制定された日本国憲法の第92条に合わせて、1947年に**地方自治法（地自法）**が施行された。同法の第1条も、「この法律は、地方自治の本旨に基いて、地方公共団体の区分並びに地方公共団体の組織及び運営に関する事項の大綱を定め、併せて国と地方公共団体との間の基本的関係を確立することにより、地方公共団体における民主的にして能率的な行政の確保を図るとともに、地方公共団体の健全な発達を保障することを目的とする。」としている。ところが実は、この地方自治の本旨がどのようなものであるかについては、**法律上の定義がない**。そこで一般に、地方自治の本旨は、地方自治の基本的な原理であり、**団体自治**と**住民自治**の2つの原理から構成されると解されている。地方自治は、この2つの原理が両輪となって成立するわけである。

### 地方公共団体の種類

地方自治法は、それまで東京都制、道府県制、市制、町村制として分立していた制度を統合した上で、地方公共団体を、まず**普通地方公共団体**と**特別地方公共団体**に大別した。このうち普通地方公共団体は、**都道府県**および**市町村**であり、現在の制度では、市町村は、人口50万人以上を要件とする**指定都市**、20万人以上を要件とする**中核市**、その他の市、および**町**と**村**に区分され、事務の範囲が異なる。2015年3月

---

*1 **連合国軍最高司令官総司令部**（GHQ：General Headquarters）太平洋戦争の終結に際してポツダム宣言の執行のために日本において占領政策を実施した連合国軍の機関。大部分は、アメリカ軍、アメリカ民間人で構成されていた。なお、GHQは正式にはGeneral Headquarters/Supreme Commander for the Allied Powers 略してGHQ/SCAPである。

*2 **GHQ民政局** GHQ内の1部局。通称GS（Government Section）。軍閥や財閥の解体、軍国主義思想の破壊を遂行し、民主化政策の中心的役割を担った。

までは，**特例市**[*3]も存在した。特別地方公共団体は，**特別区**，**地方公共団体の組合**および**財産区**[*4]である。このうち特別区は，都の区，つまり東京23区である。また地方公共団体の組合は，**一部事務組合**[*5]と**広域連合**[*6]に区分される。

〔表〕地方公共団体の種類と数

| 地方公共団体 | 普通地方公共団体 | 都道府県 = 47 | | |
|---|---|---|---|---|
| | | 市町村 = 1,718 | 市 = 790 | 指定都市 = 20 |
| | | | | 中核市 = 45 |
| | | | | 施行時特例市 = 39 |
| | | | 町 745 | |
| | | | 村 183 | |
| | 特別地方公共団体 | 特別区 = 23 | | |
| | | 地方公共団体の組合 = 1,630 | 一部事務組合 = 1,515 | |
| | | | 広域連合 = 115 | |
| | | 財産区 = 4,004 | | |

〈注〉地方公共団体の組合の数は2014年7月時点，財産区の数は同年4月時点，それ以外の数は2015年5月時点。

### 地方自治制度の類型

地方自治法によって，日本は形式的には地方自治制度を確立した。しかし同法制定以降のその実態は，どのようなものであったのだろうか。西尾勝[*7]は，地方自治制度を，集権型－分権型と分離型－融合型という2つの分類軸により類型化している。この類型は，国の事務が多ければ多いほど集権型，地方公共団体の事務が多ければ多いほど分権型であり，国と地方公共団体がそれぞれの事務を直接に執行するというように両者の任務が分けられていればいるほど分離型，国の事務の執行を地方公共団体の任務とするというように両者の任務が分けられていなければいないほど融合型であるとする。そして彼によれば，日本の地方自治制度は，国が行政サービスの提供業務の多くを国の事務として位置づけながら，そのかなりの部分の執行を地方公共団体に義務づけてきたがゆえに，集権融合型に位置づけられる。またこの体制の下で，地方公共団体は，それ固有の事務を執行する任務および委任事務，特に機関委任事務の執行を通じた国の下部機関としての任務という二重の任務を負う。また国は，その事務の忠実な執行を地方公共団体に期待し，それを指揮監督してきた。そしてこうした実態の克服こそが，その後の地方分権改革の大きな課題となったのである。

[*3] **特例市** 2015年4月施行の改正地方自治法により，人口30万人以上を要件とする中核市，20万人以上を要件とする特例市が統合され，20万人以上を要件とする中核市のみとなった。制度変更時点で特例市になっていた市を，施行時特例市という。

[*4] **財産区** 市町村および特別区の一部で財産を有するか，公の施設を設けるもの。

[*5] **一部事務組合** 普通地方公共団体および特別区がその事務の一部を共同処理するために設立するもの。

[*6] **広域連合** 普通地方公共団体および特別区がその事務を広域的に処理するために設立するもので，権限移譲の受け皿として期待されている。

[*7] **西尾勝**（1938-）日本の政治学者・行政学者。1990年代以降の地方分権の制度設計において中心的役割を果たした。

### コラム

**指定都市** 指定都市（政令市）は，制度的には人口50万人以上，実質的には人口80万人以上で，政令の指定を受けて都道府県の事務の一部を処理できる市である。この人口要件は，市町村合併の推進のため，2001年から70万人以上に緩和されていた。指定都市は，2015年5月現在，札幌市，仙台市，さいたま市，千葉市，川崎市，横浜市，相模原市，新潟市，静岡市，浜松市，名古屋市，京都市，大阪市，堺市，神戸市，岡山市，広島市，北九州市，福岡市，熊本市の20市である。このうち最後に指定都市となったのは，2012年4月になった人口73万人の熊本市である。しかし人口要件の緩和期限が切れたため，熊本市が最後の指定都市となるとの予測もある。

◆参考文献　●国立国会図書館電子展示会HP「日本国憲法の誕生」，http://www.ndl.go.jp/constitution/ronten/06ronten.html（2015年5月30日参照）
●西尾勝『地方分権改革』岩波書店，2007年

# 3 首長の力は強い？ー首長の選出と役割

**アプローチ**

〔首長 vs. 議会〕

　2009年，民主党の衆議院議員であった河村たかし氏は，市民税10％減税などの公約を掲げて名古屋市長選に立候補して当選した。その後，減税の条例案を市議会で否決されると2011年に辞職し，その後の出直し市長選で圧勝して再選された。この出直し市長選は，愛知県知事選と，市議会解散の是非を問う住民投票と同時に行われたが，知事選は河村市長が支援した県民税減税を訴える大村秀章(ひでぁき)氏が当選し，住民投票は過半数が解散に賛成して議会のリコール*1が成立した。リコール成立を受けて行われた市議選では，河村市長が立ち上げた地域政党「減税日本」が，過半数には届かなかったものの第1党となった。その後，市議会と妥協して10％から5％に減税幅を圧縮した条例案が成立して2012年度から減税が実施された。一方，愛知県知事の大村秀章氏については，県民税減税は議会で理解が広がらず断念に追い込まれた。

❶握手する大村知事（左）と河村市長…愛知県を廃止し中京都を設置する「中京都構想」議論の再開を発表した。　（愛知県・名古屋市役所　2012.7.30）

　以上の経緯をみると，河村市長は結果的には減税を実現させており，首長*2の力は強いように思えるが，妥協を強いられて減税幅を圧縮したことや知事の減税断念をみると，首長の力には限界があるようにも思える。河村市長はインタビューで「市長に独裁はできない。議会の方が圧倒的に強いんですよ」（『朝日新聞』2014年2月27日）と述べているが，首長の力はどの程度のものなのだろうか。

●**首長の選出・任期**

　まず，首長の選挙についてみてみよう。選挙権は，満20歳以上*3の日本国民で3か月以上その自治体に住所を有している者が有する（＝住所要件）。被選挙権は，都道府県知事は満30歳以上，市区町村長は満25歳以上の日本国民が有する。被選挙権については住所要件はない。これは，全国から広く人材を求めるためである*4。

　首長の任期は4年であるが，議会による不信任の議決や住民によるリコールの成立によって失職することがある。

〔表〕首長の選挙

| | 選挙権 | 被選挙権 |
|---|---|---|
| 都道府県知事 | 満20歳以上*3の日本国民で3か月以上その自治体に住所を有している者 | 満30歳以上の日本国民 |
| 市(区)町村長 | | 満25歳以上の日本国民 |

　首長選挙については，**相乗り**や**多選**が多いことがよく問題視される。相乗りとは，「地方行政に政党間対立は必要ない」，「県民党」として行動する」という理屈などから*5，複数の政党が保守・革新や国政での与党・野党の関係を超えて，特定の候補者を一致して推すことである。多選については，2013年12月時点で，当選回数4回以上の知事は6.5％，最多は6回となっており，政令指定都市を除く市区長では，当選回数4回以上は6.2％。最多は7回となっている*6。こうした相乗りや多選によって，選挙の競争性が低下して投票率が低下したり，キャリアの長い首長に権力が集中し，総与党化した議会の行政監視機能が弱まることなどが懸念されている。

●**首長の権限・役割**

　首長の役割は，自治体を統轄・代表し，その事務を管理・執行することである（地方自治法第147，148条）。首長が担当する事務は，議会への議案提出，予算を作成し執行すること，地方税を課して徴収すること，などと地方自治法第149条に規定されている。議会

*1　リコール　「解散・解職請求」ともいわれ，有権者数の3分の1（ただし，人口が多い自治体では必要署名数を集めるのが困難であるため40万人から80万人の部分については6分の1，80万人を超える部分については8分の1）を超える署名による解散や解職の請求があった場合，住民投票を行い，その過半数が賛成した場合は，議会が解散されたり，首長や議員などが解職されるという制度である。

*2　首長　「自治体の長」のことを「首長」と呼ぶことが多い。具体的には，都道府県の知事および市区町村長を指す（「区」は東京都の特別区）。発音は正確には「しゅちょう」とすべきであるが，市長（しちょう）との混同を避ける意味で「くびちょう」と発音されることが多い（山口道昭（著）『入門　地方自治（第1次改訂版）』，学陽書房，2012年）。

*3　2015年の公職選挙法改正により，2016年夏から選挙権は満18歳以上に引き下げられる。

の権限は明記されているものに限定される**限定列挙**であるのに対して，首長の権限はあくまで例示であり（**概括例示**），その権限は広い。これらの事務を執行するため，職員の任免・指揮監督権や，役所の組織のあり方を決める編成権なども首長に認められている。

### 首長と議会の関係

国民が選挙で選んだ国会議員が内閣総理大臣を選出する国と違って，地方自治体では，議事機関である議会のみならず執行機関である首長も住民が直接選ぶ**二元代表制**をとっている。この2つの住民を代表する機関の協力，あるいは対抗関係によって自治体は運営されていく。

議会招集権は首長が有している[*7]。また首長には，緊急を要するため議会を招集する時間的余裕がないときなどに議会が議決すべき事項を首長が決定することができる**専決処分権**[*8]や，議会の議決に異議がある場合などに議会につき返すことができる**再議請求権**がある。

以上をみると首長の力は強いように思えるが，例えば再議請求権にも限界があり，つき返しても3分の2で再可決されたときは確定する。2010年，名古屋市の河村市長が提案した市民税10%減税について，1年限りとする修正案を議会が可決した際に，市長は再議を求めたが3分の2で再可決されて修正案は成立した。また，議会は議員の4分の3以上の同意があれば首長に対して不信任議決をすることができる。その場合，首長は議会の解散か失職かを選択しなければならない。解散したとしても，議員選挙後，議員の過半数で再び不信任を議決したならば首長は失職する。

以上のように，地方自治法の規定では首長と議会の力の均衡が図られている。しかし実態は，先述のような総与党化や，首長はバックに行政機構を持ち予算の作成・執行権を持つ点などから，首長優位であるという指摘がなされることが多い[*9]。

---

[*4] 選挙制度研究会（編）『わかりやすい公職選挙法』，ぎょうせい，2014年。

[*5] 曽我謙悟・待鳥聡史（著）『日本の地方政治』，名古屋大学出版会，2007年。

[*6] 総務省「地方公共団体の議会の議員及び長の所属党派別人員調等」（http://www.soumu.go.jp/senkyo/senkyo_s/data/syozoku/ichiran.html），2014年。

[*7] 議長および一定数（定数の4分の1）以上の議員は，首長に臨時会の招集を請求することができる。さらに，2012年の地方自治法改正で，請求にもかかわらず首長が議会を招集しないときは，議長が臨時会を招集することができるようになった（地方自治法第101条第5項）。

[*8] **専決処分権** コラムにある阿久根市の混乱などを受けて2012年に地方自治法が改正され，副首長の選任を専決処分の対象から外すとともに，条例と予算については議会が事後に処分を不承認とした場合，首長は必要とされる措置をとり，議会に報告しなければならないこととされた。

[*9] 有馬晋作（著）「機関」，橋本行史（編著）『現代地方自治論』，ミネルヴァ書房，2010年。

---

### コラム

**鹿児島県阿久根市の混乱** 2009年から2011年にかけての鹿児島県阿久根市の市長と市議会の対立は全国的な注目を集めた。自衛官から市議を経て2008年に市長に当選した竹原信一氏は，市職員の給与明細を公表するなどして市民の喝采を受けたが，市議会と対立して2009年に議会の不信任議決を受けた。議決を受けて市長は市議会を解散したが，出直し市議選後に再び不信任案議決を受けて失職した。しかし，その後の出直し市長選で再選された。出直し市長選の後，竹原氏は議会側が請求していた臨時会の招集を拒否し，議会を招集しないまま職員と市議のボーナス半減や副市長の選任などの専決処分を連発した。2010年，住民投票で市長解職のリコールが成立。翌年の出直し市長選でリコール運動を主導した新人候補に竹原氏が敗れて混乱は収まった。

竹原信一前市長…出直し市長選で落選。（鹿児島県阿久根市 2011.1.16）

---

◆**参考文献** ●選挙制度研究会（編）『わかりやすい公職選挙法』ぎょうせい，2014年
●曽我謙悟・待鳥聡史（著）『日本の地方政治』名古屋大学出版会，2007年

## 4 地方議員はボランティアで？ －地方議会の選出と役割

**アプローチ**

[議員定数や報酬はどうあるべきか]

2013年，名古屋市の河村たかし市長は「政治はボランティア精神やみずからの信条に基づき行われるもの。給与を市民並みとすることによって，本当に市民のために働こうと信念をもつ者が集まるようになる」と述べて，暫定的に行われてきた市議会議員の報酬半減を恒久化する条例案を市議会に提出した。名古屋市に限らず，最近は自治体財政が厳しい中，議会にも定数や報酬の削減を求める動きが全国的にあるが[*1]，議員定数や報酬はどうあるべきなのであろうか。

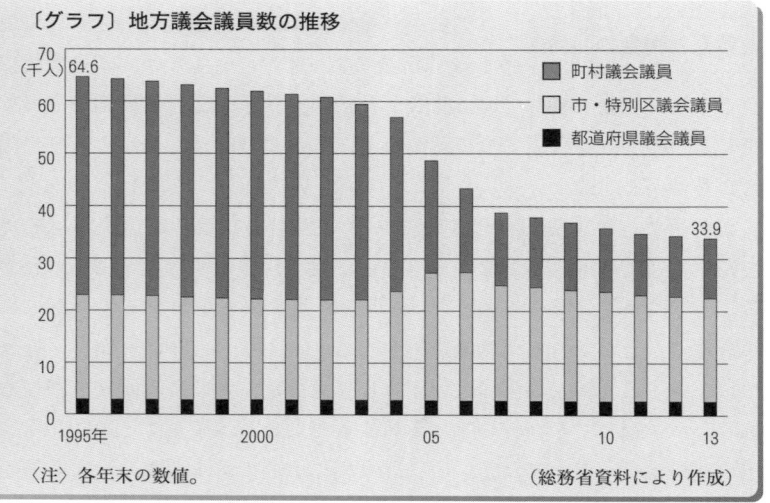

〔グラフ〕地方議会議員数の推移

（注）各年末の数値。　　　　　　　　（総務省資料により作成）

### 地方議員の選出・任期

まず，地方議員の選挙についてみてみよう。選挙権は，満20歳以上[*2]の日本国民で3か月以上その自治体に住所を有している者が有する（＝住所要件）。被選挙権は，満25歳以上の日本国民で3か月以上その自治体に住所を有している者が有する。首長の被選挙権と異なり議員については住所要件があるのは，議員の場合は地域との関係が重視されるためである[*3]。

議員の任期は4年であるが，住民の署名による直接請求での議会や議員のリコール（解散・解職請求）の成立によって失職することがある。

### 地方議員はボランティアかプロか

議員定数や報酬の問題を考えるに当たっては，そもそも議会や議員はどうあるべきかについて考える必要があるが，それには大きく分けて2つの考え方がある。1つは「ボランティア型」で，定数を多く，その代わり報酬を少なくして，多様な住民を議会に取り込もうという考え方である。イギリスの自治体がこのタイプであるといわれる。もう1つは「プロフェッショナル型」で，定数を少なく，その代わり報酬を多くして，議員をプロとして捉える考え方である。アメリカの大都市の自治体がこのタイプであるといわれる[*4]。

どちらの議会や議員のあり方が適切であるかは，議会の機能（＝役割）をどのように捉えるかがかかわってくるが，議会の機能は大きく2つに分けることができる。1つは**行政監視・評価機能**である。これは，首長を中心とする行政機関（＝役所）に対して，様々な問題について要望や提案をしたり，行政をチェックする機能である。この機能を重視する場合，様々な住民の声を行政に届けるために定数は多い方がよいということになり，「ボランティア型」が望ましい，ということになる。もう1つは**政策立案・決定機能**である。これは，議員提案による条例の制定，行政提案の議案の修正，決議など，議会としてまとまって

[*1] 議員報酬については，2013年時点における平均報酬月額は，都道府県議で79万1,000円，市議（政令指定都市を除く）で40万2,000円，町村議で21万円である（総務省「地方公務員給与実態調査」http://www.soumu.go.jp/main_sosiki/jichi_gyousei/c-gyousei/kyuuyo/kyuuyo_jc.html，2013年）。

福島県矢祭町は議員報酬を2008年度から本会議や委員会や町の公式行事への出席について1日3万円を支払う日当制にして注目されたが，その結果，年間の報酬が約250万円から100万円程度にまで下がったという（『日本経済新聞』（名古屋版）2011年1月19日）。

[*2] 2015年の公職選挙法改正により，2016年夏から選挙権は満18歳以上に引き下げられる。

[*3] 選挙制度研究会（編）『わかりやすい公職選挙法』，ぎょうせい，2014年。

[*4] 佐々木信夫（著）『地方議員』，PHP研究所，2009年。

政策を立案し決定する機能である。この機能を重視する場合，あまり議員が多いと議会としてまとまることが難しくなるし，行政に注文をつけるだけでなく自ら政策を立案するためには専門性を高める必要があり，兼業ではなく議員の任務に専念できるように定数を減らしてでも報酬を上げる必要があるので，「プロフェッショナル型」が望ましい，ということになる*5。

●地方議会の権限・役割●

議会の機能のうち，行政監視・評価機能については，議会で首長を中心とする行政機関に対して様々な問題について質問をして要望や提案を述べたり問いただしたりすることのほかに，副首長の人事などについての**同意権**や，自治体の事務について書類を調べたり報告を求めたりして検査する**検査権**や，罰則つきで強力に調査をすることができる**調査権**や，監査委員に事務の監査（＝検査）を求める**監査請求権**などがある。

政策立案・決定機能については，議会には**議決権**があり，議員提案による条例を制定したり，行政が提案した議案を修正したり，決議をしたりすることができる。条例案などの議案は，首長だけでなく議員定数の12分の1以上の賛成があれば議員も提出することができる。しかし，例えば2012年に議員または議会の委員会による政策的な条例案（議員定数に関する条例など議会にかかわる条例を除いたもの）の提出が1件でもあったのは，都道府県議会で53.2％，市で8.9％，町村で2.4％にすぎない*6。

最近は，政策の案について電子メールなどで意見を述べる**パブリック・コメント**\*7など，住民が議会を通さずに行政に直接意見を伝える手段も増えてきてはいるが，一部の住民に参加が限られがちなそれらの手段と違って，議員・議会は，有権者が平等に参加する選挙で選ばれているという強力な正統性がある。やはり議会を通じた民意の反映が基本であるべきであり，地方議会の活性化は非常に重要な課題である。また，インターネットによる会議の動画配信，各議員や会派の議案に対する賛否の公開，夜間や土日の議会開催，議会報告会の開催等で住民に開かれた議会を目指したり，年に数回の会期ごとの議会開会に代えて年間を通じて開会する通年制の導入，本会議の質疑における1問1答方式の導入，議会事務局の強化，議会が議決する事項の追加等で議会機能の強化を目指すなど，自主的な改革に取り組んでいる地方議会も少なくない。

\*5 上田誠（著）「二元代表制と議会の機能」，真山達志（編著）『ローカル・ガバメント論』，ミネルヴァ書房，2012年。

\*6 廣瀬克哉・自治体議会改革フォーラム（編）『議会改革白書2013年版』，生活社，2013年。

\*7 パブリック・コメント 「意見公募手続」などともいわれ，行政機関が，政策案をホームページ上などで公開して電子メールや郵便やファックスで広く意見を募集することである。多様な意見の把握，公正の確保，透明性の向上，などが目的とされるが（「規制の設定又は改廃に係る意見書提出手続」1999年閣議決定），提出された意見が決定にあたって十分に考慮されていないという批判もある。

\*8 『北國新聞』2014年7月27日。

**コラム**

**政務活動費** 2014年，1人の兵庫県議会議員が，遠距離の日帰り出張の名目で頻繁に交通費を支出するなど，政務活動費からの不自然な支出があるとして報道された。その後，記者会見をした際に号泣し，「号泣会見」として話題になった。このとき問題になった政務活動費とは，「調査研究その他の活動に資するため」（地方自治法第100条第14項）に議員報酬とは別に支給されるもので，都道府県議の場合，2014年度は平均で議員1人当たり月額35万円が支給されている*8。使い道は，秘書や事務職員の給与である人件費，視察・研修費などの調査研究費，ガソリン代や電話料金といった事務費，事務所費，広報費，資料購入費などであるが，議員活動に関係のないものや選挙運動のために支出されているものがあるとして市民団体による批判や訴訟の対象になることも多い。

◆参考文献
● 佐々木信夫（著）『地方議員』PHP研究所，2009年
● 廣瀬克哉・自治体議会改革フォーラム（編）『議会改革白書2013年版』生活社，2013年
● 真山達志（編著）『ローカル・ガバメント論』ミネルヴァ書房，2012年

# 5 地方の自立を目指して－地方分権一括法

**アプローチ**

〔法定受託事務〕
　海外旅行をするのに必要なパスポート（旅券）。その最初のページには，「日本国外務大臣」の押印がある。しかしパスポートは，わざわざ外務省まで出向かなくても，都道府県や市町村の窓口で取得できる。国が本来果たすべき役割でも，地方公共団体が処理しているものがあるからだ。旅券交付のほかに，国政選挙，生活保護，戸籍事務などがある。このような事務を，**法定受託事務（第1号法定受託事務）**という。この法廷受託事務は，1990年代の地方分権改革を通じて成立したものだ。

→パスポート…「日本国外務大臣」の上に，「外務大臣国印」の印が押されている。

### 第1次分権改革

　地方分権改革は，以前から大きな課題であったが，1990年代になり加速化され，1993年6月の衆参両院による画期的な「地方分権の推進に関する決議」，10月の地方分権を規制緩和と並んで重視した「臨時行政改革推進審議会（第3次行革審）最終答申」によって，法制定を含めて本格的に推進されることとなった。そこで1994年2月に「今後における行政改革の推進方策について」が閣議決定され，5月には行政改革推進本部に地方分権部会が設置された。また**地方6団体**[*1]も，9月に「地方分権の推進に関する意見書」を国会と内閣に提出した。そして12月に「地方分権の推進に関する大綱方針」が閣議決定され，1995年5月には**地方分権推進法**が成立し，改革の道筋がつけられた。同法に基づき，7月に地方分権推進委員会が設置され，改革の本格的な議論が開始された。そして同委員会の4次の勧告を受け，1998年5月に地方分権推進計画が閣議決定され，さらに11月の5次勧告も踏まえ，1999年3月に第2次地方分権計画が閣議決定された。そしてついに7月に，「地方分権の推進を図るための関係法律の整備等に関する法律」（**地方分権一括法**）が成立したのである。地方分権一括法は，地方分権を推進するために地方自治法など475の関係法律の改正を定めた法律であり，2000年4月に施行された。同法による改革は，**機関委任事務の廃止**，国の関与の新しいルールの創設などを内容としていた。

### 機関委任事務の廃止

　この第1次分権改革は，国と地方公共団体の関係を，**上下・主従から対等・協力の関係へ**と近づける上で大きな意義をもった。その象徴が，明治時代に起源のある**機関委任事務**の廃止である。それまで，地方公共団体の事務は，公共事務，団体委任事務，行政事務，**機関委任事務**に区分されていた。このうち団体委任事務については，地方公共団体それ自体に委任されているので，議会が関与しその条例制定権が及ぶ。しかし機関委任事務については，執行機関である長に委任されているので，議会が関与することができない。そのため地方公共団体が国の出先機関として扱われ，地方自治の本旨の1つである**団体自治**を阻害してきた。しかし第1次分権改革を通じ，地方公共団体の事務は自治事務と**法定受託事務**[*2]に再編され，機関委任事務は廃止された。

[*1] **地方6団体**　全国知事会，全国市長会，全国町村長会，全国都道府県議会議長会，全国市議会議長会，全国町村議会議長会の総称。地方公共団体の利益団体としての側面ももち，特に三位一体の改革に際しては，「国と地方の協議の場」を通じて影響力を行使した。

[*2] **法定受託事務**　国が本来果たすべき事務を都道府県・市町村・特別区が処理するものを第1号法定受託事務，都道府県が本来果たすべき事務を市町村・特別区が処理するものを第2号法定受託事務という。

### ●三位一体の改革

権限が効果的に行使されるには，財源の裏づけが必要となる。そこで地方分権改革は，権限改革を中心とした第１次改革の後に，財源改革を中心とした**三位一体の改革**として展開された。これは，国庫補助負担金の廃止・縮減，税財源の移譲，地方交付税の見直しを通じて地方分権を進めるとともに，財政再建を図ろうとするもので，2002年６月に閣議決定された「経済財政運営と構造改革に関する基本方針2002」（「基本方針2002」）*3 で打ち出された。以後，「基本方針2003」では補助金改革，「基本方針2004」では税源移譲を目指し，最終的に３兆円の税源移譲につき2005年11月に政府と与党が「三位一体の改革について」の合意をみた*4。

### ●第２次分権改革

権限改革の一層の推進を図るために，2006年12月に地方分権改革推進法が成立し，翌年４月に地方分権改革推進委員会が発足し，５月に地方分権改革推進本部が設置された。民主党政権などの連立政権が成立すると，2009年11月に地域主権戦略会議が設置され，12月には地方分権改革推進計画が，2010年６月には地域主権戦略大綱が閣議決定された。そして2011年４月に第１次一括法*5 が，８月には第２次一括法が成立した。また自民党が政権に復帰すると，2013年３月には地方分権改革推進本部が設置され，４月には地方分権改革有識者会議が発足した。そして同年６月には第３次一括法が，2014年５月には第４次一括法が成立した。これらの**地方分権に係る一括法**による改革を通じて，地方に対する規制緩和，都道府県から基礎自治体への権限委譲，国と地方の協議の場の法制化などが進められている。

### ●地方自治の本旨と分権改革

地方分権改革は，この20年以上，宮澤喜一（きいち）内閣から現在の安倍晋三（しんぞう）内閣まで，政党や政権を超えて実行されてきた。この間，国を中心とした取り組みにより，地方自治の共通の基盤が再整備され，地方公共団体の自立性が拡大した。そこでは，地方自治の本旨のうち，団体自治が重視されていたことになる。しかし地方公共団体をめぐる状況は，人口減少社会や財政赤字を背景として，多様・複雑であり危機的である。したがって今後は，分権改革を通じて構築された共通の基盤の上で，地域の実情に基づいた改革が求められている。そこで重要なのは，**住民自治**，つまり地方公共団体において，自己決定権の拡大した地方公共団体の意思決定に，住民が地域の独自の実情を踏まえて関与していくことである。今後は，住民参画や協働の推進，地方議会の活性化，事業やサービスの評価の仕組みなど，住民自治のさらなる実現に向けた改革が求められることとなる。

---

*3 「経済財政運営と構造改革に関する基本方針2002」 いわゆる「骨太の方針」であり，小泉純一郎内閣の下での2001年の「今後の経済財政運営と構造改革に関する基本方針」を第１弾とする。

*4 この間，地方分権改革推進会議が2001年７月に発足し，2002年10月に「事務・事業の在り方に関する意見」，2003年６月に「三位一体の改革についての意見」，2004年５月に「地方公共団体の行財政改革の推進等行政体制の整備についての意見」を出している。

*5 第１次一括法 正式名称は「地域の自主性及び自立性を高めるための改革の推進を図るための関係法律の整備に関する法律」。

---

### コラム

**ふるさと納税** 地方分権は，裏返せば地方自立である。これは，住民税などの自主財源が豊かな都市部にとっては結構なことだが，それらが乏しく補助金や地方交付税などの依存財源に支えられた地方にとっては厄介なことだ。このような都市と地方の格差是正に対処する方法として，最近，ふるさと納税という制度が注目されている。これは，個人が任意の地方自治体に寄附をした場合，2,000円を超える部分について，住民税と所得税からの控除を認められる制度だ。これにより，実質的に，自分が居住する自治体に納税する額の一部を，故郷などの好きな自治体に寄附することが可能となる。しかも寄附に対する特典として，特産品などを贈呈してくれる自治体もある。ただしこの制度には，都市部を中心に，寄附者が実際に居住する自治体のサービスを安い納税額で受けてしまっているといった批判もある。

---

◆参考文献 ●地方分権有識者会議「個性を活かし自立した地方をつくる〜地方分権改革の総括と展望〜」2014年

# 6 「協働」とは？－地方政治改革とその課題

### アプローチ

今日，地方自治やまちづくりの現場の至る所で，協働，あるいはそれに類する言葉*1が盛んに用いられている。協働は，複数の主体，特に個人よりも組織やセクターが，共通の目的のために協力して活動することを意味する。地方分権の文脈で考えれば，住民自治を具体化したものとして捉えることもできる。通常は，「行政と市民の協働」や「官民協働」といった表現で，行政（ないし政府）とそれ以外の主体の間の協働，つまりファースト・セクターとセカンド・セクターないしサード・セクターの間の協働が重視される。その背景には，「新しい公共」という言葉を典型とするように，行政資源が縮小する一方で，民間活力が増大している状況の下で，もはや行政だけでなく，企業や非営利組織も，公共の担い手であるべきだという考え方がある。

しかしこの考え方を前提とすれば，まちづくりにおける企業と地域住民組織の協働のように，「民民協働」も十分に想定することができる。なお多様な主体の協働を通じて社会が運営されている状態を，協治（ガバナンス）と呼ぶ場合もある。

### ●自治会・町内会

住民自治を実現する上で，あるいは協働の担い手として，**地域住民組織**が重要であることはいうまでもない。地域住民組織は，地方公共団体の一定の区域に居住する者が，地縁に基づいて形成する組織である。具体的には，**自治会**，**町内会**，町会，部落会，区会など，地域に応じて様々な呼び方をされている。2013年4月時点で，全国の地域住民組織の数は298,700団体であり，そのうち**認可地縁団体**\*2は44,008団体である。通常は，これらの基底となる組織の上部に，小学校区などを単位とした連合体および地方公共団体全体を単位とした連合体が存在する。地域住民組織は，基本的には住民の自発性に基づいて形成された組織であり，環境，防災，文化，レクリエーション，福祉，相互連絡，施設管理など，地域の共同生活をめぐるありとあらゆる役割を担っている。

しかし日本では，地域住民組織が，行政による住民の上意下達的な統合の道具となってきたという評価もある。ペッカネン\*3は，自治会や町内会の構成員を，「政策提言なきメンバー」となってきたとしている。しかし他方で，特に近年では，地域の実情に合わせて独自の活動を展開する地域住民組織もあるし，それを支援する行政の制度もある。いずれにしても現在，地域住民組織の多くが，会員の高齢化や減少，役員の固定化や負担の増大といった問題に悩んでいる。

### ●自治基本条例

近年，往々にして形骸化しがちな住民自治の実質化を意識して，**自治基本条例**が制定されるようになってきた。自治基本条例は，「自治体の憲法」と呼ばれるように，地方自治の原則を定めた基本条例であり，通常の条例の上位に位置づけられる場合が多い。名称は，「まちづくり基本条例」や「自治憲章条例」など，自治体によって一様ではない。自治基本条例の最初の事例は，理念的には箕面（みのお）市の「まちづくり理念条例」（1997年），形式的にはニセコ町の「まちづくり基本条例」（2001年），名称的には杉並（すぎなみ）区の「自治基本条例」（2003年）であるとされている。その内容は，自治やまちづくりの基本方針，住民や長や行政の役割，協働や参加や情報公開の仕組みなどである。自治基本条例の制定は，これまで約330の区市町村で行われており，一時はブーム化した。しかし自民党の政権復帰以降，特に住民投票

---

\*1 協働の他に，連携や共創などの言葉が使われる。英語でいえば，パートナーシップ（partnership）やコラボレーション（collaboration）に相当する。

\*2 **認可地縁団体** 地方自治法第260条の2により法人格を認められた地縁団体。従来，自治会や町内会は，法人格をもたず，任意団体（権利能力なき社団）として活動する場合が多かった。そのため，共有する不動産も，団体名義で登記できず，代表者名で登記せざるを得ないなどの弊害があった。そこで1991年の地方自治法改正により，法人格を有する認可地縁団体の制度ができた。

\*3 **ロバート・ペッカネン**［Robert J. Pekkanen］ アメリカの政治学者。日本政治の専門家。

の制度化に関連して外国人の参加をめぐる疑義が出されがちで、制定が停滞している。

**指定管理者制度** 指定管理者制度は、2003年の地方自治法改正により導入された制度であり、地方公共団体が、公の施設を、外郭団体や公共的団体だけでなく、指定する法人その他の団体に管理させることを可能にする制度である。これによって、従来は外郭団体や農協や自治会などのみが管理を受託できていたのが、民間企業やNPOなど様々な団体が管理を代行できるようになった。指定された団体である指定管理者は、条例に定める方式で公募などを通じて選定され、議会の議決を経て、地方公共団体と協定を締結する。指定管理者は、その施設が利用料を徴収している場合には、協定の範囲内でその一部を自らの収入とすることができる。この制度は、サービスの質を向上させ費用の節減を図れるといった長所がある一方で、協定の詳細に縛られ弾力的な運営に支障をきたすといった短所もある。また管理者選定が出来レース化し、従来どおりに外郭団体が指定管理者として選定されてしまう事例もある。

**PFI** PFI（Private Finance Initiative）は、1997年の「民間資金等の活用による公共施設等の整備等の促進に関する法律」（PFI法）により導入された制度であり、国や地方公共団体が施設を自ら整備するのではなく、民間の企業などにその資金や経営能力や技術を活用して整備・運営させる制度である。地方公共団体などは、PFIの導入にVFM（Value for Money）、つまり効率性・有効性が見込まれる事業を特定事業として決定し、実施方針を公表する。そして応募してきた企業などを、総合評価一般競争入札や公募型プロポーザル方式で選定し、それと契約を締結する。事業が開始され、施設が整備され、サービスが展開されてからは、事業費を支払うとともに、事業を監視しその結果を支払額に反映させる。PFIも、サービスの質向上と費用節減といった長所をもつ。しかし民間の企業などが施設を整備するため、資金を調達するための金利が自治体などよりも高く結果として事業の費用を上昇させてしまう、施設やサービスの提案を評価する上での自治体の費用が高くなるといった短所もある。

＊4 **市場化テスト** 2006年の「競争の導入による公共サービスの改革に関する法律」（公共サービス改革法）により導入された制度であり、民間事業者の創意工夫の反映が期待される業務を選定して官民競争入札等に付し、より高品質・低価格な公共サービスを実現する制度。

### コラム

**市民と顧客** 地方公共団体における住民は、長らく、伝統的な住民自治の観点から、地方公共団体の意思の決定や実行に参加する市民・公民（citizen）のイメージで考えられてきた。しかし現実問題として、住民の多くは、積極的に参加するよりも、地方公共団体のサービスの受け手である顧客（customer）となってきた。新公共管理論・新公共経営論（NPM：New Public Management、➡134頁）は、このような住民のイメージに基づいて、顧客中心主義、市場競争、成果主義などを重視しながら行政や公共サービスのあり方を考えていく理論である。住民からみれば、サービスは、高品質で低価格であれば、行政職員が提供するものである必要はなく、民間企業やNPOが提供するものでも構わない。そのような視点から、指定管理者制度やPFIや**市場化テスト**＊4といった仕組みが考案された。しかし住民は、このような顧客のイメージで考えられたとしても、サービスの品質や価格の決定への参加といった場面では、市民としてのイメージももってくる。実際の住民は、結局は双方の側面をもつ存在であると考えられよう。

◆参考文献　●ロバート・ペッカネン『日本における市民社会の二重構造―政策提言なきメンバー達―』木鐸社、2008年

# 7 地方自治の理念から遠ざかった大合併－平成の大合併

## アプローチ

〔表1〕大合併による市町村数の変遷

| 合併の時期と目的 | 年月 | 市 | 町 | 村 | 合計 |
|---|---|---|---|---|---|
| 明治の大合併 | 1888 | ― | (71,314) | | 71,314 |
| 目的：集権的国家の形成 | 1889 | 39 | (15,820) | | 15,859 |
| 昭和の大合併 | 1953.10 | 286 | 1,966 | 7,616 | 9,868 |
| | 1956. 4 | 495 | 1,870 | 2,303 | 4,668 |
| 目的：地方自治の強化 | 1961. 6 | 556 | 1,935 | 981 | 3,472 |
| 平成の大合併 | 1999. 4 | 671 | 1,990 | 586 | 3,229 |
| | 2005. 4 | 739 | 1,317 | 339 | 2,395 |
| 目的：基礎自治体の行財政基盤の強化 | 2006. 3 | 777 | 846 | 198 | 1,821 |
| | 2010. 3 | 786 | 757 | 187 | 1,727* |

＊当初の予定では，自治体数は1,730であった。

（総務省資料による，http://www.soumu.go.jp/gapei/gapei2.html）

### 明治と昭和の大合併

日本では，これまで上からの大規模な自治体合併が3度行われた。最初は**明治の大合併**である。明治維新後の国家基盤を整備する目的で，1888年に全国一律の**市制・町村制**が導入された。教育，徴税，戸籍の事務処理の適正規模を300～500戸とした結果，それまで71,314あった町村（江戸時代から引き継がれた自然集落）が，39市15,820町村に再編された。次は**昭和の大合併**である。第2次世界大戦後に市町村の役割を強化する目的で，中学校1校を効率的に設置管理するため人口規模8,000人を基準に合併が行われた（1953年の町村合併促進法）。その結果，1953年には9,868を数えた市町村が，1961年には3,472に減少した。

### 平成の大合併の背景

その後，東京一極集中が進む中で，これまで地域を支えてきた家庭やコミュニティが衰退し，市町村の役割が増大した。また，人口減少と少子高齢化が進展する中で，市町村には多様な住民サービスが求められるようになった。さらに，日常的生活圏の拡大とともに広域的な行政需要が増大し，厳しい財政状況の中で地方分権と行政改革が進められた。こうした背景で実施されたのが**平成の大合併**である。目的は，地方分権の担い手となる基礎自治体にふさわしい**行財政基盤を確立**することにあり，目指す市町村数は1,000[1]とされた。そして，これまでの2回の大合併とは異なり，市町村に自主的な合併を促すことが決定された。

### 合併の実際

市町村による自主的な合併を促すために，合併特例法が改正され，様々な**特例措置**が講じられ，1999年から2010年までの間に，合併によって市町村数は1,727（予定では1,730）に減少した。市町村類型別合併パターンをみると，中山間地域[2]の自治体同士の合併が621件（34.9％），平地と中山間地域の自治体の合併が350件（32.8％）であり，今回の合併の67.7％は中山間地域と都市地域以外の平地に集中した。人口規模をみると，人口1万人未満の自治体数は1,537から459となり，減少率が70.1％と最も大きかった。中山間地域の人口1万人以下の過疎化の進んだ自治体がより多く合併したという点で，行財政基盤の強化という目的は達成された。

[1] この数は，「市町村合併後の自治体数1,000を目標にする」という2000年の与党行財政改革推進協議会（自民・公明・保守）の方針に基づいていた。

[2] **中山間地域** 農水省統計によると，中山間地域とは，平野の外縁部から山間地を指す。山地の多い日本では，このような中山間地域が国土面積の73％を占めている。

## 第10章 地方自治

**問題点** 平成の大合併には多くの問題があった。例えば、住民発議で合併に誘導する制度が導入されても、合併の是非を問う住民投票が法制化されていなかったので、多数の住民の支持のもとに合併が行われたわけではなかった。同規模の自治体同士が合併した事例では、旧自治体が地域内での主導権を争い、補助金獲得目的で不自然な合併が行われた結果、多くの飛地が発生した。また、合併特例債による財政支援と**三位一体改革**の地方交付税の削減が組み合わせられた結果、一部の自治体は合併を選択せざるをえない状況に追い込まれた。さらに、「合併によって自治体の政治・行政を構成するアクター間の関係が希薄化して」おり、「これまで積み上げてきたまちづくりの実践を市民政治から大きく遠のかせた」（今井 照*3）という指摘もなされている。

〔表2〕合併促進のための主要特例措置

|  | 1999年から2005年（旧合併特例法） | 2006年から2010年 |
|---|---|---|
| ①市町村議会議員の定数と在任 | 新設の場合、合併後の市町村の法定議員数の2倍まで定数を増員する。合併前の議員の任期を合併後2年まで延長可能にする。 | 存置 |
| ②普通交付税の合併算定替 | 合併が行われた年度およびこれに続く10か年度は、合併前の旧市町村が存在するものと仮定して算定した交付税額の合計額を保障し、その後5か年で段階的に増加額を削減する。 | 段階的に5年に短縮する。 |
| ③合併特例債 | 合併が行われた年度およびこれに続く10か年度は、合併に必要な公共施設の整備事業や地域住民の連帯強化・旧市町村区域の地域振興の基金の積み立てには、地方債を充てる（90％）ことができ、元利償還金の一部（70％）を普通交付税で措置する。 | |
| ④3万人特例 | 通常は町村が市に移行するに当たり人口5万人以上その他の要件が求められるが、合併時に限り、要件を人口3万人とする。 | 存置 |
| ⑤都道府県の合併推進構想の策定 | | 合併協議会の設置勧告（住民発議手続きの創設を含む）、市町村合併調整委員の任命、合併協議推進勧告。 |
| ⑥合併特例区の設置 | | 合併市町村の協議により、合併特例区を一定期間設置することができる。 |

*3 今井 照（1954-）日本の行政学者。地方行政が専門。東京都教育委員会、東京都大田区役所勤務を経て、現在は福島大学教授。

**地方議会の役割** 自治体合併を考える上で重要なのは、**地方議会**の役割である。地方議会は選挙区ごとに住民を代表するだけでなく、行政首長の提案する予算を承認し、行政をチェックする役割をもっている。しかし、平成の大合併で地方議会は注目されるような主張や問題提起もせず、特例措置で議員定数の増員や議員任期の延長が認められ、事実上の合併促進アクターになってしまった。合併の結果、「住民の声が届きにくくなっている」という問題があるのなら、その声を地方政府に届けるのは地方議会の役割である。自治体合併は、地方議会のあり方について大きな問題を提起している。

### コラム
**地方創生** 2014年5月の「日本創生会議」（元総務大臣増田寛也座長）の「2040年までに896自治体が消滅する可能性がある」という報告書を背景に、同年11月に、「まち・ひと・しごと創生法案」と、地方活性化に取り組む地方自治体を国が支援する「地域再生法の一部を改正する法律案」——いわゆる地方創生関連2法案——が国会で成立した。「まち・ひと・しごと創生法」では、①魅力ある地域社会での豊かな生活、②長期的で住民負担を考慮した生活基盤サービスの提供、③結婚・出産・育児に希望がもてる社会、④仕事と生活の調和、⑤就業機会の創出、⑥効率的かつ効果的な行政運営、⑦国・地方公共団体・事業者の連携などの7理念が明示され、都道府県が「まち・ひと・しごと創生戦略」を立てることが努力目標に定められた。2015年3月、政府は地方創生交付金（4,200億円）の配分を発表した。平成の大合併が国主導であった結果、かなり無理な自治体再編が行われた。地方再生も同様の問題をはらんでいる。行政が画一的な計画を上から押しつけても、地方創生は難しい。地方創生が成功するか否かは、いかに地方自治体の住民や企業の主体的な活動を引き出し、コミュニティづくり運動として持続させることができるかにかかっている。

◆参考文献 ●今井照『「平成大合併」の政治学』公人社、2008年
●増田寛也編著『地方消滅：東京1極集中が招く人口急減』中央公論新社（中公新書）、2014年
●総務省報道資料「『平成の合併』について」の公表、http://www.gappei-archive.soumu.go.jp/heiseinogappei.pdf

215

# 8 人口減少と直面－自治体財政問題

### アプローチ

2014年5月に政策発信組織「日本創成会議・人口減少問題検討分科会」が，2040年に896市町村が消滅するという厳しい試算結果を発表した。また，2014年9月に政府は人口急減・超高齢化という課題に対して各地域がそれぞれの特徴を生かした自律的で持続的な社会を創生できるように，「まち・ひと・しごと創生本部」を設置した。今後，地域の活性化が注目されるが，その中にあって，地方公共団体が果たしていく役割は重要となる。

### ●自治体財政

「自治体財政」とは「地方公共団体の財政」のことを意味する。2014年4月5日現在，地方公共団体の数は1,765（都道府県47，市町村1,718*1）となっている。したがって自治体財政とは，これら1,765の地方公共団体のそれぞれの財政のことを指す。各地方自治体の財政は**歳入**と**歳出**から構成されるが，それぞれの自治体の状況に応じて多様なものとなっている。しかし，同時に共通した面があるので，そこから説明する。

### ●地方財政計画と地方公共団体財政の特徴

内閣は毎年度，翌年度の地方公共団体の歳入歳出総額の見込額に関する書類を作成し，これを国会に提出するとともに，一般に公表しなければならない。それが，**地方財政計画**\*2である。図は，総務省のHPから引用した，2014年度当初の地方財政計画である。図の左側は国の歳入と歳出\*3を，右側は地方公共団体全体の歳入と歳出の合計額を示している。

*1 これまで，市町村は合併を繰り返してきた。その結果，市町村の数は次のように変遷してきた。
・1999年3月末　3,232
・2006年3月末　1,821
・2010年3月末　1,727
・2014年4月5日　1,718

*2 **地方財政計画** 自治体の財政の複合体である地方財政の規模や収支見通しを全体で捉えたもの。総務省は，各自治体がその重要な責任を果たすことができるように，地方財政計画を通じて，地方の財源を保障し，地方交付税や地方債などにより各自治体に財源保障をしている。（総務省HP）

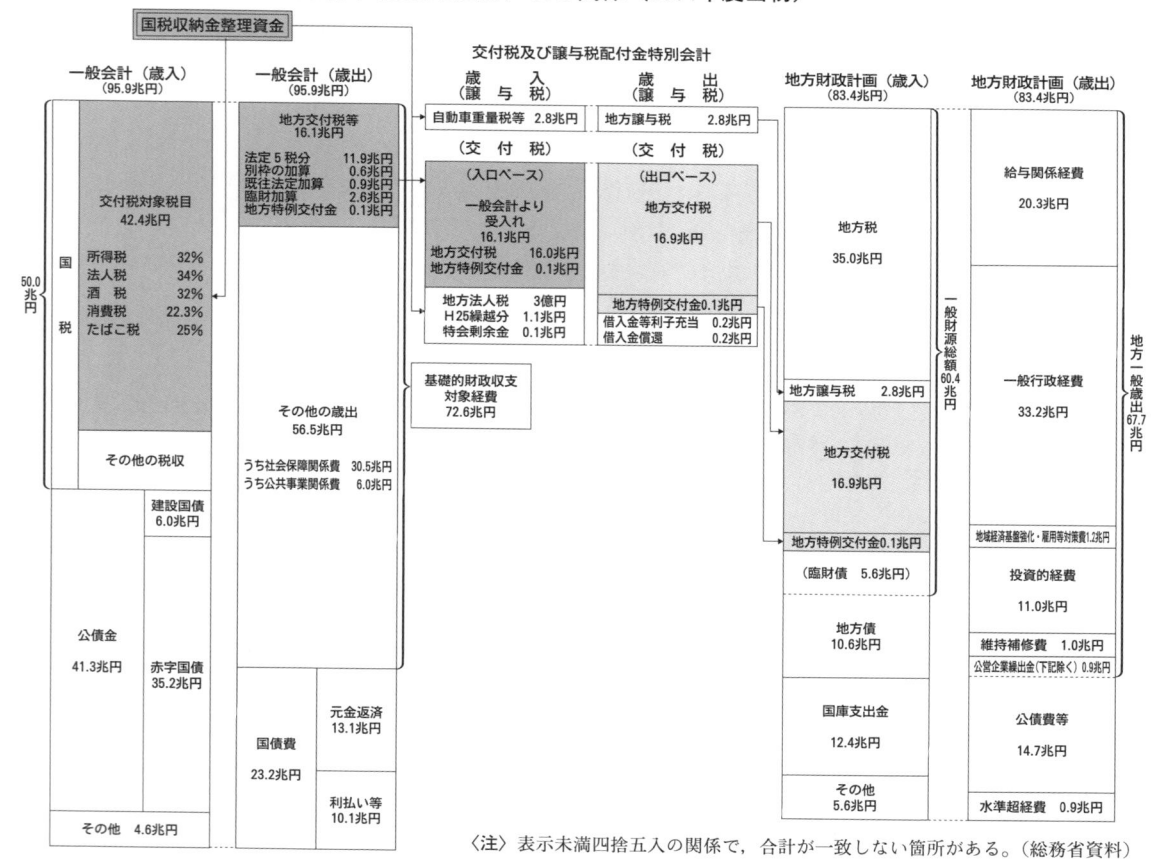

〔図〕国の予算と地方財政計画（通常収支分）との関係（2014年度当初）

〈注〉表示未満四捨五入の関係で，合計が一致しない箇所がある。（総務省資料）

同図から日本の地方公共団体全体の歳入・歳出の状況，特に歳入の特徴が把握できる。日本の地方公共団体の歳入の特徴は，独自財源である**地方税**の占める割合（42.0%）がそれほど高くなく，国から配分される**地方交付税**＊4（20.3%）と**国庫支出金**（14.9%）に依存する割合が小さくない点である。このことから，日本の地方公共団体の財政が大きく国に依存しているということが分かる。

### 地方交付税と国庫支出金

地方交付税も国庫支出金も，国から地方公共団体に配分される。前者は，地方固有の財源ではあるが，国が地方に代わって国税として徴収し，自治体の自主性を損なわずに地方の財源保障と地域間の財源均衡化を図るものとして国から地方へ再配分される。使途が定められていないから，地方は好きなように使用できる。後者は，国が地方公共団体へ行う特定の補助金なので，使途は定められている。

### 自治体財政問題

日本の地方公共団体が抱える財政上の共通した特徴は，前述したように，歳入の多くを国に依存していることである。まず，ここに日本の地方公共団体の財政問題がある。そうした共通の特徴をもちながらも，各自治体の財政状況は，その歳入と歳出に応じて異なっている。経済が活発で労働力も豊富で雇用も大きい自治体では，税収も多い。しかし，十分な雇用が確保できない自治体では，人口が流出し，税収も限られてくる。また，高齢者が多い自治体では，社会保障費用が大きくなり，歳出が増える。税収が十分に確保できず，高齢者に費やす社会保障費用が増大していくことにより，地方公共団体によっては，一層の財政問題に直面する。

### 地方公共団体財政健全化法

夕張(ゆうばり)市が財政難となり，2007年3月に**財政破綻**したことはまだ記憶に新しい。地方公共団体が財政破綻しないために，「**地方公共団体の財政の健全化に関する法律**」が2009年4月に全面施行されている。同法は，いくつかの指標を整備し，各自治体に指標の数値を公表させる（➡コラム）。その数値を，早期健全化基準＊5，経営健全化基準＊6，財政再生基準＊7の数値と比較して状況を明らかにする。必要な場合には，自主的な改善努力によって財政の早期健全化を行わせ，さらには，国等の関与による確実な再生が行われるというものである。

### 今後の自治体財政

将来に向けて人口は減少していくので，市町村によっては，その存在に大きな影響を受ける。厳しい財政状況に陥るところもでてくる。各自治体には，国からの配分を受けながらも，財政破綻させることなく，当該地域の独自性を生かせるように財政を運営していくことが求められる。国に依存しなければならない面があるにしても，それぞれの自治体は他の地域にはない独自性を出していくことが大切である。

---

＊3 最近の国の歳出の特徴は，国債発行によって得た資金（公債金）の占める割合が大きく，財政赤字が大きい。国債は将来に償還されなければならないので，そのときに課税される世代の負担を大きくする。したがって，国には財政赤字を減らしていく財政再建が求められている。

＊4 **地方交付税** 自治体間の財源の不均衡を調整し，どの地域に住む国民にも一定の行政サービスを提供できるようにと財源保障するもの。その財源は国税5税（所得税，法人税，酒税，消費税，たばこ税）の一定割合と地方法人税の全額となっている。各自治体に交付される普通交付税は，自治体ごとに計算される基準財政需要額と基準財政収入額との比較で決まる。前者が後者よりも大きい場合，その差額が普通交付税として交付され，後者が前者よりも大きい場合，交付されない。東京都はそれに当たり，不交付団体となっている。
（総務省HP）

＊5 **早期健全化基準** この基準を上回る場合，自治体が自主的な改善努力によって財政健全化を行う。コラムの①～④のそれぞれの指標において基準数値が示されている。

＊6 **経営健全化基準** 自治体ではなく，公営企業が経営の健全化を行うための基準。コラムの⑤において基準数値が示されている。

＊7 **財政再生基準** この基準を上回る場合，国等の関与によって自治体の確実な再生を目指す。コラムの①～④のそれぞれの指標において基準数値が示されている。

---

**コラム**

**地方公共団体財政健全化法の指標** ①**実質赤字比率**＝一般会計等の赤字額÷財政規模。②**連結実質赤字比率**＝公営企業を含む全会計の赤字額÷財政規模。③**実質公債比率**＝借入金（地方債）の返済額÷財政規模。25%以上だと借入金が制限される。④**将来負担比率**＝借入金など現在抱えている負債額÷財政規模。市町村350%超，都道府県400%超になると早期健全化団体となる。⑤**資金不足比率**＝公営企業の資金不足÷公営企業の事業規模。

---

◆参考文献　●総務省HP，http://www.soumu.go.jp

# ⑨ 模索される連携－広域行政と道州制構想

**アプローチ**

〔表１〕広域行政（広域連携）の種類　　　　　　　　　　　　　　　　　（総務省資料）

| | 名　称 | 概　要 | 運用数（2014年7月現在） |
|---|---|---|---|
| 別法人設立を要する | 一部事務組合 | 地方公共団体が，その事務の一部を共同して処理するために設ける特別地方公共団体 | 1,515件：ゴミ処理，し尿処理，消防，救急など |
| | 広域連合 | 地方公共団体が，広域にわたり処理することが適当であると認められる事務を処理するために設ける特別地方公共団体 | 115件：後期高齢者医療，介護区分認定審査，障害区分認定審査など |
| 法人設立を要しない | 連携協約 | 地方公共団体が，連携して事務を処理するに当たっての基本的な方針および役割分担を定めるための制度 | （2014年11月に創設） |
| | 協議会 | 地方公共団体が，共同して管理執行，連絡調整，計画作成を行うための制度 | 210件：消防，広域行政計画，視聴覚教育など |
| | 機関等の共同設置 | 地方公共団体の委員会または委員，行政機関，長の内部組織等を複数の地方自治体が共同で設置する制度 | 416件：介護区分認定審査，公平委員会，障害者区分認定審査など |
| | 事務の委託 | 地方公共団体の事務の一部の管理・執行を他の地方公共団体に委ねる制度 | 5,979件：住民票の写し等の交付，公平委員会，競艇など |
| | 事務の代替執行 | 地方公共団体の事務の一部の管理・執行を当該地方公共団体の名において他の地方公共団体に行わせる制度 | （2014年11月に創設） |

●**広域行政とは**●　広域行政とは，基礎自治体である市町村の自治行政の区域を越えた圏域を対象とする行政を指す。第２次世界大戦後の急速な都市化と交通輸送手段の発達に伴う生活圏・経済圏の拡大に対応して，市町村または都道府県を越える様々な広域行政主体が設定されてきた。手続き上別法人の設立を要する仕組みと手続き上法人の設立を要しない簡便な仕組みがある。日常的生活圏の拡大に伴う広域的な行政需要の増大に対応するための**市町村合併**も，広域行政の１種とみなすことができる。

●**広域連合**●　これらの中で注目されるのは，広域連合である。これは，地方自治の強化の一環として，1994年の地方自治法改正により新たな制度として導入された。市町村を越えて処理する事務は，消防，上下水道，ゴミ処理，福祉，学校，公営競技の運営など**一部事務組合**と同じであるものの，**広域連合**はより大きな権限をもつ。広域連合は独自の議会と長をもち，国や都道府県から直接に権限の委譲を受けることができる。監査委員，選挙管理委員会が必置であり，広域連合の区域内に居住する住民には規約変更を直接請求することができる。例えば，2008年４月から始まった75歳以上の者を対象とする後期高齢者医療制度に関する事務は，都道府県を単位にすべての市町村で構成される広域連合によって行われている。

●**都道府県を中心とする広域連合**●　都道府県により構成される広域連合の代表例として，**関西広域連合**がある。2010年12月に，７府県*¹が関西広域連合を設立し，防災（計画，訓練，緊急物資の共同備蓄），観光・文化振興，産業振興，医療（緊急医療連携，ドクターヘリ運航），環境保全（温室効果ガス削減，鳥獣保護管理），資格免許，職員研修の７領域で行政事務を共同実施している*²。

*１　７府県に含まれるのは，大阪，京都，兵庫，滋賀，和歌山，徳島，鳥取である。

*２　関西広域連合以外に，政府の地域主権戦略会議が経済産業省経済産業局など政府３機関を地方に移管すると決定したことを受けて，四国４県の知事が2012年２月に，2013年秋までに国の出先機関から移管される事務や権限の受け皿として「四国広域連合（仮称）」を発足させることで合意した。しかし，その後，進展は報告されていない。

### 道州制をめぐる議論

総務省主導の広域行政をめぐる議論とは別に、「道州制」の導入をめぐる議論がある。「道州制」とは、既存の都道府県制を整理統合し、全国を6〜11に分け、「州」という広域行政単位を設置しようという考えである。第2次世界大戦以前には、内務省で統制強化の視点から道州制の採用が議論され、戦後は、経済界で規制緩和の視点から道州制の採用が提唱された。地方制度調査会が2006年2月に「都道府県を廃止し、道州制を導入することが適当である」という答申を小泉純一郎首相に提出した。しかし、これは広域行政の促進ではなく、従来の**中央集権的行政システムを見直す意図**をもっていたため、権限を奪われる官僚や現状に既得権をもつ都道府県関係者の激しい抵抗に直面した。その結果、政府は同年10月に国会に提出した「地方分権推進法案（3年間の時限立法）」に「道州制の導入を検討する」という文言を盛り込まなかった。

〔表2〕地方制度調査会の2006年の答申

| | | |
|---|---|---|
| 主旨 | ①現在、地域で判断することが望ましい問題に関しても、国が法令や補助金を通じてかかわり、府省の出先機関を通じて事務を実施しているので、必要以上に画一性が求められ、住民のニーズが無視されている。 | |
| | ②道州が圏域の課題に主体的・自律的に対応するようになると、圏域相互の競争と連携が強まり、東京一極集中構造が是正される。 | |
| | ③道州が企画立案から管理執行まで一貫して実施することを可能にし、行政の効率化と責任所在の明確化をすべきである。 | |
| 区域 | 8区分案 | 北海道、東北、関東甲信越、中部、近畿、中国・四国、九州、沖縄 |
| | 9区分案 | 北海道、東北、北関東、南関東、中部、近畿、中国・四国、九州、沖縄 |
| | 11区分案 | 北海道、東北、北関東、南関東、北陸、東海、近畿、中国、四国、九州、沖縄 |
| 事務区分 | ①地方公共団体は、道州と市町村の2層制とする。 | |
| | ②現在都道府県が実施している事務を大幅に市町村に移譲し、国が本来果たすべき役割にかかわるものを除き、できる限り道州に移譲する。 | |
| | ③法定受託事務はできる限り自治事務とすべきである。道州が担う事務にかかわる法律は大枠的で最小限の内容に限定し、具体的事項は道州の自治立法に委ねる。 | |

### 広域行政か道州制か

明治維新以降、官僚中心の中央集権国家の建設を目指した日本においては、現在でも中央の権限は極めて強く、改革も行政主導で行われている。道州制構想の実現には、憲法改正を含む大きな制度改革と発想の転換が必要であり、どれだけ時間をかけても、地方制度調査会が提案するような道州制を実現することは難しい。これに対して、広域連合は、現行の法制度の中で可能であるだけでなく、現場の必要性から生じた新しい事務処理の方法である。また、広域連合なら、国が用意した画一的な規則ではなく、広域連合ごとに独自の問題処理法を採用することも可能である。道州制構想は重要であるものの、広域行政の事務処理に地域に見合った効率的方法を導入することも現実的な選択肢である。ただし、地方分権と市町村合併の結果として、広域連合に参加することができる自治体と参加することができない自治体に2分化が進んでいる。これからの広域行政を考える上での大きな問題である。

---

**コラム**

**青森・岩手・秋田3県の「東北州」構想とその挫折**　青森・岩手・秋田の3県知事が2003年12月に「3県を合併し、さらに宮城、山形、福島の3県を含めて東北州をつくる」ことを提案した。3県は1997年に海外に合同事務所を開設し、公募債（「北東北みらい債」）を共同発行していた。当時、産業廃棄物税の同時導入など共同事業および計画は60件以上を数え、3県は、2010年を目途に北東北3県の合併（現行法規内）や将来の道州制を視野に入れた議論を行った。しかし、北海道新幹線の建設の前倒しが決定されると、多額の建設費用から青森県の財政状況が悪化すると予測されることが判明し、岩手・秋田の両県知事が「道州制のさいは東北6県で1つの州」と発言し、3県合併構想は事実上棚上げにされた。

---

◆参考文献　●伊藤敏安『地方分権の失敗　道州制の不都合：円滑な推進に向けた経済学的論点整理』幻冬舎ルネッサンス、2009年
●佐々木信夫『道州制』筑摩書房（ちくま新書）、2010年
●総務省「共同処理制度の概要」、http://www.soumu.go.jp/main_content/000196080.pdf

# 1 GHQと戦後日本の外交理念－占領期の外交

### アプローチ

第2次世界大戦の敗戦に伴い，日本はアメリカを中心とする連合国の占領下に置かれた。ところが米ソの対立が冷戦として先鋭化していくとともに，アメリカは対日政策を見直し，日本を同盟国へと位置づけるようになった。この冷戦初期の1940年代後半に，片山哲政権の芦田均外相のもとで日本の戦後外交の基本方針が検討され，やがてそれは吉田茂へと引き継がれていった。

### ●GHQによる占領政策●

1945年9月2日に日本は降伏文書に調印し，連合国の占領下に置かれた。極東委員会のもとでGHQ（連合国軍最高司令官総司令部）*1 が占領政策を担当することになったが，実質的にはGHQが占領政策を主導した。その最高司令官に任命されたのがダグラス・マッカーサー*2 である。GHQは軍隊の解散と武器の破壊を通じた「非武装化」に加えて，日本国憲法の制定を柱とする「政治の民主化」，財閥解体と農地改革などの「経済の民主化」を推進した。

### ●初期の対日講和の動き●

1946年半ば以降，アメリカ，イギリス，ソ連，中国の枠組みで対日講和の検討が始まった。国務省ではヒュー・ボートン*3 を中心に対日方針が練り上げられるが，その主眼はいかにして日本が再び軍事大国にならないようにするかに置かれた。1947年3月には，日本の軍国化を阻止するために，①25年にわたり国際監視機構を置く，②日本に賠償金を課す，③核兵器研究や航空機生産を禁止する，などの日本への懲罰的内容を含んだ対日講和方針（ボートン草案）が打ち出された。

マッカーサーも，日本の占領政策が所期の目的を達成したとの理由で，日本と早期に講和条約を締結するよう，1947年3月に記者会見で提唱した。マッカーサーは占領を一区切りさせ，自身が1948年の大統領選挙へ立候補する野心ももっていたという事情もあった。ただし，第1次世界大戦後のヴェルサイユ条約に盛り込まれた制裁項目がドイツを追い詰め，第2次世界大戦の原因の1つにもなったとの認識から，国務省がまとめた懲罰的なボートン草案には反対した。

アメリカは，1947年7月に極東委員会の他の10か国に対して対日講和の予備会議の開催を提案するが，ソ連と中国が反対して協議は進まなかった。

### ●アメリカの方針転換●

1947年初めから夏にかけては，米ソ対立が顕在化する時期である。3月にはハリー・トルーマン大統領が共産主義の影響力拡大を阻止するためにトルコ＝ギリシャへの経済援助（トルーマン・ドクトリン）を発表し，6月にはマーシャル・プランが発表されてその参加をめぐってヨーロッパが東西に分断された。米ソ対立が深まる中，アメリカは日本を中立化するのではなく，西側の同盟国に位置づける方針へと転換した。

その政策転換を担ったのが，対ソ連封じ込め政策を立案したジョージ・ケナン*4 であった。1948年3月に来日して日本の現状を調査し，日本経済が復興せず政治が安定しない状況で講和は尚早との提言をまとめた。同年10月にNSC（国家安全保障会議）が決定した「アメリカの対日政策についての勧告」（NSC

---

*1 GHQ（連合国軍最高司令官総司令部） GHQは正式にはGeneral Headquarters/Supreme Commander for the Allied Powers 略してGHQ/SCAPである。

*2 ダグラス・マッカーサー [Douglas MacArthur]（1880-1964）連合国軍最高司令官として日本の占領政策を指揮。朝鮮戦争では国連軍を指揮するが，核使用をめぐる対立でトルーマン大統領に解任される。

*3 ヒュー・ボートン [Hugh Borton]（1903-1995）歴史学者で，コロンビア大学で教鞭を執った後，1942年から48年に国務省で，対日占領政策も担当。

*4 ジョージ・ケナン [George Kennan]（1904-2005）1947年から国務省政策企画部長として対ソ連封じ込め政策を立案。その後，駐ソ連大使や駐ユーゴスラヴィア大使も務める。

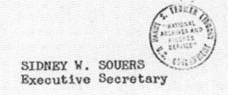

13/2）では，将来日本との関係強化を見据えて，対日講和の内容を懲罰的ではないものに変える方針を打ち出し，安全保障に関しては，アメリカ海軍の横須賀基地使用の強化，日本の警察力の増員と強化などが盛り込まれた。こうして早期の対日講和の動きは中断され，1949年秋までに先送りされることになった。

〔写真〕「アメリカの対日政策についての勧告」（NSC13/2）

### 戦後日本の外交理念

第2次世界大戦直後から外務省を中心に外交方針が議論され，①国際連合を中心とする多国間外交と，②日米同盟を主軸とする日本の安全保障，という2つを外交の柱に据えた。それを最初に内外に明らかにしたのが日本国憲法である。前文で日本が民主化と世界平和に取り組む姿勢を明らかにし，日本の安全保障は国際連合を中心につくられる国際社会の新たな秩序に委ねると宣言した。また，日本が再び軍事侵略を行わないように，第9条では戦争の放棄と戦力の不保持を明言した。

この時期，戦後の日本外交を決定づける1つの方針が決められた。1947年9月に日本を離れるロバート・アイケルバーガー*5 米第8軍司令官に対して，日米間で特別協定を結んで，講和が成立した後も米軍が駐留し続けることが日本の安全保障にとって最良の手段であるとの内容の文書を手渡したのである。これは片山哲内閣の芦田均外相のもとで外務省がまとめたもので，米軍の駐留継続を希望し，独立回復後もアメリカとの安全保障体制を重視することを表明したものであった。

その考えは**吉田茂**首相にも引き継がれて，講和条約交渉の際に日米安全保障条約として実現した。また，吉田が独立回復時に打ち出した軽武装と経済復興優先の方針は，「吉田ドクトリン」として吉田の後継者に継承されるが，1970年代以降は，日米安全保障体制をめぐる大きな課題ともなった。

＊5　ロバート・アイケルバーガー［Robert Eichelberger］（1886-1961）米陸軍第8軍の司令官として太平洋戦争を戦い，戦後はマッカーサーの下で日本占領を担当。

### コラム

**吉田ドクトリンという神話**　日米安保体制に基づいた「軽武装・経済大国」という第2次世界大戦後の日本がとった路線は，しばしば吉田ドクトリンと呼ばれるが，それは吉田の一時的な方針をその後継者がドクトリンとして後づけしたというのが一般的な解釈である。吉田は首相在任中こそ再軍備に反対し，経済復興優先の方針を強調したが，それは再軍備と憲法改正を主張した鳩山一郎へのライバル意識も働いていた。

そもそも独立回復後も米軍駐留の継続によって安全保障を維持しようという考えは，1947年当時，芦田外相がまとめた方針を踏襲したものである。政界引退後の1963年に出版した本の中で吉田は，日本経済は他国の援助を期待するようになったので「防衛の面でいつまでも他国に頼る段階は，もう過ぎようとしているのではないか」と，自由世界への軍事的貢献を強調するようになっている（『世界と日本』）。

◆参考文献
- 五百旗頭真『占領期　首相たちの新日本』講談社（講談社学術文庫），2007年
- 芳賀綏『威風堂々の政治家たち　昭和人物史に学ぶ』清流出版，2009年
- 吉田茂『世界と日本』中央公論社（中公新書），1992年

## 2　焦点となったのは再軍備－サンフランシスコ講和条約

**アプローチ**

アメリカは1940年代末から日本との講和条約交渉の準備を始めるが，それを一気に加速させたのが1950年の朝鮮戦争の勃発であった。アメリカの交渉責任者となったダレス特使は，太平洋地域の関係国との協議をまとめ，独立回復の条件として日本に再軍備を迫った。1951年のサンフランシスコ会議によって日本との講和条約がまとまり，日本は7年ぶりに独立を回復することになった。

**● 対日講和準備の開始 ●**　米ソの思惑の違いから早期の対日講和は見送りとなったが，ヨーロッパでは，1949年4月にNATO（北大西洋条約機構）が結成されると，米ソの対立は抜き差しならないものとなっていた。このような中，同年9月の米英外相会談では，たとえソ連の支持が得られなくとも多数の関係国で日本との講和条約を進めることが合意された。翌1950年4月にトルーマン大統領は，**ジョン・ダレス**＊1を講和条約交渉の特別大統領代表に任命した。

1950年6月に朝鮮戦争が勃発すると，対日講和交渉のスピードは加速されることになる。ダレスは戦争勃発時にちょうど東京を訪れており，講和条約準備のための話し合いをマッカーサーや吉田茂とすでに始めていた。朝鮮戦争を契機に，ダレスは日本を再軍備させて，西側の同盟国として早期に独立を回復させるべきであるとの認識を強くした。

講和条件をまとめるべく，ダレスはアジア太平洋の関係国を回り協議を始めた。講和に際して関係国が懸念を示したのが，日本が再軍備を行った場合に，再び軍事侵略を行わないかどうかであった。その懸念を払拭するために，アメリカはフィリピン，オーストラリア＝ニュージーランドなどと個別に相互防衛条約を締結し，日本が万が一にも侵略行為を行った場合にはアメリカが防衛することを約束した。こうして，1950年11月までに，懲罰的な内容が抑えられた，日本にとって極めて寛大な「対日講和7原則」がまとめ上げられた。

**● 日本の対応 ●**　講和協議の開始に備えて，日本も外務省を中心に講和条約の条件の検討を行った。それは，アメリカの対日平和条約案の情勢分析やアメリカの構想に対する日本の要望方針などの4文書からなる「A作業」，日本の安全保障のために講和後も米軍の駐留を認める条約案の「B作業」，日本や朝鮮半島を非武装として国連の監視に委ねる「C作業」，そして講和と安全保障についての日本の考えをまとめた「D作業」の4つであったが，最終的にはD作業に基づいて日本はアメリカとの交渉に臨んだ。

1951年1月末から始まった日米交渉において，アメリカ代表のダレス特使は，独立回復後の日本が西側自由世界の安全保障に貢献するように求めた。これに対して吉田首相は，再軍備は経済的にも対外的にもむずかしいと応じた。しかし，ダレスの厳しい態度を前にして，独立を早期に達成するために日本側は大幅に譲歩して防衛力の強化を受け入れ，講和達成時に日本は警察予備隊とは別に5万人規模の「保安隊」をつくることに合意した。

＊1　ジョン・ダレス
〔John Dulles〕（1888-1959）　国務省顧問として対日講和をまとめた後，アイゼンハワー政権では国務長官を務める。

## 第11章 外交

### ●サンフランシスコ講和会議

1951年9月4日から8日まで、日本を含む52か国の代表がサンフランシスコに集まり、日本の敗戦処理を話し合う講和会議が開かれた。当初アメリカが主導する多国間講和を批判していたソ連が直前に会議への参加を表明し、主催国アメリカを驚かせたが、議長役を務めた**ディーン・アチソン**[*2]国務長官は、ソ連が議事を混乱させるために提案してくると予想される修正案には応じないとの方針で臨んだ。

アメリカの主導で9月7日に講和条件がまとまり、最後までそれに反対したソ連、ポーランド、チェコスロヴァキアを除く49か国が翌8日に講和条約に署名した。7か月後の1952年4月28日に講和条約は発効し、日本は7年ぶりに独立を回復した。

### ●日本国内の反応

サンフランシスコ講和条約にソ連などが調印しなかったことは、講和条約と同じ日に調印された**日米安全保障条約**（旧安保条約）とともに、国内で論争を巻き起こした。49か国が調印した「多数講和」ではあったが、社会党などの野党はソ連・東欧諸国が調印せず、中国・中華民国のいずれもが参加していない講和を西側との「単独講和」と批判し、ソ連や中国も含めた「全面講和」を求めた。一方保守派の鳩山一郎は、講和条約調印直後にソ連との国交回復を目指し、自主憲法制定によって再軍備を行うことを訴えた。

講和条約の是非をめぐり社会党では、あくまでも全面講和を求めて批准に反対する立場をとる左派と、不十分だが早期に独立を回復するためにそれを受け入れるべきと主張する右派の間で激しい対立が表面化した。1951年10月の党大会では論争が激化し、「左派社会党」と「右派社会党」の2つに分裂した。両派が再統一するのは、政界再編期を迎えた4年後の1955年10月である。

\*2 ディーン・アチソン [Dean Acheson]（1893-1971）国務次官の後1949～53年に国務長官。冷戦初期の政策を推進した。

↑調印式で対日講和条約の文書に調印する吉田茂首相（左）と条約・認証謄本（右）

### コラム
**日ソ国交回復**　講和条約に署名しなかったソ連との国交回復は、未解決の課題として残された。ソ連との国交回復を唱える鳩山一郎が1954年暮れに首相に就任すると、ソ連が日本に対する態度を軟化させ、1955年6月からソ連との国交回復交渉が始まった。

北方領土をめぐるソ連との溝は埋まらなかったため、鳩山首相は平和条約の締結をあきらめ、戦争状態の終結と国交回復を謳った共同宣言に1956年10月に調印した。ソ連との国交回復により、同年12月には日本の国際連合加盟が認められ、国際社会への復帰がほぼ達成された。

◆参考文献　●西村熊雄『サンフランシスコ平和条約・日米安保条約』中央公論新社（中公文庫），1999年
　　　　　　●田村祐造『戦後社会党の担い手たち』日本評論社，1984年

# 3 敗戦国日本の選択－日米安全保障条約

### アプローチ

　日米安全保障条約は，正式には，「日本国とアメリカ合衆国との間の相互協力及び安全保障条約」という。日米友好通商航海条約とともに，日本とアメリカ合衆国との友好同盟関係を基礎づける条約である。日米友好通商航海条約が，日米間の通商・投資交流の促進のための最恵国待遇及び内国民待遇の原則を定める経済面の友好関係の基本条約であり，軍事同盟関係を定めているのが日米安全保障条約である。

　1951年9月8日，サンフランシスコ講和条約と同時に調印された「日本国とアメリカ合衆国との間の安全保障条約」が旧安保条約と通称されるのに対して，新安保条約ともいわれ，1960年1月19日に調印され，6月23日発効した。形式上は別の条約であるものの，実質上，旧安保条約を改定したものとみなすことができる。

●日米安保条約（新安保条約）調印…調印に際し会談する日米政府首脳。右から2人目は岸信介首相，同3人目はアイゼンハワー米大統領。
（アメリカ・ワシントンのホワイトハウス　1960.1.19）

### ●旧安保条約の成立の経緯●

　旧安保条約は，**日本の独立後も引き続きアメリカ軍の日本駐留を認めることを骨子とする**＊1。日本側がそれを希望するとしており，やや押しつけがましい印象は否めない。しかも，アメリカが日本を防衛する義務は明言されておらず，ほかにも，日本国内の内乱の鎮圧を米軍が援助することができ（いわゆる**内乱条項**），米軍以外の軍隊の駐留・基地提供や領域通過にはアメリカの同意を要する上に，条約自体に期限が定められていないなど，占領を脱して独立したはずの日本が，対等平等な立場で結んだ条約とはいいがたかった。極端にいえば，従来の占領軍の看板を駐留軍に掛けかえるだけの内容ともいいえたのである。

　旧安保条約は，日本の基本的方向を定めたほかの2つの文書，日本国憲法と講和条約とあわせて理解する必要があろう。敗戦国日本の指導者としての吉田茂の最重要の課題は，何といっても講和条約を締結して独立を回復すること，それも可能な限り日本の将来を制約せぬ形で，名誉ある講和を実現することであった。それは，成功したといってよいであろう。**サンフランシスコ講和条約の最も重要な特徴は，戦争責任への言及が一切ないことである**。吉田が，受諾演説において述べたように，その基調は「和解」と「善意」であり，全体としては極めて寛容かつ公正なものであった。講和後の日本の政策を拘束する内容も，ほとんどない。

### ●寛大な講和の代償●

　日本国憲法で非武装を受け入れたことは，結果としてはこの布石となった。一切の武力をもたないということに，吉田が素直に賛成していたわけではなかったにせよ，こうした憲法を受容しなければ，講和条約で日本の軍備の制限がかけられる可能性があり，それを避けたとも考えられる。相手国のある条約とは異なり，憲法ならば，日本が将来いかようにでも変えられるはずであるからである。そうした非武装の日本を前提とすれば，旧安保条約の内容はやむをえないものであった。すなわち，旧安保条約は，寛大な講和条約の代償でもあったのである。吉田は，この責任

＊1　旧安保条約（抄）
第1条　平和条約及びこの条約の効力発生と同時に，アメリカ合衆国の陸軍，空軍及び海軍を日本国内及びその附近に配備する権利を，日本国は，許与し，アメリカ合衆国は，これを受諾する。この軍隊は，極東における国際の平和と安全の維持に寄与し，並びに，1又は2以上の外部の国による教唆又は干渉によって引き起された日本国における大規模の内乱及び騒じょうを鎮圧するため日本国政府の明示の要請に応じて与えられる援助を含めて，外部からの武力攻撃に対する日本国の安全に寄与するために使用することができる。
第2条　第1条に掲げる権利が行使される間は，日本国は，アメリカ合衆国の事前の同意なくして，基地，基地における若しくは基地に関する権利，権力若しくは権能，駐兵若しくは演習の権利又は陸軍，空軍若しくは海軍の通過の権利を第3国に許与しない。
第3条　アメリカ合衆国の軍隊の日本国内及びその附近における配備を規律する条件は，両政府間の行政協定で決定する。
（外務省資料）

を一身に負う意味で，旧安保条約には1人で署名し，講和条約とは別の場所で行われた調印には，他の随員の同席さえ許さなかった。

### 新安保条約の成立と日米同盟の深化

この「昭和の不平等条約」とでも形容しえた旧安保条約の改定に意欲を燃やした首相が，岸信介であった。新安保条約は，彼の尽力の結果である*2。内乱条項は姿を消し，新たに10年の期限を設け，以後はいずれかの締約国の通告により失効させることができる。つまり1970年以降は，毎年自動的に延長されて現在に至っている。

最大の変更は，第5条にあろう。両国が「日本国の施政の下にある領域における，いずれか一方に対する武力攻撃」が「自国の平和及び安全を危うくする」と認め「共通の危険に対処する」としている。すなわち，**アメリカに日本の防衛を義務づけている**と解釈しうる。その場合，アメリカは集団的自衛権を，日本は個別的自衛権を行使して，日本の領土・領海・領空で，日米いずれかに対する武力攻撃に共同対処することになる。さらに，例えば日本周辺の公海上における米国艦船防護のための武力行使という，集団的自衛権に当たる権利の行使も可能であるという新たな憲法解釈が行われた。共同防衛の内実を深化させるものである。

### 残る懸念と課題

しかし，この条約どおりに米軍が派遣されるかについては懸念もある。まず，アメリカの1973年戦争権限法第8条a項は，海外への米軍派遣権限を条約から推定してはならない，つまり議会の同意が必要とする一方で，d項で既存条約の規定を変更しないともしている。アメリカの法律に時折みられるように，いずれの条項が優位にあるのかは不明瞭である。その時々のホワイトハウスと議会の意向，連邦議会と大統領との力関係にかかるところがある。安全保障上も，大統領のみならず連邦議会の動向を注視することが欠かせない。また，より一般的に，日本に武力攻撃を行う国が核保有国である場合，アメリカが，自国が核攻撃を被る危険を犯してまで日本の防衛を助けてくれるのかという疑念は拭えないところである。

*2 新安保条約（抄）
**第3条** 締約国は，個別的に及び相互に協力して，継続的かつ効果的な自助及び相互援助により，武力攻撃に抵抗するそれぞれの能力を，憲法上の規定に従うことを条件として，維持し発展させる。
**第5条** 各締約国は，日本国の施政の下にある領域における，いずれか一方に対する武力攻撃が，自国の平和及び安全を危うくするものであることを認め，自国の憲法上の規定及び手続に従って共通の危険に対処するように行動することを宣言する。（後略）
**第6条** 日本国の安全に寄与し，並びに極東における国際の平和及び安全の維持に寄与するため，アメリカ合衆国は，その陸軍，空軍及び海軍が日本国において施設及び区域を使用することを許される。（後略）
**第10条** この条約は，日本区域における国際の平和及び安全の維持のため十分な定めをする国際連合の措置が効力を生じたと日本国政府及びアメリカ合衆国政府が認める時まで効力を有する。
もっとも，この条約が10年間効力を存続した後は，いずれの締約国も，他方の締約国に対しこの条約を終了させる意思を通告することができ，その場合には，この条約は，そのような通告が行なわれた後1年で終了する。
（外務省資料）

### コラム

**難産だった新安保条約** 旧安保条約に比べて多くの点で改善がみられた新安保条約であるが，その成立は難航した。結果として岸内閣の退陣につながる広範な反対運動が起こったのである。各地で「安保反対」を呼号する示威行進が起こり，1種の流行語と化しさえした。国会構内に突入したデモ隊と警察の衝突で死者も出ている。しかし，この運動は，国民が中立を明確に志向していたとか，新安保条約の内容に不満であったからというより，堆積していた反米ナショナリズムのマグマが噴出したと解釈するほかないように思われる。事実，岸首相の退陣とともに，デモも反対運動も嘘のように消え去った。岸首相宅に遊びにきた孫も，「アンポハンタイ」と唱えて邸内を走り回ったという。当時5歳であった安倍晋三首相である。

◆参考文献 ●吉田茂『回想十年 新版』毎日ワンズ，2012年
●坂元一哉『日米同盟の難問』PHP研究所，2012年

# 4 日米安保体制の変化－日米同盟の諸問題

**アプローチ**

日米安全保障条約に基づいた日米同盟は、冷戦下において抑止力として機能し、戦争や紛争への対処という軍事活動は限定されていた。ところが、湾岸危機への日本の対応をめぐり日米で軋轢が生じる一方で、冷戦の終結後に北東アジアでは軍事的な緊張が高まり、日米同盟も大きく変化することになる。

### 冷戦期の日米同盟

国際政治で使われる**同盟**とは、国際的な軍事的脅威に対して、友好国が共同で対処する体制を指す軍事用語である。ところが、冷戦期に日米同盟はその適用範囲が日本の周辺に限定され、日米で共同対処が必要な武力紛争も発生しなかった。日本にとって日米同盟は、もっぱら侵略を思いとどまらせる**抑止力**として働いたのである。

1952年に発効した日米安全保障条約（旧安保条約）が1960年に「日米相互協力及び安全保障条約」（新安保条約）に変わり、相互協力が新たに加えられても、法的枠組みはほとんど変わらなかった。このため、憲法に基づいた制度枠組みという"建て前"と日米関係の現実に基づいた"実践"との矛盾は未解決のまま残され、日米の機密事項として処理された例もある。その典型が核持ち込みについての密約である。1960年の安保条約改正時に、①核搭載艦船の寄港は「核持ち込み」の適用外とする、②朝鮮半島有事の際にはアメリカが在日米軍基地を自由に使用できる、などが合意された。ところが60年代後半以降は、核兵器に関して、①つくらない、②持たない、③持ち込ませない、という**非核3原則**を国是として掲げた。アメリカの**核の傘**に依存して核抑止を維持しながら非核3原則を掲げるという矛盾は、密約によって可能となっていたのである。

### 「安保ただ乗り」批判と防衛予算増

日本は1960年代までに経済復興を果たし、70年代に入って対米輸出を伸ばし続けた。ベトナム戦争などで財政が悪化すると、アメリカ国内では対日貿易不均衡に対する懸念が強まっていった。日本が巨額の対米貿易黒字を得ているにもかかわらず、日米安全保障体制に依存して防衛費を低く抑えているという「安全保障ただ乗り（free-rider）」批判まで現れた。

日本政府は基盤的防衛力整備のために「**防衛計画の大綱**」を1976年に決定し、その達成に際して「当面、防衛費はGNPの1％を超えない」との予算上の上限を設けた。1980年当時、NATO各国が国防予算の目標をGNP3％に設定し、アメリカが冷戦期にGDPの5～7％を国防費に充てていたことを考えれば、日本の上限設定は低い数字であった。

1980年代になるとアメリカは、日本に防衛上の財政負担の分担増を求める**バードン・シェアリング**＊1の方針で臨み始めた。**中曽根康弘**首相は、**ロナルド・レーガン**大統領と「ロン＝ヤス関係」と呼ばれた個人的な信頼関係を打ち立て、防衛費の増加を対米公約に掲げた。このため、防衛費は日本の安全保障の強化というよりも、日米同盟を維持するために必要なコストであるとの認識が広がった。

### 冷戦後の日米同盟

米ソの対話が進展し国際協調が進む中で、憲法の枠組みに基づいた日本の安全保障政策の矛盾は、1990年

＊1　バードン・シェアリング〔burden sharing〕負担の分担とも訳され、安全保障面で日本の財政負担を強調するものである。1990年以降は責任の分担（responsibility sharing）が強調されるようになる。

8月に起きた**湾岸危機**\*2への対応をめぐり一挙に表面化した。日本はアメリカから多国籍軍への後方支援を打診されるが、自衛隊を国外に派遣するための立法が間に合わずに財政支援にとどまり、アメリカの厳しい批判にさらされた。

1990年代前半のもう1つの変化は、北東アジアで新たな軍事的脅威が出現したことである。90年代初めから始まった北朝鮮の核・ミサイル開発に伴う緊張は1994年ににわかに高まり、米軍が武力攻撃を行う寸前の事態にまで至った。

このような経験を経て、冷戦終結後における日米安全保障体制の再確認の作業が行われ、1996年には橋本龍太郎首相とビル・クリントン大統領によって、21世紀に向けてアジア・太平洋地域や地球規模での日米協力を謳った「日米安全保障共同宣言」が発表された。

### 21世紀における日米安保

2001年にアメリカで発生した同時多発テロは、再び冷戦期のような軍事同盟重視の時代に逆戻りさせた。ブッシュ政権は「有志連合（coalition of the willing）」を掲げて、同盟国との新たな協力関係を唱えた。小泉純一郎政権もその動きに応じて、イラクへの人道復興支援に協力するために2003年から2008年にかけて自衛隊を派遣した。また、ブッシュ政権は**米軍再編**（military transformation）のもとで、緊急展開能力を高めるとともに、国外の米軍基地の大規模な再編を行った。2011年の東日本大震災に際しては、自衛隊と米軍による初の共同作戦（トモダチ作戦）が展開され、緊急時における軍事同盟の役割を再認識させることになった。

21世紀に入っても北朝鮮の核・ミサイル開発や中国の軍備拡大と海洋進出によって北東アジアでは不安定な情勢が続き、日米同盟の重要性は色あせていない。その一方で、オバマ政権ではヨーロッパとアジアとの戦力バランスの見直しを掲げてアジア重視の方針を打ち出し、同盟国との協力と負担の見直しも進めている。このような中、2015年4月には日米防衛協力のための指針（新ガイドライン）が改正され、中国を意識した島しょ防衛やグローバルな日米協力が強調された\*3。これに伴って日米安保体制も新たな局面を迎えつつある。

\*2 **湾岸危機** 1990年8月にイラクは隣国クウェートに武力侵攻して併合を宣言した。アメリカを中心とする多国籍軍が編成され、国連安全保障理事会で武力容認決議が採択された。1991年1月にイラク軍への軍事制裁（湾岸戦争）が開始され、クウェートが解放された。

\*3 「日米防衛協力のための指針」は、自衛隊と米軍の協力のための一般的な大枠や政策的な方向性を示すために、冷戦下の1978年に調印された。その後1997年に北朝鮮の核・ミサイル開発を受けて改正され、2015年が2回目の改正となる。

---

### コラム

**湾岸危機・湾岸戦争と日本の対応** 湾岸危機に伴うアメリカからの協力要請に対し、日本は当初予備費から10億ドルの財政支援を行うと表明した。アメリカの不満に配慮して翌月に40億ドルに増額するが、アメリカ側は「少なすぎるし、遅すぎる（Too little, too late!）」と厳しく批判した。日本は自衛隊の海外派遣を検討するが、立法化が間に合わず財政支援に止まった。

湾岸戦争勃発とともに90億ドルの追加支援を発表し、日本は結局130億ドル（約1兆5,000億円）の財政支援を行うが、カネで外交問題を解決しようとする「小切手外交」と揶揄された。クウェートは解放後に多国籍軍に加わった国々に感謝するアピールをアメリカ有力紙に掲載するが、その中に日本は含まれていなかった。

①多国籍軍への90億ドル追加関連法案可決…握手する海部俊樹首相（右）と橋本龍太郎蔵相。（衆議院・本会議 1991.2.28）

◆参考文献 ●西原正・土山實男監修、平和・安全保障研究所編『日米同盟再考：知っておきたい100の論点』亜紀書房、2010年
●手嶋龍一『外交敗戦 130億ドルは砂に消えた』新潮社（新潮文庫）、2006年

# 5 日本における米軍基地－在日米軍

> **アプローチ**
> 第2次世界大戦の敗戦に伴い日本は連合国の占領下に置かれ，各地にアメリカ軍を中心とする占領軍基地がつくられた。1952年に日本が独立を回復しても，日米安全保障条約（旧安保条約）に基づき，占領軍は在日米軍と名前を変えて駐留を続けた。
> 日本における米軍基地が，どのように展開し，またどのような課題が生じているのであろうか。

### 第2次世界大戦後の占領軍

第2次世界大戦の敗戦で日本は連合国の占領下に入り，米軍を中心とする連合国軍が進駐した。講和協議で占領軍の撤退が議論されるが，吉田茂首相は再軍備に消極的で，独立回復後も米軍駐留を継続させることで日本の防衛力を最小限に抑えようと考えた。朝鮮戦争の真っ只中の折，米軍にとっても日本に基地を維持することは大きなメリットがあった。

こうして1951年9月に講和条約と同じ日に日米安全保障条約（旧安保条約）が調印され，占領軍は米極東軍として駐留を続けることになった。また，朝鮮戦争に伴う国連軍の駐留のため，1954年にアメリカ，イギリス，フランスなどと「国連軍地位協定」が結ばれた*1。1957年には米極東軍が廃止されたのに伴って，日本に駐留するのは在日米軍（USFJ：US Forces Japan）となった。

### 安保条約とその範囲

1960年に**日米相互協力安全保障条約（新安保条約）**が結ばれ，日米間の相互協力（第3条）と日本の領土・領海・領空での武力攻撃に対する共同対処（第5条）が謳われた。また，在日米軍の基地使用目的は，日本の安全保障と，極東*2の平和と安全保障のためであることが明記された（第6条）。この安全保障条約のもとで，日米安全保障体制は強化され，在日米軍が槍の役割を自衛隊が盾の役割を担ってきた。

1992年までにフィリピンの米空軍・海軍基地が閉鎖されると，アジア太平洋地域での米軍のプレゼンスを維持するために，在日米軍基地の重要性は一層高まった。1996年の日米安全保障共同宣言では，アジア太平洋地域の平和と安定と地球規模での日米協力が強調され，ブッシュ政権では**米軍再編**を進めて，アジアから中東に至る**不安定の弧**\*3への対応が強調される中で，日米安全保障や在日米軍の役割も徐々に変化している。

### 基地対策費と思いやり予算

在日米軍の駐留に対して，日本側は在日米軍基地に使用される土地の借地料の支払いや基地周辺の住宅・施設の騒音対策を行っている。加えて，1979年以降，日本独自の駐留受け入れ支援（ホスト・ネーション・サポート）も行ってきた。1978年の急速な円高\*4に伴い，アメリカ側の在日米軍駐留経費が大幅に膨らんだため，経費の一部を日本側が肩代わりすることになった。「安保ただ乗り」批判をかわすためでもあったが，当時の金丸信防衛庁長官の発言から「思いやり予算」と呼ばれることもある。当初は基地従業員対策費の62億円であったが，基地内の住宅建設などの提供施設整備費のほか，労務費，光熱水料，訓練移転費などが加わり，2015年度予算では約1,900億円が計上されている。

\*1 現在でも，横田基地には国連軍の後方司令部が置かれ，在日米軍基地は国連軍の後方基地の役割も担っている。

\*2 **極東** 1960年の閣議決定で，極東とはフィリピン以北並びに日本及び朝鮮半島や台湾を含む周辺地域であるとされた。

\*3 **不安定の弧**（arc of instability） 冷戦終結後，武力紛争の危険が高い地域が朝鮮半島から東南アジア，さらにイラン，イラク，イスラエルなどの中東にかけての弧の形に広がっていることから呼ばれるようになった。

\*4 1978年1月には1ドルが240円台であったが，7月に史上初めて200円を切り，10月には180円を切る事態になった。

〔図〕アメリカ太平洋軍と在日米軍の組織と指揮系統

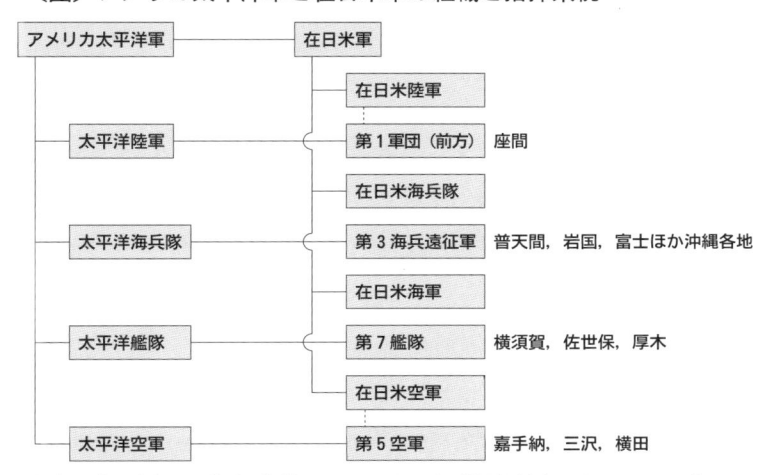

```
アメリカ太平洋軍 ─── 在日米軍
   │                ├─ 在日米陸軍
   ├ 太平洋陸軍 ─┤  第1軍団（前方）  座間
   │                ├─ 在日米海兵隊
   ├ 太平洋海兵隊 ┤  第3海兵遠征軍  普天間, 岩国, 富士ほか沖縄各地
   │                ├─ 在日米海軍
   ├ 太平洋艦隊 ─┤  第7艦隊       横須賀, 佐世保, 厚木
   │                ├─ 在日米空軍
   └ 太平洋空軍 ─┘  第5軍         嘉手納, 三沢, 横田
```

〈注〉日本に駐留する米軍の指揮はハワイにある太平洋軍司令部がもつが, 2011年のトモダチ作戦では在日米軍司令部が指揮した。

### 沖縄の米軍基地と再編問題

1952年に講和条約が発効した後も沖縄がアメリカの軍政下に置かれ, 在日米軍基地の多くが沖縄に移転された。この結果, 沖縄の土地面積が日本全体の1％にも満たないにもかかわらず, 日本の米軍基地の4分の3が沖縄に集中しているという現実を招いた。米軍基地が雇用を生んでいる反面, 騒音や米兵が起こす刑事事件は沖縄にとって大きな負担となっている。

基地負担軽減のため, 1996年の日米首脳会談で米海兵隊の**普天間基地**の返還に合意した。基地周辺に住宅が密集するようになり, 普天間は「世界でもっとも危険な基地」とまでいわれ, 事実2004年には海兵隊ヘリの墜落事故が起きた。

ところが, 普天間に代わる代替基地の確保が難航している。移転先に名護市**辺野古**地区が候補に上がったが, 地元の反対や設計・工法をめぐる問題からなかなかまとまらず, 普天間基地移転は県内を2分する対立となり, 国政にも大きな影響を与えてきた[*5]。2014年の沖縄県知事選挙や沖縄の衆議院選挙でも反対派が勝利し, 普天間移転問題は再び行き詰まりをみせている。

[*5] 2009年に民主党鳩山由紀夫政権が沖縄県外への移転を掲げたが, その対案に行き詰まったことが翌年に辞任する最大の原因にもなった。

### コラム

**日米地位協定**　日米安全保障条約のもとで, 米軍への施設・区域の提供手続きや米軍人への国内法の適用などを定めた日米地位協定が締結されている。米軍基地から直接出入国する際の審査免除や租税免除のほか, 公務中に起こした刑事事件の第1次的裁判権を米軍がもつなどの米軍人・軍属・家族に対する特権的取り扱いも含まれる。

米兵が強盗や暴行, 飲酒運転事故などの刑事事件を起こしても, 日本側が起訴するまで身柄が引き渡されず, 直接取り調べができない。また公務の幅を広く解釈して訴追を免れたり, 起訴前に帰国させてしまうなどの不公平な取り扱いがしばしば問題となってきた。日米地位協定の運用は, 在日米軍司令部と日本の関連省庁で構成される日米合同委員会で定期的に協議され改善が図られてはいるが, まだ国内法との溝も大きい。

◆参考文献　●森本敏『普天間の謎─基地返還問題迷走15年の総て』 海竜社, 2010年

# 6 TPPとは何か－自由貿易協定（FTA）

### アプローチ

菅直人首相が「平成の黒船」と称し，安倍晋三首相がその交渉参加は「国家百年の計」とまで形容した環太平洋経済連携協定（TPP）。日本は参加に至るまで国を2分するほど大きく揺れた。2013年に決定された日本のTPP参加がアジア太平洋政治・経済情勢にもたらす意義と問題点を示す。

## ● TPPとは ●

TPPは2015年3月現在，日本を含む12か国によって交渉がなされている自由貿易協定（FTA）[*1]である。元々はシンガポール，ニュージーランド，チリ，ブルネイの4か国により2006年に締結されたが，これらの国の経済規模が小さかったこともあり，当初はメディアなどの注目を集めることはなかった。しかしながら2008年にブッシュ大統領により米国の参加が表明されたことで，TPPの重要性を認識した豪州やペルー，ベトナムの参加表明が続き，その結果2010年3月に8か国で第1回交渉が行われている。その後マレーシア，カナダ，メキシコが参加し，日本も安倍首相がオバマ米大統領との会談後の2013年3月に参加を正式に表明し，同年9月から交渉に参加している。

TPPの特徴は「質」の高さにある。「他に規定がある場合を除いて発効と同時に他の締約国の原産品に対する全ての関税を撤廃する」との原則規定があるように，関税撤廃の例外品目が極めて少ない協定である。さらに関税撤廃というFTAの伝統的分野に加え，知的財産権，環境，労働，競争政策など非関税障壁や規制に関する国内措置（behind-the-border issues）を扱う経済ルールの参加国間での統一化も含んでいるという意味でも包括的である。160もの国と地域が参加しその決定が困難になっている世界貿易機関（WTO）[*2]の関税引き下げ交渉が暗礁に乗り上げる中，幅広い経済分野のルールメイキングの機能をもつTPPに対する注目度は，非参加国の中でも高まりをみせている。

日本のTPP参加への最大の足かせは農業自由化であった。例外なき自由化を目指すTPPでは日本の高い関税率の低減・撤廃が大きな焦点となっている。TPPを安保面からも重視する安倍政権になり，JA全中（→86-87頁）の「集票マシーン」機能弱体化を含む農業の競争力強化に動いたのも，TPP参加決定と無関係ではない。

## ● TPPの政治的意味 ●

TPP交渉開始後，アジア太平洋地域は地域統合枠組みが複数創設されるものの，それぞれの統合の枠組みの内容やルール，参加国数は異なるといった地域統合の錯綜時代を迎えている。2015年に経済共同体形成を目指す東南アジア諸国連合（ASEAN）に加え，日中韓FTA，さらに東アジア16か国が参加する東アジア地域包括的経済連携（RCEP）が2013年から交渉を開始しており，TPPととも

---

[*1] **自由貿易協定（FTA：FreeTradeAgreement）** FTAとは特定の国や地域と主に関税撤廃を通じて貿易自由化を進める協定。日本は関税撤廃に加え，経済取引の円滑化，経済制度の調和など市場の制度や経済活動を一体化するための取り組みを含む幅広い協定を目指すことから経済連携協定（Economic Partnership Agreement：EPA）と称している。日本の最初の締結国はシンガポール（2002年調印）。

[*2] **世界貿易機関（WTO：World Trade Organization）** WTOは自由貿易促進のための国際機関で1995年に設立された。現在160の国と地域が加盟しており，意思決定は全会一致原則であることから，交渉は難航しがちとなる。

〔図〕アジア太平洋の地域統合の枠組み（2015年3月段階）

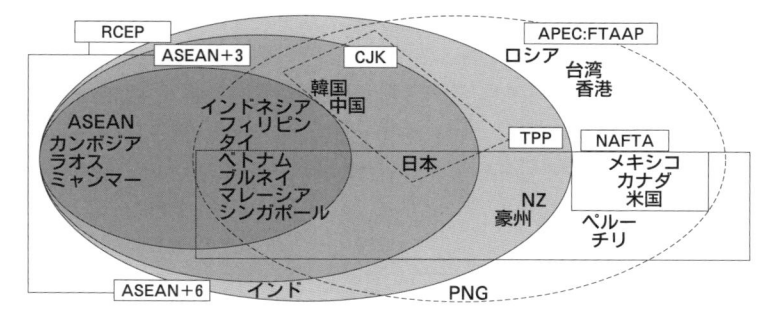

に 4 つの地域統合の枠組みがアジア太平洋地域において併存している（前頁図参照）。このような地域統合錯綜時代をもたらした最大の要因は，米中という世界第 1 位と第 2 位の経済大国が互いの影響力拡大を意識し，競争する形で自らが望む地域統合構想を進めている点にある。

TPP は環境や労働に関する基準を強化する条項を含むことから，労働組合を組織する権利を国営企業などに認めていない中国が TPP に参加するのは現状では難しい。そこで中国は，環境や労働基準強化条項などを含まない，より緩やかな統合規範に基づく東アジア地域統合すなわち RCEP を推進せざるをえなくなった*3。この中国の決定に大きな影響を与えたのは，2010年9月の菅政権により TPP への参加を模索し始めた世界第 3 位の経済大国である日本であった。日本の TPP 参加は世界第 1 位の経済大国である米国との事実上の市場統合を意味することから，関税撤廃の恩恵を受けられない中国のような不参加国の懸念を拡大することとなった。

●**FTAドミノ論**● このような地域統合の錯綜状態は，FTA の排他性に基づいた貿易転換効果に注目した FTA ドミノ仮説で説明できよう。つまり，関税撤廃など FTA が締結相手国にもたらす利益は締結していない第 3 国の犠牲を伴うが，それらは品質や価格の面で競争力のある第 3 国の製品が，FTA 締結により競争力の低い FTA 締結国内製品にとって代わられ，締結国の消費者の不利が生じるとともに，第 3 国から FTA 締結国への輸出が減少することを意味する。FTA 締結国の輸出企業には無関税特権が与えられる一方，第 3 国の企業は関税を払う必要があるため，この差別待遇を避けるため同様の FTA を締結する動機が第 3 国で生じ，FTA がドミノのように次々と締結されるようになる。

この仮説で重要な点は経済大国の動きである。経済大国が参加すると，その市場の大きさから不参加国が抱く貿易転換効果への懸念は増大し，同じ経済大国を含んだ FTA を締結する動機が生じることになる。前記の TPP をめぐる動きで米中日の経済大国が互いに動いたのは，この大国主導ドミノ論の有効性を物語っていよう。2013年9月中国商務部は「情報交換を望むと同時に国内産業部門の意見をまとめた上で（TPP）加盟への可能性を検討する」と発表するなど，かつて中国封じ込め策の一環と TPP を警戒していた中国ではあるが，TPP に参加し，そのルールの履行を通じて国内の構造改革を図るべき，との見方が台頭しつつある。

*3 その結果，2012年11月には日中韓 FTA と RCEP といった中国が参加する 2 つの地域統合枠組みの交渉開始の合意が相次いで発表されることとなった。

### コラム

**WTO と一括受諾方式** 2001年に開始された WTO の「ドーハラウンド」では鉱工業品，農業やサービスなど 8 分野での一括合意方式が導入された。ある分野において有利な合意を得た国がその他の不利な分野で交渉を続ける意思を失うことを避けることが主要な導入理由だが，その一方で合意できた分野があっても，他の分野で合意がなされなければ全体の締結ができないという難点も指摘されてきた。その結果，WTO は全体合意を断念し，ドーハラウンド交渉では合意が容易な貿易円滑化など 3 分野の交渉を優先し，2013年12月，部分合意を発表した。開始から12年，WTO 交渉の初の成果ともいえる合意であった。

◆参考文献　●中川淳司『WTO：貿易自由化を超えて』岩波書店，2013年
　　　　　●寺田貴『東アジアとアジア太平洋: 競合する地域統合』東京大学出版会，2013年

# 7　日本の東アジア（地域主義）外交－近隣外交

**アプローチ**

　第2次世界大戦中，大東亜共栄圏を打ち立てようと東アジアをその支配下に置いた日本は，中国や韓国と国交が結べないなど，戦後は長らく東アジア外交を展開できない状況であった。しかしながら目指す方向は異なるものの，2000年代に入り小泉純一郎，鳩山由紀夫両首相が相次いで東アジア共同体構築を提唱するなど，その姿勢に隔世の感がある。

### 日本外交史における東アジア

　日本は地理的には東アジアに位置する。したがって自らの安全と繁栄のために東アジア諸国との近隣善隣外交を進めるのは極めて重要である。このことは1957年に初めて出された『わが外交の近況』（外交青書）において原則と当面課題の両面で強調されており，原則では「国連中心主義」，「自由主義国との協調」と並んで「アジアの一員としての立場の堅持」が，当面課題では「経済外交」，「対米関係の調整」とともに「アジア諸国との善隣外交」の重要性が掲げられている。

　しかし，戦後日本のアジア外交では東アジアという地理的名称を意図的に避ける傾向があった。それは東アジアにおいて閉鎖的なブロック経済の確立を目指した**大東亜共栄圏構想**を打ち上げた反省からきている。また，戦後同盟国となった米国やその友好国である豪州など東アジア以外の国との関係を重視した外交を展開したことも他方の理由である。そのため日本の近隣外交は長く米豪などを含む「太平洋」や「アジア太平洋」を中心に展開されており，「東アジア」ではなかった。その傾向が強くみられるのが**地域主義**外交である。例えば日本の政治指導者が自ら進めようとした地域主義構想として三木武夫外相（1966～68）の「アジア太平洋圏構想」や大平正芳首相（1978～80）の「環太平洋連帯構想」がある。前者には日本が米豪といった太平洋先進国とともにアジアの途上国の経済発展支援を行う，後者には海洋国家としての日本のリーダーシップのもと米豪との連携強化を通じて太平洋地域の安定を図る，という大きなビジョンがあった。戦後日本の政治指導者はこれらの地域主義構想を通じて，西洋と東洋は宿命的に対立関係にあり日本はアジアの盟主として西洋列強と対抗せざるをえないとする，大東亜共栄圏構想にみられた偏狭なアジア主義に基づかない外交を一貫して追求することを明確に示そうとした。このような意図をもった日本の地域主義構想が大きく花開くのが，1989年の**アジア太平洋経済協力会議（APEC）**の設立であった。

### APECと開かれた地域主義

　APEC設立の意思は1989年1月，ホーク豪首相によって発表されたが，その骨子は，1987年ころからアジア太平洋地域における貿易担当閣僚会議の考えを域内国に働きかけていた日本の通商産業省（現経済産業省）によってすでにつくられており，APECは日豪の共同作業によって設立された。日本は欧米で強まる差別的地域主義へのアンチテーゼとして「開かれた地域主義」の考えを打ち出すが，それは参加国間で得た自由化の利益を域外メンバーにも適用する無差

別な**最恵国待遇**\*1を意味した。成長著しいアジアでの初の政府間機構として将来の地域統合を見据えたAPECの設立は，米国が最多となる3人もの閣僚を送り込むなど参加各国でも重要視された。

しかし欧州に対し自らの関税を維持しながら無関税のAPEC諸国へ輸出を許すことから，「開かれた地域主義」に対しては米国が強い難色を示し，さらに1997年には**アジア通貨危機**が起こったため，その結果，貿易自由化への機運は霧散し，設立から10年を迎えてAPECは大きな岐路に立たされることとなった。

\*1 **最恵国待遇** いずれかの国に与える最も有利な待遇を他の全加盟国に対しても与えるとする原則。例えば，WTOでは最も低い関税率を特定の国だけに付与するのではなく，全加盟国に適用することとなっている。

### 東アジア共同体論

アジア通貨危機への対処は，APECではなく1997年に**東南アジア諸国連合（ASEAN）**設立30周年の非公式首脳会合として発足したASEAN＋3会合が担った。ASEAN加盟10か国に日中韓が加わった東アジアの協力枠組みである同会合は，2000年に通貨が下落しそれを買い支える外貨を必要とする国に加盟国が融通する**チェンマイ・イニシアチブ（CMI）**を発足させる。このように他の地域とは異なり，貿易自由化ではなく通貨協定から東アジアでの地域協力が開始されたのは，通貨危機に対応せざるをえなかったことによるが，さらに通貨が暴落したタイやインドネシアへの支援に米国が熱心でなかったことは，日本が東アジア外交に積極的に取り組む契機となった。

しかし，東アジア地域協力の進展は中国の東アジア関与を招いており，日本の東アジア外交に大きな影響を与えることとなった。2002年1月，小泉純一郎首相はシンガポールでの演説で「東アジア共同体構想」を唱えた。その特徴の1つは豪州をその中核メンバーとして加えたことであった。これは多くの参加国が途上国である東アジアでは，中国がこのグループの代表格として議題運営に大きな影響力をもち，その状況下では孤立しがちな日本だけでは人権や知的財産権など，先進国が抱く関心を域内協力に反映させることが難しいことを米国が憂慮したためであった。そこで米国の同盟国で民主主義国家である豪州を東アジアに組み込み，先進国型の東アジア協力を進めることが小泉構想，ひいては米国の思惑であった。拡大する中国の影響力と米国の懸念に起源をもつ同構想は2005年，ASEAN＋3に豪州，ニュージーランド，インドを加えた16か国による東アジアサミット（EAS）に結実した。現在は，東アジア地域包括的経済連携（RCEP）として地域統合も目指している。

---

### コラム

**中国の海洋進出とAIIB提唱**　現在の日本の東アジア外交にとって最大の課題の1つは，中国の台頭への対応である。特に東シナ海や南シナ海において，国連海洋法条約では認められない海域を歴史的な理由から自らの領海と主張し，それを実現するため公船による漁船の妨害や戦闘機による威嚇活動を行うなど，安倍政権が日米安保強化に動いた最大の要因の1つでもあった。中国はさらに大幅に不足するアジア全体のインフラ需要に応える目的で，1,000億ドル（12兆円）規模のアジアインフラ投資銀行（AIIB）を提唱したが，その動機の1つとして議決権の上で日米が大きな影響力をもつアジア開発銀行（ADB）への対抗意識があるとみられている。また日本も5年間で同額の支援をアジアのインフラ整備に拠出することを発表するなど，アジア地域主義における大国間競争は開発分野でも激化しつつある。

---

◆参考文献　●渡辺昭夫『アジア・太平洋の国際関係と日本』東京大学出版会，1992年
　　　　　●寺田貴『東アジアとアジア太平洋：競合する地域統合』東京大学出版会，2013年

# 8 東アジアの領土論争－領土問題

### アプローチ
　領土をめぐる国家間の対立は，歴史的にしばしば戦争の原因となってきたが，第2次世界大戦の終結までに，戦争による領土の拡大や国境の変更が否定されるようになった。
　ところが，東アジアでは依然として多くの領土問題が存在し，日本もいくつかの領土対立を抱えている。さらに中国が海洋進出と勢力拡大の動きを強めていることで，東アジアでの領土をめぐる緊張は一層高まっている。

### 第2次世界大戦とサンフランシスコ講和

　東アジアの領土問題のうち，日本が関係するものも少なくない。その大きな原因の1つが，第2次世界大戦の敗戦に伴うものである。
　ポツダム宣言によって日本の領土は北海道，本州，四国，九州と「連合国が定める諸小島」に限定された。1951年の**サンフランシスコ講和会議**の重要な議題の1つが，敗戦に伴う日本の領土の確定作業であった。講和条約によって朝鮮半島，台湾，南樺太，千島列島，南洋諸島などの領有を日本は放棄した。また沖縄などの南西諸島，小笠原諸島などの南方諸島はアメリカの信託統治に置く案もあったが，アメリカが日本の主権を認めつつ軍政下に置いた[*1]。

### 北方領土問題

　サンフランシスコ講和会議で未解決の問題として残ったのが千島列島であった[*2]。**吉田茂**首相はサンフランシスコ講和条約の受諾演説で，国後・択捉，歯舞・色丹のそれぞれの領有を主張するが，ソ連は講和条約の調印を拒否したため，それ以上協議は進展しなかった。
　吉田に代わって日ソ国交回復を唱える**鳩山一郎**が首相になると，1955年6月からソ連との協議が始まった。ソ連のかたくなな姿勢に直面し，歯舞・色丹の2島返還を受け入れて平和条約を調印する姿勢を日本側がソ連に示すと，アメリカ側から横槍が入った。アイゼンハワー政権で米国務長官となったダレスは，日本が国後・択捉をソ連領として認めればサンフランシスコ講和条約に違反し，アメリカは沖縄を日本に永遠に返還しないと通告した。
　北方4島の全島返還に立ち戻った日本と，歯舞・色丹の2島返還で決着させようとするソ連の溝は解決できず，平和条約締結をあきらめて**日ソ共同宣言**にとどめた。ソ連は歯舞・色丹をまず返還することに合意したが，1960年の日米安全保障条約の改正にソ連は反発して，2島の引き渡しには応じなかった。
　ソ連崩壊に伴い領土交渉はロシアに引き継がれた。1997年の**クラスノヤルスク合意**[*3]以後一時協議が進展する期待も膨らんだが，4島返還と2島返還という両国の溝は埋まらず，北方領土問題は未解決のまま今日に至っている。

### 竹島問題

　サンフランシスコ講和は，竹島[*4]をめぐる韓国との領土問題も引き起こした。韓国の**李承晩**政権は，竹島領有の主張がアメリカに断わられると，サンフランシスコ講和条約が発効する前の1952年1月に竹島の東側の公海上に一方的に境界線（李承晩ライン）を設定して日本漁船の立ち入りを禁じ，54年からは竹島に韓国の海上警備隊を常駐させた。
　1965年の日韓基本条約に伴って締結された漁業協定によって李承晩ラインは

[*1] 南方諸島は1968年に，南西諸島は1972年にそれぞれ日本に返還された。

[*2] 千島列島は1875年の樺太・千島交換条約によって日本の領土となった。ソ連は，ドイツ降伏後の3か月以内に対日参戦するとのヤルタ協定にもとづき，1945年8月8日に日ソ中立条約を破棄して参戦するが，北方領土の占領は日本が降伏を表明した8月15日以降であるため，日本ではソ連に批判的見方も根強い。

[*3] **クラスノヤルスク合意** 1997年11月に橋本龍太郎首相とボリス・エリツィン大統領がクラスノヤルスクで会談した際，領土問題を解決し「2000年までに平和条約を締結することを目指す」ことに合意した。

[*4] **竹島** 竹島は17世紀から日本がアワビなどの漁獲を行っていた記録があるが，1905年の閣議決定に基づいて「竹島」と命名され，島根県への帰属が確認されている。

第11章　外交

無効とされたが，警備隊の竹島駐留は続いている。2012年には李明博が大統領として初めて竹島を訪れるなど，しばしば政治問題化し日韓関係の懸念材料となっている*5。

**中国の海洋進出** 東アジアでは中国が海洋進出を強めるとともに，周辺諸国と領土をめぐる対立を引き起こしている。南シナ海では1970年代以降西沙諸島（パラセル諸島）や南沙諸島（スプラトリー諸島）でベトナムとの武力衝突を起こしてから攻勢を強め，ベトナム，フィリピン，マレーシアなど領有権をめぐる対立が続いている。ASEANと中国を含む関係国が加わって**ASEAN地域フォーラム**が1994年に組織された理由の1つが，南シナ海をめぐる中国とASEAN各国の対立を避けて話し合いの枠組みをつくることにあった。しかしその解決の糸口はみつかっていないどころか，中国は岩礁を埋め立てて基地建設に着手するなど，新たな緊張が生まれている。

一方，東シナ海では中国と台湾が1970年代に入って尖閣諸島の領有を突如主張し始めた。当時，各国に**排他的経済水域（EEZ）**\*6を認めようとする国際的議論が進む中で，漁業や海底油田・天然ガスなどの海洋資源が注目されたことがその背景にある。日本は尖閣諸島の実効支配を続けているが，2008年以降中国が海洋調査や漁獲目的で領海侵犯を繰り返し，2012年に日本が尖閣諸島を国有化して以降，日中の対立はますます先鋭化している。

\*5 竹島の領有問題について，日本政府は1950年代から国際司法裁判所（ICJ）に付託して解決する方針を示しているが，韓国政府がそれを拒否している。

\*6 排他的経済水域（EEZ：Exclusive Economic Zone）領海（12カイリ）とは別に，200カイリまでの水域で水産・鉱物資源の開発する権利を認めようというもので，1982年の国際海洋法条約で確立された。

〔図〕領土論争関係地図

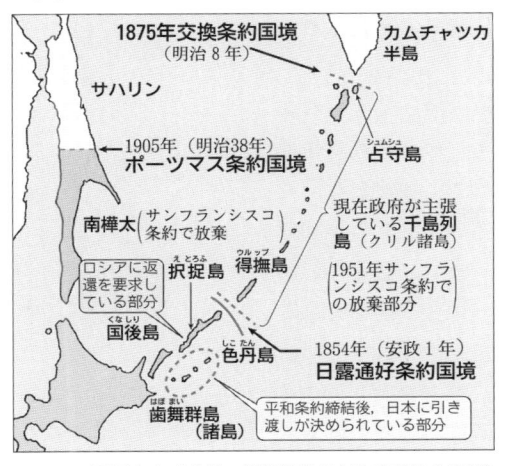

（両図とも『政治・経済資料2014』東京法令出版）

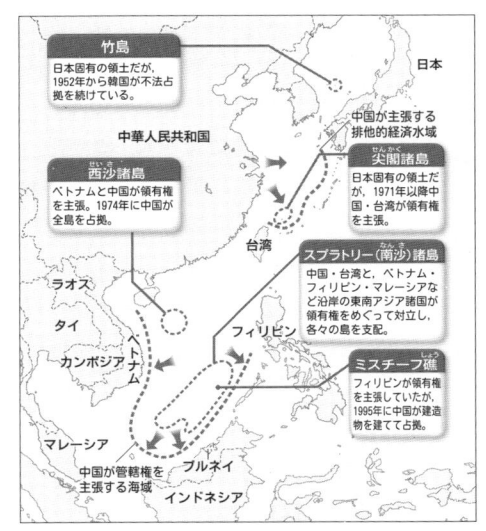

## コラム

**国際法と実効支配** 歴史的に領土対立は，国際的な武力紛争の原因にもなってきた。戦争がしばしば国境線の変更をもたらすとともに，1度失った領土を奪回するための報復戦争も珍しくはなかった。20世紀前半に2度の世界大戦を経て，領土拡大を目的とする戦争が徐々に否定され，武力による国境の変更を認めないという原則が国際社会では定着してきた。

日本周辺の領土問題について，日本政府は国際法の手続きに則って領有権の主張を続けている。その反面，北方領土はロシアに，竹島は韓国に半世紀以上実効支配されているという国際政治の厳しい現実があり，話し合いによる領土問題の解決は容易ではない。

◆参考文献 ●外務省「日本の領土をめぐる情勢」HP, http://www.cas.go.jp/jp/ryodo/index.html
●内閣府内閣官房領土・主権対策企画調整室「私たちの島，かけがえのない領土」HP, http://www.cas.go.jp/jp/ryodo/index.html

# 1 戦後日本の防衛政策の理念－防衛政策

**アプローチ**

第2次世界大戦後に日本は，平和憲法のもとで戦争放棄と戦力の不保持を掲げたが，それは第1次世界大戦後のヨーロッパで台頭した理想主義の影響を強く受けたものであった。しかし日本が独立の回復を目指し，冷戦という国際政治の現実に直面する中で，再軍備に踏み出し徐々に防衛力を整備した。
その後，平和憲法の理念と国際政治の現実の間で，日本の防衛政策は大きく揺れることになる。

### 理想主義と憲法第9条

莫大な犠牲を出した第1次世界大戦後のヨーロッパでは，国際紛争を武力ではなく外交で解決しようとする理想主義が台頭した。ところが日本では日清・日露戦争，第1次世界大戦と戦争での勝利が続く中で，軍縮や平和維持に対する関心はあまり高まらなかった。日本で理想主義が本格的に台頭するのは，第2次世界大戦で400万人ともいわれる多大な犠牲を経験してからである。

その30年遅れた国際政治の理想主義が，**日本国憲法**によって制度化された。すなわち，第9条には国際紛争の解決に軍事的手段を使わないこと（戦争放棄）と「戦力」を保持しないことが謳われた。第2次世界大戦中の軍部の横暴に対する批判もあいまって，軍事そのものに対する否定的な考えも国民に広がった。ところが，日独伊が再び軍事侵略をしないよう押さえ込めば世界は平和であるとの第2次世界大戦直後の国際認識はもろくも崩れ，日本国憲法が施行された1947年5月までに米ソの冷戦が本格化していった。

### 日本の再軍備

戦後復興政策を担った**吉田 茂**も，軍隊嫌いで知られていた。吉田は軍事費に金をかけるよりも，戦後の経済復興を優先すべきであるとの考えから**再軍備**に反対した。独立国として必要な防衛力は，アメリカ軍の駐留継続で十分補えると考えたのである。アメリカが独立回復の条件として日本に防衛力の整備を迫ると，吉田は渋々それに応じた。1952年には保安隊が結成され，1954年には自衛隊へと発展し，以後，防衛力は着実に整備されていく。

自衛力の保持は，独立国家として必須条件の1つである。サンフランシスコ講和条約の発効で独立を回復するときが，憲法第9条を改正する好機ではあった。これに対し，**鳩山一郎**や**岸信介**らの保守派は占領政策そのものを否定し，自主憲法を制定して戦前の制度に戻すことを主張した。吉田は鳩山とのライバル関係もあって，非武装から「戦争放棄は自衛権を否定しているわけではない」と立場を変えつつも，憲法改正には反対した。

### 安保条約改正と安保闘争

憲法第9条を維持しつつ日本の安全保障を確立するには，米軍による補完が不可欠である。1947年に**芦田 均**外相が提案した「独立回復後も米軍駐留を継続する」という方針は，1951年9月に講和条約と同じ日に締結された**日米安保条約**（旧安保条約）として実現した。1960年には**日米相互協力安全保障条約**（新安保条約）が調印され，日本が攻撃された場合には在日米軍が日本の防衛に協力することや，日米の軍事的相互協力も明記された。その条約批准に際して，衆議院での社会

党ら野党の反対を岸首相は強行採決という数の力で押さえ込んだため，反対する労働組合や学生らが国会を包囲してデモを繰り広げ，**安保闘争**が盛り上がった。参議院ではまったく審議が行われないまま条約は自然成立するが，社会党は反安保の立場から非武装・中立政策への傾倒を強めた。

　岸内閣を引き継いだ**池田勇人**首相は憲法改正論議を棚上げし，所得倍増などの経済政策に力を注いだ。自民党は，憲法第9条で「戦力の不保持」を維持し，非核3原則も掲げながら，在日米軍を柱とする日米安全保障体制に依存しつつ，防衛力の増強に努めてきた。国会審議では，社会党が自衛隊の解散と日米安保条約の破棄を訴えたため，日本の防衛や安全保障については**防衛費のGNP比1％枠**[*1]を維持するかどうかといった原則論に終始し，日本周辺の軍事情勢や具体的な防衛装備などの政策論議はほとんど行われなかった。このため中曽根政権期に防衛費は1種の聖域となり，対米公約のもとで大きく伸びた。

＊1　**防衛費のGNP比1％枠**　1976年に「防衛計画の大綱」が決定された際に，防衛費は当面GNPの1％を超えないこととされ，野党は予算審議で1％枠を遵守するよう自民党政権に迫った。

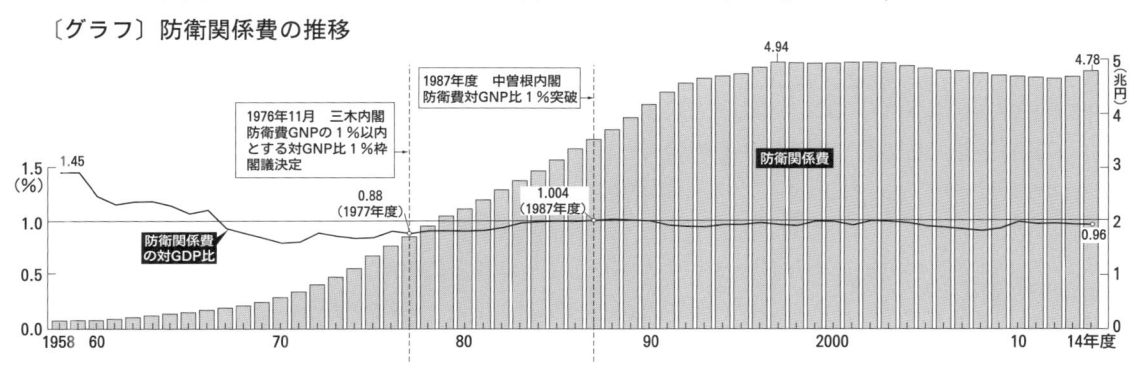

〔グラフ〕防衛関係費の推移

〈注〉「防衛関係費の対GDP比」は，1993年度以前は対GNP比。
（防衛省資料などによる）

### 同盟維持と国際貢献

冷戦終結後，平和維持のための国際協力が進んだ反面，北東アジアでは北朝鮮の核・ミサイル開発という新たな軍事的脅威が出現した。日米安全保障体制も，抑止力だけではなく北朝鮮の攻撃への対処が必要になった。その成果が弾道ミサイル防衛での日米協力と1997年の**日米防衛協力のための指針**（新ガイドライン）であった。国際貢献の面でも，PKO協力法のもとで国連のPKO活動に協力するとともに，同時多発テロを受けて**テロ対策特措法**を成立させ，後方支援のために自衛隊の補給艦をインド洋に派遣した。1990年代以降日本の安全保障政策が大きく変わる中で，日本国憲法という建て前と実践という現実のギャップは残されたままである。

### コラム

**国際政治での理想主義と現実主義**　第1次世界大戦で1,000万人もの犠牲を出した反省から，ヨーロッパの国際政治では理想主義が台頭した。それは，外交による国際紛争の解決を目指し，軍縮を進め，国際法や国際機構によって平和の実現を目指すものである。ヴェルサイユ体制のもとで国際連盟が設立され，ワシントン軍縮条約，不戦条約（ケロッグ＝ブリアン条約）などの具体的成果を生んだ。

　ところが宥和政策ではナチスの勢いを抑えられず，第2次世界大戦へと突入してしまう。冷戦下のヨーロッパでは，軍事力に依存して平和や国際秩序を維持しようとする現実主義が力をもつことになる。

◆参考文献　●関嘉彦（加藤秀治郎編）『戦後日本の国際政治論』一藝社，2000年
●和田修一「日本国憲法第九条と安全保障：第二次大戦後の日本におけるアイディアリズムとリアリズム」『平成法政研究』（第15巻第2号），2011年

# 2 自衛隊とPKO・災害支援－自衛隊

### アプローチ

軍事力は冷戦下において安全保障の中核を担ったが，冷戦終結後に新たな役割が期待されるようになった。1つが地域紛争の急増に対して国際社会が取り組むようになった，軍隊による平和維持活動である。もう1つが，大規模自然災害への人道支援・災害復旧活動にも軍が積極的に参加するようになったことである。これら軍に対する新しい役割が増える中で，自衛隊も平和維持活動や国際的な人道支援・災害復旧活動に参加するようになった。

### 冷戦の終結と平和維持活動の活発化

1990年代初めに米ソ冷戦が終結して世界規模の戦争が起こる可能性が大きく低下する反面，地域的な武力紛争が一挙に噴出する事態に陥った。それに応じて地域紛争を解決するために国際社会の積極的関与が求められるようになり，軍事力の新たな役割が強調されるようになった。それが**平和維持活動（PKO）**[*1]である。

1992年にブトロス・ブトロス＝ガリ[*2]国連事務総長が『**平和への課題**』を発表し，紛争予防，紛争の早期終結や平和維持に国際社会が積極的にかかわる方針を打ち出した。以後，国連が主導する平和維持活動が注目されるようになった。

### PKO協力法

冷戦期の自衛隊は，武力攻撃を受けた場合の対処としての「防衛」と，在日米軍と合わせた「抑止力」という2つの役割を担ってきた。その活動範囲も，南極基地への輸送や国外訓練を除き，日本の領土・領海・領空に限定されていた。自衛隊創設時の国会決議によって，戦闘行為を伴うような海外派兵が禁止され，国外での活動が著しく制限されてきた。

1990年の湾岸危機に際して，イラクへの制裁のために国連決議に基づいて多国籍軍が組織された。自衛隊の派遣を可能とする法案も検討されたがまとまらず，財政支援にとどまったことから国際的な非難を浴びてしまう。その教訓から，自衛隊を国連PKO活動に参加させるための**PKO協力法（国際平和協力法）**[*3]が準備され，1992年に成立した。自衛隊の国外派遣に対する国内外の懸念や批判をかわすために，「**PKO参加5原則**」[*4]が付け加えられた。

### 国連PKOと国際支援活動

このPKO協力法に基づき，自衛隊は1992年秋以降の国連カンボジア暫定機構のもとでの停戦監視，道路・橋の修理に始まり，様々な国連の平和維持活動や，ルワンダやアフガニスタン，東ティモールでの難民支援活動に取り組んできた。同時多発テロに伴い海上自衛隊がインド洋で行った補給支援活動や航空自衛隊の輸送業務（2001〜10年），イラク戦争に伴い陸上自衛隊がイラクで行った人道復興支援活動（2004〜06年）と航空自衛隊の輸送業務（2003〜09年）のほか，2009年からは海上自衛隊がソマリア沖・アデン湾で海賊対処のための警備行動も行っている。

---

[*1] 平和維持活動（PKO） peacekeeping operationsの略。

[*2] ブトロス・ブトロス＝ガリ［Boutros Boutros-Ghali］（1922-）エジプト外相を務めた後，1992年から96年まで第6代国連事務総長を務める。

[*3] PKO協力法（国際平和協力法） 湾岸危機が発生した直後の1990年秋に国連平和協力法案（PKO法案）を国会に提出するが，不成立に終わる。このPKO法案と区別するため，PKO協力法と呼ばれることが多い。

[*4] PKO参加5原則 5原則とは①紛争当事者間で停戦合意が成立している，②受け入れ側が日本の平和維持活動に同意している，③中立的立場を厳守する，④条件が満たされない場合は部隊を撤収する，⑤武器の使用は必要最小限とする，である。

〔表〕自衛隊による主な国際平和協力業務

- 国連カンボジア暫定機構：停戦監視要員，施設部隊　1992〜93年
- 国連モザンビーク活動：司令部要員，輸送調整部隊　1993〜95年
- ルワンダ難民救援：難民救援隊，空輸派遣隊　1994年
- ゴラン高原国際平和協力業務：司令部要員，輸送部隊　1996〜2013年
- 東ティモール避難民救援：空輸部隊　1999〜2000年
- アフガニスタン難民救援：空輸部隊，2001年
- 国連東ティモール暫定行政機構：司令部要員，施設部隊　2002〜04年

　これらPKOなどの国際協力活動では，武器の使用を伴う場合も想定される。ところが日本は憲法の枠組みに基づいた国内法を根拠に自衛隊が派遣されるため，武器使用については国際的基準よりも厳しい制約が課せられてきた。集団的自衛権の解釈変更の議論に伴って，国際基準をどう取り込むかが乗り越えなければならない課題である。

### 人道支援・災害復旧活動

　21世紀に入って注目されるようになったのが国際的な**人道支援・災害復旧活動（HA/DR）**[*5]や大規模な事故の際の救助・捜索協力である。国内での自衛隊の災害派遣出動は，その前身である警察予備隊の時代から積極的に行われ，高く評価されてきた。ところが21世紀に入ると，スマトラ沖地震と津波災害（2004年），パキスタン大地震（2005年），ハイチ大地震（2010年），フィリピンのハイヤン台風（2013年）など，大規模な自然災害が相次いで発生し，国際的な救援・復興支援活動が繰り広げられる中で，自衛隊もその多くに参加した。

　災害救援時における軍隊の強みは，その機動力と宿泊設備や食糧支援がなくとも活動ができるという自己完結性にある。その軍隊が圧倒的な成果を残したのが，2011年の東日本大震災時であった。インフラが破壊され孤立した被災地に自衛隊や米軍が派遣され，緊急物資の輸送や復興支援活動を行った。日米の現場での共同作戦は**トモダチ作戦**と名づけられ，10万5,000人の自衛隊と，2万5,000人の米軍が投入された。またオーストラリア空軍も，太平洋を越えて物資輸送を担当した。

　災害時の国際救援に際しては，**国連人道問題連絡事務所（OCHA）**[*6]によって「オスロ・ガイドライン」や「複合緊急事態での国連人道支援ガイドライン」などの基準が定められている。限られた資源を生かし効率的な援助を実施するために，被災地の現場では被災国政府と各国軍隊，NGOなどの民間組織との間の国際的なコーディネートも重要になっている。

*5　人道支援・災害復旧活動（HA/DR）　humanitarian assistance/disaster relief の略。

*6　国連人道問題連絡事務所（OCHA）　Office for the Coordination of Humanitarian Affairsの略。

### コラム

**『平和への課題 An Agenda for Peace』**　1992年1月に開かれた国連安全保障理事会の首脳会議で，急増する地域紛争に国際社会がどう対処すべきかについて報告をまとめるよう国連事務局に求めた。それに基づいて，ガリ事務総長が同年6月に安全保障理事会に提出したのが『平和への課題 An Agenda for Peace』である。
　その内容は，①対立が紛争に発展することを防ぎ，紛争が発生した場合には拡大を抑えるという「予防外交 preventive diplomacy」，②当事者間で紛争中止の合意を取り付けさせる「平和創造 peace-making」，③紛争の再発防止と和平合意の維持を促す「平和維持 peacekeeping」，④平和を強化し，安定させるための支援である「平和構築 peace-building」の4つの柱からなる。しかし紛争を中止させるための平和執行部隊は，ソマリアや旧ユーゴスラビアでの活動で多くの犠牲を出して批判を浴び，大きく後退することになった。

◆参考文献　●内閣府HP　国際平和協力本部事務局「PKO法制定・施行20周年」，http://www.pko.go.jp/pko_j/info/pko20_potal.html

# 3 これまでの安全保障の司令塔－国防会議と安全保障会議

### アプローチ

〔安全保障会議〕

2003年3月18日の安全保障会議は、米ブッシュ大統領がイラクに対し「最後通告」した演説を受け、国民の安全確保に万全を期すため、急遽開催された。会議では、統合幕僚会議議長から、アメリカ等が対イラク攻撃に踏み切った場合の戦況の見通しについて説明を聴取し、国内の重要施設の警備強化や出入国管理の徹底、テロ対策の強化を決定した。

➡安全保障会議…イラク情勢についての安全保障会議に臨む小泉 純一郎首相（左から2人目）。
（首相官邸　2003.3.18）

### ● 大日本帝国憲法下の国家安全保障機構

大日本帝国憲法下では、政府機構が分権的であり、内閣総理大臣の権限が限定的であったものの、国家安全保障機構は存在した。それらは**枢密院、大本営会議、大本営政府連絡会議**であり、開戦・講和の可否、戦略・対外政策決定などの重要問題がこれらの機関で審議・決定された。特に天皇が臨席する場合、会議は「御前会議」と称された。日中戦争の開始とともに大本営、大本営政府連絡会議が設置され、1938年1月以降、日中戦争の処理方針、日独伊3国同盟締結、日米交渉、太平洋戦争の開戦・終結などの重要な国家政策を決定するための御前会議が1年に数回開催された。

### ● 日本国憲法下の安全保障政策機構

第2次世界大戦後、事情は大きく変わった。第1に、内閣総理大臣の権限が強化され、議院内閣制のもとに内閣による一元的な政策決定が可能になった。第2に、占領軍により軍は解体され、日米安全保障条約の締結により日本は安全保障をアメリカに依存した結果、警察予備隊・保安隊は専守防衛に徹し、対外的軍事的関与の必要はなくなった。しかし、1954年に変化が起こった。同年に日米相互防衛援助協定[*1]を締結したことを契機に、政府は保安庁を防衛庁に改組し、保安隊を自衛隊に改編することを決定し、ここで戦後初の国家安全保障機構の設置が試みられることになったのである。

### ● 国防会議

1956年7月、内閣に**国防会議**が設置された。設置目的は「国防に関する重要事項を審議する」ことにあり、「内閣総理大臣は、①国防の基本方針、②防衛計画の大綱、③防衛出動の可否、④その他内閣総理大臣が必要と認める国防に関する重要事項について会議に諮らなければならない」と規定された。議員は、内閣総理大臣、外務大臣、大蔵大臣、防衛庁長官、経済企画庁長官であった。また、「国防会議に関する事務を処理」する目的で、**国防会議事務局**が設置された。しかし、同会議は国家安全保障機構としてうまく機能しなかった。当時、国防会議の役割と誰を議員にするかをめぐり政党間の合意はできず、事務局に国家安全保障政策の企画立案と相互調整の

*1　**日米相互防衛援助協定（MDA協定）**　1951年10月、アメリカは相互安全保障法（Mutual Security Act：通称MSA）を制定し、それまでの経済援助国に防衛義務を負わせることとした。日米相互防衛援助協定は、この法律に基づいて日米間で締結されたもので、同時に締結された農産物購入協定、経済措置協定、投資保証協定とあわせて、**MSA協定**と呼ばれる。

役割は与えられなかった。当初，国防会議では「国防の基本方針」や「防衛計画大綱」が答申されたものの，その後の審議の大半は防衛力整備の問題に費やされた。

**安全保障会議**　国防会議の任務は限定的であり，危機に機動的に対応しうる組織ではなかったため，臨時行政改革推進審議会の「重大緊急事態に対する国家の危機管理能力の充実を図るべき」という答申に基づき，1986年7月に**安全保障会議**が設置された。設置目的は「国防に関する重要事項および**重大緊急事態への対処に関する重要事項**を審議する」ことであり，「内閣総理大臣は，①国防の基本方針，②防衛計画の大綱，③前号の計画に関連する産業等の調整計画の大綱，④防衛出動の可否，⑤その他内閣総理大臣が必要と認める国防に関する重要事項について会議に諮らなければならない」「内閣総理大臣は重大緊急事態が発生した場合，必要と認めるとき，当該重大緊急事態への対処措置について会議に諮るものとする」と規定された。議員は，内閣総理大臣，副総理，外務大臣，財務大臣，内閣官房長官，国家公安委員会委員長，防衛庁長官などであった。また，内閣官房に**安全保障室**が置かれ，「閣議にかかる重要事項のうち国の安全にかかる事務，安全保障会議に関する事務」を担当した。

**実際の活動と課題**　安全保障会議がその機能を発揮したのは1986年11月の三原山大噴火に伴う大島島民の避難活動であった。その後，内閣総理大臣の諮問事項に「**武力攻撃事態への対処に関する基本方針**」が追加され，1998年には**内閣危機管理監**[*2]が設置され，安全保障室が安全保障・危機管理室に改組された。さらに2001年には，**安全保障・危機管理担当内閣官房副長官補**（次官級）のもと柔軟なスタッフ制[*3]が導入された。

国際環境の変化に対応して日本の安全保障政策機構は整備されてきたものの，そこにはいくつかの機構上の問題点もあった。第1は，危機管理体制が整備されたとしても，それがどのように機能するかは担当者などの属人的要因によって決まってしまう，という点であった。第2は，危機管理を中心に内閣総理大臣と内閣官房スタッフの権限が強化された結果，安全保障会議は形骸化した，という点であった。災害対策より国家安全保障の重視，内閣官房と安全保障会議の関係の強化を含む本格的国家安全保障機構の設置は，安倍晋三政権の登場を待たなければならなかった（→242頁）。

\*2　内閣危機管理監
「内閣官房長官と内閣官房副長官を助け，命を受けて内閣官房の事務のうち危機管理（国民の生命，身体または財産に重大な被害が生じ，または生じる恐れがある緊急の事態への対処及び当該事態の発生の防止をいう）に関するもの（国の防衛に関するものを除く）を統理する」ことを職務とする役職。内閣官房副長官に準ずる特別職の国家公務員であり，内閣総理大臣の申し出により内閣において任免される。

\*3　組織上，局長級の室長のもとで固定的に設置されていた内政審議室，外政審議室，安全保障・危機管理室が廃止され，国際状況の変化に迅速に対応するために内政・外政・安全保障を担当する3名の内閣官房副長官補（次官級）が新たに置かれた。

---

## コラム

**国防会議をめぐる意見対立**　1953年から1954年にかけて，自由党，改進党，日本民主党の間の交渉で最も難航したのが国防会議議員の範囲であった。旧軍人は，旧内務官僚が幹部を占める警察予備隊ではなく，国防会議に「新国軍」創設の期待をかけた。旧軍人を顧問に迎えていた改進党は，国防会議議員に民間人（旧軍人を排除しない）を入れることを主張し，自由党と保安庁内局は，文民優位維持，責任内閣制，秘密保持の観点から民間議員を入れることに反対した。結局，国防会議の設置は，1954年の防衛庁設置法と切り離して，1956年に「国防会議の構成等に関する法律」として提案された。

---

◆参考文献　●西川吉光「国防会議の設置と文民統制」東洋大学国際地域学部『国際地域学研究』第4号，2001年3月，http://rdarc.rds.toyo.ac.jp/webdav/frds/public/kiyou/rdvol4/rd-v4-177.pdf
●松田康博編著『NSC 国家安全保障会議：危機管理・安保政策統合メカニズムの比較研究』彩流社，2009年

## 4 日本版NSC－国家安全保障会議の新設

### アプローチ

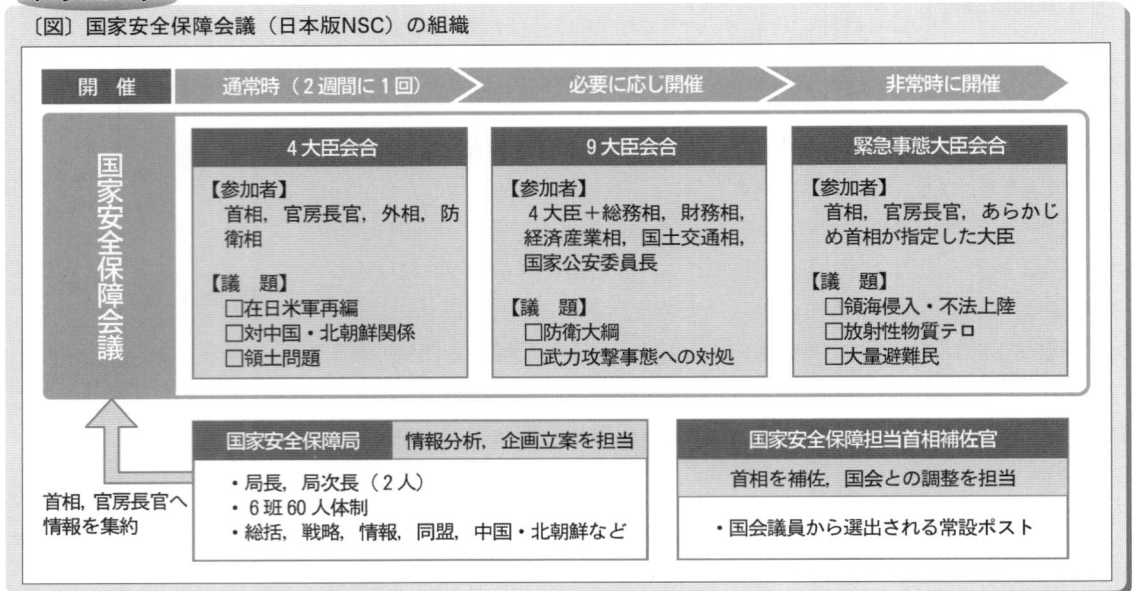

〔図〕国家安全保障会議（日本版NSC）の組織

| 開催 | 通常時（2週間に1回） | 必要に応じ開催 | 非常時に開催 |
|---|---|---|---|
| 国家安全保障会議 | **4大臣会合**<br>【参加者】<br>首相，官房長官，外相，防衛相<br>【議題】<br>□在日米軍再編<br>□対中国・北朝鮮関係<br>□領土問題 | **9大臣会合**<br>【参加者】<br>4大臣＋総務相，財務相，経済産業相，国土交通相，国家公安委員長<br>【議題】<br>□防衛大綱<br>□武力攻撃事態への対処 | **緊急事態大臣会合**<br>【参加者】<br>首相，官房長官，あらかじめ首相が指定した大臣<br>【議題】<br>□領海侵入・不法上陸<br>□放射性物質テロ<br>□大量避難民 |

首相，官房長官へ情報を集約

| 国家安全保障局 | 情報分析，企画立案を担当 | 国家安全保障担当首相補佐官 |
|---|---|---|
| ・局長，局次長（2人）<br>・6班60人体制<br>・総括，戦略，情報，同盟，中国・北朝鮮など | | 首相を補佐，国会との調整を担当<br>・国会議員から選出される常設ポスト |

### 背景

安倍晋三(しんぞう)首相は，かねてからアメリカのNSC（国家安全保障会議）をモデルに，「国家安全保障に関して首相に適切な助言をし，政府が国家安全保障政策の企画立案・総合調整や危機管理を効果的に行うのを可能にする」機構として日本版NSCを設立する構想をもっていた。2007年に法案は国会に提出されたものの，9月に安倍首相が退陣し，それに続く福田康夫(やすお)内閣は同構想の実現を断念した。第2次安倍内閣は，2013年に「安全保障会議設置法等の一部を改正する法律案（安保会議設置法改正案）」を国会に提出し，同年11月に同法案は可決され，内閣に**国家安全保障会議**が設置されることになった。

### 目的と任務

設置目的は「国家安全保障に関する重要事項を審議する」ことにあり，「内閣総理大臣は，①国防の基本方針，②防衛計画の大綱，③防衛計画に関連する産業等の調整計画の大綱，④武力攻撃事態等への対処に関する基本的な方針，⑤武力攻撃事態等への対処に関する重要事項，⑥周辺事態への対処に関する重要事項，⑦自衛隊法第3条第2項第2号[*1]の自衛隊の活動に関する重要事項，⑧その他国防に関する重要事項，⑨重大緊急事態への対処に関する重要事項のうち，必要と認めるものについては会議に諮らなければならない」と規定された。

### 機構と権限

国家安全保障会議は重要度によって分類され，「**4大臣会合**」は国家安全保障の基本戦略を定め，「**9大臣会合**」は自衛隊派遣にかかわる対応策を決定し，「**緊急事態大臣会合**」は国民の生命，財産に関する対処方針を決定する。また，内閣官房長官と関係行政機関の長は「国家安全保障に関する**資料または情報を提供する**」ことが義務づけられ，議

---

*1 自衛隊法第3条第2項第2号とは，「国際連合を中心とした国際平和のための取組への寄与その他の国際協力の推進を通じて我が国を含む国際社会の平和及び安全の維持に資する活動」を指す。

第12章　防衛・安保

長（内閣総理大臣）の求めに応じて、「会議に対し国家安全保障に関する**資料または情報の提供および説明その他必要な協力**を行わなければならない」と規定された。これは、従来の縦割り行政の弊害を克服し、国家安全保障政策の企画立案・総合調整を効果的に行うことを意図している。さらに、内閣総理大臣を直接に補佐し、会議に参加して意見を述べることができる**国家安全保障担当補佐官**が常設され、会議に諮られる重要項目の調査分析を行い、結果を会議に進言する**事態対処専門員会**を置くことができるようになった。

### 事務局とスタッフ

国家安全保障会議を支援する**国家安全保障局**は、①内閣官房の総合調整権限を用いて、国家安全保障に関する外交・防衛政策の基本方針を企画立案・総合調整し、②緊急時に、国家安全保障に関する外交・防衛政策の観点から必要な提言を行い、③外務省、防衛省、警察庁、公安調査庁、経済産業省、国土交通省、内閣情報調査室などの各省庁の情報コミュニティに情報を要求し、それらを政策立案に活用する。スタッフは、外務、防衛、警察など各省庁から派遣される約60名で構成され、「総括・調整」「政策1（欧・米・東南アジア）」「政策2（北東アジア・ロシア）」「政策3（中東・アフリカ・中南米）」「戦略企画」「情報」の6班態勢で運営される。上記の任務を統括する**国家安全保障局長**は、内閣危機管理監と同格である。

①内閣府庁舎別館…国家安全保障局、内閣サイバーセキュリティセンターなどが入居する。
（東京都千代田区永田町　2015.1.9）

### 評価と活動

全体としてみると、新しい安全保障政策機構は、形骸化した安全保障会議を決定・調整の場とし、企画立案・総合調整と危機管理の分担を明確にした点によって特徴づけられる。この国家安全保障機構（会議と局）がうまく機能するか否かは、関係省庁の縦割り行政を排除して、内閣総理大臣が中心となり、いかに機動的に国家安全保障に関する政策方針を決定できるかにかかっている。ちなみに、設置後、2013年12月4日から2015年2月26日までの約1年3か月の間に、4大臣会合が33回、9大臣会合が17回開催され、そこではアジア太平洋問題（12回）、南スーダン問題（5回）、ウクライナ問題（5回）、中東問題（5回）、防衛装備移転3原則問題（3回）、国家安全保障戦略（2回）、特定秘密保護の指定・解除に関する規則（2回）、サイバー空間をめぐる安全保障政策、安全保障の法的基盤の再構築などが議題となった。

### コラム

**安倍首相の日本版NSC構想**　日本版NSCの設立を主張した安倍首相は、小泉純一郎内閣当時、内閣官房副長官・官房長官を歴任し、安全保障会議と内閣官房の動きを内部から観察する立場にあった。彼はこの経験から日本の国家安全保障機構を充実させる必要性を痛感した可能性がある。また、2006年に発生した北朝鮮の弾道ミサイル発射および核実験の際、官房長官としてアメリカのハドリー国家安全保障担当補佐官と頻繁に協議したことが、安倍首相のNSC構想に影響を与えたといわれている。

◆参考文献
- 春原剛『日本版NSCとは何か』新潮社（新潮新書）、2014年
- 内閣官房HP「国家安全保障局」、http://www.cas.go.jp/jp/gaiyou/jimu/anzenhosyou.html
- 首相官邸HP、内閣官房国家安全保障会議設置準備室「『国家安全保障会議』について（説明資料）」、http://www.kantei.go.jp/jp/singi/ka_yusiki/dai6/siryou1.pdf
- 首相官邸HP「政策会議」、http://www.kantei.go.jp/jp/singi/anzenhosyoukaigi/kaisai.html

# 5 インテリジェンスと特定秘密保護－国家機密

**アプローチ**

2010年に機密情報の収集・公開を行っているウィキリークス（WikiLeaks）が，アメリカの外交公電約25万件を不正に入手し漏洩する事件が起こった。また2013年には，アメリカの国家安全保障局（NSA）の元職員が在米大使館の盗聴や各国首脳の携帯電話の傍受を行っている実態を告発し，傍受先相手国から批判を招いた。

国家・政府にとって外交・防衛上の機密漏洩は死活問題にもつながる。民主国家では，機密の保護と国民の知る権利の擁護はいわば諸刃の剣であり，そのバランスの維持は簡単ではない。

➡ジュリアン・アサンジ氏（左）とエドワード・スノーデン氏（右）…アサンジ氏はオーストラリアのジャーナリストで，2006年にウィキリークスを創設した。2015年5月現在，イギリス国内のエクアドル大使館に亡命滞在中である。スノーデン氏はアメリカの情報工学者で，中央情報局（CIA），国家安全保障局（NSA）の職員として勤務していた。2013年にアメリカの機密情報を暴露し，連邦捜査局（FBI）から指名手配されており，2015年5月現在，ロシアに亡命している。

## インテリジェンスとは

監視や偵察という敵対する相手側の軍事情報を収集するだけでなく，各国の政治，経済，外交，軍事などの幅広い情報を集め，それらを分析・集約して政策決定の基礎資料とすることは政府内で広く行われている。この情報の収集，分析，共有，さらに防諜（カウンターインテリジェンス）に至る幅広い活動は，**インテリジェンス**（intelligence）と呼ばれている。

各国に設置される大使館・領事館などの在外公館は，受け入れ国（接受国）との外交交渉や外交業務を担うほかに，その国の政治・経済情勢を調査・分析し，本国へ報告する。加えて，受け入れ国との軍事交流の促進とともに軍事関連情報の収集を目的として，防衛駐在官（駐在武官）が1954年から主要大使館に派遣されるようになっている。これらも重要なインテリジェンス活動である。

情報を集める方法は，公開情報の利用や個人的接触，通信の傍受，偵察機や衛星の利用など実に様々であるが，中には非合法スパイ活動といった一線を越えた情報の収集もある。

インターネットやデジタル通信など情報ネットワークの発展に伴って，インテリジェンスの技術も進んだ。特にインターネットを利用した軍事情報の蓄積と共有が軍の作戦行動において重視されるようになった結果，**サイバー空間**は，陸・海・空・宇宙という現実の空間と並ぶ第5のものとして，各国がしのぎを削る領域となっている。

相手国の情報収集活動の妨害や重要な情報の漏洩を防ぐための「カウンターインテリジェンス」も重視される中で，インターネットを通じて情報の不正取得や改ざん・破壊を狙うハッカーへの対策は，各国政府にとって重要な課題になっている。

## 同時多発テロとインテリジェンス

2001年の**同時多発テロ**を受けて，アメリカでは国際テロの再発防止を図るための「**パトリオット法**」[*1]が制定された。この法律により，電話の盗聴や電

*1 パトリオット法
PATRIOTとは，正式名称 Uniting and Strengthening America by Providing Appropriate Tools Required to Intercept and Obstruct Terrorism Act of 2001（テロの阻止・回避に必要な手段を提供しアメリカを統合し強化する法律）の頭文字をとったものである。日本では愛国者と訳されているが，愛国者を意味するわけではない。

子メールの閲覧，医療や金融などの個人情報に捜査機関がアクセスする制限を緩和し，テロ対策として拘束や留置を認め，入国審査を強化した。大規模テロという国家的危機に直面し，国民の安全を確保するためには人権やプライバシーが制限されてもやむをえないとの考えに基づくものであるが，一部で捜査の行き過ぎも指摘された。

また，テロ発生の事前情報を活かせなかったとの反省から，多くの省庁に分散していたテロリストや出入国情報を一括管理するために組織の大規模な再編・統合が行われ，職員20万人規模の**国土安全保障省**が2002年に新設された。以後，アメリカのインテリジェンスは主に，CIA（中央情報局），FBI（連邦捜査局），国務省の情報調査局（INR），国防省の国防情報局（DIA）に加えて，国土安全保障省が担当するようになった。

### 日本での情報保護と特定秘密保護法

日本でも冷戦期にはソ連が絡んだスパイ事件が何度か起きていたが，公務員による秘密漏洩は国家公務員法の守秘義務違反（懲役1年以下）でしか対処できなかった[*2]。1972年には「外務省機密漏洩事件」[*3]が起こり，1980年代にはスパイ防止法案が国会に提案されたが，報道の自由や知る権利とのバランスがむずかしく，審議は進まなかった。

2008年にはイージス艦の技術情報を自衛官が中国に流出させる事件が起こり，アメリカも日本の機密情報の管理に懸念を強めた。また2013年にアルジェリアで日本人を巻き込んだテロ事件が発生した際には，機密性の高い情報が各国政府からほとんど提供されなかったという経験を味わった。加えて日本版NSCが設置されるのに伴って，アメリカのNSC（国家安全保障会議）から提供される情報を保全する体制を確立する必要にも迫られた。

このような背景のもとで，**特定秘密保護法**案が国会に提出され2013年12月に成立した。この法律では，①防衛，②外交，③スパイ行為等の防止，④テロの防止，に関する情報のうち，特に秘匿する必要があるものを「特定秘密」とし，それを取り扱う者を限定し，特定秘密を漏洩した場合の最高刑を懲役10年とした。同法の施行に伴い，防衛関係の247件を筆頭に10の政府機関の382件が特定秘密に指定された。報道・取材の自由に基づいた国民の知る権利の保障と国家機密の保護は諸刃の剣であり，そのバランスは法律の運用にかかっている。

[*2] 日米間の防衛機密については，日米相互防衛援助協定等に伴う秘密保護法で最高刑が懲役5年。

[*3] **外務省機密漏洩事件** 沖縄返還に伴う日米間の秘密合意を毎日新聞記者が外務省職員から不正入手した事件で，国家機密と国民の知る権利，情報公開の議論に一石を投じることになった。裁判では秘密合意の存在を外務省は否定し，入手方法のみが問題とされ有罪判決が下された。ところがアメリカの公文書公開で密約が判明し，2009年の政権交代後に密約の存在が明らかになった。

### コラム

#### 基本的人権と機密漏洩防止

国家の安全保障の根幹にかかわるような機密情報を保護し，その漏洩防止に努めることは政府にとって重要な課題である。反面，機密保護の名を借りて情報が不当に隠匿されたり，マスコミによる取材が過剰に制限されるならば，報道の自由や国民の知る権利が損なわれる危険性もある。また大規模テロのような国民の安全が脅かされない事態においては，安全の確保が優先され，国民の知る権利や個人のプライバシーが制限される場合もある。

◆参考文献　●マーク・ローエンタール，茂田宏訳『インテリジェンス　機密から政策へ』慶應義塾大学出版会，2011年
　　　　　　●小谷賢『インテリジェンス　国家・組織は情報をいかに扱うべきか』筑摩書房（ちくま学芸文庫），2012年

## 6 問われる憲法との整合性－集団的自衛権とその解釈

### アプローチ

集団的自衛権とは，個別的自衛権とは違い，現象だけみれば「自衛」権というより「他衛」権ということになる。緊密な関係にある外国が攻撃された際，日本が直接の攻撃を受けておらずとも反撃することができ，それでもなお日本にとっては「自衛」であるというもの。つまり，日本の領域以外での武力の行使を意味している。

〔表〕「武力行使の新3要件」と「自衛権発動の3要件」

**「武力行使の新3要件」**（安倍内閣：2014年7月1日閣議決定）
① 我が国に対する武力攻撃が発生したこと，または我が国と密接な関係にある他国に対する武力攻撃が発生し，これにより我が国の存立が脅かされ，国民の生命，自由及び幸福追求の権利が根底から覆される明白な危険があること
② これを排除し，我が国の存立を全うし，国民を守るために他に適当な手段がないこと
③ 必要最小限度の実力行使にとどまるべきこと

**「自衛権発動の3要件」**（従来の内閣見解）
① 我が国に対する急迫不正の侵害があること
② この場合にこれを排除するために他に必要な手段がないこと
③ 必要最小限度の実力行使にとどまるべきこと

### ●国連憲章上の権利としての集団的自衛権●

国際連合憲章は，加盟国の武力の行使とその威嚇を原則として禁じている。侵略行為には，安全保障理事会が武力制裁を含む対処をすることとされているからである。ただし，国連憲章第51条は，加盟国は，安全保障理事会による措置がとられるまでの間，同理事会に事後に報告の上，個別的および集団的の自衛権を行使できると定めている。

というのは，国連に常備軍があるわけではなく，安全保障理事会が武力制裁を決議したとしても，兵力拠出分担や指揮権の調整に相当の時間を費やさなければならないことが予想されるからである。しかも，安全保障理事会における拒否権をもつ常任理事国自身が，係争地である島を一方的に埋め立てて軍事基地を建設するなどの，武力による威嚇や行使をするような場合においては，安全保障理事会を頼むことはできない。そこで，独力の国防が難しい中小国は，同盟を結んで同盟国の助力を仰ぐ体制を整えることになる。つまり，侵略を受けた同盟国を救援するための武力の行使も，自衛権の範疇とすることになる。このように，相互に集団的自衛権を行使し合う軍事同盟が，国連による集団安全保障を補完するために張り巡らされている。

日本が占領を脱して独立し，特に留保条件をつけずに国連に加入したということは，国連憲章をそのまま受容したわけであるから，単純に考えれば国連憲章に謳われた個別的・集団的自衛権を保有していることになる。

### ●内閣の見解の変遷●

しかし，日本が占領を脱して独立して以後，国会で表明された内閣見解には，かなりの振幅があった。まず，集団的自衛権を「保有できないから行使もできない」[*1]から，次に「部分的に保有し，それは行使可能」[*2]に変わり，「国際法上保有するも憲法上行使不可」[*3]を経て，限定的な行使は可能へと至ったと整理できる。

1981（昭和56）年の国会答弁書で確立したとされる「**国際法上保有すれども，憲法上行使しえず**」という見解は，一見すると妙なものであった。行使することもしないこともあるのが権利というものであるはずである。もしも，常に行

*1 1954（昭和29）年6月，下田武三外務省条約局長の，衆議院外務委員会での答弁。集団的自衛権は，国際法上直ちに出てくる権利ではなく，特別の共同防衛条約が必要であること，しかしそのような条約は，日本国憲法第9条第2項で，交戦権が否定されているがゆえに締結できないので，行使できないとした。

*2 1960（昭和35）年3月の衆議院予算委員会での岸信介首相の答弁。「集団的自衛権の最も典型的なものは，他国に行ってこれを守るということだが，それに尽きるものではない。一切の集団的自衛権を憲法上持たないということは，言い過ぎだと考えている。」

使しなければならぬのなら、それは義務であり、絶対に行使してはならぬというなら、そもそもそんな権利を云々する必要がない。国際法上保有するなら、国際法上は行使可能なはずであり、憲法上行使不可ならば、憲法上保有していないはずである。わざわざ、憲法上行使不可とする前に、そもそも憲法上保有しない権利であるとすれば分かりやすい。ところが、憲法上は保有しているのかどうかについて、明確な見解は示されなかった。結局、この見解は、集団的自衛権の保有を明言した日米安全保障条約や日ソ共同宣言との整合性をとろうとする苦肉の策であったとみることができよう。

### 新たな見解へ

しかし、国際情勢の変化に応じて、「今後他国に対して発生する武力攻撃であったとしても、その目的、規模、態様等によっては、我が国の存立を脅かすことも現実に起こり得る」として、**他国への武力攻撃に対応できるものとする見解が示された**。すなわち、2014年の7月1日、安倍晋三内閣の見解として、「我が国に対する武力攻撃が発生した場合のみならず、我が国と密接な関係にある他国に対する武力攻撃が発生し、これにより我が国の存立が脅かされ、国民の生命、自由及び幸福追求の権利が根底から覆される明白な危険がある場合において、これを排除し、我が国の存立を全うし、国民を守るために他に適当な手段がないときに、必要最小限度の実力を行使することは、従来の政府見解の基本的な論理に基づく自衛のための措置として、憲法上許容されると考えるべきであると判断するに至った。」として、**集団的自衛権の限定的行使に道を開いた**。ただし、実効ある変更となるかどうかは、今後の具体的な法律や交戦規程の整備如何にかかっている。

\*3 1972（昭和47）年10月、参議院決算委員会に提出された資料。「政府は、従来から一貫して、我が国は国際法上いわゆる集団的自衛権を有しているとしても、国権の発動としてこれを行使することは、憲法の容認する自衛の措置の限界をこえるものであって許されないとの立場に立っている。」「我が憲法の下で、武力行使を行うことが許されるのは、我が国に対する急迫、不正の侵害に対処する場合に限られるのであって、他国に加えられた武力攻撃を阻止することをその内容とする集団的自衛権の行使は、憲法上許されない」また、1981（昭和56）年の国会答弁書も同じ趣旨である。

→参考人の法学者全員に安保法案の違憲性が指摘された衆議院憲法審査会…左から、長谷部恭男教授（早稲田大学、自民・公明・次世代の各党推薦）、小林節名誉教授（慶應大学、民主党推薦）、笹田栄司教授（早稲田大学、維新の党推薦）。集団的自衛権を可能にするための安保法案について、全員が違憲性を指摘し、安倍内閣の国会運営に大きな影響が出た。　　　（国会　2015.6.4）

### コラム

**「他衛」は「自衛」**　現在、集団的自衛権の行使可否を直接述べた拘束力ある最高裁判例は存在しない。さればこそ、内閣の見解を変更することもできた。ただ、最高裁は、唯一自衛権についての砂川事件判決で、個別的か集団的かを特定せずに、一般的な自衛権を、日本がもつことを認めている。同判決の田中耕太郎裁判官〈当時の長官〉の補足意見は、示唆的である。すなわち「今や諸国民の間の相互連帯の関係は、一国民の危急存亡が必然的に他の諸国民のそれに直接に影響を及ぼす程度に拡大深化されている。従つて一国の自衛も個別的にすなわちその国のみの立場から考察すべきでない。一国が侵略に対して自国を守ることは、同時に他国を守ることになり、他国の防衛に協力することは自国を守る所以でもある。換言すれば、今日はもはや厳格な意味での自衛の観念は存在せず、自衛はすなわち『他衛』、他衛はすなわち自衛という関係があるのみである。従つて自国の防衛にしろ、他国の防衛への協力にしろ、各国はこれについて義務を負担しているものと認められるのである。（中略）そして政府がこの精神に副うような措置を講ずることも、政府がその責任を以てする政治的な裁量行為の範囲に属するのである。」

◆参考文献　●佐瀬昌盛『いちばんよくわかる！集団的自衛権』海竜社、2014年

# 7 警察予備隊から自衛隊へ－防衛省

### アプローチ

朝鮮戦争の勃発によって警察予備隊が結成され，日本は再軍備へと向かうことになる。独立回復に伴う自衛力強化のために1952年に保安庁のもとで保安隊が組織され，1954年には防衛庁・自衛隊へと改組された。防衛庁は2007年に防衛省へと昇格し，自衛隊は23万人の規模で，世界有数の近代装備を有している。

### 警察予備隊の創設

1950年6月に北朝鮮が韓国に武力侵攻して**朝鮮戦争**が勃発すると，国連の安全保障理事会は北朝鮮の行動を侵略行為と非難し，韓国を支援するために国連軍を創設することを決議した。

当時日本占領の中核を担っていたアメリカ陸軍が，国連軍として朝鮮半島に渡ることになり，国内の治安維持機能を補うために，連合国軍最高司令官のダグラス・マッカーサーは，**警察予備隊**を創設するよう吉田茂首相に求めた。1950年8月に総理府（現，内閣府）に**警察予備隊本部**が設置され，7万5,000人の警察予備隊が組織された。この警察予備隊本部が，現在の防衛省の組織上の起源である。

### 保安庁と保安隊

朝鮮戦争の勃発を受けて，アメリカ政府は日本の独立回復を急ぐことを決定するが，講和条約交渉の責任者であるジョン・ダレスは独立回復の前提条件として，日本政府に本格的な自衛力の整備を求めた。再軍備に慎重だった吉田首相も，早期の独立回復のためにはある程度の再軍備を受け入れざるをえない立場に追い込まれ，日本政府は警察予備隊とは別に5万人規模の「保安隊」を創設することを約束した。

1952年4月にサンフランシスコ講和条約が発効し，日本は7年ぶりに独立を回復した。同年8月に警察予備隊本部は総理府の外局である**保安庁**へと改組され，警察予備隊に海上保安庁の海上警備隊が統合され，10月には12万人規模の保安隊がつくられた。

### MSA協定と防衛庁・自衛隊

朝鮮戦争で日本は，米軍を中心とする国連軍の後方支援・物資補給基地としての役割を担い，朝鮮特需と呼ばれた好景気のもとで戦後復興に弾みがついた。朝鮮戦争の休戦協議が始まると，アメリカ議会は相互安全保障法（MSA）を可決し，共産主義の周辺国が防衛努力を行う場合に援助を行ったり兵器を払い下げる方針を打ち出した。特需に代わる景気刺激策として経済界などが注目し，アメリカとの**MSA協定**の協議が開始された（→240頁）。

MSAをめぐる協議の中で，アメリカ側は日本に32万5,000人の陸上部隊を核とする37万人規模の国防軍を創設するよう求めた。吉田首相の特使として日本側代表を務めた**池田勇人**は，アメリカ側が要求する陸上10個師団をそのままにして，後方部隊を削った18万人体制という奇策を提示して説得した。1954年3月にMSA協定が調印され，7月に保安庁は**防衛庁**へ，保安隊は陸上自衛隊，海上自衛隊，航空自衛隊で構成される**自衛隊**へと改組された。

①**警察予備隊**…米軍貸与のM-24軽戦車で訓練に励む新町駐屯地特車大隊の隊員。
（群馬県高崎市　1953.1）

### 防衛省への昇格

防衛庁長官には設立時から閣僚が充てられてきたが，総理府の外局であるため，主任大臣は総理府（その後内閣府）の長である内閣総理大臣であった。防衛庁の予算要求や法案の閣議提案は，防衛庁長官ではなく，内閣総理大臣が行う必要があった。日米で防衛協議が進む中，国防省と対峙して協議に応じる防衛庁の地位は釣り合いを欠くものとなった。

1960年代以降，省への格上げがしばしば検討される一方で，憲法上の制限から根強い慎重論もあった。1997年に中央省庁の大幅な再編が橋本龍太郎内閣で決定された際にも，連立を組む社民党の反対によって，防衛庁の省への昇格は見送られた。

2003年から2004年にかけて武力事態対処関連法が制定されて防衛庁長官が担う役割も一層重要になり，防衛庁の昇格問題は再び焦点となった。昇格に消極的だった公明党を自民党が説得する形で与党合意が成立し，2007年に晴れて防衛省への昇格が実現した。

〔図〕防衛省組織図

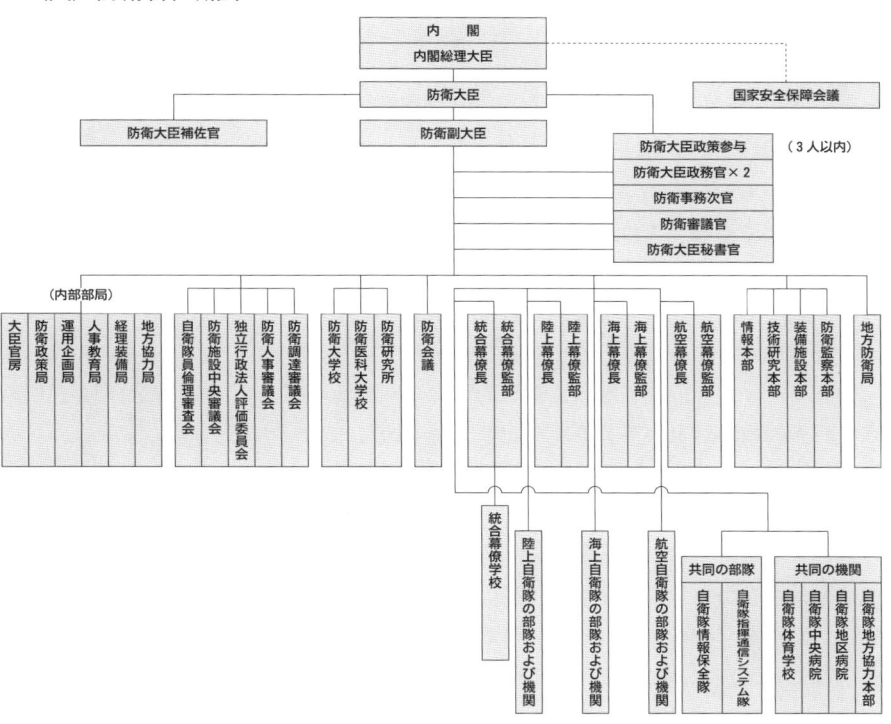

（臨時または特例で置くものを除く。）
（防衛省資料により作成）

---

### コラム

**シビリアン・コントロールと文官統制**　第2次世界大戦後に日本が再軍備に向かう中で，旧軍制度を否定しながらアメリカの軍事制度を受け入れたために，混乱もみられた。その代表的なものがシビリアン・コントロールについての理解である。

　　シビリアン（civilian）とは本来「現役軍人以外のすべての人」を指し，シビリアン・コントロールとは軍に対する政治の優越を意味する。アメリカでのそれは，①大統領が軍の最高司令官（commander in chief）として最高指揮権をもち，②議会が予算や立法などを通じて軍の活動をチェックする，という2つの柱によって担保される。ところが，警察予備隊創設期にシビリアン・コントロールが「文官統制」とも訳され，防衛庁では内局職員（背広組）が自衛官（制服組）を管理すると解釈された結果，制服組が国会答弁を行わないなど制服組が防衛政策の決定にほとんど関与しない時代が1980年代まで続いた。

---

◆参考文献　●加藤秀治郎編『日本の安全保障と憲法』南窓社，1998年
　　　　　●フランク・コワルスキー，勝山金次郎訳『日本再軍備－米軍事顧問団幕僚長の記録』中央公論新社（中公文庫），1999年
　　　　　●防衛省『日本の防衛（防衛白書）』毎年度刊行

# 8 危機管理と有事法制－安全保障の課題

### アプローチ

国家レベルでは，戦争や武力紛争に加えて，大規模な自然災害やテロなど国民生活に深刻な打撃を与える様々な危機への対応が求められる。

日本が武力攻撃を受けた際の対応を規定した有事法制は長い間タブーとされてきたが，ようやく2004年までに整備された。その一方で，緊急時に超法規的措置がとられる場合の法的根拠となる国家緊急権の規定は，依然として欠落したままである。

### 危機管理とは

危機管理（crisis management）という用語が注目されるようになったのが，1962年のキューバ・ミサイル危機である。当時ケネディ政権で国防長官を務めていたロバート・マクナマラ[*1]は，第3次世界大戦にもつながりかねない国家的な危機にあって，その対応を軍に任せるのではなく，幅広い認識に基づいて大統領自身が直接対応を判断することが重要であると強調した。

ところがその後，この危機管理という言葉は政府のみならず，企業経営や組織運営などでも広く使われるようになった。企業経営においては，主に起こりうる深刻な事態を回避するため，危機を予測してあらかじめそれへの準備を整え，経営を安定化させるという意味で使われている。

国家レベルでの危機管理は，軍事的脅威のみならず，大規模自然災害や感染症などの非軍事的な脅威への対応を含めた**広義の安全保障**とほぼ同じ意味で使われる（図）。

危機管理は様々な危機を想定し，危機が起こる前の準備段階から危機が発生した後の対応までの幅広い段階を含み複雑である。その政策は，①危機が起こらないようにする「予防」，②事前に対応策を用意する「準備」，③危機が発生した直後の「初期対応」，④被害発生後の「回復・復旧」，⑤将来の危機に備えた事後の「評価とフィードバック（改善）」に分けて考えると分かりやすい。

[図] 広義の安全保障と狭義の安全保障の研究対象

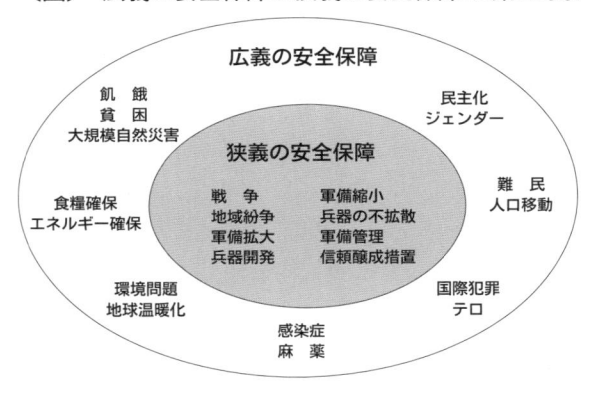

広義の安全保障
- 飢餓
- 貧困
- 大規模自然災害
- 食糧確保
- エネルギー確保
- 環境問題
- 地球温暖化
- 感染症
- 麻薬
- 民主化
- ジェンダー
- 難民
- 人口移動
- 国際犯罪
- テロ

狭義の安全保障
- 戦争
- 地域紛争
- 軍備拡大
- 兵器開発
- 軍備縮小
- 兵器の不拡散
- 軍備管理
- 信頼醸成措置

### 国家緊急権

法治主義に基づいた民主国家では，重大な危機が起こった際に権限を集中させて緊急対応を行うために，例外的な規定として超法規的措置を設けている例が多い。緊急対応時に特定の機関に権限を集中させ，場合によっては国民の自由や権利を制限することに法的な根拠を担保する一方で，権限の乱用をできる限り防ぐという2重の側面をもっている。

日本国憲法の草案作成の際に，日本が再軍備することへの警戒からGHQは国家緊急権を条文に盛り込むことを認めず，緊急規定としては参議院の緊急集会のみが加えられたという経緯がある。戦争などの緊急時を想定した有事立法は，戦争開始への準備につながるともみなされ，国会で有事立法は批判的にしか取り上げられなかった[*2]。このため緊急事態への対処のための議論は，国

[*1] ロバート・マクナマラ [Robert McNamara]（1916-2009）フォード自動車の経営後，ケネディ，ジョンソン政権で国防長官。その後世界銀行の総裁も務める。

[*2] 代表例が「三矢研究」をめぐる野党の批判である。1963年当時，朝鮮半島で戦争が再発した場合を想定した図上演習が自衛隊内部で行われたが，1965年になってそれが国会で取り上げられ，シビリアン・コントロールを逸脱するものとして追及が行われた。

会では長い間タブーとされてしまった。

### 危機管理体制と有事法制

1995年の阪神・淡路大震災の際に、首相官邸が十分な初期対応ができなかった課題がクローズアップされた。その教訓から行政改革会議は、「内閣機能の強化」の1つとして、国防や大規模な自然災害などあらゆる危機管理に対応する体制づくりを提言した。それを受けて、1998年には内閣官房に**内閣危機管理監**が置かれ、2001年には事態対処・危機管理担当の内閣官房副長官補も設けられた[*3]（➡241頁）。

1998年に北朝鮮がテポドン型ミサイルの発射実験を行ったことに加え、1995年の地下鉄サリン事件、2001年のアメリカでの同時多発テロや東シナ海で起こった北朝鮮のスパイ船事件など、国民生活へ深刻な影響を与える様々な事件も相次いだ。

このような背景のもとで、国民の安全確保を図るための有事法制についての認識も変わり始めた。**武力事態対処関連法**とその関連条約の改正が国会に提出され、2003年から2004年にかけて成立・承認された。これによって、武力攻撃が発生したり、起こる危険がある場合の基本的な対処方針が明らかにされ、その方針に基づいて政府や地方公共団体が行うべき措置や国民の協力が明記されるとともに、自衛隊や米軍の行動を円滑化するための方策が盛り込まれた。

### 東日本大震災と今後の課題

2011年の東日本大震災とそれに伴って起きた東京電力福島第1原子力発電所の事故は、緊急時における危機対応の課題を改めて浮き彫りにした。地震とともに発生した大規模な津波によって、東北地方の太平洋沿岸地域が壊滅的な被害を受けたが、その発生直後に災害対策基本法に基づいた「災害緊急事態の布告」は行われなかった。そのため、省庁の対応も現行法の枠内にとどまり、自衛隊は災害派遣として平時の対応に抑えられるとともに、有事対応で支援に駆けつけた米軍の救援活動にも国内法の枠がはめられた[*4]。また東京電力福島第1原子力発電所事故では、原子力事故の想定の甘さと内閣のリーダーシップの欠如を露呈した。リーダーシップを発揮するための組織体制と緊急時における**国家緊急権**の確立は、依然課題として残されている。

*3 地方自治体でも危機管理監や防災監を置く動きがみられ、2011年の東日本大震災後は自然災害への取り組みの強化が進められている。

*4 代表的な問題として、津波で破損した大量の自動車が個人の財産として扱われ、復旧の妨げになってもその移動を制限されたことが挙げられる。

①津波による被害…東日本大震災によって甚大な被害を受けた蒲生地区。　（宮城県仙台市　2011.3）

---

### コラム

**狭義の安全保障と広義の安全保障**　安全保障とは脅威への対処を意味するが、第1次世界大戦後に武力攻撃（戦争）という脅威から国民を守るという意味で使われ始めた。第2次世界大戦、冷戦と国際政治が展開する中で安全保障政策は国家・政府の基本政策の1つになった。1970年代に米ソの緊張緩和（デタント）やオイルショックなどを経て、非軍事的な脅威も注目され、冷戦の終結後は様々な非軍事的脅威が強調されるようになった。このような経緯を経て、安全保障研究の分野では軍事的脅威の研究を中心とする狭義の安全保障と、非軍事的な脅威も含めた広義の安全保障という2つの大きなアプローチがある。

◆参考文献　●和田修一「セキュリティィの思想と概念：安全保障空間からみたその発展と展開」『平成国際大学研究所論集』（第7号）、2008年
●浜谷英博・松浦一夫編著『災害と住民保護：東日本大震災が残した課題、諸外国の災害対処・危機管理法制』三和書籍、2012年

# 巻末資料－戦後の首相一覧

**表の見方**

首相名（就任時年齢／出身省庁等）
世…世襲議員（親が国会議員）

| 世 | 安倍　晋三 | （58歳） | ［自民党］ | 自，公 |
|---|---|---|---|---|
| 2012.12〜 | 14.4 消費税税率を8％に引き上げ<br>14.7 集団的自衛権の容認を閣議決定 | | | |

［所属政党］と連立政権の内訳

在任期間と在任日数 ／ 在任期間中の主な出来事

## 1945年　第二次世界大戦敗北

| 東久邇宮　稔彦王 | 57歳／皇族 |
|---|---|
| 1945.8〜45.10<br>54日 | 45.9　降伏文書調印<br>45.10　GHQ，人権指令（自由化政策）<br>→実施不可能として総辞職 |

| 幣原　喜重郎 | 73歳／外務省 |
|---|---|
| 1945.10〜46.5<br>226日 | 46.1　天皇の人間宣言<br>46.4　戦後初の総選挙→総辞職 |

| 世 吉田　茂 | 67歳／外務省　［自由党］　自由，進歩党 |
|---|---|
| 1946.5〜47.5<br>368日 | 47.1　GHQ，2・1ゼネスト中止指令<br>47.5　日本国憲法施行 |

| 片山　哲 | 59歳／弁護士　［社会党］　社会，民主，国協党 |
|---|---|
| 1947.5〜48.3<br>292日 | 48.2　党内右派・左派の対立の激化により総辞職 |

| 世 芦田　均 | 60歳／外務省　［民主党］　民主，社会，国協党 |
|---|---|
| 1948.3〜48.10<br>220日 | 48.7　政令201号公布<br>48.10　昭和電工疑獄事件で閣僚逮捕→総辞職 |

| 世 吉田　茂 | 70歳　［民主自由党→自由党］ |
|---|---|
| 1948.10〜54.12<br>2,248日 | 48.11　極東国際軍事裁判判決<br>50.6　朝鮮戦争<br>51.9　対日講和条約<br>54.4　造船疑獄で指揮権発動<br>54.7　自衛隊発足<br>54.12　公職追放解除で有力政治家が復帰し，反吉田勢力増大，不信任決議前に総辞職 |

## 1955年　55年体制成立

| 世 鳩山　一郎 | 71歳　［日本民主党→自由民主党］ |
|---|---|
| 1954.12〜56.12<br>745日 | 55.11　保守合同で自由民主党結成<br>56.10　日ソ共同宣言<br>56.12　国際連合加盟<br>56.12　日ソ国交回復を機に引退表明，総辞職 |

| 石橋　湛山 | 72歳／新聞記者　［自由民主党］ |
|---|---|
| 1956.12〜57.2<br>65日 | 57.2　首相病気のため総辞職 |

| 岸　信介 | 60歳／商工省　［自由民主党］ |
|---|---|
| 1957.2〜60.7<br>1,241日 | 60.1　新安保条約調印<br>60.5　新安保条約強行可決→安保闘争激化<br>60.6　新安保条約自然成立<br>60.7　新安保の混乱により，総辞職 |

| 池田　勇人 | 60歳／大蔵省　［自由民主党］ |
|---|---|
| 1960.7〜64.11<br>1,575日 | 60.12　「所得倍増計画」決定<br>64.10　東京オリンピック開催<br>64.11　首相病気のため総辞職 |

| 佐藤　栄作 | 63歳／運輸省　［自由民主党］ |
|---|---|
| 1964.11〜72.7<br>2,798日 | 65.6　日韓基本条約調印<br>68.4　小笠原返還協定調印<br>70.6　日米安保自動延長<br>72.5　沖縄復帰を機に引退表明，総辞職 |

| 田中　角栄 | 54歳　［自由民主党］ |
|---|---|
| 1972.7〜74.12<br>886日 | 72.10　日中共同声明発表<br>72.12　列島改造政策を閣議決定<br>73.10　第4次中東戦争→石油危機<br>74.12　首相の金脈問題を批判され，総辞職 |

| 三木　武夫 | 67歳　［自由民主党］ |
|---|---|
| 1974.12〜76.12<br>747日 | 76.7　ロッキード事件で田中前首相逮捕<br>76.12　ロッキード事件真相解明に対する党内反発と，総選挙での自民敗北により総辞職 |

| 福田　赳夫 | 71歳／大蔵省　［自由民主党］ |
|---|---|
| 1976.12〜78.12<br>714日 | 78.8　日中平和友好条約調印<br>78.12　自民党総裁予備選挙に敗れ，総辞職 |

| 大平　正芳 | 68歳／大蔵省　［自由民主党］ |
|---|---|
| 1978.12〜80.6<br>554日 | 80.6　首相死去により総辞職<br>→史上初の衆参同時選挙 |

| 鈴木　善幸 | 69歳　［自由民主党］ |
|---|---|
| 1980.7〜82.11<br>864日 | 82.11　首相突然の退陣表明で総裁選出馬せず，総辞職 |

| 中曽根　康弘 | 64歳／内務省・海軍　［自由民主党］　自→自，新自ク |
|---|---|
| 1982.11〜87.11<br>1,806日 | 83.12　自民党過半数割れ，連立政権へ<br>85.8　戦後初，首相が靖国神社公式参拝<br>87.1　防衛費がGNPの1％を突破<br>87.4　国鉄分割民営化<br>87.11　自民党総裁の任期満了により総辞職 |

| 竹下　登 | 63歳／島根県議　［自由民主党］ |
|---|---|
| 1987.11〜89.6<br>576日 | 89.1　昭和天皇崩御，平成改元<br>89.4　消費税（3％）実施<br>89.6　リクルート事件・消費税実施に批判が高まり，総辞職 |

| 宇野　宗佑 | 66歳／滋賀県議　［自由民主党］ |
|---|---|
| 1989.6〜89.8<br>69日 | 89.8　リクルート事件・消費税などの自民党批判による参院選大敗を受け総辞職 |

| 海部　俊樹 | 58歳　［自由民主党］ |
|---|---|
| 1989.8〜91.11<br>818日 | 91.4　自衛隊掃海艇のペルシア湾派遣<br>91.11　自民党総裁の任期満了により総辞職 |

| 世 宮沢　喜一 | 72歳／大蔵省　［自由民主党］ |
|---|---|
| 1991.11〜93.8<br>644日 | 92.6　PKO協力法成立<br>93.7　衆院総選挙で自民党大敗，下野<br>93.8　不信任案可決後の解散総選挙でも大敗，総辞職 |

## 1993年　55年体制崩壊

| 細川　護熙 | 55歳／熊本県知事　［日本新党］　8党派連立 |
|---|---|
| 1993.8〜94.4<br>263日 | 93.8　非自民の8党派連立政権樹立<br>94.1　政治改革法案成立<br>94.4　首相の不正政治資金供与問題で総辞職 |

| 世 羽田　孜 | 58歳　［新生党］　少数連立 |
|---|---|
| 1994.4〜94.6<br>64日 | 94.6　社会党が連立から離脱したため，内閣不信任案提出前に退陣を表明，総辞職 |

252

# 巻末資料

| | | | | |
|---|---|---|---|---|
| 村山 富市 | 70歳／大分県議 | [社会党] | 自, 社会, さ | |
| 1994. 6〜96. 1<br>561日 | 94. 7<br>96. 1 | 社会党, 安保・自衛隊を容認<br>難問山積で退陣表明し, 総辞職 | | |
| 世 橋本 龍太郎 | 58歳 | [自民党] | 自, 社民, さ | |
| 1996. 1〜98. 7<br>932日 | 96. 4<br>97. 4<br>98. 7 | 日米安保共同宣言<br>消費税税率を5％に引き上げ<br>参院選での自民大敗の責任をとり退陣, 総辞職 | | |
| 世 小渕 恵三 | 61歳 | [自民党] | 自, 自由→自, 自由, 公 | |
| 1998. 7〜<br>2000. 4<br>616日 | 99. 5<br>99. 8<br>00. 8 | ガイドライン関連法成立<br>国旗・国歌法成立<br>首相急病, 入院により総辞職 | | |
| 世 森 喜朗 | 62歳 | [自民党] | 自, 公, 保守 | |
| 2000. 4〜01. 4<br>387日 | 01. 1<br>01. 4 | 中央省庁が1府12省庁に<br>度重なる失言で支持率低下, 与党内からも退陣要求, 総辞職 | | |
| 世 小泉 純一郎 | 59歳 | [自民党] | 自, 公, 保 (保新)→自, 公 | |
| 2001. 4〜06. 9<br>1,980日 | 01. 8<br>03. 6<br>03. 12<br>05. 9<br>06. 9 | 靖国神社参拝を強行<br>有事法制成立<br>イラク特措法で自衛隊派遣<br>解散総選挙で自民党大勝<br>自民党総裁の任期満了により総辞職 | | |
| 世 安倍 晋三 | 52歳 | [自民党] | 自, 公 | |
| 2006. 9〜07. 9<br>366日 | 06. 12<br>07. 1<br>07. 5<br>07. 8<br>07. 9 | 教育基本法改正<br>防衛庁, 防衛省に昇格<br>国民投票法成立<br>参院選で自民党大敗, 民主党躍進<br>体調不良で突然の退陣表明, 総辞職 | | |
| 世 福田 康夫 | 71歳 | [自民党] | 自, 公 | |
| 2007. 9〜08. 9<br>365日 | 07. 9<br>08. 9 | 初の親子二代首相誕生 (父は福田赳夫)<br>「ねじれ国会」で政権運営に行き詰まり, 臨時国会を前に突然の退陣表明, 総辞職 | | |
| 世 麻生 太郎 | 68歳 | [自民党] | 自, 公 | |
| 2008. 9〜09. 9<br>358日 | 09. 8<br>09. 9 | 衆院総選挙で自民惨敗, 下野<br>衆院総選挙で民主党に第一党の座を奪われたため, 総辞職 | | |

### 2009年　政権交代実現

| | | | | |
|---|---|---|---|---|
| 世 鳩山 由紀夫 | 62歳 | [民主党] | 民, 社民, 国民新 | |
| 2009. 9〜10. 6<br>266日 | 09. 9<br>10. 6 | 民主党中心の連立政権樹立<br>普天間基地移設問題, 社民党の連立離脱, 小沢幹事長の金銭問題の責任をとり, 総辞職 | | |
| 世 菅 直人 | 64歳 | [民主党] | 民, 国民新 | |
| 2010. 6〜11. 9<br>452日 | 11. 3<br>11. 9 | 東日本大震災・東京電力福島原発事故→対応が遅れ批判集中<br>退陣条件の3法案成立後, 総辞職 | | |
| 世 野田 佳彦 | 54歳 | [民主党] | 民, 国民新 | |
| 2011. 9〜12. 12<br>482日 | 12. 6<br>12. 8<br>12. 12 | 大飯原発再稼働決定→7月に再稼働<br>消費税増税法案可決<br>衆院総選挙で民主党惨敗, 下野 | | |

### 2012年　自民党政権奪還

| | | | | |
|---|---|---|---|---|
| 世 安倍 晋三 | 58歳 | [自民党] | 自, 公 | |
| 2012. 12〜 | 14. 4<br>14. 7<br>14. 12<br>15. 7 | 消費税税率8％に引き上げ<br>集団的自衛権の容認を閣議決定<br>アベノミクス解散・総選挙で自民大勝<br>安保法案を衆院強行採決 | | |

# 索 引

## あ

- RIA ……79
- 愛知揆一 ……57
- 赤字国債 ……143
- 赤松要 ……19
- アジア太平洋経済協力会議 ……232
- アジア通貨危機 ……19, 233
- アジェンダ ……93, 107
- 芦田修正 ……11
- 芦田均 ……57, 152
- ASEAN地域フォーラム ……235
- 麻生太郎 ……41, 46
- 「新しい公共」 ……89
- アップオアアウト型 ……60, 62
- アファーマティブアクション ……31
- 安倍晋三 ……17, 23, 44, 46, 79, 83, 85, 87, 101, 141, 147, 211, 242, 247
- アベノミクス ……83, 141
- 天下り ……62
- 安全保障会議 ……240, 241
- アンデウェグ ……43
- 安保闘争 ……237

## い・う

- EEZ ……235
- 池田勇人 ……44, 130, 237, 248
- 違憲審査制度 ……13
- 違憲立法審査権 ……148
- 諫早湾干拓事業 ……145
- 1院制 ……109
- 1と2分の1党制 ……34, 36
- 一部事務組合 ……205, 218
- 1党優位政党制 ……34, 40, 42, 45
- 1票の格差 ……186, 188, 192
- イデオロギーの終焉 ……16
- 伊藤惇夫 ……47
- 伊藤博文 ……25
- 伊藤正己 ……151
- 伊藤光利 ……80
- 今村都南雄 ……128
- インクレメンタリズム ……75
- インターネット選挙運動 ……102
- インテリジェンス ……244
- 内田満 ……72, 74
- ウルグアイ・ラウンド合意 ……87

## え

- AIIB ……233
- エージェンシー ……135, 137
- HA／DR ……239
- ADR ……157
- 英米法系 ……148
- APEC ……232
- 江田五月 ……48
- A・エッツィオーニ ……133
- 江藤价泰 ……154
- NHK ……90
- NGO ……88
- NPM ……134, 139
- NPO ……88
- FTA ……85, 230
- MSA協定 ……240, 248
- MDA協定 ……240

## お

- 大きな司法 ……149
- 大きな政府 ……78, 126
- 大津事件 ……150
- 大平正芳 ……232
- J・H・オールドリッチ ……27
- 奥健太郎 ……117
- 小沢一郎 ……26, 29, 41, 47, 48
- 汚職事件 ……185

- 小渕恵三 ……79
- M・オルソン ……75
- 恩給 ……63
- 穏健な多党制 ……34
- オンブズマン ……120

## か

- 海江田万里 ……182
- 会期不継続 ……115, 117
- 外交特権 ……71
- 介護保険法 ……143
- 概算要求枠 ……69
- 会派 ……29
- 開発国家 ……22
- 開発主義 ……18
- 海部俊樹 ……26, 180
- 開放型任用制 ……64
- 外務省 ……70
- カイロ宣言 ……8
- 下院 ……108
- 閣議 ……125
- 革新官僚 ……55
- 革新自治体 ……203
- 拡大連座制 ……201
- 過疎自治体 ……192
- 兼子一 ……154
- 金丸信 ……228
- D・カバナー ……16
- 雁行形態型発展 ……19
- 間接デモクラシー ……20
- 間接統治方式 ……56
- 菅直人 ……41, 47, 48, 147, 182
- 官僚 ……54, 56, 60, 64

## き・く

- 議院運営委員会 ……115
- 議院証言法 ……120
- 議院内閣制 ……13, 38, 107, 112, 124, 138
- 議員立法 ……118
- 議会政治 ……104
- 企画院 ……55
- 機関委任事務の廃止 ……210
- 危機管理 ……250
- 疑似政権交代 ……40, 50
- 期日前投票制度 ……199
- 岸信介 ……37, 44, 236
- 規制 ……78
- 規制影響分析 ……79
- 規制改革会議 ……87
- 規制緩和 ……78, 127
- 貴族院 ……104, 108
- 期待効用差 ……196
- 木谷明 ……153
- 基本的人権の尊重 ……23
- 逆コース ……9, 202
- キャリア ……60
- キャリア裁判官制度 ……151
- 旧安保条約 ……223, 224, 228, 236
- 強行採決 ……115
- 京極純一 ……22
- 行政改革 ……130
- 行政改革会議 ……123, 130
- 行政機構 ……122
- 行政国家 ……72, 120, 130
- 行政指導 ……76, 78
- 行政責任 ……138
- 業績評価モデル ……195
- 供託金 ……183
- 協働 ……212
- 共和党 (米) ……30, 35, 47
- 許認可 ……76, 78
- キルヒハイマー ……33

| 項目 | ページ |
|---|---|
| D・キンダー | 95 |
| 近代国家 | 22 |
| 金融政策 | 140 |
| 金融庁 | 69 |
| 近隣外交 | 232 |
| クオータ制 | 31 |
| クラスノヤルスク合意 | 234 |

### け
| 項目 | ページ |
|---|---|
| 経済財政諮問会議 | 69, 131 |
| 経済成長政策 | 44 |
| 警察予備隊 | 248 |
| 経団連 | 82 |
| 決算 | 121 |
| 限界集落 | 193 |
| 検察官 | 152 |
| 検察審査会 | 153 |
| 検察庁 | 152 |
| 原子力基本法 | 146 |
| 憲政会 | 25 |
| 憲政常道論 | 105 |
| 憲法裁判所 | 148 |
| 憲法制定権 | 12 |
| 憲法尊重擁護義務 | 12 |
| 憲法問題調査委員会 | 10 |
| 権力分立制 | 13 |

### こ
| 項目 | ページ |
|---|---|
| 小泉純一郎 | 43, 46, 59, 69, 79, 127, 131, 145, 219, 227, 232 |
| 広域行政 | 218 |
| 広域連合 | 205, 218 |
| 公開市場操作 | 140 |
| 公共事業 | 144 |
| 公共の福祉 | 13 |
| 公職選挙法 | 28, 100, 172, 188, 200 |
| 構造改革 | 131 |
| 高度経済成長 | 77 |
| 候補者公募制 | 31 |
| 公務員 | 58, 62 |
| 公明党 | 35, 178 |
| 合理的決定 | 33 |
| 合理的選択モデル | 195 |
| 国際平和協力法 | 238 |
| 国際連合憲章 | 246 |
| 国税庁 | 68 |
| 国土総合開発計画 | 144 |
| 国防会議 | 240 |
| 国民皆保険・皆年金 | 142 |
| 国民協会 | 82 |
| 国民主権 | 12, 23 |
| 国民審査 | 151 |
| 国民政党 | 32 |
| 国民代表機関 | 106 |
| 国務大権 | 122 |
| 国連人道問題連絡事務所 | 239 |
| 小島清 | 19 |
| 児島惟謙 | 150 |
| 55年体制 | 17, 34, 36, 40, 105 |
| 個人型選挙運動 | 179 |
| 個人後援会 | 52, 179 |
| 護送船団方式 | 69, 76 |
| 国家安全保障会議 | 242 |
| 国家安全保障局 | 243 |
| 国会 | 106, 110 |
| 国会審議手続き | 114 |
| 国会対策委員会 | 114, 117 |
| 国会同意人事 | 106 |
| 国家緊急権 | 250 |
| 国家公務員 | 58, 62 |
| 国家公務員採用試験 | 60 |
| 国家公務員法 | 63 |
| 国家総動員法 | 55 |
| 国家の3要素 | 22 |
| 国権の最高機関 | 105, 106 |
| 国庫支出金 | 217 |
| 個別的自衛権 | 246 |
| 混合スキャニング法 | 133 |
| コンセンサス型デモクラシー | 21 |
| コンセンサス形成 | 16 |

### さ
| 項目 | ページ |
|---|---|
| サード・セクター | 89 |
| 在外公館 | 70 |
| 再議請求権 | 207 |
| 再軍備 | 236 |
| 最恵国待遇 | 233 |
| 最高裁判所 | 148, 160 |
| 最高法規 | 12 |
| 最小国家 | 22 |
| 最適政府 | 127 |
| 在日米軍 | 228 |
| サイバー空間 | 244 |
| 裁判員制度 | 158 |
| 裁判外紛争処理 | 157 |
| 裁判所 | 150 |
| 財務省 | 68 |
| サッチャー | 17, 43, 78 |
| G・サルトーリ | 26, 34 |
| 参議院 | 105, 108 |
| 参議院改革 | 109 |
| 3乗比の法則 | 176 |
| 参審制 | 158 |
| サンフランシスコ講和会議 | 234 |
| サンフランシスコ講和条約 | 222, 224 |
| 三位一体改革 | 131, 211, 215 |

### し
| 項目 | ページ |
|---|---|
| GHQ | 8, 56, 160, 204, 220 |
| GHQ民政局 | 10, 56 |
| JA | 86 |
| 自衛権発動の3要件 | 246 |
| 自衛隊 | 238, 248 |
| 資源エネルギー庁 | 146 |
| 事実ジャーナリズム | 99 |
| 市場化テスト | 213 |
| 事前審査制 | 116 |
| 自治基本条例 | 212 |
| 自治体財政問題 | 216 |
| 市町村合併 | 218 |
| 実効支配 | 235 |
| 指定管理者制度 | 213 |
| 指定都市 | 205 |
| 幣原喜重郎 | 8, 10 |
| 死票 | 178 |
| シビリアン・コントロール | 249 |
| 司法行政 | 160 |
| 司法権の限界 | 149 |
| 司法権の独立 | 150 |
| 司法試験 | 162 |
| 司法修習制度 | 163 |
| 司法制度改革 | 156 |
| 司法制度改革審議会 | 156, 162 |
| 市民運動 | 80 |
| 市民社会 | 89 |
| 市民セクター | 89 |
| 事務官 | 61 |
| 事務次官等会議 | 113 |
| シャウプ税制調査団 | 202 |
| 社会教育 | 80 |
| 社会契約 | 22 |
| 社会権 | 13 |
| 社会党 | 25, 46, 178 |
| 社会保障 | 142 |
| 社会保障制度審議会 | 143 |
| 社会保障と税の一体改革 | 143 |
| 衆議院 | 104, 108 |
| 衆議院選挙区調査会 | 187 |
| 自由 | 13 |
| 自由指令 | 8 |
| 集団的自衛権 | 13, 24, 246 |
| 自由党 | 25, 35, 44 |
| 18歳選挙権 | 174 |
| 自由貿易協定 | 230 |
| 住民運動 | 80 |
| 住民自治 | 202, 204, 211, 212 |
| 自由民主党（英） | 35 |
| 自由民主党（自民党） | 32, 34, 36, 42, 44, 46, 48, 50, 53, 73, 80, 83, 116, 178, 180 |
| 主権国家 | 22 |
| 首相 | 124 |
| 主体的市民 | 92 |
| 首長 | 206 |
| 首脳外交 | 71 |
| 守秘義務 | 159 |
| 春闘 | 82 |
| 上院 | 108 |
| 常会 | 112 |
| 小選挙区制 | 31, 38, 51, 176, 178, 182, 186 |
| 小選挙区比例代表並立制 | 180, 182 |
| 省庁再編 | 123, 133 |
| 象徴天皇制 | 12 |
| 少年法 | 166 |
| 消費者団体訴訟制度 | 81 |
| 消費税率引き上げ | 47 |
| ジョージ・ケナン | 220 |
| 職権主義的審問構造 | 166 |
| 庶民院 | 108 |
| ジョン・ダレス | 222 |
| 城山英明 | 152 |
| 新安保条約 | 224, 228, 236 |
| 新ガイドライン | 237 |
| 人権指令 | 8, 56 |
| 新公共管理 | 134 |
| 人事院 | 57 |
| 新自由クラブ | 48 |
| 新自由主義 | 17, 78, 127 |
| 新進党 | 26, 31, 49 |
| 新生党 | 37, 48 |
| 新党さきがけ | 37, 46, 48 |
| 人道支援・災害復旧活動 | 239 |
| 新聞 | 98 |

### す・せ
| 項目 | ページ |
|---|---|
| 吹田黙禱事件 | 150 |
| 推知報道禁止原則 | 167 |
| 枢密院 | 240 |
| 鈴木善幸 | 130 |
| 砂川事件 | 247 |
| 政界再編 | 48 |
| 生活の党 | 29, 49 |
| 政官関係 | 132 |
| 政官スクラム | 132 |
| 政権交代 | 38, 40 |
| 政策協定 | 32 |
| 政治家 | 27, 30 |
| 政治改革 | 185 |
| 政治家主導 | 46 |
| 政治家リクルートメント | 30, 50 |
| 政治教育 | 23 |
| 政治献金 | 83, 184 |
| 政治コミュニケーション | 27, 92 |
| 「政治コンセンサス」の崩壊 | 17 |
| 政治資金規正法 | 185 |
| 政治主導 | 133 |
| 政治団体 | 28 |
| 政治の社会化 | 23, 27, 195 |
| 生存権 | 142 |
| 政党 | 13, 24, 28, 47, 48, 50 |
| 政党交付金 | 184 |
| 政党支持モデル | 194 |
| 政党助成法 | 28, 184 |
| 政党制 | 34, 36 |
| 政党政治 | 25 |
| 政党内閣 | 105 |
| 政党の情報産業化 | 102 |
| 政府参考人 | 121 |
| 政府法案の与党審査 | 42 |
| 政務活動費 | 209 |
| 政務調査会 | 116 |
| 惜敗率 | 180, 182 |
| 石油危機 | 146 |
| セクショナリズム | 128 |
| 世襲議員（世襲政治家） | 30, 52 |
| ゼロ金利政策 | 140 |
| 選挙運動 | 190 |
| 選挙運動規制 | 172 |
| 選挙権 | 174 |
| 選挙公約 | 32 |
| 専決処分権 | 207 |
| 全国総合開発法 | 144 |
| 選択的夫婦別氏制 | 168 |

### そ・た
| 項目 | ページ |
|---|---|
| 総合規制改革会議 | 79 |
| 総務省 | 66 |
| 族議員 | 45, 145 |
| ダール | 20 |
| 第3セクター | 89 |
| 大臣政務官 | 133 |
| 大政翼賛会 | 25 |
| 大選挙区制 | 178 |
| 大東亜共栄圏構想 | 232 |
| 大統領制 | 38, 138 |
| 第2次臨時行政改革推進会議 | 78 |
| 第2次臨時行政調査会 | 130 |
| 対日講和7原則 | 222 |
| 大日本帝国憲法 | 8, 11, 25, 41, 54, 138, 240 |
| 代表官僚制 | 65 |
| 代表質問 | 112 |
| 代表制 | 12 |
| 大本営会議 | 240 |
| 大陸法系 | 148 |
| ダウンズ | 33 |
| 高木剛 | 85 |
| 高野岩三郎 | 10 |
| 高柳賢三 | 148 |
| 多極共存型 | 21 |
| ダグラス・マッカーサー | 8, 10, 220, 222 |
| 竹下登 | 50 |
| 竹島問題 | 234 |
| 武村正義 | 46, 48 |
| 多次元ガバナンス | 23 |
| 多数決型デモクラシー | 21 |
| 縦割り行政 | 128 |
| 田中角栄 | 100 |
| 田中耕太郎 | 247 |
| 田中英夫 | 148 |
| ダニエル・H・フット | 151 |
| WTO | 231 |
| 団体自治 | 202, 204, 210 |

### ち・つ
| 項目 | ページ |
|---|---|
| 地域主義 | 232 |
| 小さな司法 | 149 |
| 小さな政府 | 78, 126 |
| チェンマイ・イニシアチブ | 233 |
| 知的財産高等裁判所 | 156 |
| 地方議員 | 208 |
| 地方議会 | 208, 215 |
| 地方公共団体財政健全化法 | 217 |
| 地方交付税 | 217 |
| 地方公務員 | 58 |
| 地方財政計画 | 216 |
| 地方自治制度 | 13 |
| 地方自治の本旨 | 204, 211 |
| 地方自治法 | 202, 204 |
| 地方創生 | 215 |
| 地方分権 | 202 |
| 地方分権一括法 | 131, 203, 210 |

# 索　引

## [て列続き]
地方分権推進法 …… 131, 203, 210
チャルマーズ・ジョンソン …… 19, 77
中央集権 …… 202
中央省庁改革等基本法 …… 123
中央省庁再編 …… 66
中選挙区制 …… 37, 45, 178
調書裁判 …… 158
朝鮮戦争 …… 248
重複立候補 …… 180, 182
直接デモクラシー …… 20
「沈黙の螺旋」理論 …… 95
辻清明 …… 128, 132

### て
TPP …… 33, 85, 87, 230
ディーン・アチソン …… 223
帝国議会 …… 9, 104
デジタル革命 …… 98
鉄の 3 角形 …… 74, 80
デモクラシー …… 20, 74
デュヴェルジェ …… 34
デュヴェルジェの法則 …… 34, 176, 181
テレビ …… 91
テレビ政治 …… 100
テロ …… 23, 244
テロ対策特措法 …… 237
電子投票 …… 199
天皇 …… 11, 12, 54, 122

### と
統一会派 …… 29
党議 …… 116
東京地検特捜部 …… 152
東京電力福島第 1 原子力発電所の事故 …… 147
党綱領 …… 32
同時多発テロ …… 244
道州制 …… 219
統治行為 …… 13
統治行為論 …… 149
党費 …… 184
投票行動 …… 194
投票参加のパラドックス …… 196
投票率 …… 196
道路公団の民営化 …… 145
特殊法人 …… 62, 136
特定非営利活動促進法 …… 88
特定秘密保護制度 …… 121
特定秘密保護法 …… 245
特別会 …… 112
特別会計 …… 144
独立行政法人 …… 62, 135, 136
特例国債 …… 143
土光敏夫 …… 130
トリーペル …… 28
取調べの可視化 …… 164
D・B・トルーマン …… 72, 74
トルーマン・ドクトリン …… 220

### な
内閣 …… 124
内閣官房長官 …… 125
内閣総理大臣 …… 124
内閣提出法案 …… 112
内閣府 …… 131, 133
内閣法制局 …… 113, 149
内務省 …… 56, 179, 202
内乱条項 …… 224
中曽根康弘 …… 17, 78, 130, 126
中根千枝 …… 21
中坊公平 …… 157
ナショナル・インタレスト …… 71

### に
2 院制 …… 105, 108, 110
二代代表制 …… 207
西尾末広 …… 48

西尾勝 …… 128, 205
2 重の駒形 …… 60
日米安全保障条約 …… 223, 224, 228, 236, 247
日米安保体制 …… 226
日米相互協力安全保障条約 …… 228, 236
日米相互防衛援助協定 …… 240
日米地位協定 …… 229
日米同盟 …… 226
日米防衛協力のための指針 …… 237
日ソ共同宣言 …… 234
日ソ国交回復 …… 223
日本医師会 …… 81
日本維新の会 …… 35, 49
日本共産党 …… 25, 35, 178, 185
日本経済団体連合会 …… 82
日本国憲法 …… 10, 12, 120, 138, 142, 236, 240
日本司法支援センター …… 156
日本社会党 …… 25, 46, 178
日本新党 …… 40, 48
日本版 NSC …… 242
日本弁護士連合会（日弁連） …… 154
日本放送協会 …… 90
日本民主党 …… 36, 44
日本労働組合総連合会（連合） …… 84, 85
2 割司法 …… 157
任意団体 …… 88
認可地縁団体 …… 212
認定 NPO …… 89

### ね・の
ネオコーポラティズム …… 73
ねじれ国会 …… 46, 110
年金 …… 63
農業協同組合（農協） …… 86
農林族議員 …… 87
ノエル=ノイマン …… 95
野田佳彦 …… 47, 147
野村二郎 …… 152
P・ノリス …… 190
ノンキャリア …… 60

### は
パーキンソンの法則 …… 59
ハーグ条約 …… 170
バードン・シェアリング …… 226
ハイエク …… 127
陪審制 …… 158
排他的経済水域 …… 235
橋本行革 …… 130
橋下徹 …… 49
橋本龍太郎 …… 76, 79, 123, 127, 130, 133, 137, 249
羽田孜 …… 48
8 月革命説 …… 11
H・パッシン …… 96
鳩山一郎 …… 44, 100, 221, 223, 234, 236
鳩山由紀夫 …… 41, 46, 48, 132, 232
派閥 …… 37, 50
パブリック・コメント …… 209
判検交流 …… 161

### ひ
PFI …… 213
PKO …… 238
PKO 協力法 …… 238
PPP …… 139
非営利組織 …… 88
非核 3 原則 …… 226
東アジア共同体論 …… 233
東久邇宮稔彦 …… 8, 10
被疑者国選弁護士制度 …… 165
非政府組織 …… 88

被選挙権 …… 174
人質司法 …… 153
ヒュー・ボートン …… 220
平沼赳夫 …… 49
比例代表制 …… 28, 176, 182

### ふ
不安定の弧 …… 228
夫婦別姓問題 …… 168
不況カルテル …… 77
福祉国家 …… 13, 22, 78
副大臣 …… 133
福田康夫 …… 46, 242
C・フッド …… 134
普天間基地 …… 46, 229
ブトロス・ブトロス=ガリ …… 238
ブライス …… 21
フランシス・フクヤマ …… 18
フリードマン …… 127
不良債権問題 …… 69
武力行使の新 3 要件 …… 246
武力事態対処関連法 …… 251
ふるさと納税 …… 211
ブレイン・フーバー …… 57
文官試験制度 …… 54
文官統制 …… 249
分極的多党制 …… 35
文民 …… 124

### へ
ベアワルド …… 107
ヘイウッド …… 16
米軍基地 …… 228
米軍再編 …… 227, 228
閉鎖型任用制 …… 64
平成の大合併 …… 131, 214
平和維持活動 …… 238
平和主義 …… 23
平和的生存権 …… 13
『平和への課題』 …… 238
D・ベル …… 16
弁護士 …… 154

### ほ
防衛計画の大綱 …… 226
防衛省 …… 248
防衛政策 …… 236
防衛費の GNP 比 1 ％枠 …… 237
包括政党 …… 33
法曹一元 …… 151
法定受託事務 …… 210
法テラス …… 156
法務省 …… 152
法務大臣の指揮権発動 …… 153
法律の留保 …… 13
保守党（英） …… 35, 43, 47
細川護熙 …… 28, 40, 48, 83, 180, 185, 203
ポツダム宣言 …… 8, 105
北方領土問題 …… 234
K・ポランニー …… 17
ポリアーキー …… 20

### ま・み
マイノリティ選挙区 …… 31
升味準之輔 …… 41
マスメディア …… 27, 90
マッカーサー …… 8, 10, 220, 222
松方正義 …… 68
松本烝治 …… 10
マニフェスト …… 38, 46
マネタリー・ベース …… 141
三木武夫 …… 232
宮沢喜一 …… 40, 48, 211
民主主義 …… 20
民主党 …… 31, 32, 35, 43, 46, 49, 53, 83, 85, 133, 180
民主党（米） …… 30, 35, 47

民族自決 …… 22

### む・め・も
棟居快行 …… 149
村松岐夫 …… 132
村山富市 …… 26, 40, 46, 49, 79, 137, 203
メディア・ミックス戦略 …… 101
モーリス・デュヴェルジェ …… 34
モチヅキ …… 107
MOF 担 …… 69
森喜朗 …… 79

### や・ゆ・よ
矢口洪一 …… 149, 161
野党 …… 42
有事法制 …… 250
郵政不正冤罪事件 …… 152
郵政民営化 …… 131
抑止力 …… 226
吉田茂 …… 11, 45, 57, 221, 222, 224, 228, 234, 236
吉田ドクトリン …… 221
与党 …… 42
世論 …… 94
世論調査 …… 14, 94, 96

### ら・り
ラジオ …… 90, 100
利益団体 …… 72, 74, 88
リクルート事件 …… 72
立憲主義 …… 12
両院協議会 …… 110, 115
猟官制 …… 54
量的緩和政策 …… 140
領土問題 …… 234
臨時会 …… 112
臨時行政調査会 …… 130

### れ・ろ・わ
冷戦 …… 9, 18, 37, 44
レイプハルト …… 21
レーガン …… 78, 226
歴史の終焉 …… 18
レファレンダム …… 12
連合国軍最高司令官総司令部 …… 8, 56, 160, 204, 220
連座制 …… 200
レントシーキング …… 75
連立型政治 …… 38
連立政権 …… 38, 42, 124
労働省 …… 25
労働党（英） …… 35, 43, 47
労働農民党 …… 25
T・J・ローウィ …… 75
ローウェル …… 21
ロースクール …… 162
J・ロック …… 94
ロナルド・レーガン …… 78, 226
ロバート・アイケルバーガー …… 221
ロバート・ペッカネン …… 212
ロビイング …… 74
湾岸危機 …… 227

---

**写真提供一覧**（五十音順）
朝雲新聞/時事通信フォト、朝日新聞社/時事通信フォト、朝日新聞フォトアーカイブ、AFP＝時事、Keystone/時事通信フォト、国立公文書館、時事通信フォト、東京電力、毎日新聞社/時事通信フォト、明治神宮外苑聖徳記念絵画館、ユニフォトプレスインターナショナル

255

## 編著者一覧

○編著

| | | |
|---|---|---|
| 吉野　孝（よしの たかし） | | 早稲田大学政治経済学術院教授 |
| 谷藤　悦史（たにふじ えつし） | | 早稲田大学政治経済学術院教授 |
| 今村　浩（いまむら ひろし） | | 早稲田大学社会科学総合学術院教授 |

○著者

| | |
|---|---|
| 秋本　富雄（あきもと とみお）　東海大学政治経済学部准教授 | 磯崎　育男（いそざき いくお）　千葉大学教育学部教授 |
| 稲継　裕昭（いなつぐ ひろあき）　早稲田大学政治経済学術院教授 | 井上　拓也（いのうえ たくや）　茨城大学人文社会科学部教授 |
| 牛丸　聡（うしまる さとし）　早稲田大学政治経済学術院教授 | 岡田　浩（おかだ ひろし）　金沢大学人間社会学域法学類教授 |
| 川岸　令和（かわぎし のりかず）　早稲田大学政治経済学術院教授 | 河崎　健（かわさき たけし）　上智大学大学院グローバル・スタディーズ研究科教授 |
| 笹田　栄司（ささだ えいじ）　早稲田大学政治経済学術院教授 | 貞廣　彰（さだひろ あきら）　早稲田大学名誉教授 |
| 寺田　貴（てらだ たかし）　同志社大学法学部教授 | 成田　憲彦（なりた のりひこ）　駿河台大学名誉教授 |
| 日野　愛郎（ひの あいろう）　早稲田大学政治経済学術院教授 | 和田　修一（わだ しゅういち）　平成国際大学法学部教授 |

---

政治を学ぶための基礎知識
# 論点　日本の政治

2015年9月25日　初　版　発　行
2018年4月25日　初版2刷発行

編著者——吉野　孝／谷藤悦史／今村　浩
発行者——星沢卓也

発行所——東京法令出版株式会社

〒112-0002　東京都文京区小石川5丁目17番3号　☎03(5803)3304
〒534-0024　大阪市都島区東野田町1丁目17番12号　☎06(6355)5226
〒062-0902　札幌市豊平区豊平2条5丁目1番27号　☎011(822)8811
〒980-0012　仙台市青葉区錦町1丁目1番10号　☎022(216)5871
〒460-0003　名古屋市中区錦1丁目6番34号　☎052(218)5552
〒730-0005　広島市中区西白島町11番9号　☎082(212)0888
〒810-0011　福岡市中央区高砂2丁目13番22号　☎092(533)1588
〒380-8688　長野市南千歳町1005番地
〔営業〕☎026(224)5411　FAX 026(224)5419
〔編集〕☎026(224)5421　FAX 026(224)5409
http://toho.tokyo-horei.co.jp/

©T.Yoshino, E.Tanifuji, H.Imamura
Printed in Japan, 2015

・本書の全部又は一部の複写，複製及び磁気又は光記録媒体への入力等は著作権法上での例外を除き，禁じられています。これらの許諾については，当社までご照会ください。

・落丁本・乱丁本はお取替えいたします。

ISBN978-4-8090-6309-1